edition suhrkamp 2510

Als im Oktober 2006 die Eliteuniversitäten in München und Karlsruhe gekürt wurden, sagte Annette Schavan, Deutschland könne nun mithalten
im internationalen Wettbewerb. Doch wer entscheidet überhaupt darüber,
wer sich zur Elite zählen darf? Ist die Errichtung universitärer »Leuchttürme« ein wirksames Mittel gegen die Hochschulmisere? Diesen Fragen
widmet Richard Münch seine brisante Studie. Das Ergebnis: Viele Reformen sind kontraproduktiv, sie führen zu einer Verringerung der theoretischen Vielfalt. »Eine Forschungspolitik, die solche Strukturen stärkt, ist
nicht auf der Höhe der Zeit und verpasst die dynamisch voranschreitende
internationale Entwicklung.«

Richard Münch lehrt Soziologie in Bamberg. Zuletzt gab er in der edition
suhrkamp zusammen mit Claus Leggewie *Politik im 21. Jahrhundert* heraus (es 2221).

Richard Münch

Die akademische Elite

Zur sozialen Konstruktion
wissenschaftlicher
Exzellenz

Suhrkamp

edition suhrkamp 2510
Erste Auflage 2007
© Suhrkamp Verlag Frankfurt am Main 2007
Originalausgabe
Satz: Hümmer GmbH, Waldbüttelbrunn
Druck: Druckhaus Nomos, Sinzheim
Umschlag gestaltet nach einem Konzept
von Willy Fleckhaus: Rolf Staudt
Printed in Germany
ISBN 978-3-518-12510-6

2 3 4 5 6 – 12 11 10 09 08 07

Inhalt

Vorwort

Die Tradition von Wissenschaft und Forschung in Deutschland ist mit einem großen Namen verbunden: Wilhelm von Humboldt. Mit seinem Organisationsplan für die Gründung der Berliner Universität im Jahre 1810 hat er die Leitlinien für die Entwicklung von Wissenschaft und Forschung in Deutschland für das ganze 19. Jahrhundert gezeichnet. Diese Leitlinien haben die weltweit führende Stellung der deutschen Universitäten bis ins 20. Jahrhundert hinein begründet. Ihr Grundprinzip ist die Integration von Forschung und Lehre an den Universitäten in Einsamkeit und Freiheit. Auf der Grundlage des deutschen Föderalismus hat sich entlang dieser Leitlinien ein einmaliges wettbewerbsintensives System von Forschungsuniversitäten entwickelt. Dieses System ist jedoch im Verlaufe des 20. Jahrhunderts maßgeblich von drei Entwicklungstrends in seiner Leistungsfähigkeit beeinträchtigt worden: (1) von der Massenausbildung, (2) von der zunehmenden Trennung von Forschung und Lehre durch die Auslagerung der Forschung aus dem Universitätsbetrieb und (3) von der schleichenden Herausbildung kartellartiger, monopolistischer und oligarchischer Strukturen, maßgeblich unterstützt durch die wachsende Drittmittelforschung. Darunter leidet die Innovationskraft der Forschung. Die Erben Humboldts führen unter diesen Bedingungen einen nahezu aussichtslosen Kampf um die Wiedergewinnung internationaler Wettbewerbsfähigkeit, insbesondere im Wettbewerb mit den USA. Dort hat sich das von den Forschungsuniversitäten getragene, heute international führende System von Wissenschaft und Forschung entwickelt, in dem das Humboldt'sche Modell auf neue Art und Weise verwirklicht wird.

Für die Erben Humboldts stellt sich jetzt die Frage, wie Wissenschaft und Forschung in Deutschland wieder an internationaler Wettbewerbsfähigkeit gewinnen können. Die Exzellenzinitiative von Bund und Ländern zur Förderung von Wissenschaft und Forschung an den deutschen Hochschulen soll dafür den Boden bereiten. Ziel ist die Förderung international sichtbarer wissenschaftlicher Exzellenz einer akademischen Elite, die sich aus dem universitären Massenbetrieb heraushebt. Dieses Ziel wird sich jedoch ohne grundlegende Strukturreformen nicht erreichen lassen. Diese Reformen müssten die drei genannten leistungsmindernden Entwicklungstrends umkehren. (1) Durch ein geregeltes Graduiertenstudium sind Forschung und Lehre zum Zweck der systematischen Förderung des wissenschaftlichen Nachwuchses wieder zu integrieren. (2) Die Auslagerung der Forschung aus den Universitäten ist rückgängig zu machen. (3) Die sehr weit vorangeschrittene Fesselung von Wissenschaft und Forschung durch Kartelle, Monopole und oligarchische Strukturen gilt es aufzuheben. Ohne diesen grundlegenden Strukturwandel wird die Exzellenzinitiative die vorhandenen leistungsmindernden Strukturen noch verstärken und an diesen Strukturen scheitern. Das sagen die Ergebnisse der hier vorgelegten Untersuchung zur Exzellenzkonstruktion im deutschen akademischen Feld im Kontext des verschärften internationalen Wettbewerbs. Es zeigen sich die Abgründe einer akademischen Welt, die durch das Zusammenwirken von drei Faktoren geprägt wird: (1) den historisch gewachsenen Strukturen der Herrschaft; (2) den Gesetzmäßigkeiten der Selbstdarstellung in der medialen Massenkommunikation; (3) einer neuen Form der totalen Überwachung durch Kennziffernsteuerung, die darauf hinausläuft, die berufsethischen Grundlagen des verantwortlichen

Handelns nach bestem Wissen und Gewissen zu zerstören und durch das stupide Erfüllen standardisierter, Vielfalt vernichtender Kennziffern zu ersetzen. Die Erben Humboldts stehen deshalb vor der großen Herausforderung einer grundlegenden Strukturreform im Interesse der Erneuerung der Humboldt'schen Leitlinien und ihrer Anpassung an die heutigen strukturellen Gegebenheiten des internationalen Wettbewerbs.

Bei der Arbeit an diesem Buch haben mich in verschiedenen Phasen Julian Hamann, Viola Geberzahn, Julia Marold, Ursula Müller und Eva Passarge durch Literaturrecherchen, Textverarbeitung und Erstellen des Literaturverzeichnisses, der Tabellen und der Abbildungen unterstützt. Wenn es zeitlich eng wurde, haben Brigitte Münzel und Margrit Seuling neben der Arbeit an anderen Manuskripten und der üblichen Arbeit im Sekretariat auch noch Hand angelegt. Ihnen allen sei herzlich gedankt. Ganz besonders danken möchte ich Christian Dressel für die Durchführung der statistischen Analysen im Anhang.

Bamberg, im Dezember 2006   Richard Münch

Einleitung:
Die soziale Konstruktion wissenschaftlicher Exzellenz im akademischen Feld

Die akademische Elite hebt sich durch wissenschaftliche Exzellenz aus dem universitären Massenbetrieb heraus. Wissenschaftliche Exzellenz zeigt sich dem naiven alltäglichen Blick durch herausragende Leistungen. Für den soziologischen Blick handelt es sich jedoch um eine soziale Konstruktion (vgl. Burris 2004; Hirschauer 2004; Lang und Neyer 2004). Es muss geklärt werden, wie wissenschaftliche Exzellenz überhaupt definiert wird, wer an der Definition beteiligt ist, wie viel Definitionsmacht die beteiligten Akteure haben, wie sich die Machtverteilung zwischen den Akteuren darstellt, welche Leitbilder, Frames und Rhetoriken in diesen Definitionsprozessen vorherrschen und in welchen Verfahren wissenschaftliche Exzellenz definiert und zugeschrieben wird. Die soziale Konstruktion wissenschaftlicher Exzellenz wird durch die jeweiligen Strukturen und Prozesse in ganz unterschiedliche Richtungen gelenkt. Sie vollzieht sich außerdem im Spannungsfeld zwischen der funktionalen Anpassung der Strukturen wissenschaftlicher Forschung an die zunehmende Internationalisierung und Verschärfung des wissenschaftlichen Wettbewerbs und der pfadabhängigen Entwicklung von Strukturen aufgrund der Trägheit der Institutionen der wissenschaftlichen Forschung.

Wissenschaftliche Exzellenz ist aus soziologischer Sicht nichts selbstverständlich Gegebenes, sondern eine soziale Konstruktion im Spannungsfeld zwischen zwei sich überkreuzenden Achsen mit jeweils zwei Polen. Die eine Achse verläuft zwischen der funktionalen Anpassung an den internationalisierten Wettbewerb um wissenschaftliche Exzellenz und der pfadabhängigen Konstruktion von wissenschaftlicher Exzellenz durch die Trägheit gegebener Institutionen. Die andere Achse wird durch die symbolische Konstruktion von Exzellenz in einem diskursiven Feld gebildet, das zwischen dem Pol totaler Vermachtung und Machtungleichheit und dem Pol der idealen Sprechsituation gleichberechtigter Diskursteilnehmer aufgespannt ist. Statt von einem diskursiven Feld kann deshalb auch von einem Machtfeld der Wissenschaft gesprochen werden. Dispositive der Macht, das heißt Programme der Exzellenzprüfung und -zuschreibung, werden von Machtinhabern genutzt, um die Machtverteilung zu erhalten, während Herausforderer von ihnen Gebrauch machen, um die Machtverteilung zu ändern. Konsekrationsinstanzen (Instanzen der Exzellenzzuschreibung) ermitteln und begründen Exzellenz anhand einer im diskursiven Feld herrschenden Rhetorik. Die Bedeutung dieses Machtfeldes legt nahe, nicht phänomenologisch von der »sozialen« Konstruktion, sondern diskursanalytisch (Foucault) und feldtheoretisch (Bourdieu) von der »politischen« Konstruktion wissenschaftlicher Exzellenz zu sprechen. Wenn hier trotzdem von der »sozialen« Konstruktion wissenschaftlicher Exzellenz die Rede ist, dann soll diese politische Dimension mit einbezogen sein (Abb. E-1).

Unmittelbar verknüpft mit der sozialen Konstruktion wissenschaftlicher Exzellenz ist die Verteilung von Forschungsmitteln. Sie werden nach dem Grad bewiesener wissenschaftlicher Exzellenz verteilt. Die Verfügung über Forschungsmittel ist wiederum ein Ausweis wissenschaftlicher Exzellenz. Da jedoch wissenschaftliche Exzellenz sozial konstruiert wird, gilt dies auch für die Verteilung von Forschungsmitteln.

Abb. E-1: Zwei Achsen der sozialen Konstruktion wissenschaftlicher Exzellenz

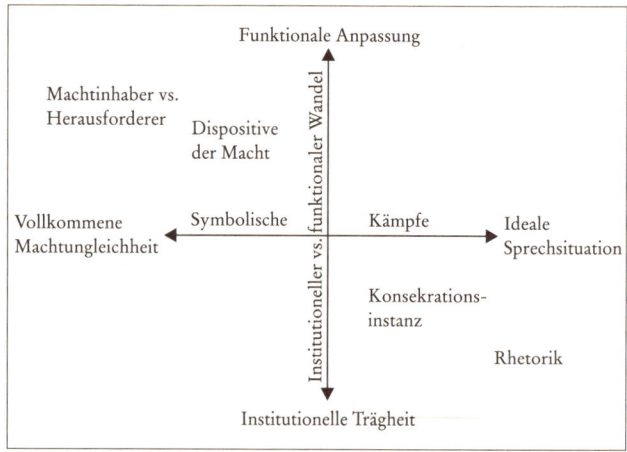

Wer wie viel Forschungsmittel bekommt, hängt von der Struktur der Verfahren ab, durch die Exzellenz konstruiert und Forschungsmittel verteilt werden. Wer nach dem einen Verfahren für exzellent gehalten wird und Forschungsmittel an sich zieht, gilt nach dem anderen Verfahren nicht als exzellent und verdient deshalb auch keine Forschungsmittel. Was in diesen Verfahren geschieht, ist Forschungspolitik im weitesten Sinn. Es geht dabei um kollektiv bindende Entscheidungen über die Verteilung von Forschungsressourcen (Personal- und Sachmittel) auf Institutionen, Standorte, Disziplinen und Personen.

Die Forschungspolitik ist zunehmend mit der Transnationalisierung von Wissenschaft konfrontiert. Forschungspolitik findet in einem Machtfeld statt, in dem die tragenden Akteure um kollektiv bindende Entscheidungen ringen. Im Kontext der forcierten Globalisierung erfährt der Handlungsraum der Wissenschaft einen Schub der Transnationalisierung. In der sich herausbildenden Wissensgesellschaft wird die beschleunigte Entwicklung, Diffusion und Nutzung von Wissen zur entscheidenden Ressource der Selbstbehauptung von Individuen, Organisationen und nationalen Gesellschaften. Das heißt, dass jegliche Art von institutionalisierter Praxis nicht mehr nur deshalb weitergeführt werden kann, weil sie zur Gewohnheit geworden ist. Tradition ist kein Legitimationsgrund für die Fortführung institutionalisierter Praxis. Sie wird häufiger und schneller infrage gestellt und muss sich mehr nach dem sich aktuell durchsetzenden Wissen richten. Damit gewinnt der öffentliche Kampf um die Definition der Situation enorme Bedeutung für die Fortführung oder Veränderung von institutionalisierter Praxis (Sprondel 1994; Gerhards und Rucht 2000). Die Universitäten in Deutschland befinden sich gegenwärtig mitten in einer solchen Auseinandersetzung um ihre zukünftige Gestalt (Stölting und Schimank 2001; Mayer 2003, 2006b; Kreckel 2004; Teichler 2005a, 2005b; Hörisch 2006; Krücken 2006). Im Unterschied zur eingelebten Tradition, sind die Voraussetzungen der Funktionsfähigkeit neuer Praktiken und ihre Nebenfolgen aber weniger bekannt. Mit der beschleunigten Veränderung von Praktiken begibt sich die Gesellschaft in eine offene und unsichere Zukunft. Das Offenbarwerden von unerwünschten Nebeneffekten neuer Praktiken erzeugt Irritationen, die zur Reform der Reform veranlassen. Dementsprechend befindet sich die Gesellschaft in einem permanenten Reformprozess, in dem die Enttäuschung von Erwartungen zum Dauerzustand wird. Es wird jetzt mehr mit Sprechblasen als mit Sachverstand und Erfahrung regiert. Umso häufiger wird die Erfahrung gemacht, dass die Sprechblasen nicht halten, was sie versprochen haben. Dementsprechend leidet

Abb. E-2: Funktionaler, institutioneller und symbolischer Wandel

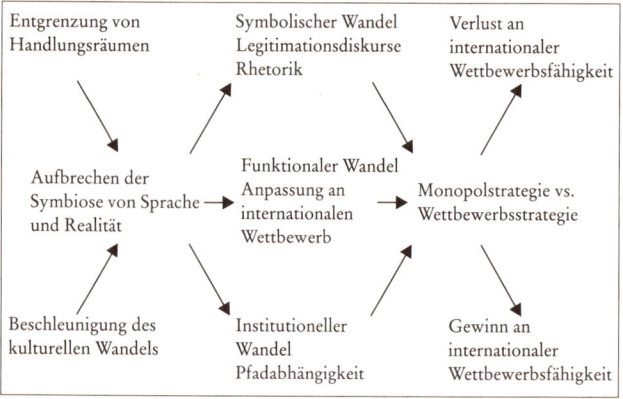

die Politik chronisch an mangelndem Vertrauen (vgl. Münch 1991b, 1995; Stehr 1994; Nowotny, Scott und Gibbons 2001; Weingart 2001).

Mit der Erweiterung des Handlungsspielraums und dem beschleunigten Wandel des Wissens ergibt sich einerseits eine Vermehrung der Optionen für soziale Praktiken, das heißt, zur bislang geltenden Praxis gibt es eine größere Zahl von Alternativen. Andererseits nehmen aber auch die Kontingenzen zu. Das heißt, der Erfolg einer sozialen Praxis in Bezug auf das gesetzte Ziel ist von einer wachsenden Zahl von Bedingungen abhängig, die nicht unter Kontrolle gehalten werden können. Der Erfolg einer Reform ist demgemäß hochgradig ungewiss. Unter dieser Bedingung der Ungewissheit über den Ausgang von Reformen wird der soziale Wandel von drei fundamentalen Kräften geprägt: 1. funktionale Anpassung, 2. institutionelle Pfadabhängigkeit und 3. symbolische Kämpfe. Funktionale Anpassung bedeutet, dass sich der nationale Wissenschaftsbetrieb an die zunehmende Transnationalisierung der Entwicklung, Diffusion und Nutzung von Wissen anpassen muss, wenn er international wettbewerbsfähig sein will. Institutionelle Pfadabhängigkeit heißt, dass sich diese funktionale Anpassung auf historisch gewachsenen nationalen Entwicklungspfaden vollzieht. Symbolische Kämpfe bringen es mit sich, dass sich die Legitimation von Anpassungsstrategien in einem mehr oder weniger vermachteten diskursiven Feld entscheidet (Abb. E-2).

Funktionale Anpassung

Auf den nationalen Wissenschaftsbetrieb bezogen, bedeutet funktionale Anpassung die Entwicklung, Diffusion und Nutzung von wissenschaftlichem Wissen unter der Bedingung von Transnationalisierung und beschleunigtem Wandel des Wissens in der Wissensgesellschaft. Das heißt, dass die Geltung von wissenschaftlichem Wissen in zunehmend größerem Maße davon abhängt, dass es transnational, das heißt in Kooperation und Konkurrenz mit Akteuren im transnationalen Feld der Wissenschaft, entwickelt wird, dass es in diesem transnationalen Feld diffundiert und für die weitere Entwicklung von Wissen und dessen Umsetzung in soziale Praxis genutzt wird. Dazu benötigen Wissenschaftler Zugang zum transnationalen Diskurs, sie müssen in diesem Diskurs sichtbar sein, Reputation erwerben und Einfluss ausüben. Von großer Bedeutung dafür ist die Zugehörigkeit zu transnationalen Netzwerken und die Einnahme von zentralen Positionen in diesen Netzwerken.

Solche Positionen sind Mitgliedschaften in den Leitungsorganen internationaler wissenschaftlicher Vereinigungen, im Beirat und im Herausgebergremium internationaler Fachzeitschriften. Aufgrund der hegemonialen Position der USA in diesem transnationalen Feld der Wissenschaft kommt es darauf an, in den entsprechenden Organen der amerikanischen Wissenschaft Karriere zu machen, in internationalen wissenschaftlichen Vereinigungen wichtige Positionen zu besetzen, Gutachtertätigkeiten für internationale Fachzeitschriften auszuüben, europäische Vereinigungen als Gegengewicht zu den USA aufzubauen und in diesen Vereinigungen eine führende Rolle zu übernehmen. Die transnationalisierte Wissenschaft ist nicht nur ein Netzwerk von kooperierenden Forschern und nicht nur eine Diskursgemeinschaft, sondern auch ein Machtfeld, in dem die Einnahme von Führungspositionen für den Zugang von Wissen zum transnationalen Diskurs und für seine Diffusion und weitere Nutzung von entscheidender Bedeutung ist. In diesem Sinne ist wissenschaftliche Wissensentwicklung in erheblichem Maße ein Machtkampf, der im transnationalisierten Machtfeld der Wissenschaft ausgetragen wird (Aretz 1990).

Die funktionale Anpassung des nationalen Wissenschaftsbetriebs an diese Bedingungen der transnationalisierten Entwicklung, Diffusion und Nutzung von wissenschaftlichem Wissen verlangt, dass in einem Lernprozess diejenige Organisationsform des nationalen Wissenschaftsbetriebes gefunden wird, welche das größtmögliche Maß der Einflussnahme auf die transnationale Entwicklung, Diffusion und Nutzung von wissenschaftlichem Wissen ermöglicht. Eine erste Konsequenz der Transnationalisierung der Wissenschaft ist die innere Differenzierung des nationalen Wissenschaftsbetriebes. Kosmopolitisch ausgerichtete Forscher unterscheiden sich stärker von lokal orientierten Forschern. In Bezug auf die Gestaltung dieses Differenzierungsprozesses stehen sich zwei konträre Strategien gegenüber. Die erste Strategie lenkt den Prozess politisch in eine Differenzierung von wenigen international bedeutenden und vielen nur lokal bedeutsamen Standorten. Das ist die Monopolstrategie, die maßgeblich vom Wissenschaftsrat als »Differenzierungsparadigma« propagiert wird. Die zweite Strategie setzt auf die Kräfte des Wissenschaftsmarktes und die politisch ungesteuerte Herausbildung von international sichtbaren Forscherpersönlichkeiten, unabhängig von ihrem Standort, auf den Marktwettbewerb und den damit verbundenen rascheren Wandel der internationalen Sichtbarkeit individueller Forscher. Das ist die Wettbewerbsstrategie. Die erste Strategie führt zur diffusen Förderung von Monopolen bei gleichzeitiger Schließung des Wettbewerbs, Verarmung des Kreativitätspotentials der Wissenschaft und Verengung der Evolution des Wissens. Die zweite Strategie beinhaltet die zielgenaue Förderung von Kreativität, Produktivität und Internationalität, wo sie sich gerade zeigt, und hält den Wettbewerb zu Gunsten einer breiteren Ausschöpfung des Kreativitätspotentials der Wissenschaft und einer größeren Offenheit der Wissensevolution offen.

Die politische Errichtung von Eliteinstitutionen, die gegenüber den Universitäten eine privilegierte Stellung einnehmen, ist seit der Revolution von 1789, insbesondere seit Napoleon, die für Frankreich typische Strategie. Sie hat dem Land eine kastenartig herausgehobene Führungselite beschert, aber nicht mehr wissenschaftliche Erfolge als Deutschland und weit weniger Erfolge als den Vereinigten Staaten. Das zeigt schon ein Vergleich der von diesen Ländern erreichten Nobelpreise (Abb. E-3). Frankreich versucht allerdings seit den 1980er Jahren gegenzusteuern (Eberlein 1997). So wurde das Forschungspotential an den Universitäten erhöht (Larédo und Mustar 2001; Mustar und Larédo 2002). Trotzdem ist der Forschungsbetrieb noch stark zentralisiert und hierarchisch organisiert. Im Zentrum steht das Centre National de la Recherche Scientifique (CNRS), mit 14 000 *ingenieurs de recherche* die größte Wissenschaftsorganisation der Welt, die einen Großteil der Forschung selbst verwaltet, andere Teile in Kooperation mit den Universitäten und den Grandes Ecoles. Die meisten Forscher verbringen ihr ganzes Forscherleben als ausführende Mitarbeiter ohne Aufstiegschancen in diesem Apparat. In der jüngsten Vergangenheit ist dieses System zunehmend in die Kritik geraten und zum Anlass für Proteste geworden (Mönninger 2004).

In Großbritannien finden wir aufgrund der historischen Entwicklung auch eine herausgehobene Stellung weniger Institutionen vor. Oxford und Cambridge sind die beiden Traditionsuniversitäten, an denen die Elite ausgebildet wird. Die University of London (Imperial College und University College) hat in der Zwischenzeit eine ähnliche Stellung erlangt. Dazu kommt die London School of Economics als Spezialhochschule. Alle anderen Universitäten sind erst seit den 1970er Jahren aus Colleges hervorgegangen und haben es deshalb schwer, gegen die unabhängig von aktueller Leistung historisch begründete Vorrangstellung von »Oxbridge« und London anzukommen. Nachdem Großbritannien zwischen 1950 und 1980 in der Zahl der erreichten Nobelpreise deutlich vor Frankreich und Deutschland rangierte, ist das Land in den 1980er Jahren auf das Niveau von Deutschland zurückgefallen. Seit den 1990er Jahren hat sich Großbritannien gegenüber Frankreich und Deutschland wieder etwas abgesetzt. Die Frage, ob diese neueren Erfolge auf die seit den 1990er Jahren stattfindende Verteilung der Forschungsmittel nach einem zentral organisierten Wettbewerb, dem Research Assessment Exercise (RAE) zurückzuführen ist, kann nicht beantwortet werden, zumal das Niveau der 1950er und 1960er Jahre nicht wieder erreicht wurde und das neue Steuerungsmodell noch nicht lange genug Anwendung findet. Grundsätzlich profitiert Großbritannien von der international dominierenden Wissenschaftssprache Englisch und von den traditionell intensiven Austauschbeziehungen zu den Vereinigten Staaten (*Tab. E-1*).

Tab. E-1: Verteilung der Nobelpreise von 1951 bis 2004 zwischen Frankreich, Deutschland, Großbritannien und den USA

Zeitraum	1951-1960	1961-1970	1971-1980	1981-1990	1991-2000	2001-2004
USA	17	25	32	30	29	14
Frankreich	5	5	0	2	3	0
Deutschland	3	5	5	4	2	0
Groß-britannien	10	7	14	4	7	6

Quelle: Nobelstiftung 2007

Die politische Heraushebung weniger Eliteinstitutionen trägt zwar zu deren internationaler Sichtbarkeit bei, sie untergräbt jedoch die nationalen Voraussetzungen der erfolgreichen Entwicklung, Diffusion und Nutzung von Wissen, weil sie Wettbewerb, Vielfalt und Kreativität einschränkt. Wettbewerb, Vielfalt und Kreativität können ohne dieses nationale Fundament nicht einfach auf die transnationale Ebene gehoben werden, weil der transnationale Diskurs immer wieder aus nationalen Kontexten gespeist werden muss, wenn er nicht in die Sackgasse der Hegemonialstellung herrschender Ideen, Forschungsansätze und methodischer Vorgehensweisen münden soll. Außerdem sind Wettbewerb, Vielfalt und Kreativität im nationalen Wissenschaftsbetrieb die fundamentalen

Voraussetzungen für internationale Wettbewerbsfähigkeit, weil sich nur aus diesem Wettbewerb die notwendige ständige Erneuerung des Wissens ergibt und sich so die auch international wettbewerbsfähigsten Forscher herausschälen können. Auf diese Anforderung stellt die zweite Anpassungsstrategie ab. Sie entspricht weit mehr dem amerikanischen Muster der Organisation von Wissenschaft als dem französischen. In den USA gibt es keine politische Privilegierung weniger Standorte, sondern heftigen Wettbewerb zwischen einer Vielzahl von Universitäten, in den der Staat nicht eingreift. Dort entscheidet eher die private Finanzierung über das Maß, in dem von einer Universität Forschungsressourcen mobilisiert werden können. Dass auf diesem Weg auch ungleiche Bedingungen geschaffen werden können, sieht man auf unserer Seite des Atlantiks am Milliardenvermögen der Harvard University und denkt dann an die politische Schaffung ähnlicher Voraussetzungen für wenige Universitäten in Deutschland. Dieser Schluss ist gleich mit zwei Fehlern behaftet. Er übersieht, dass die Harvard University zuerst einmal mit minimal 50, maximal sogar mit 169 anderen amerikanischen Universitäten konkurriert, bevor sie über den Atlantik schaut, um zu sehen, welche Universitäten es außerdem noch auf der Welt gibt. Das ergibt sich, wenn man von der umstrittenen Shanghai-Liste der 500 weltweit sichtbarsten Universitäten als kollektive Einheiten ausgeht,* wobei Sichtbarkeit ohne weitere Prüfung mit Qualität gleichgesetzt wird (SJTU 2004). Dar-

---

* So sind beispielsweise unter den 20 weltweit sichtbarsten Universitäten nur drei nichtamerikanische und unter den 50 sichtbarsten Universitäten dieser Liste nur zehn nichtamerikanische Universitäten zu finden. Die Kriterien sind: (1) Anteil an Nobelpreisen nach Aktualität gewichtet, (2) Anzahl der Zitationen in 20 Fachgebieten 1981-1999, (3) Veröffentlichungen in *Nature* und *Science* 2000-2002, (4) Anzahl zitierter Aufsätze im Science Citation Index und im Social Science Citation Index, (5) Produktivität je Hochschullehrer.

über hinaus wird nicht erkannt, dass auch eine durch Marktmacht geschaffene Einzelstellung der Harvard University mit nur wenigen anderen Universitäten den amerikanischen Wettbewerb auf Kosten von Vielfalt und Kreativität beschränken und damit die Evolution des Wissens bremsen und weniger Alternativen für die Überwindung von Sackgassen bereithalten würde. Der amerikanische Wissenschaftsbetrieb würde sich dann auf dem Wege der Akkumulation von Marktmacht dem französischen annähern und an Innovationskraft verlieren.

Institutionelle Pfadabhängigkeit

Würde die Evolution den sozialen Wandel in die Richtung der breiten Ausschöpfung von Kreativität und damit der offenen, nicht in Sackgassen endenden Entwicklung des wissenschaftlichen Wissens lenken, dann müsste sich die Strategie der Förderung von Wettbewerb, Vielfalt und Kreativität von allein durchsetzen. Das ist jedoch keineswegs sicher. Dem nicht regulierten Wettbewerb wohnt nämlich die Tendenz inne, dem Gesetz der Akkumulation von Marktmacht zu folgen. Norbert Elias (1939/1976) hat diese Tendenz als Monopolmechanismus bezeichnet und am Beispiel der Herausbildung des französischen Zentralstaats aus den Konkurrenzkämpfen um die Territorialherrschaft dargestellt. Der von Elias beschriebene Monopolmechanismus bedeutet, dass jeder Landgewinn eines Territorialherrn in weiteren Landgewinn umgesetzt werden kann, so dass sich Schritt für Schritt die Zahl der Territorialherren verringert und am Ende nur noch wenige übrig bleiben, die jeweils über ein größeres Territorium herrschen und dort das Gewaltmonopol innehaben.

Es handelt sich um einen Spezialfall pfadabhängiger Entwicklungen. Die Besonderheit solcher Entwicklungen besteht darin, dass jeder Entwicklungsschritt in eine bestimmte Richtung die Wahrscheinlichkeit steigert, dass diese Richtung beibehalten und die Möglichkeiten des Einschlagens alternativer Pfade beschränkt werden. Dafür bieten sich drei komplementäre Erklärungen an. Institutionen*ökonomisch* wachsen mit jeder Investition in einen Pfad die Erträge, während die Kosten der Umkehr steigen (North 1992). Institutionen*politisch* werden durch die Entwicklungsschritte Machtpositionen aufgebaut, die genutzt werden, um die diese Positionen stabilisierende Entwicklung fortzusetzen. Institutionen*soziologisch* implizieren die Entwicklungsschritte den Aufbau von Denkschablonen, die das Fortsetzen des eingeschlagenen Pfades als rational, einen Pfadwechsel jedoch als nicht rational erscheinen lassen (Hall u. Taylor 1996; Pierson 2004; Beyer 2005).

Für die Wissensevolution ist der Aufbau von Monopolstrukturen kontraproduktiv, weil damit das Potential für Kreativität und Innovation zunehmend eingeschränkt wird. Im Interesse der Erhaltung von Vielfalt, Kreativität und offener Wissensevolution ist es deshalb vernünftig, Wettbewerb zu fördern und nicht Monopolbildung zu betreiben. Um sich nicht dem Verdacht der Wettbewerbsbeschränkung auszusetzen, wird die Schaffung nationaler Monopolstrukturen mit der Notwendigkeit begründet, dass nur herausgehobene Großstandorte international sichtbar und damit wettbewerbsfähig sind. Dabei wird jedoch übersehen, dass nicht Standorte miteinander in der Wissensevolution konkurrieren und kooperieren, sondern Forscher und Forschergruppen, die Förderung von Standorten aber gerade das vorhandene Potential an Kreativität nicht ausschöpft, sondern verringert, dementsprechend der in das internationale System eingespeiste Input reduziert wird. Der internationalen Sichtbarkeit weniger Standorte als leere Hülsen wird die internationale Sichtbarkeit einer Vielzahl realer Personen als tatsächliche Träger der Wissensevolution geopfert. Wie erfolgreich in Deutschland entwickeltes Wissen im transnationalen Feld der Wissenschaft diffundiert und zur weiteren Wissensentwicklung genutzt wird, entscheidet sich nicht in der Konkurrenz einzelner Universitäten – z. B. LMU vs. Harvard –, sondern in der Konkurrenz vieler einzelner Forscher und Forschergruppen in Deutschland, in den USA und anderswo, die nicht als Standorte konkurrieren, sondern als reale Personen an vielen Plätzen der Welt, bezogen auf die USA an mindestens 170 Standorten und nicht nur an einigen wenigen. Die Entfaltung der Kreativität dieser einzelnen Forscher und Forschergruppen, auf die es im internationalen Wettbewerb allein ankommt, wird durch die Monopolstrategie jedoch behindert und nicht gefördert.

Die Schaffung nationaler Monopolstrukturen erweist sich demnach nicht als langfristig erfolgreiche Strategie des Wettbewerbs mit den USA. Um in diesem Wettbewerb erfolgreicher zu sein, müsste mehr auf die Förderung von Personen und weniger auf die Förderung von Standorten gesetzt werden, weil auf diese Weise eine breitere Ausschöpfung des vorhandenen Potentials an Kreativität gelingt. Wenn sich trotzdem die langfristig weniger erfolgreiche Monopolstrategie durchsetzt, dann ist dieses Ergebnis einerseits durch die Wirkung des von Elias beschriebenen Monopolmechanismus zu erklären, andererseits dadurch, dass auf dem Wege der Pfadabhängigkeit von Entwicklung vorhandene institutionelle Strukturen die Wahl möglicher Alternativen so einschränken, dass die Monopolstrategie besser mit den vorhandenen Strukturen zusammenpasst als die Wettbewerbsstrategie, sie der vorhandenen Machtverteilung im Wissenschaftsbetrieb entspricht und weniger Transaktionskosten verursacht. In dieser Hinsicht steht die Entwicklung des Wissenschaftsbetriebes in Deutschland an einem Scheideweg.

Aufgrund seiner föderalen Struktur verfügt Deutschland über erheblich mehr Pluralität und Wettbewerb als Frankreich und Großbritannien sowie alle anderen Konkurrenten außer den Vereinigten Staaten. Es lässt sich deshalb keine ähnlich geschlossene, alle Funktionsbereiche der Gesellschaft beherrschende Elite identifizieren. Statt dessen zeigt sich eine deutliche Differenzierung in Funktionseliten, die in sich wiederum durch den föderalen Pluralismus differenziert sind (Zapf 1965; Dahrendorf 1968/1971: 233-312; Hoffmann-Lange 1992; Krais 2000, 2001a, 2001b; Hartmann 2002; Derlien 2003; Hradil und Imbusch 2003; Hitzler, Hornbostel und Mohr 2004; Münkler, Straßenberger und Bohlender 2006). In der Gegenwart ist es noch schwerer geworden, eine Funktionsbereiche übergreifende Elite zu identifizieren (Mayer 2006). Der Erfolg des deutschen Wissenschaftsbetriebs ist zu einem erheblichen Teil dieser Pluralität zu verdanken, zumal er dem amerikanischen Wissenschaftsbetrieb von allen Konkurrenten in dieser Hinsicht am nächsten kommt. Der Ausbau der Universitäten mit einer Vielzahl von Neugründungen seit den 1960er und 1970er Jahren hat dieser Pluralität einen kräftigen Schub gegeben. Die Finanzkrise des Staates hat jedoch dazu geführt, dass dieser Ausbau auf halbem Wege steckengeblieben ist. Bildung und Forschung sind in Deutschland erheblich unterfinanziert. Die Folge ist in der Tat die verringerte internationale Konkurrenzfähigkeit. Der auf halbem Wege stehengebliebene Ausbau trifft vor allem die Neugründungen der 1970er Jahre, die inzwischen auch mit Studentenmassen überfüllt sind. Für einen von Finanznot in seinem Handeln beschränkten Staat ist es deshalb nahe-liegend, auf die Strategie der Umschichtung von Ressourcen hin zu ausgewählten Standorten und zu Lasten der übrigen Standorte und nicht auf eine breite Ausweitung der finanziellen Ressourcen zu setzen, um in Forschung und Industrie international konkurrenzfähiger zu werden. Der Staat (Bund und Länder) hat seit Mitte der 1980er Jahre zunehmend von der Strategie der möglichst breiten Bereitstellung gleich hoher Standards in Wissenschaft und Bildung Abstand genommen und ist auf eine Strategie der selektiven Förderung eingeschwenkt, in der Absicht, mit weniger Geld erstens bessere wissenschaftliche Qualität und zweitens praktisch besser verwertbares Wissen zu erzielen, wie Uwe Schimank herausgearbeitet hat (Schimank 1994, 1995a, siehe auch Winnes und Schimank 1999: 85-87). Die Grundausstattung der Universitäten wurde systematisch zurückgefahren. Die eingesparten Geldmittel wurden einerseits in die Erhöhung der verfügbaren, über die Deutsche Forschungsgemeinschaft (DFG) verteilten Drittmittel (Ziel 1) gesteckt, andererseits in den Ausbau von außeruniversitären Forschungseinrichtungen, die insbesondere der technologischen Innovation dienen sollten (Ziel 2). Allein zwischen 1993 und 1998 sind die Grundmittel der Universitäten ohne medizinische Einrichtungen von 83,6 auf 81,4 Prozent gesenkt worden, während die Drittmittel von 14,2 auf 16,1 Prozent gesteigert wurden. Hinzu kam die leichte Erhöhung des Anteils der Verwaltungseinnahmen von 2,2 auf 2,4 Prozent (Wissenschaftsrat 2000: 23; 2002: 58). Für den Zeitraum von 1980 bis 2003 stellt sich die Situation so dar, dass die Grundmittel 1980 noch den 13,25-fachen Wert der Drittmittel ausmachten (5,091 Mrd. Euro zu 384 417 Mio.), dagegen 2003 nur noch den 5,38-fachen Wert erreichten (13,455 Mrd. Euro zu 2,500 Mrd.) (Statistisches

Bundesamt 2005a). Vom Ausbau der außeruniversitären Forschungseinrichtungen hat insbesondere die auf technologische Innovationen spezialisierte Fraunhofer-Gesellschaft (FhG) profitiert. In den Universitäten hat diese Entwicklung zu einem »ruinösen Wettbewerb« (Schimank 1995a: 290-297) um Drittmittel geführt, der immer zeitaufwändiger geworden ist, Forscher zu Forschungsmanagern macht und immer mehr nur noch Großstandorten mit viel »kritischer Masse« und umfassender Infrastruktur die Chance zur Einwerbung umfangreicher Drittmittel gibt. Die weniger gut ausgestatteten Standorte, Disziplinen und Professuren müssen bei stark gewachsener Lehrbelastung immer größeren Zeitaufwand betreiben, um angesichts der politisch entfachten Konkurrenz immer weniger Forschungsmittel zu ergattern. So findet ein ruinöser Überbietungswettbewerb statt, in dem das Antrags- und Berichtsverfahren und die Beschäftigung abhängiger Mitarbeiter zum Selbstläufer werden. Da die Professoren nur noch »forschen lassen« (Sinn 1988: 82, zit. bei Schimank 1995a: 305), mangelt es der betriebenen Forschung sowohl an Erfahrung als auch an Kreativität und Qualität. Die Forschungsprojekte müssen sich der herrschenden Lehre fügen, standardmäßigen Charakter haben, Risiken vermeiden, kleingeschnitten und kurzfristig bearbeitbar sein (Schimank 1995a: 301-316). Innerhalb der Universitäten findet unter der Hand ein Verdrängungswettbewerb statt, der die alte Kollegialität auf kaltem Wege beseitigt. Der Kollege nebenan bemerkt erst, wenn vollendete Tatsachen geschaffen worden sind, dass ihm sein Flurnachbar indirekt eine halbe Stelle weggenommen hat, weil die Hochschulleitung seinen Erfolg bei der Installierung einer DFG-Forschergruppe mit der Umschichtung von Mitteln begleitet, um den Erfolg auf längere Sicht zu sichern (Schimank 1995a: 258-259).

Es kann also festgestellt werden, dass die historische Pfadabhängigkeit zwar für einen Weg der Erhaltung von Vielfalt und Wettbewerb zu Gunsten der breiteren Ausschöpfung von Kreativität und einer dementsprechend offeneren Wissensevolution spricht, die aktuelle Finanznot des Staates jedoch anscheinend zu einer Abkehr von diesem Entwicklungspfad zwingt. Dabei kann sich der Staat auf die schon vorhandenen Tendenzen der Herausbildung von Monopolstrukturen unterhalb der Oberfläche des Pluralismus stützen.

Symbolische Kämpfe

Ob die Forschungspolitik in Deutschland unter den Bedingungen der transnationalisierten Entwicklung, Diffusion und Nutzung des wissenschaftlichen Wissens zum historischen Entwicklungspfad der Pluralität als Grundlage von Wettbewerb, Kreativität und offener Wissensevolution zurückkehrt oder endgültig den Pfad wechselt und die unterhalb der Pluralität an der Oberfläche schon vorhandenen Monopolstrukturen weiter stärkt, entscheidet sich schließlich in symbolischen Kämpfen um die Definitionsmacht in einer historischen Situation, in der die Weichen zukünftiger Entwicklung gestellt werden. Diese symbolischen Kämpfe finden in einem diskursiven Feld statt, das wir mit Bourdieu (1992) als Machtfeld der Wissenschaft bezeichnen können (vgl. Krais 1989, 2000; Müller 1992: 238-351). Das Machtfeld der Wissenschaft umfasst die maßgeblichen Akteure von Politik, Verwaltung, Forschungsförderung, außeruniversitären Forschungsorganisationen und Universitäten. Im weiteren Verlauf werden dafür auch die Begriffe »diskursives Feld der Wissenschaft« und »wissenschaftliches Feld« verwendet.

Mit dem Begriff »akademisches Feld« wird der Fokus auf die Universitäten in ihrer äußeren Position im wissenschaftlichen Feld, in ihrer eigenen Differenzierung in mehr oder weniger machtvolle Spieler im Feld und in ihrer inneren Struktur von Universitätsleitung, Fachbereichen, Fächern, Instituten und Lehrstühlen gerichtet. In das äußere akademische Feld sind alle Spieler des wissenschaftlichen Feldes involviert. Mit dem Begriff des akademischen Feldes wird das wissenschaftliche Feld lediglich mit besonderer Fokussierung der Position der Universitäten insgesamt, wie aber auch ihrer Differenzierung in mehr oder weniger machtvolle Spieler sowie ihrer inneren organisationalen Strukturierung in Relation zu den anderen Akteuren im Feld betrachtet. In diesem, das gesamte wissenschaftliche Feld mit besonderem Fokus einbeziehenden Sinn, ist der Begriff des akademischen Feldes gemeint. Gleichwohl werden auch die Begriffe »diskursives Feld der Wissenschaft«, »Machtfeld der Wissenschaft« und »wissenschaftliches Feld« im Text verwendet, wenn die Gesamtstruktur dieses Feldes in den Blick genommen wird.

Die Wissenschaftsministerien der Länder, die Kultusministerkonferenz (KMK), das Bundesministerium für Bildung und Forschung (BMBF) und seine Vorgänger, die Hochschulrektorenkonferenz (HRK), der Wissenschaftsrat (WR), die Bund-Länder-Kommission für Bildungsplanung und Forschungsförderung (BLK), die Deutsche Forschungsgemeinschaft (DFG), die Max-Planck-Gesellschaft (MPG), die Fraunhofer-Gesellschaft (FhG), die Helmholtz-Gemeinschaft Deutscher Forschungszentren (HGF), die Leibniz-Gemeinschaft (WGL) und die Akademien der Wissenschaft nehmen die entscheidenden Machtpositionen im wissenschaftlichen Feld ein (Braun 1997: 209-233, 308-312, 322-324; Winnes und Schimank 1999: 13). Dazu kommen die einzelnen Universitäten, die nach Größe mehr oder weniger stark in diesen Kampf um Positionen im nationalen und internationalen Feld der Wissenschaft eingreifen. Im Einzelnen konkurrieren die folgenden Forschungseinrichtungen um Forschungsmittel (Stand 2005):

- 102 Universitäten
- 80 Institute der Max-Planck-Gesellschaft (MPG)
- 74 Institute der Fraunhofer-Gesellschaft (FhG)
- 84 Institute der Wissenschaftsgemeinschaft Gottfried Wilhelm Leibniz (WGL) (Institute der Blauen Liste und der ehemaligen Akademien der DDR)
- 15 Forschungszentren der Helmholtz-Gemeinschaft (HGF)
- 14 Bundesforschungsanstalten

In den symbolischen Kämpfen ist von entscheidender Bedeutung, welche Rhetorik sich durchsetzt und den Status eines Bezugsrahmens einnimmt, innerhalb dessen Vorschläge und Maßnahmen legitimiert werden. Hier kommt es darauf an, ob die alte Rhetorik, die den Pluralismus von Forschungsinstitutionen legitimiert hat, durch eine neue Rhetorik abgelöst wird, die das Setzen auf die Monopolstrategie als erfolgreich und legitim erscheinen lässt. Zur alten Rhetorik, die eher Pluralität stützt, gehören die Begriffe »Föderalismus«, »Chancengleichheit« und »Vielfalt«. Die neue Rhetorik, die der Monopolstrategie als Legitimationsgrundlage dient, stützt sich auf die Begriffe »Wettbewerb«, »internationaler Standortwettbewerb«, »kritische Masse«, »Differenzierung«, »Profilbildung«, »Exzellenz«, »Elite« und »Leuchtturm«. Dabei fällt auf, dass der Begriff des Wettbewerbs zwar häufig verwendet wird, die Monopolstrategie aber gerade den Wettbewerb einschränkt und verzerrt. Das offenbart, dass die neue Rhetorik auch Ansatzpunkte für eine Kritik der Monopolstrategie bietet. Wie weit sich diese Kritik Gehör verschaffen und überzeugen kann, wird darüber entscheiden, ob sich die Monopolstrategie ohne weiteres durchsetzen wird, oder ob die Strategie des individualisierten Wettbewerbs von Forschern und Forschergruppen unabhängig von Standorten doch die Oberhand gewinnt. Um diese beiden Alternativen ging es zumindest ansatzweise im Streit zwischen dem Bulmahn-Plan und dem Länderkonzept zur Förderung von Spitzenforschung. Der ausgehandelte Kompromiss geht jedoch deutlich in die Richtung der Monopolstrategie.

Es wird in diesen Kämpfen eine symbolische Ordnung als Legitimationsbasis der alltäglichen Praxis konstruiert (zur Auslegung: Soeffner 1989; Hitzler, Reichertz und Schröer 1999; Oevermann 2001). Zu dieser symbolischen Ordnung gehören insbesondere Rationalitätsmythen, in deren Licht eine gegebene bzw. in Erzeugung befindliche Praxis als makellos rational und ohne Alternative erscheint (vgl. Barthes 1970). Diskrepanzen zwischen Mythos und Realität werden durch die Entkopplung der Aktivitätsstruktur alltäglicher Praxis von der Formalstruktur der öffentlichen Darstellung des Rationalitätsmythos unsichtbar gemacht (Meyer und Rowan 1977). Dadurch bleibt der Rationalitätsmythos unbefleckt von der weniger rationalen Praxis und behält seine Strahl- und Legitimationskraft. Die Rhetorik der Exzellenz verbreitet insofern einen Rationalitätsmythos, als sie sich in öffentlicher Darstellung selbst legitimiert, während die weniger rationale Praxis der Exzellenzkonstruktion von ihrer öffentlichen Darstellung entkoppelt wird.

Das Machtfeld der Wissenschaft wird von dem Kampf zwischen Machthabern und Herausforderern bestimmt (vgl. dazu Bourdieu 1992, 2004a; Fligstein 2001). Die Machthaber stützen sich auf eine herrschende Rhetorik (vgl. Bach 2004: 280-319). Diese Rhetorik kann über den losen Gebrauch von

Schlüsselbegriffen hinaus zu einer Semantik als eine in ihrem Bedeutungsgehalt kohärente, die Situation definierende Sprache und auch zu einem Paradigma mit einer Leitidee und Prinzipien im Kern sowie einem Kranz von Programmen zu Spezialproblemen verdichtet werden. Übertragen wir Thomas Kuhns (1967) Analyse wissenschaftlicher Revolutionen mit dem Konzept des Paradigmas auf unseren Gegenstand, dann können wir annehmen, dass ein Paradigma als Legitimationsgrundlage einer Herrschaftsstruktur von Machthabern und Machtunterworfenen und der entsprechenden sozialen Praxis dient. Solange es den Inhabern der entscheidenden Machtpositionen gelingt, auftretende Probleme mit der Leitidee, den Prinzipien und Programmen des herrschenden Paradigmas zu bewältigen, bleiben die Herrschaftsordnung, die Machtverteilung, das Paradigma und die soziale Praxis unangetastet. Auftretende Probleme werden im Normalbetrieb als Rätsel gelöst. Verliert jedoch das Paradigma z. B. aufgrund veränderter struktureller Bedingungen an Kraft, so dass sich ungelöste Probleme als Anomalien anhäufen, schwindet auch die Legitimität der Herrschaftsordnung, der Machtverteilung und der sozialen Praxis. In dieser Situation haben Herausforderer die Chance, an Macht zu gewinnen und eine neue Rhetorik durchzusetzen, aus der eine neue Semantik und ein neues Paradigma entwickelt werden. Es entsteht eine neue Herrschaftsordnung mit einer neuen Machtverteilung und sozialen Praxis.

Auf die Entwicklung des Wissenschaftsbetriebes in Deutschland bezogen, kann man die Traditionsuniversitäten bis in die 1960er Jahre als Inhaber der Machtpositionen und Hüter des Humboldt'schen Ideals der Bildung durch Wissenschaft, der Einheit von Forschung und Lehre und der Einsamkeit und Freiheit des universitären Forschers und Lehrers betrachten (Schelsky 1971). Dieses Paradigma verliert in den 1960er Jahren an Kraft. Es geht in den Turbulenzen der Studentenbewegung unter dem Leitspruch »Unter den Talaren der Muff von tausend Jahren« unter. Schlagworte wie »Bildungsnotstand«, »Bildungskatastrophe« (Picht 1965) und »Bildung ist Bürgerrecht« (Dahrendorf 1965) gewinnen als neue Rhetorik die Oberhand und führen zum Ausbau der Hochschulbildung mit zahlreichen neugegründeten Universitäten, die jetzt als Herausforderer zu Trägern einer neuen Rhetorik werden. Diese ergibt sich aus der Ausrichtung auf die Inklusion breiterer Bevölkerungsschichten in die Hochschulbildung. Es ist die Rhetorik von Studienreform und Lehrevaluation. Die Sozialwissenschaften fassen in breitem Umfang Fuß im expandierenden Hochschulsystem. Sie werden erheblich ausgebaut und dringen als Ergänzungsdisziplin in Forschung und Lehre vieler Fächer ein. Die gesellschaftliche Verfasstheit allen menschlichen Handelns erlangt besondere Aufmerksamkeit und bildet die Grundlage einer neuen Rhetorik sozialwissenschaftlich inspirierter, geprägter oder ergänzter Forschung. Träger dieser Herausforderung der traditionellen Ordnung von Forschung und Lehre sind maßgeblich die neugegründeten Hochschulen. Sie gewinnen im Wissenschaftsbetrieb erheblich an Macht, zu Lasten eines Machtverlustes der Traditionsuniversitäten. Die veränderten Machtverhältnisse äußern sich nicht zuletzt allein schon aufgrund der Koordination des Aufbaus der neuen Standorte in einem besseren Draht der Neugründungen zu den Wissenschaftsministerien.

Der Globalisierungsdiskurs hat jedoch seit den 1990er Jahren das Blatt wieder zu Gunsten der am umfangreichsten ausgebauten Traditionsuniversitäten gewendet. Sie werden mit neuer politischer Unterstützung und mit Hilfe einer

neuen Rhetorik des internationalen Wettbewerbs und der Exzellenz als Leuchttürme in den internationalen Kampf um
akademische Sichtbarkeit und Aufmerksamkeit geschickt.
Die Universität Heidelberg ist in diesem Kampf allein schon
wegen ihres Gründungsjahres 1386, ihrer Tradition, ihrer
Beliebtheit als Reiseziel, ihrer naturwissenschaftlichen und
medizinischen Großforschungszentren und ihrer Nähe zum
Großflughafen Frankfurt a. M. dazu prädestiniert, als Leuchtturm ausgesucht zu werden, unabhängig von der tatsächlich
erbrachten Forschungsleistung. Ähnliches gilt für die Standorte in den Landeshauptstädten. Mit der neuen Rhetorik des
internationalen Wettbewerbs gewinnen Naturwissenschaft,
Technik und Medizin sowie die großen Traditionsuniversitäten wieder die Oberhand gegenüber den Geistes- und Sozialwissenschaften und den mittleren und kleineren Standorten, insbesondere gegenüber den Neugründungen (vgl.
Schimank 1995a: 313).

Die Diskurse zur Förderung von wissenschaftlicher Exzellenz im akademischen Feld konkretisieren sich historisch
in einer *Diskursformation*, in der sich eine dominante Semantik von Exzellenz, Wettbewerb und Elitebildung, bestimmte Grundannahmen über effektive und effiziente Förderfor-
men, die zentralen Institutionen des akademischen Feldes
und dominierende sowie dominierte Diskursfraktionen bzw.
Akteursgruppen zu einer Einheit verbinden. Die Diskursformation »Exzellenzförderung« ist durch den noch größ-
tenteils latenten Konflikt zwischen einer dominanten, von
den Akteursgruppen im Machtzentrum gebildeten Fraktion
und einer dominierten, zunehmend in die Peripherie ver-
drängten Fraktion geprägt.

Auf der einen Seite befindet sich die dominierende Fraktion, die durch gezielte Konzentrationsprozesse einzelne

Standorte zu »Leuchttürmen« machen will. Auf der anderen Seite sehen wir die dominierte Fraktion, die anstelle der monopolartigen Konzentration von Ressourcen auf wenige Standorte auf die Förderung der produktivsten Forscher, unabhängig von Standorten, auf offenen Wettbewerb, Vielfalt, Kreativität und offene Wissensevolution setzt. Eine Diskursfraktion ist die Verbindung spezifischer Positionen in einem diskursiven Feld mit bestimmten Trägergruppen; sie kann mehr oder weniger fest und mehr oder weniger scharf von anderen Fraktionen abgegrenzt sein. Naheliegende Trägergruppe der Konzentrationsprozesse forcierenden Diskursfraktion sind Großstandorte der Forschung, naheliegende Trägergruppe der Förderung individueller Forscher sind mittlere und kleinere Standorte. Diskursfraktionen können »Diskurskoalitionen« mit gleichgesinnten Diskursfraktionen in anderen Diskursfeldern eingehen. So besteht eine latente Koalition der Monopol-Fraktion mit örtlichen Fraktionen der Metropolbildung, während die Wettbewerbs-Fraktion eine Verbindung mit örtlichen Fraktionen der Gegengewichtsbildung gegen die Sogwirkung von Metropolen eingehen kann (vgl. Keller 2001; Schwab-Trapp 2001).

Institutioneller Wandel im Machtfeld der Wissenschaft

Aus einer an Foucault (1981, 1991) anschließenden, Bourdieu (1979, 1991, 1992, 1993, 2004a, 2004b) einbeziehenden und Habermas (1971, 1981) nicht ausschließenden diskursanalytischen Perspektive entscheidet sich der symbolische Wandel in einem diskursiven Feld, in dem die symbolische Ordnung des legitimen wissenschaftlichen Wissens und der kompetenten wissenschaftlichen Arbeit erzeugt wird. In diesem Feld konstruieren Akteure die als legitim geltende soziale Realität (vgl. Schatzki 1996, 2002; Schatzki et al. 2001; Heintz 2001; Reckwitz 2003). Die Akteure bilden eine Diskurskonstellation in dem Sinne, dass eine bestimmte Struktur der Machtverteilung zwischen den Akteuren im Feld gegeben ist, die zwischen den beiden Polen der totalen Vermachtung bzw. Ungleichheit der Macht (Foucault 1991) und der idealen Sprechsituation (Habermas 1981) variiert. Die Praxis der Realitätskonstruktion und deren Umsetzung in Entscheidungen und Handlungen wird durch Dispositive, das heißt durch Handlungsprogramme, bestimmt, die unter der Bedingung der totalen Vermachtung zur zirkulären Reproduktion von Wissensordnung und legitimem Handeln, unter der Bedingung der idealen Sprechsituation zur ständigen Revision von Wissensordnung und legitimem Handeln führen. Das diskursive Feld ist als ein Machtfeld zu begreifen, in dem Akteure im Kontext einer gegebenen Verteilung von Macht maßgeblich durch die Ausübung von Definitionsmacht auf die Reproduktion bzw. Transformation der gegebenen Machtverteilung hinwirken. In den Begriffen Bourdieus ist Definitionsmacht eine Form des symbolischen Kapitals. Das heißt, es handelt sich um eine selbst im diskursiven Feld durch Realitätskonstruktion als legitim definierte Kompetenz zur Abgabe von Urteilen über das, was ist, was sein soll, was das Problem ist und wie das Problem gelöst werden kann.

Institutionelle Träger des symbolischen Kapitals sind Konsekrationsinstanzen. Das sind Prüfungsausschüsse, Sachverständigenausschüsse und ganze Prüfungsorganisationen, die Berechtigungen zur Ausübung von Tätigkeiten verleihen, für die spezifische Kompetenzen in Anspruch genommen werden. Sie definieren, welche Kompetenzen für diese Tätigkeiten erforderlich sind, und prüfen, ob Personen, die diese Tätigkeiten ausüben wollen, über die entsprechenden Kompetenzen verfügen. Sie versehen primär die Kompetenzen und sekundär die Personen, denen die Kompetenzen zugeschrieben werden, mit einer höheren Weihe. Die Kompetenzen sind etwas Sakrales, über dessen Reinheit und Unbeflecktheit von profanen Interessen die Konsekrationsinstanzen wachen. Können die Konsekrationsinstanzen die Reinheit des Sakralen nicht ausreichend schützen, dann verliert die davon betroffene Kompetenz ihre Außergewöhnlichkeit und damit die Achtung und den Respekt in der Gesellschaft. Die Ausübung der entsprechenden Tätigkeit wird dann nur noch durch den Nachfrage/Angebots-Mechanismus des Marktes bestimmt.

Zu den Konsekrationsinstanzen der Wissenschaft gehören die Prüfungsausschüsse, die in Universitäten Diplome verleihen, die Ministerialausschüsse, die Rahmenprüfungsordnungen erstellen, die Fachbereichsräte und Senate, die Prüfungsordnungen gestalten, in zunehmendem Maße die Akkreditierungsagenturen, die Prüfungsordnungen das Siegel der Qualität verleihen, Ministerialausschüsse und Sachverständigenkommissionen, die politische Empfehlungen über die Gestaltung von Universitäten, von Forschung und Lehre und über die Verteilung von Forschungsmitteln geben. Akademien der Wissenschaft, fachwissenschaftliche Vereinigungen und Herausgeber wissenschaftlicher Fachzeitschriften sind weitere wichtige Konsekrationsinstanzen der Wissenschaft. In Deutschland spielt die Deutsche Forschungsgemeinschaft (DFG) die Rolle einer zentralen Konsekrationsinstanz für die Verteilung von Forschungsmitteln zur Ausübung von Forschungstätigkeit und die damit verbundene Zuschreibung von wissenschaftlicher Exzellenz.

Die DFG ist die Vereinigung aller anerkannten Forschungsinstitutionen in Deutschland – Universitäten und außeruniversitäre Forschungseinrichtungen, Akademien der Wissenschaft und wissenschaftliche Verbände (DFG 1998: 378-380). In ihr organisiert sich die Forschung in Deutschland selbst. Die DFG wird deshalb als ein Garant der Autonomie von Forschung gegenüber politischer Steuerung und wirtschaftlichen Interessen betrachtet (Neidhardt 1988). Ihre Leitidee ist die leistungsgerechte Verteilung von Forschungsmitteln nach Kompetenz in einem offenen Wettbewerb. Winnes und Schimank (1999: 201) stellen fest: »Die DFG gilt international als eine der effizientesten und renommiertesten Institutionen im Bereich der Finanzierung von Grundlagenforschung. Ihre wissenschaftliche Autonomie und das praktizierte *peer review*-Verfahren gelten als vorbildliche Beispiele einer effizienten und qualitätsorientierten Forschungsförderung.«

Die DFG zieht ihre Legitimität als anerkannte Konsekrationsinstanz von Forschung aus dem Glauben, dass ihre Verfahren zu einer Allokation der Forschungsressourcen an Forscher führen, aus der sich eine breite und offene Evolution des Wissens über alle Disziplinen hinweg ergibt. Vor allem wird eine leistungsgerechte Verteilung der Ressourcen erwartet. Die Verteilung der Forschungsressourcen der DFG sollte deshalb weitestgehend der Verteilung von Forschungsleistungen entsprechen, die in den wissenschaftlichen Disziplinen in Publikationen, in den technischen Disziplinen in Patenten zum Ausdruck kommen. Je weiter die beiden Verteilungsstrukturen voneinander entfernt sind, umso mehr ist die Legitimität der Verfahren und der DFG als Konsekrationsinstanz der Forschung infrage gestellt.

Die gesellschaftliche Basis der Akkumulation von symbolischem Kapital ist die Verfügung über ökonomisches, kulturelles und/oder soziales Kapital (sowie über politisches Kapital). Ökonomisches Kapital besteht in der Verfügung über

Ressourcen, die sich in wirtschaftlichen Nutzen umsetzen lassen. Kulturelles Kapital sind Ressourcen, die ein Verständnis der symbolischen Ordnung der Gesellschaft erlauben. Soziales Kapital ist die Verfügung über die Unterstützung anderer Personen. In unserem Zusammenhang bedeutet ökonomisch nutzbares Wissen ökonomisches Kapital und kulturelles Kapital, wobei die ökonomische Seite über die kulturelle Seite dominiert. Bildungswissen ist primär kulturelles Kapital und sekundär ökonomisches Kapital, das sich unter Umständen, z. B. in einem Lehrerberuf, ökonomisch verwerten lässt. Soziales Kapital äußert sich in unserem Zusammenhang z. B. in der Zahl der Personen, auf deren Unterstützung man bei Forschungsanträgen sowohl auf der Seite der Kooperationspartner als auch auf der Seite der Gutachter zählen kann. Bourdieu erweiternd, kann der Begriff des politischen Kapitals im Sinne der Verfügung über Entscheidungsmacht in Gremien, Ausschüssen und Kommissionen eingeführt werden.

Das diskursive Feld, das unseren Gegenstandsbereich bildet, ist das akademische Feld bzw. das Machtfeld der Wissenschaft. Ein zentraler Prozess der Reproduktion der Machtverteilung in diesem Feld ist die Verteilung von Forschungsmitteln auf Personen und Standorte. Dieser Prozess steht im Mittelpunkt unserer Untersuchung. Es gilt (1) die Akteure im Feld zu identifizieren, mit besonderem Augenmerk für die Konsekrationsinstanzen im Feld (DFG, Sachverständigenausschüsse), (2) die Struktur der Machtverteilung zwischen den Akteuren, (3) die Doxa, die Rhetorik bzw. die Leitbilder oder die Frames, die im Feld vorherrschen und von den Akteuren reproduziert bzw. transformiert werden, und (4) die Dispositive, über die Forschungsmittel verteilt und die Realität kompetenter Wissenschaft konstruiert wird. Die Akteure im Feld sind die Universitäten, die außeruniversitären Forschungseinrichtungen, die Akademien der Wissenschaft, die Deutsche Forschungsgemeinschaft (DFG), der Wissenschaftsrat (WR), die Hochschulrektorenkonferenz (HRK), die Bund-Länder-Kommission für Bildungsplanung und Forschungsförderung (BLK), die Wissenschaftsministerien der Länder und das Bundesministerium für Bildung und Forschung (BMBF). Da ein Großteil der Forschungsressourcen durch die DFG verteilt wird, lässt sich die Struktur der Machtverteilung annäherungsweise durch die Mitgliedschaften von Forschungseinrichtungen in den Gremien und Ausschüssen der DFG ermitteln.

Die Verteilung von Forschungsressourcen im akademischen Feld wird durch eine herrschende symbolische Ordnung legitimiert. Sie bildet eine Metaebene oberhalb der alltäglichen Situationsdefinitionen und Entscheidungen und wird in diesen Prozessen selbst reproduziert und transformiert. Die symbolische Ordnung wird in Leitbildern, Frames, Rationalitätsmythen, Rhetoriken, Semantiken und Paradigmen kondensiert. In unserem Untersuchungszusammenhang konzentrieren wir uns auf Rhetoriken und Rationalitätsmythen. Rhetoriken bestehen in der Bestückung von Reden und Texten mit Schlüsselbegriffen, die Zustimmung und damit Legitimität erzeugen. Rationalitätsmythen sind Bestandteil von Rhetoriken (Semantiken bzw. Paradigmen). Es handelt sich dabei um die Legitimität erzeugende öffentliche Darstellung der Rationalität von Verfahren, von der die reale Praxis mehr oder weniger weit entfernt sein kann. Die nichtrationale Aktivitätsstruktur ist dann von der rationalen Formalstruktur entkoppelt (Meyer und Rowan 1977). In den Begriffen Bourdieus können wir von der Doxa sprechen, die als Legitimation für die Verteilung von Positionen und Ressourcen im Machtfeld dient. Sie erweist sich als Illusio, je weiter die Verteilung von Positionen und Ressourcen von dem herrschenden Leitbild der Rationalität entfernt ist. Im akademischen Feld ist es z. B. herrschende Lehre, dass Forschungsmittel leistungsgerecht verteilt werden. Weicht die Realität von dieser Lehre ab, dann ist die Doxa zugleich eine Illusio, die den bestehenden Verhältnissen trotz Abweichung von der Lehre das Siegel der Legitimität verleiht. Das geht so lange gut, wie die hinters Licht geführten Akteure das Spiel nicht durchschauen.

In Zeiten des Umbruchs hat eine alte symbolische Ordnung an Verbindlichkeit verloren, die neue muss erst noch feste Geltung erlangen. Deshalb erreichen Reden und Texte kaum mehr als den Status der Rhetorik. Eine Semantik wäre schon ein kohärentes und verbindlicheres Vokabular, ein Paradigma bestünde aus einem verbindlichen Kern von Prinzipien und Programmen zur Umsetzung dieser Prinzipien. Eine fest etablierte symbolische Ordnung ist verdinglicht, das heißt, dass Darstellung und Realität eine in sich geschlossene Einheit bilden. Bei einer Rhetorik ist dieser Zustand noch nicht erreicht. Deshalb besteht immer eine kleinere oder größere Diskrepanz zwischen Darstellung und Realität. Die Darstellung wird dadurch als bloße Prätention ohne Realitätsgehalt entlarvt, der Realität wird dagegen Legitimität mangels Stützung durch die symbolische Ordnung entzogen. In unserem Untersuchungszusammenhang gilt es die Entwicklung der Rhetorik zu rekonstruieren, die als Legitimationsinstrument bei der Verteilung von Forschungsressourcen Anwendung findet. Besondere Aufmerksamkeit gilt dabei der aktuellen Rhetorik der Exzellenz, die auf breiter Front im öffentlichen Diskurs als Legitimationsinstrument der Forschungspolitik eingesetzt wird. Sie wird durch eine Diskurskoalition mit der Rhetorik des Standortwettbewerbs in der globalisierten Ökonomie gestützt.

Als Dispositive der Macht im akademischen Feld sollen in unserem Untersuchungszusammenhang zwei Programme im Zentrum der Betrachtung stehen: Verfahren der Verteilung von Forschungsmitteln und realitätskonstruierende Programme der Evaluation von Forschung. Die Programme der Ressourcenverteilung und Forschungsevaluation bilden Regime im Sinne von geregelten Verfahren, denen sich die einzelnen Forscher und Standorte unterwerfen müssen, wenn sie an Forschungsmittel herankommen und Reputation erwerben wollen. In diesem Sinne kann man von einem Regime der staatlichen Monopolbildung durch die gezielte Konzentration von Ressourcen an politisch privilegierten Standorten sprechen, von einem Regime des *peer review* als Verfahren der Leistungsmessung, von einem Regime der Drittmittel, von einem Regime der Kennziffern, von einem Regime der absoluten Zahlen und einem Regime der Internationalisierung im Schatten der amerikanischen Hegemonie. Diese Regime sind soziale Tatbestände und üben als solche verbindlichen Zwang auf die einzelnen Forscher und Standorte aus (Durkheim 1961).

Verfahren der Ressourcenverteilung und der Forschungsevaluation zielen auf eine effektive und legitime, das heißt leistungsgerechte Zuweisung von Ressourcen und Zuschreibung von Exzellenz. Sie orientieren sich an einer als rational geltenden Ordnung als Formalstruktur. Davon ist die Aktivitätsstruktur der tatsächlichen Praxis zu unterscheiden, die von der Formalstruktur abweichen und mehr oder weniger nichtrationale Elemente beinhalten kann. Die Rationalität der Formalstruktur ist dann ein Mythos, hinter dem sich eine weniger rationale Praxis verbirgt. Die Diskrepanz zwischen Formal- und Aktivitätsstruktur ist eine wesentliche Quelle von Zweifeln an der Legitimität der zur Anwendung kommenden Verfahren. Die Entkopplung der Aktivitätsstruktur realer Exzellenzkonstruktion vom Rationalitätsmythos öffentlich dargestellter Exzellenz hilft, den Mythos und seine Legitimationskraft zu erhalten. Je mehr aber die Kluft zwischen Formal- und Aktivitätsstruktur offenbar wird, umso mehr verlieren die zentralen Konsekrationsinstanzen an Glaubwürdigkeit. Es ist dann die Zeit für grundlegende Reformen gekommen, die auf die Schließung der gewachsenen Kluft zwischen prätendierter Exzellenz und realen Forschungsleistungen zielen (Abb. E-3).

Abb. E-3: Das akademische Feld

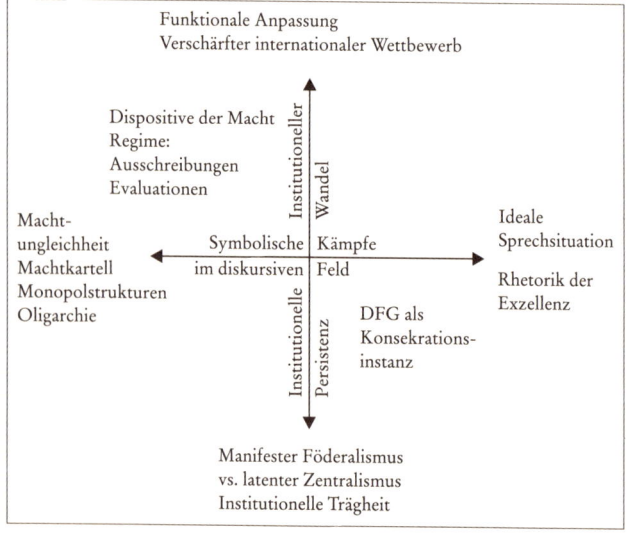

Das Forschungsprogramm wird so abgearbeitet, dass Teil I
die ganze Achse des institutionellen Wandels zwischen den
beiden Polen der funktionalen Anpassung an den verschärften internationalen Wettbewerb und der Pfadabhängigkeit
der Entwicklung mit besonderem Fokus auf die dabei zur
Anwendung kommenden Dispositive der Macht untersucht.
Die Betrachtung der institutionellen Verfahren der Exzellenzzuschreibung als Dispositive der Macht bringt zugleich
die Perspektive der zweiten Achse, d. h. der Achse symbolischer Kämpfe, in die Analyse ein. Diese Achse wird an-
schließend in den Vordergrund gerückt, und zwar so, dass
Teil II den einen Pol, nämlich den Pol der Machtverteilung,
Ressourcenzuweisung und Forschungsproduktivität fokussiert, während Teil III den Legitimationskämpfen gewidmet
ist. Die Untersuchung ist der Beschreibung und verstehenden Erklärung eines Strukturwandels von historischer Tragweite im akademischen Feld gewidmet. Dieser Strukturwandel vollzieht sich auf drei Ebenen, und zwar auf den Ebenen
(1) der Machtverteilung und Ressourcenverteilung der Akteure im Feld (Akteurskonstellation), (2) der institutionellen
Verfahren der Ressourcenzuweisung und der Exzellenzzuschreibung durch Forschungsevaluation und (3) der Leitideen
von Wissenschaft und Forschung. Teil I der Untersuchung
fokussiert die institutionellen Verfahren der Ressourcenzuweisung und Exzellenzzuschreibung, Teil II die Macht- und
Ressourcenverteilung, Teil III die Leitideen. Die Untersuchung des Strukturwandels wird von folgenden Hypothesen geleitet, in denen die Kräfte der funktionalen Anpassung
und der institutionellen Persistenz auf der ersten Achse des
Wandels sowie die Kräfte der Machtverteilung im diskur-

siven Feld auf der zweiten Achse des Wandels spezifiziert werden.

(1) Zeitpunkt, Reichweite und Tiefe des Wandels: Funktionale Anpassung vs. institutionelle Persistenz

Funktionalistische Hypothese 1a: funktionaler Anpassungsdruck. Mit der Zunahme der Internationalisierung wissenschaftlicher Disziplinen (Netzwerke, Publikationen in englischer Sprache, internationale Vereinigungen) und der (wissenschafts-)öffentlichen Thematisierung des internationalen Wettbewerbs nehmen die Restrukturierungsaktivitäten im wissenschaftlichen Feld zu, und zwar zeitversetzt auf folgenden Ebenen: (1) den Akteurskonstellationen (neue Strategien der Positionierung im internationalisierten akademischen Feld), (2) der institutionellen Verfahren der Ressourcenverteilung, der Produktion von Forschungsoutput und der Evaluation von Forschung auf der Makroebene, der Forschungsorganisation auf der Mesoebene und der Forschung sowie Forschungsevaluation auf der Mikroebene und (3) der Rationalität konstruierenden Leitideen (zunehmende Dominanz der Rhetorik der Exzellenz).

Institutionalistische Gegenhypothese 1b: institutionelle Trägheit. Die Internationalisierung von Netzwerken und Publikationen und ihre (wissenschafts-)öffentliche Thematisierung bringen allein noch keinen durchgreifenden Wandel hervor, lediglich ansatzweise auf der Ebene der Akteurskonstellation, aber nicht auf den Ebenen der institutionellen Regeln und der Leitideen.

(2) Richtung und Formung des Wandels: Machtverteilung im diskursiven Feld I

Feldtheoretisch-diskursanalytische Hypothese 2a: Ausdifferenzierung eines von internationalisierten Disziplinen und zentralen Standorten dominierten wissenschaftlichen Feldes. Das internationalisierte Feld bringt die naturwissenschaftlichen Disziplinen, außeruniversitäre Großforschungseinrichtungen und universitäre Großstandorte mit großen Forschungszentren in eine dominante Stellung und in eine Diskurskoalition mit den zentralen Fördereinrichtungen und den Repräsentanten des unter Wettbewerbsdruck stehenden Staates (Bund, Länder). Die Ausdifferenzierung dieses Feldes bildet ein Machtzentrum, das die föderal-pluralistische Struktur des wissenschaftlichen Feldes überlagert. Es folgt daraus eine Machtverschiebung zu Gunsten einer Diskursfraktion, die auf die Differenzierung des Feldes in ein Zentrum, eine Zone der Semiperipherie und eine Zone der Peripherie drängt.

Feldtheoretisch-diskursanalytische Gegenhypothese 2b: In einem föderalen System wirken starke Interessen der einzelnen Bundesländer (Bundesrepublik) bzw. Bundesstaaten (USA) gegen die Zentralisierung von Forschungsressourcen und gegen ihre Monopolisierung über Ländergrenzen hinweg, fördern aber unter dem gegebenen Internationalisierungsdruck die Zentralisierung von Forschungsressourcen und die Monopolbildung innerhalb ihrer Grenzen.

(3) Korrespondenz/Diskrepanz zwischen Formal- und Aktivitätsstruktur: Machtverteilung im diskursiven Feld II

Feldtheoretische Hypothese 3a: Je weniger regulierter Wettbewerb institutionalisiert ist, je weniger es dafür eine verantwortliche Regulierungsinstanz bzw. ein funktionales Äquivalent gibt, umso mehr wird die Wettbewerbsverzerrung der Aktivitätsstruktur von der rationalen Konstruktion der Formalstruktur abweichen und umso mehr verbreiten die Leitideen einen Rationalitätsmythos ohne realen Gehalt, der die Legitimität der Institutionen nicht ausreichend begründen kann.

Feldtheoretische Gegenhypothese 3b: Je mehr die Ressourcenverteilung und die Evaluation von Forschung in Verfahren des offenen Wettbewerbs erfolgen, umso geringer wird die Abweichung der Aktivitätsstruktur von der Formalstruktur sein.

I. Dispositive der Macht:
Programme der Exzellenzkonstruktion

1. Exzellenzkonstruktion durch
Ausschreibungsverfahren

Die bayerische Forschungspolitik hat in den 1970er Jahren damit begonnen, gegen die historisch gewachsene zentralistische Struktur des Landes eine vielfältigere und auch wettbewerbsintensivere Forschungslandschaft zu gestalten. Allerdings ist sie mit dem Ausbaustopp auf halbem Wege stecken geblieben, so dass der historisch angelegte Zentralismus keineswegs als überwunden gelten kann. Unter dem Einfluss der vom Globalisierungsdiskurs geprägten Rhetorik der Exzellenz ist sie jetzt jedoch dabei, diese Entwicklung durch gezielte Konzentrationsprozesse und die Heraushebung des Großstandorts München wieder umzukehren. Auf der Ebene des Bundes zielt die aus dem Bulmahn-Plan der Etablierung von Spitzenuniversitäten hervorgegangene Exzellenzinitiative von Bund und Ländern zur Förderung von Wissenschaft und Forschung an den deutschen Hochschulen darauf hin, durch Konzentrationsprozesse an die Stelle von Vielfalt und Wettbewerb, den traditionellen Markenzeichen der deutschen Universitätslandschaft, Monopole zu setzen, die den Wettbewerb auf nationaler Ebene einschränken. Der steuernde Eingriff von Bund und Ländern in Wissenschaft und Forschung ist schon in den 1970er Jahren von der sozialliberalen Regierung betrieben worden, um damit das notwendige Wissen für politische Planung zu gewinnen. Dabei spielten die Sozialwissenschaften eine wichtige Rolle, weil man von ihnen – in weit überzogener Weise – Unterstützung der politischen Planung zur Steuerung des gesellschaftlichen Wandels erwartete. Nachdem sich genug Enttäuschung über die mangelnde Planbarkeit des gesellschaftlichen Wandels breitgemacht hatte, wurde der Forschung vom Staat ab Mitte der 1980er Jahre eine andere Rolle zugedacht. Sie sollte jetzt Quelle technologischer Innovationen zwecks Behauptung im internationalen wirtschaftlichen Standortwettbewerb sein. Zu diesem Zweck wurden von Bund, Ländern und EU die Drittmittelforschung und die außeruniversitäre Forschung ausgebaut, und zwar zu Lasten der Grundausstattung der Universitäten. Die Hilfe wird jetzt nicht mehr von den Sozialwissenschaften erwartet, sondern von den Naturwissenschaften und noch mehr von den Ingenieurwissenschaften, die dementsprechend den weitaus größten Teil der umgeschichteten Forschungsmittel für sich beanspruchen (Schimank 1995a: 258-269, Winnes und Schimank 1999: 87ff; Grande 1994, 1996).

In Bayern ist dieser Trend unmittelbar daran zu beobachten, dass auf Naturwissenschaft und Technik an politisch auserwählten Standorten gesetzt wird. Mit der legitimierenden Empfehlung einer »international renommierten« Expertenkommission versehen, wird gezielt Konzentrationspolitik betrieben. Unmittelbar sichtbar wird diese Politik am Elitenetzwerk Bayern, das Internationale Doktorandenkollegs (IDKs) und Elitestudiengänge (ESTGs) fördert. Die Ergebnisse der bis zum Frühjahr 2005 durchgeführten zwei »Bewerbungsrunden« lassen die politische Absicht erkennbar werden. Eine Entscheidung zwischen Anträgen ganz unterschiedlicher Fachkulturen nach einigermaßen objektivierbaren Kriterien zu treffen ist ohnehin praktisch unmöglich. Die Auswahlkommission muss sich in der Regel an Äußerlichkeiten klammern, die kaum als verlässliche Indikatoren für das wirkliche Potential eines Programms dienen können. Da ist die Orientierung an einer allgemeinen, dem Rationalitätsmythos der herrschenden Rhetorik entsprechenden Leitlinie eine willkommene Entscheidungshilfe. Diese Funktion erfüllt die gegenwärtige Hochkonjunktur der Leitbilder von Naturwissenschaft und Technik als ökonomische Standortfaktoren und der Konzentration von Forschung auf Großforschungseinrichtungen und Großstandorte als Garanten von »Exzellenz und internationaler Sichtbarkeit«. Dabei wird als gültig unterstellt, dass die massenhafte Konzentration von Forschungsmitteln auch Klasse zur Folge hat.

Betrachten wir als Beispiel die jüngst erfolgte Vergabe von Mitteln für die Einrichtung von IDKs und ESTGs in Bayern. Als Maßstab für eine Vergabe der Fördermittel nach Leistung bei der Förderung von Doktorandenprogrammen über das gesamte Spektrum von Disziplinen und Universitäten können die an bayerischen Universitäten existierenden DFG-Graduiertenkollegs dienen (Stand Mai 2005). Sie sind aus einem bundesweiten, politisch weniger gesteuerten, allerdings auch nicht völlig offenen Wettbewerb hervorgegangen. Man kann die Hypothese aufstellen, dass eine mit Einschränkungen einigermaßen leistungsgerechte Verteilung der IDKs (und der ESTGs) zwischen den Fächern und Universitäten in etwa der Verteilung der DFG-Graduiertenkollegs entsprechen müsste. Das ist aber nicht der Fall. Die Verteilung der IDKs (und ESTGs) durch die Staatsregierung stellt sich statt dessen als komplementär dar. Das heißt, sie unterstützt Disziplinen und Standorte, die in der Liste der DFG-Graduiertenkollegs, gemessen an politischen Zielen und an vorhandenen Personalressourcen, unterrepräsentiert sind. In der Liste der DFG-Graduiertenkollegs sind Naturwissenschaften und

Technik nicht so dominant wie in der Liste der IDKs (und ESTGs), und der Standort München mit den beiden Großuniversitäten TU und LMU ist im Verhältnis zur Zahl des vorhandenen wissenschaftlichen Personals schwächer vertreten als alle anderen bayerischen Universitäten mit Ausnahme von Passau. Beides wird mit dem bayerischen Förderprogramm korrigiert. Betrachtet man das Ergebnis in nüchternen Zahlen, dann konnte auch eine »hochkarätig« besetzte Expertenkommission offenbar nichts anderes tun, als diesem politischen Steuerungsprozess in die Hände zu spielen. Der tiefere Grund dafür ist darin zu sehen, dass die herrschende Rhetorik auch in den Köpfen von Experten dafür sorgt, die politisch gewünschten Ergebnisse zu produzieren. Aufschluss über diese auffällige Korrektur der Liste von DFG-Graduiertenkollegs durch das Eliteprogramm der bayerischen Staatsregierung geben die Tabellen 1-1 und 1-2. Auf der Seite des Eliteprogramms konzentrieren wir uns dabei wegen der unmittelbaren Korrespondenz auf die IDKs, die ESTGs werden zusätzlich in Klammern angegeben (Tab. 1-1 und 1-2).

Tab. 1-1: Disziplinen im Elitenetzwerk Bayern

Disziplinen	DFG-Graduiertenkollegs (GRKs)	Internationale Doktorandenkollegs (Elitestudiengänge) der bayerischen Staatsregierung
Mathematik, Informatik, Naturwissenschaften und Technik	24	9 (16)
Geistes- und Sozialwissenschaften	13	2 (5)

Tab. 1-2: Standorte im Elitenetzwerk Bayern

Standorte (ohne Eichstätt, dort 1 ESTG)	DFG-Graduierten-kollegs *Universitäten*	Internationale Doktorandenkollegs (Elitestudiengänge) der bayerischen Staats-regierung *Sprecheruniversitäten*
Augsburg (kleiner Standort, Neugründung, 325 Wissenschaftler auf 1 GRK)	2	0 (3)
Bamberg (Schwerpunkt Geistes- und Sozial-wissenschaften, kleiner Standort, Neugründung, 98 Wissenschaftler auf 1 GRK)	4	0 (0)
Bayreuth (Schwerpunkt Naturwissenschaften und Technik, kleiner Stand-ort, Neugründung, 467 Wissenschaftler auf 1 GRK)	2	2 (2)
Erlangen-Nürnberg (mittelgroßer Standort, 417 Wissenschaftler auf 1 GRK)	8	2 (4)
LMU München (großer Standort, 641 Wissen-schaftler auf 1 GRK)	8	4 (4)
TU München (großer Standort, 2050 Wissen-schaftler auf 1 GRK)	2	3 (4)
Passau (Schwerpunkt Geistes- und Sozialwis-senschaften, kleiner Standort, Neugründung, 347 Wissenschaftler auf 0 GRK)	0	0 (0)

Standorte (ohne Eichstätt, dort 1 ESTG)	DFG-Graduierten-kollegs *Universitäten*	Internationale Doktorandenkollegs (Elitestudiengänge) der bayerischen Staats-regierung *Sprecheruniversitäten*
Regensburg (kleiner bis mittelgroßer Standort, 358 Wissenschaftler auf 1 GRK)	5	0 (2)
Würzburg (mittelgroßer Standort, 420 Wissen-schaftler auf 1 GRK)	6	0 (1)

Die Größenunterscheidung der Standorte bezieht sich auf das vorhandene wissenschaftliche Personal, Stand September 2007.

Die beiden Tabellen bringen eine erhebliche Wettbewerbsver-zerrung durch den Auswahlprozess der bayerischen Staats-regierung ans Tageslicht. Die Staatsregierung korrigiert de facto die Mittelverteilung der DFG bei der Einrichtung von Graduiertenkollegs, sowohl hinsichtlich der Disziplinen als auch hinsichtlich der Standorte. Bei der DFG erreichen die Naturwissenschaften 1,8mal mehr Graduiertenkollegs als die Geistes- und Sozialwissenschaften, bei der Staatsregie-rung sind es gleich 4,5 mal mehr. Während bei der DFG das Verhältnis der Graduiertenkollegs aller anderen bayerischen Universitäten zu den beiden Münchner Universitäten 27 zu zehn ist, wird es bei den IDKs der Staatsregierung in ein Ver-hältnis von vier zu sieben umgekehrt. Sind also die anderen bayerischen Universitäten bei der DFG zusammen 2,7mal erfolgreicher, sind die beiden Münchener Universitäten bei der Staatsregierung 1,75mal mehr von Erfolg gekrönt. Der Auswahlprozess der Staatsregierung hat im Effekt den bei der DFG offensichtlich offeneren Wettbewerb ausgehebelt und die Verhältnisse umgedreht. Der Entscheidungsprozess bei der Förderung durch die DFG ist weiter von der Politik entfernt als bei einem von einer Landesregierung durchgeführten Verfahren. Daran kann auch der Einsatz einer Expertenkommission zu »objektivierenden« Zwecken nichts ändern. Die Einrichtung einer solchen Kommission macht diese de facto zu einem Akteur im politischen Feld, auch wenn es die Experten nicht wahrhaben wollen. Was sie in dieser Rolle machen, ist Politik, zumal es erheblich an der Objektivierbarkeit der Entscheidungskriterien und der Vergleichbarkeit von eingereichten Anträgen aus sehr unterschiedlichen Fachkulturen mangelt. Wir bewegen uns hier in einem Machtfeld, in dem auch das bestgemeinte Expertenwort ein Politikum ist, das heißt, auf schwer zu objektivierender Entscheidung beruht und politisch wirksame Definitionsmacht ausübt.

Angesichts der großen Abweichung von der Verteilung der DFG-Graduiertenkollegs auf Disziplinen und Standorte erweckt das Auswahlverfahren der Staatsregierung den Eindruck eines politisch inszenierten Pseudowettbewerbs. Die Leitlinie der Konzentration von Forschung auf herausgehobene Disziplinen und Standorte lenkt das Verfahren zwangsläufig in diese Richtung. In Abkehr von der in den 1970er Jahren begonnenen Dezentralisierungspolitik bedeutet das bayerische Eliteprogramm in seinem Ergebnis eine Rückkehr zum alten Muster der Zentralisierung. An der DFG vorbei verschiebt das Eliteprogramm die Gewichte ganz erheblich auf die Seite von Naturwissenschaft und Technik und zum Standort München hin. Das ist im Endeffekt eine politische Konstruktion von Exzellenz. Auf diese Weise will die bayerische Staatsregierung offenbar dem Ziel näher kommen, durch die Konzentration naturwissenschaftlich-technischer Forschung zwei Universitäten in die »internationale Spitze« zu heben, und zwar zu Lasten der Geistes- und Sozialwissenschaften, zu Lasten der anderen bayerischen Universitäten und auf Kosten von Wettbewerb, Effizienz, Vielfalt und Kreativität am gesamten Wissenschaftsstandort Bayern. Mit diesem Programm werden Forschungsmonopole an Großstandorten geschaffen, die allein aufgrund ihrer Größe eine größere Summe von Drittmitteln akquirieren und Publikationen ausstoßen können. Untersuchungen beweisen jedoch, dass diese Politik gegen das Effizienzprinzip verstößt. Beim Ranking nach Drittmitteln und Publikationen pro Wissenschaftler – wie das hier betrachtete Beispiel von DFG-Graduiertenkollegs schon beweist – kehrt sich der Vorsprung von Großstandorten im Vergleich zu mittleren und kleineren Standorten bei Berücksichtigung des zum Einsatz kommenden wissenschaftlichen Personals ins Gegenteil um. Sie schneiden bei einer Umrechnung ihrer Leistungen auf das wissenschaftliche Personal (Professoren *und* Mitarbeiter) in der Regel nicht besser, oft sogar schlechter ab als viele kleinere und mittlere Standorte (siehe Kap. 3, 5 und 6). Das hat jedoch überhaupt nichts mit schlechteren individuellen Leistungen zu tun, sondern ist ein rein struktureller Effekt, der sich daraus ergibt, dass Großstandorte schwerer zu steuern sind und größere Schwierigkeiten haben, ein Kollektivgut wie die Einrichtung eines Graduiertenkollegs zu produzieren (Olson 1968). Die Wahrscheinlichkeit, dass ein Kollektivgut hergestellt wird, nimmt mit der Zahl der zu mobilisierenden Personen ab. Hinzu kommt, dass es für einen Großstandort zwar leichter ist als für mittlere und kleinere Standorte, genügend kritische Masse zu schaffen, dafür muss aber auch eine größere Zahl nur durchschnittlich oder unterdurchschnittlich produktiver Forscher mitgezogen werden. Hat man zudem eine Struktur mit einer sehr großen Zahl von Mitarbeitern im Verhältnis zu den Professoren (Großprojekte mit vielen Mitarbeitern unter der Leitung weniger Professoren), dann erzeugt man beim Großteil des wissenschaftlichen Personals Unselbstständigkeit und Konformismus, die sich hemmend auf die Entfaltung von Kreativität auswirken.

Der Rationalitätsmythos der offiziellen Rhetorik der Konzentration von »Exzellenz« an wenigen Standorten prägt die Wahrnehmung und versieht die entsprechenden Entscheidungen mit der erforderlichen Legitimität. Die Konsequenz dieses hohen Grades der Machtkonzentration ist jedoch eine ineffiziente Allokation von Forschungsmitteln an privilegierte Standorte, die Wettbewerb, Vielfalt und Kreativität behindert und damit die gesamte Forschungsleistung unter dem Niveau hält, das bei einem höheren Grad von Dezentralisierung, Wettbewerb, Vielfalt und Kreativität möglich wäre. Das zeigt schon ein innerbayerischer Vergleich der Produktivität der Standorte Erlangen-Nürnberg, München und Würzburg. Erlangen-Nürnberg und Würzburg bringen es zusammen auf 185,7 Mio. DFG-Mittel im Zeitraum von 1999 bis 2001. Das sind 68,8 Mio. mehr, als die LMU einwirbt. Dafür wurden 5863 Wissenschaftler eingesetzt, nur 734 mehr als an der LMU. Das heißt, dass in Erlangen-Nürnberg und Würzburg nur 734 Wissenschaftler mehr einen Mehrwert von 68,8 Mio. schaffen, knapp 60 Prozent der an der LMU von 5129 Wissenschaftlern eingeworbenen DFG-Mittel. Nur knapp 13 Prozent mehr Personal erbringen fast 60 Prozent mehr DFG-Mittel. Der von einer Expertenkommission empfohlene Zusammenschluss von LMU und TU zur »University of Munich« hätte im Berichtszeitraum zusammen mit insgesamt 9229 Wissenschaftlern 233,2 Mio. DFG-Mittel eingeworben. Das sind 47,5 Mio. mehr, als in Erlangen-Nürnberg und Würzburg von einer um 3366 Personen niedrigeren Zahl von Wissenschaftlern aufgebracht wurden. Das heißt, man muss an der University of Munich etwa 57 Prozent mehr Personal einsetzen, um die DFG-Bewilligungen im Vergleich zum fränkischen Verbund um 25 Prozent zu steigern.

Was auf der Strecke bleibt, sind die mittleren und kleineren Standorte, wodurch systematisch der Wettbewerb zu Gunsten von Monopolen und auf Kosten von Vielfalt, Kreativität, internationaler Wettbewerbsfähigkeit und offener Evolution des Wissens eingeschränkt wird. Die Geistes- und Sozialwissenschaften werden durch Konzentrationsprozesse ihrer genuinen Entfaltungsbedingungen beraubt. Diese Bedingungen bestehen ganz ausschließlich darin, dass durch eine ausreichende Zahl von Standorten und ausreichend viele selbstständige Forscher Vielfalt und Kreativität garantiert werden. Durch ihre Reduktion auf wenige Standorte werden sie in Bahnen gelenkt, die sie am Ende in eine Sackgasse führen. In Großforschungszentren mutieren sie zu Forschungsfabriken, in denen Routineforschung jeglicher Kreativität den erforderlichen Nährboden entzieht.

Die genuine Leistung der Geistes- und Sozialwissenschaften besteht nicht in der instrumentalisierten Dienerrolle der ethischen Steuerung von Naturwissenschaft und Technik, sondern in der breiten, gesellschaftsweiten Entfaltung von Diskurs und Reflexion über Kultur, Technik und Gesellschaft, die nur gedeihen können, wenn sie von möglichst vielen Quellen gespeist werden. Diese Rolle auserwählten Zentren zu übertragen geht an den Entfaltungsbedingungen der Geistes- und Sozialwissenschaften vorbei. In diese Sackgasse begibt sich z. B. eine Forschungspolitik, die den technischen Fortschritt durch die Einrichtung von Ethik-Zentren steuern möchte. In den Geistes- und Sozialwissenschaften ist die erforderliche kritische Masse viel schneller erreicht als in den Naturwissenschaften. Was darüber hinausgeht, wirkt kontraproduktiv. Es zählt allein der kritische Diskurs unter einer Vielzahl unabhängiger Köpfe. Dessen Ausstrahlung auf die öffentliche Kommunikation ermöglicht den reflektierten Umgang mit dem Fortschritt. Dieser reflektierende Charakter des ethischen Diskurses wird von einem technischen Verständnis der Gesellschaftssteuerung vollkommen verfehlt. Ethik-Zentren werden das gewünschte, instrumentell zur politischen Steuerung der Gesellschaft einsetzbare Wissen jedoch nicht liefern können. Gleichzeitig werden die genuinen Entfaltungsbedingungen der Geistesund Sozialwissenschaften untergraben. Die Vernunft wird auf ihre instrumentell-technische Seite halbiert, die Gesellschaft wird der diskursiv-reflektierenden Seite der Vernunft beraubt.

Auch die Exzellenzinitiative von Bund und Ländern zur Förderung von Wissenschaft und Forschung an den Hochschulen hat den Charakter eines Pseudowettbewerbs, dessen Gewinner weitgehend von vornherein feststehen. Von einem Pseudowettbewerb ist aus folgenden Gründen zu sprechen: Der Wissenschaftsrat beschließt am 28. 7. das Programm. Die Universitäten werden von der DFG in der ersten Ausschreibungsrunde am 29. 7. zur Vorlage von 25-seitigen Antragsskizzen bis zum 30. 9. »eingeladen«. Während an den Großstandorten ein geschäftsführendes Management mit den verfügbaren Forschungssklaven mit Leichtigkeit auf die vorhandenen Großforschungseinrichtungen nochmals ein 6,5 Mio. Euro umfassendes Forschungspaket draufsatteln kann, werden an den Standorten ohne diese Infrastruktur Professoren zusammengetrommelt, die dann ohne genaue Kenntnis der Regeln dieses Systems amateurhaft schöne Ideen entwickeln. Diese Ideen werden in einer Tag- und Nachtaktion zu Papier gebracht und machen leicht den Eindruck, nicht wirklich durchdacht zu sein und über kein ausreichendes Fundament zu verfügen. In den Auswahlkommissionen sind gerade die Experten aus dem Ausland, die das System am wenigsten durchschauen, auf einfache äußere »Qualitätsmerkmale« wie das absolute Drittmittelaufkommen eines Standorts angewiesen. Es fehlt das Wissen, welcher Effekt mit einer Investition in einen Antrag erzielt wird. Angesichts dieser völligen Ungewissheit müssen sich die Gutachter an den Strohhalm von Äußerlichkeiten klammern. An dieser Stelle wirkt das Ortsprinzip, das offiziell zur Leitlinie des Programms gemacht wurde. Mit dem Ortsprinzip als Leitlinie und ohne genaues Wissen über die Effekte der Investitionen in die Anträge bekommen diejenigen Anträge den Zuschlag, die mit dem größten Volumen vorhandener Großforschungseinrichtungen werben können, unabhängig davon, ob in diesen Einrichtungen effizient und produktiv gearbeitet wird und pro Wissenschaftler mehr Publikationen oder wissenschaftlich basierte Patente hervorgebracht werden als an anderen Orten.

Die Universitäten mussten innerhalb von weniger als vier Wochen Absichtserklärungen über einzureichende Anträge abgeben, aufgrund deren die Rekrutierung der Gutachter erfolgte. Das sorgt dafür, dass etablierte Großprojekte auf vertraute Gutachterstrukturen zählen können, während neue Projekte, erst recht solche, die erst nach Abgabe der Absichtserklärungen entwickelt wurden, auf Gutachter treffen, die mit ihrer Materie wenig bis überhaupt nicht vertraut sind, und deshalb kaum eine Chance auf Erfolg haben. Dieses Verfahren bevorteilt etablierte routinemäßige Großforschung und benachteiligt innovative Projekte, die quer zu den gegebenen Gutachterstrukturen liegen. Angesichts der großen Heterogenität der eingereichten Anträge fehlen allgemein anwendbare Auswahlkriterien. Unter dieser hohen Unsicherheit halten sich die Gutachter an äußerliche Kriterien, d. h. insbesondere an den schon vorhandenen Input an DFG-Mitteln, dem einfach weiterer Input hinzugefügt wird. Wenn man allerdings in Rechnung stellt, dass hoher Input überhaupt nicht direkt mit hohem Publikations- bzw. Patentoutput korreliert ist (siehe Kap. 6), dann führt das Auswahlverfahren der Exzellenzinitiative zur monopolistischen Akkumulation von Forschungsmitteln an wenigen Standorten, ohne dass dies durch höhere Forschungsproduktivität gerechtfertigt ist.

Die ersten 20 Bewilligungsempfänger der DFG des Zeitraums 1999 bis 2001 haben in der ersten Vorrunde der Exzellenzinitiative – deren Ergebnisse am 20. 1. 2006 bekannt gegeben wurden – nicht weniger als zwei Drittel der 39 Einladungen zur Bewerbung um eine Graduiertenschule und drei Viertel der 41 Einladungen zur Bewerbung um ein Exzellenzcluster auf sich vereinigt. Von den 90 insgesamt ausgesprochenen Einladungen gingen 66 an diese Standorte. Diese 20 Universitäten verteilen sich jedoch bei der Ermittlung ihrer Publikations- bzw. Patentproduktivität pro Professor auf einer Spannbreite zwischen Rang eins und Rang 56 von 64 Standorten. Nicht weniger als elf dieser Standorte findet man unterhalb von Rang 22, sieben davon unterhalb von Rang 33. Von den zehn ausgewählten Kandidaten für die Spitzenförderung belegen drei erst die Plätze 15, 16 und 23, weitere drei erst die Plätze 34, 47 und 49. Die 90 Einladungen richteten sich nahezu ausschließlich an mittelgroße bis große Standorte mit Traditionsstatus in Westdeutschland. Die Ausnahmen sind vier Spezialhochschulen und eine einzige kleinere Universität mit hohem Erfolg in DFG-Ausschüssen und -Bewilligungen. Eine Hochschule hat insgesamt sieben Einladungen bekommen, rangiert in den Publikationen/Patenten pro Professor aber nur auf Platz 47 und taucht in den Listen der zehn bzw. sechs pro Professor publikations-/patentstärksten Fachbereiche überhaupt nicht auf. Eklatant ungleich stellt sich auch das Verhältnis zwischen Medizin, Bio-, Natur- und Ingenieurwissenschaften auf der einen Seite und Sozial- sowie Geisteswissenschaften auf der anderen Seite dar. Bei den Graduiertenschulen entfallen nicht mehr als 15 Prozent auf die Sozial- und Geisteswissenschaften, bei den Exzellenzclustern sogar nur zehn Prozent (vgl. DFG 2003a: 166, Abb. A 3-5; dfg.de, Mitteilung vom 20. 1. 2006; siehe Abb. 3-1 und 6-1 bis 6-3 sowie Tabelle 3-4 in Kap. 3 und 6 in diesem Buch).

Von den am Ende erfolgreichen 18 Graduiertenschulen sind lediglich vier den Geistes- und Sozialwissenschaften zuzurechnen, von den 17 Exzellenzclustern nur ein einziges. Von den 957,5 Mio. Euro gingen 905 Mio. – das heißt 94,5 Prozent – an die Natur-, Lebens- und Ingenieurwissenschaften und 52,5 Mio. – das heißt 5,5 Prozent – an die Geistes- und Sozialwissenschaften. Der Anteil von 15 Prozent der Geistes- und Sozialwissenschaften an den DFG-Mitteln im Zeitraum von 2002 bis 2004 (DFG 2006e: 25) ist in der ersten Runde der Exzellenzinitiative nochmals kräftig verringert worden (Tab. 1-3).

Die Verteilung der Exzellenzgelder auf die Bewerber kann maßgeblich durch die Verfügung über soziales Kapital in Gestalt von Akademiemitgliedschaften, symbolisches Kapital in Gestalt von Mitgliedschaften in DFG-Ausschüssen und Forschungskapital als Spezifikation von ökonomischem Kapital in Gestalt von akkumulierten DFG-Bewilligungssum-

Tab. 1-3: Verteilung der Exzellenzgelder auf Wissenschaften

Wissenschaften	DFG-Bewilligungen 2002-2004 in Mio. €	Exzellenzgelder 2007-2011 in Mio. €
Natur-, Lebens- und Ingenieurwissenschaften	2745,9 (85 %)	957,5 (94,5 %)
Geistes- und Sozialwissenschaften	486,1 (15 %)	52,5 (5,5 %)

Quelle: DFG 2006e

men erklärt werden, aber nicht durch die Produktivität der Hochschulen im Input von Forschungskapital pro Wissenschaftler und im Output von Publikationen pro Professor bzw. eines Professors pro Mitarbeiter. Die siegreichen Hochschulen der ersten Runde des Exzellenzwettbewerbs ragen aus der Gesamtpopulation der Hochschulen sehr weit durch die Verfügung über soziales, symbolisches und ökonomisches Kapital heraus, aber nicht durch höhere Produktivität im Input an Forschungsgeldern und im Output an Publikationen. Auch innerhalb der Gruppe der Gewinner ist die sehr ungleiche Verteilung der Exzellenzgelder durch die Verteilung von sozialem, symbolischem und ökonomischem Kapital, aber nicht durch Unterschiede in der Input- und Outputproduktivität zu erklären. Beispielsweise hat Würzburg trotz sehr hoher Produktivität nur fünf Mio. Euro erhalten, während insgesamt 382,5 Mio. Euro an den im Vergleich weniger produktiven Standort München gingen. Allein das Wissen über die Verteilung von sozialem, symbolischem und ökonomischem Kapital hätte im Voraus eine zielgenaue Voraussage der Verteilung der Exzellenzgelder auf die Hochschulen erlaubt. Es kann auch vorausgesagt werden, dass sich die Gewinner der zweiten Runde der Exzellenzinitiative ganz überwiegend aus den kapitalkräftigen Hochschulen zusammensetzen werden, die in der ersten Runde noch nicht oder nur mit einer Graduiertenschule für fünf Mio. Euro zum Zuge gekommen sind. Man könnte sich den ganzen Aufwand an Zeit und Energie von Antragsstellern und Gutachtern sparen, zumal das Verfahren mangels Unterscheidbarkeit zwischen Siegern und Verlierern nach sachlichen Kriterien der Forschungsproduktivität auch nicht zur Legitimationsbeschaffung taugt (Tab. 1-4).

Die 22 Gewinner der ersten Runde der Exzellenzinitiative verfügen mit 969 Sitzen über mehr als die Hälfte der 1881 von Hochschulen besetzten Ausschusssitze der DFG, die weiteren leer ausgegangenen 57 im DFG-Förder-Ranking aufgelisteten Hochschulen teilen sich weniger als die Hälfte der Ausschusssitze. Von den 22 Gewinnern belegen 13 die ersten 14 Plätze der am stärksten in den DFG-Ausschüssen vertretenen Hochschulen, 15 die ersten 25, die weiteren sieben Hochschulen folgen auf den Plätzen zwischen 26 und 55. Die 22 Gewinner haben 1999 bis 2001 mit 1,6 Mrd. Euro 52 Prozent, 2002 bis 2004 mit 1,74 Mrd. Euro 54 Prozent der DFG-Bewilligungen eingenommen. In der Rangliste der Publikationen bzw. Patente pro Professor streuen diese 22 Hochschulen über 57 Rangplätze; zehn von den 22 sind erst zwischen den Plätzen 27 und 57 zu finden. Die geförderten Hochschulen ragen gegenüber vielen anderen Hochschulen nicht heraus, zumal sich die sechs Spitzenplätze in den 13 Publikationsranglisten des Centrums für Hochschulentwicklung (CHE) auf nicht weniger als 47 Universitäten verteilen (Finetti und Schultz 2006; siehe Abb. 3-1 und Tab. 5-1). In der Rangliste der Publikationsproduktivität der Professoren bezogen auf die Zahl ihrer Mitarbeiter sind 16 von den 21 erfassten Gewinnern erst von der Mitte an abwärts zu finden (Tab. 3-4). Die Exzellenzinitiative prämiert offen

Tab. 1-4: Verteilung der Exzellenzgelder auf Hochschulen

Universität	Soziales Kapital	Symbol. Kapital	Ökonom. Kapital	Exzellenz-gelder	Publik. absolut a)	Publik. pro Prof. b)	Publik. pro Prof./Mitarb. c)	Mitarbeiter pro Prof.
München U	} 103,00	76,00	130,80	207,50	105,93	17,87	3,44	6,20
München TU		65,00	99,30	175,00	108,44	17,87	2,59	9,40
Karlsruhe U	10,00	60,00	100,50	142,50	74,04	14,20	2,58	7,00
Aachen TH	5,00	65,00	126,20	70,00	56,10	12,25	1,86	9,10
Heidelberg U	43,30	61,00	105,10	37,50	58,27	13,00	2,98	7,30
Bonn U	35,00	76,00	81,90	37,50	78,07	12,96	2,59	5,50
Dresden TU	16,00	88,00	66,50	37,50	70,88	15,08	3,14	5,80
Gießen U	9,00	27,00	50,40	37,50	58,17	16,75	3,64	5,10
Hannover MedHo		15,00	33,60	37,50				(16,7)
Göttingen U	27,00	59,00	85,10	32,50	62,66	13,80	2,76	6,00
Frankfurt/M. U	19,00	46,00	66,50	32,50	69,70	12,88	3,14	4,60
Kiel U	13,00	36,00	41,00	32,50	29,34	10,12	2,30	4,90
Konstanz U	11,00	40,00	43,70	32,50	58,74	12,31	2,62	5,20

Universität	Soziales Kapital	Symbol. Kapital	Ökonom. Kapital	Exzellenzgelder	Publik. absolut a)	Publik. pro Prof. b)	Publik. pro Prof./ Mitarb. c)	Mitarbeiter pro Prof.
Berlin FU	⎫	67,00	96,60	5,00	89,76	15,27	3,64	4,20
Berlin HU	⎬ 63,00	65,00	101,50	5,00	87,76	15,60	2,84	7,00
Berlin TU	⎭	37,00	63,60	5,00	62,32	12,88	2,80	5,10
Würzburg U	30,00	50,00	104,70	5,00	72,33	19,89	3,68	6,40
Freiburg U	28,00	78,00	91,10	5,00	69,74	15,21	2,72	7,60
Erlangen-Nürnberg U	14,00	57,00	100,30	5,00	68,35	16,75	3,28	6,10
Mannheim U	8,00	9,00	14,20	5,00	67,04	16,33	3,47	5,20
Bochum U	5,00	43,00	73,30	5,00	63,39	13,85	3,15	4,90
Bremen U	2,00	21,00	67,10	5,00	52,44	12,10	3,03	4,00
Arithm. Mittel								
Gewinner	21,00	51,86	79,23	43,52	69,69	14,62	2,96	6,03
Erste 21 Verlierer	11,38	10,14	54,25	–	60,32	14,90	3,62	3,91
Erste 30 Verlierer	8,57	8,20	44,38	–	50,28	14,17	3,38	4,20

Universität	Soziales Kapital	Symbol. Kapital	Ökonom. Kapital	Exzellenz-gelder	Publik. absolut a)	Publik. pro Prof. b)	Publik. pro Prof./ Mitarb. c)	Mitarbeiter pro Prof.
Verlierer ins-gesamt	6,05	5,95	33,67	–	48,43	13,02	3,06	4,74
Erste 45 HS	15,20	11,18	65,27	21,28	64,03	14,69	3,31	5,52
Gesamt 64 HS	10,95	8,78	49,24	14,96	55,41	13,54	3,02	5,17
Varianz	0-103	0-88	0,5-130,8	0-382,5	27,70-108,44	8,96-19,89	1,77-6,02	1,7-10,0

Soziales Kapital: Mitglieder in der Deutschen Akademie der Naturforscher Leopoldina zu Halle
Symbolisches Kapital: Mitglieder in Ausschüssen der DFG 1998, 2002, 2005; zentrale Ausschüsse doppelt gezählt
Ökonomisches Kapital: DFG-Bewilligungssumme in Mio. Euro, 2002-2004.
Exzellenzgelder: Zuweisungen der Exzellenzinitiative für 5 Jahre
Publikationen: Durchschnittliche Publikationswerte nach CHE-Forschungs-Ranking a) absolut, b) pro Professor, c) eines Professors pro Mitarbeiter, korrigiert nach Mitarbeiterzahl wie folgt: 10-3; 9-2,5; 8-2; 7-1,5; 6-1; 5-0,5; 4 ± 0; 3+0,5; 2+1.
Mitarbeiterzahl MedH₃ Hannover ausgeklammert.
Erste 21 bzw. 30 Verlie-er bezieht sich immer auf die ersten 21 bzw. 30 in der jeweiligen Spalte. Akademiemitgliedschaften wurden nach Adresse zugeteilt, deshalb sind minimale Abweichungen möglich.
Quellen: DFG 1998, 2002, 2003a, 2005b; Berghoff et al. 2005b; Homepage der Deutschen Akademie der Naturforscher Leopoldina, Mitgliederliste (Stand 24. 11. 2005), abgerufen am 22. 2. 2006; Homepage der DFG, abgerufen am 19. 10. 2006; eigene Berechnungen.

sichtlich in erster Linie großen Personaleinsatz. Das gilt auch für die drei mit Elitestatus prämierten Universitäten (LMU und TU München und U Karlsruhe). Alle drei Hochschulen profitieren zusätzlich durch Kooperationsmöglichkeiten mit außeruniversitären Instituten in der unmittelbaren Nachbarschaft, die erst recht mit viel Personal in oligarchischen Strukturen arbeiten. Der Bewilligungsausschuss der Exzellenzinitiative hat sich vor allem durch Großforschungseinrichtungen beeindrucken lassen, ohne nach deren Effizienz und überhaupt nach effizienten Forschungsstrukturen zum Nutzen des Forschungsstandorts Deutschland zu fragen.

Die Presse gibt dominant die Doxa des Feldes wieder, nach der die Verteilung der Gelder die bestehenden Leistungsdifferenzen bestätigt und die Wissenschaft jetzt besser gerüstet ist, um in der »Weltliga« mitzuspielen (Mogge-Stubbe 2006; Horstkotte 2006a, 2006b; Sentker 2006; Schnabel und Spiewak 2006). Allerdings hat die nachträgliche Hochstufung von vorher von Gutachtern kritisch beurteilten Anträgen und die gleichzeitige Herabstufung konkurrierender Anträge im Bewilligungsausschuss der ersten Runde des Exzellenzwettbewerbs mit dem Effekt der Krönung von drei süddeutschen Universitäten mit dem Elitestatus für viel Verwunderung und kritische Berichte gesorgt (Kühne und Warnecke 2006). Von 15 umstrittenen Anträgen wurden acht hochgestuft. Diese Wende im Bewilligungsausschuss hat es überhaupt erst ermöglicht, die beiden Münchner Universitäten und die Universität Karlsruhe in den Genuss des Elitestatus kommen zu lassen. Vor dem Hintergrund einer regional ausgewogeneren Gutachtenlage ist nicht direkt nachvollziehbar, warum am Ende acht Universitäten in Süddeutschland mit 615 Mio. Euro für fünf Jahre nahezu zwei Drittel der gesamten Exzellenzgelder auf sich ziehen konnten, die weiteren 14 Hochschulen im nördlichen Teil der Republik dagegen mit 342,5 Mio. Euro nur wenig mehr als ein Drittel erhielten. Erst recht ist für viele zumindest ebenso leistungsstarke Fachbereiche der ganz leer ausgegangenen Hochschulen nicht direkt erkennbar, warum ihr Antrag weniger förderungswürdig sein sollte als die siegreichen Anträge, zumal darunter etliche von den Gutachtern kritisch eingeschätzt worden waren.

An diesem von vielen als illegitim eingeschätzten Ergebnis ist das ganze Dilemma des Verfahrens zu erkennen. Der Bewilligungsausschuss muss wie alle Bewilligungsausschüsse für die koordinierten Programme der DFG über ein äußerst heterogenes Spektrum von Anträgen entscheiden, die sich sachlich nicht vergleichen lassen. Aus dieser Situation größter Unsicherheit über den Rang und den zukünftigen Ertrag konkurrierender Forschungsanträge hilft nur der Rückgriff auf sekundäre Entscheidungshilfen heraus, die man unter den Begriff »Reputation«, aber auch unter den Begriff »symbolisches Kapital« von Disziplinen, Hochschulen, Fachbereichen und Personen fassen kann. Mangels genauer Kenntnisse über die Leistungseffizienz im Publikationsoutput pro eingesetztem Personal haben sich Merkmale als Maßstab durchgesetzt, die auf die Größe, das absolute Drittmittel- und Publikationsvolumen, benachbarte außeruniversitäre Großforschungseinrichtungen, den Traditionsstatus einer Universität und die Attraktivität einer Stadt für ausländische Gäste setzen. Nach diesen Kriterien wird in einer Situation der Unsicherheit entschieden. Der Effekt dieser Verfahrensweise ist die fortlaufend sich selbst verstärkende Akkumulation von Forschungsmitteln und damit verbundenem symbolischem Kapital, ohne dass diese Akkumulation einem Effizienztest unterzogen wird. Ein solcher Test wird schon gar nicht im Vergleich und unter dem übergeordneten Gesichtspunkt durchgeführt, in welchem Umfang durch diesen Akkumulationsprozess systematisch der Wettbewerb verzerrt und dadurch die Wissensevolution der Engführung unterworfen sowie die internationale Wettbewerbsfähigkeit von Wissenschaft und Forschung im Land untergraben wird. Es handelt sich hier um einen insbesondere durch das System der zentralisierten Forschungsförderung verursachten Effekt, der von der Exzellenzinitiative noch auf die Spitze getrieben wird.

Angesichts solcher Ergebnisse kann auch gesagt werden, dass die Exzellenzinitiative massenhaft Forscher zur Fehlinvestition ihrer knappen Zeit und Energie in Anträge verleitet, die in dem Verfahren von vornherein keine Erfolgschance haben, weil sie nicht nahe genug am Zentrum der Macht im Feld lokalisiert sind. Anträge, die von 15 Wissenschaftlern getragen wurden, konnten zwar als exzellent und innovativ gelobt werden, hatten aber dennoch keine Chance auf Förderung, weil die Gruppe zu klein sei. Die Ablehnung eines solchen Antrags liest sich wie folgt: »Die Universität x ist ein gutes Beispiel dafür, wie eine Konzentration auf wissenschaftliche Schwerpunkte auch an einer kleinen Universität ohne außeruniversitäres Forschungsumfeld zu erfolgreicher Forschung führen kann. Das vorgelegte Konzept für die Einrichtung eines Exzellenzclusters ist eingebunden in schon existierende Projekte, die aus der langfristigen strategischen Planung der Universität hervorgegangen sind. An der Konzeption sind sehr gute Wissenschaftler beteiligt, ihre Anzahl ist für ein Exzellenzcluster allerdings zu klein. Die drei überzeugenden großen Forschungsbereiche mit ihren jeweils sechs Untervorhaben sind je einer der beteiligten Personen zugeordnet, wodurch die geplanten Arbeiten stark persona-

lisiert werden. Das Thema und die geplante Herangehenswei-
se sind innovativ, die wissenschaftliche Fokussierung auf eine
neue Fragestellung, die deutlich über das hinausgeht, was in
x bereits erfolgreich betrieben wird, wird jedoch noch ver-
misst.« Es wird dabei systematisch verkannt, dass Kreativität
und Innovation nur in kleineren Gruppen von selbstständigen Forschern gedeihen können und gerade nicht in den
oligarchischen und schwerfälligen Strukturen von Großforschungseinrichtungen. Es findet eine pfadabhängige Absorp-
tion von Innovationen durch die bestehenden Strukturen
statt, durch die sich die Strukturen sogar noch stärker als
zuvor ausbilden. Mit einem Geschenk von 6,5 Mio. Euro jähr-
lich wurden von vornherein die Hürden für die Bewerbung
um die Förderung eines »Exzellenzclusters« so hoch aufgebaut, dass nur schon an Finanzmitteln reiche Standorte das
Geschenk überhaupt annehmen und die damit mittelfristig
erforderlichen internen Ressourcenumschichtungen zu Gunsten der geförderten Exzellenzcluster vornehmen können. Nach
Auslaufen der fünfjährigen externen Finanzierung müssen
die Universitäten selbst die entsprechenden Mittel aufbrin-
gen. In den Universitäten bedeutet das wieder die Konzentration von Ressourcen auf wenige Fächer und den Ausbau
der Forschung größerer Stäbe unselbstständiger Mitarbeiter unter Anleitung weniger Lehrstuhlinhaber und Institutsdirektoren. Spezialhochschulen mit eng gefasstem Fächerspektrum werden die Universitäten ablösen und Wilhelm
von Humboldts Idee der Bildung durch Wissenschaft endgültig auf dem Friedhof der Geschichte beerdigen.

Durch die Exzellenzinitiative wird ein zirkulärer Prozess
in Gang gesetzt, der am Ende im Sinne einer *self-fulfilling
prophecy* (Merton 1949/1968b) jene Konzentration von Forschung auf wenige Standorte hervorbringt, von der zunächst

nur die Rede ist, ohne dass der Rede außer der starken Konzentration von Drittmittelinput auch schon eine reale Konzentration der Forschungsleistungen entspricht. Durch die Zuschreibung von Exzellenz werden Vorteile geschaffen, die in weitere Forschungsressourcen umgesetzt werden, während anderen Standorten Forschungsressourcen entgehen. Am Ende dieses Prozesses gibt es tatsächlich nur noch an wenigen Standorten Forschung. Die Konsequenz ist die Reduktion von Vielfalt, Kreativität und Wettbewerb sowie die Schließung der Wissensevolution.

Ein Nebeneffekt der Exzellenzinitiative ist auch die Herabstufung der bundesweit einzigartig dichten Universitätslandschaft in Nordrhein-Westfalen – das Werk von Johannes Rau – auf einen nachrangigen Status, weil sich dort anders als an den Traditionsstandorten in Süddeutschland nur in Aachen die erforderliche kritische Masse in Naturwissenschaften und Technik findet. Dagegen profitieren Baden-Württemberg und Bayern jetzt davon, dass sie im Wesentlichen den traditionellen Standorten in der Ausstattung den Vorrang gegenüber den ohnehin spärlicheren Neugründungen belassen und so den bundesweiten Monopolbildungsprozessen Vorschub geleistet haben. Für den Erfolg dieser Monopolbildungsstrategie werden die beiden Bundesländer jetzt gefeiert (siehe Finetti 2006). Auch diese regionale Konzentration reduziert die Vielfalt und damit den offenen Wettbewerb. Das Land Nordrhein-Westfalen, das bundesweit den größten Teil der Studenten ausbildet, ist ein Opfer seiner eigenen Großzügigkeit geworden, weil ihm jetzt die finanziellen Mittel fehlen, um den baulichen wie wissenschaftlichen »Zerfall« seiner lange Zeit als vorbildlich gepriesenen dichten Hochschullandschaft aufzuhalten.

Fazit: Die Beispiele des Elitenetzwerks Bayern und der Exzellenzinitiative von Bund und Ländern zeigen, wie die Praxis der Exzellenzkonstruktion durch Ausschreibungsverfahren in der Hand des Staates unter Einsatz »hochkarätiger« Expertenkommissionen abläuft und wirkt. Der Staat will die durch Abbau der universitären Grundausstattung freigewordenen Ressourcen dort investieren, wo besonders qualitativ hochwertige (Ziel 1) und praktisch verwertbare Forschung (Ziel 2) betrieben wird. Die Ressourcen werden de facto dort hinverlagert, wo mehr symbolisches Kapital (Größe, Ausschussdominanz, politisch privilegierter Standort, praktisch verwertbares Wissen) mobilisiert werden kann, auch auf Kosten von Wettbewerb, Vielfalt und Kreativität, wachsender Diskrepanz zwischen Exzellenzmythos und realer Leistung und langfristig sinkender internationaler Wettbewerbsfähigkeit. Zu Legitimationszwecken eingesetzte Expertenkommissionen sind überfordert, weil sie mangels objektivierbarer Vergleichskriterien auf äußere Standortmerkmale zurückgreifen und dabei Größe mit Qualität gleichsetzen müssen.

Die Konstruktion von Exzellenz durch Forschungsevaluation im *peer review* wird durch das Dilemma der Standardisierung des nicht Standardisierbaren bestimmt, wodurch die Vielfalt von Forschung und die Unterschiedlichkeit von Qualitätsanforderungen systematisch unterdrückt werden. Außerdem tendieren Evaluationsverfahren schon wegen der Knappheit der Zeit zu Vereinfachungen und halten sich an äußere Erscheinungen wie die Größe, die geographische Zentralität oder die vergangenen Erfolge eines Standorts, die nicht im direkten Zusammenhang mit der gegenwärtigen Performanz stehen. Schon aus Gründen mangelnder Information oder zu hoher Komplexität unterschiedlicher Bedingungen der Leistungserbringung werden absolute Zahlen gegenüber

realitätsgerechteren relativen Zahlen bevorzugt. Evaluationsverfahren ordnen die zumeist sehr weit auseinanderliegenden
Leistungen individueller Forscher dem Durchschnittswert
eines Fachbereichs unter, so dass ihre individuelle Forschungsleistung unsichtbar gemacht wird. Dadurch gewinnen wieder
die Größe eines Standorts und absolute Zahlen die Oberhand, weil sich bei den relativen Zahlen weit geringere Unterschiede zwischen den Fachbereichen zeigen. Mit den realitätsgerechteren relativen Zahlen lässt sich die systematische
Verlagerung von Ressourcen an die in absoluten Zahlen dominanten Standorte nicht rechtfertigen. Durch die zu absoluten Zahlen neigende Forschungsevaluation werden deshalb
systematisch die breit über alle Standorte verteilten her-
ausragenden individuellen Leistungen unsichtbar gemacht.
Stattdessen wird eine Exzellenz an größeren Standorten
konstruiert, die real nicht durch bessere Leistungen gedeckt
ist. Es wird ein Rationalitätsmythos der Exzellenzkonstruktion erzeugt, der davon lebt, dass die nicht rationale Seite
des Verfahrens unbeobachtet bleibt und von der öffentlichen
Darstellung von Exzellenz entkoppelt wird.

Die Verteilung von Forschungsmitteln durch Ausschreibungsverfahren tendiert zur Akkumulation von Forschungsmitteln nach dem Umfang schon vorhandener Forschungsmittel und wirkt in die Richtung der Konzentration von
Forschungsmitteln auf Kosten von Vielfalt, Kreativität und
offener Wissensevolution. Mit der Fokussierung auf Institutionen verfehlt sie die zielgenaue Förderung von über viele
Institutionen verstreuten individuellen Spitzenforschern. Sie
setzt sich über die Tatsache hinweg, dass die Leistungsdifferenzen der Forscher innerhalb von Institutionen oft größer
sind als die Differenzen der durchschnittlichen Leistungen
der Institutionen. Auf diese Weise fungieren auf Institutio-

nen fokussierte Ausschreibungsverfahren als Dispositive der Macht, die zur Konzentration von Forschungsmitteln auf kapitalkräftige Institutionen zu Lasten der weniger kapitalkräftigen Institutionen führt und die Konkurrenzfähigkeit der Spitzenforscher an den weniger kapitalkräftigen Institutionen beeinträchtigt. Es wird systematisch verkannt, dass nicht Institutionen, sondern individuelle Forscher die Träger des Erkenntnisprozesses sind, wie schon Karl Jaspers (1961: 124, zit. bei Daniel 2001: 30) betont hat.

2. Exzellenzkonstruktion durch Forschungs-Ranking I: Das Regime der Drittmittel und Kennziffern

Das Regime der Drittmittel

Die neue Forschungspolitik verspricht sich von der Verlagerung der Forschungsfinanzierung an den Hochschulen von den Grundmitteln zu den Drittmitteln eine Qualitätssteigerung und Fokussierung der Forschung auf praktisch verwertbares Wissen. Im Zeitraum von 1980 bis 2003 hat in der Tat eine deutliche Verlagerung der Forschungsfinanzierung in dieser Richtung stattgefunden (Tab. 2-1). Unterstützt wurde diese Entwicklung durch den Ausgleich der Finanzschwächen der Länder durch den Bund, der wegen der föderalen Aufgabenteilung nicht direkt den Hochschulen zufließen konnte, sondern nur über die Mittelverteilung durch die DFG.* Damit einhergegangen ist eine Konzentration der Drittmittel auf eine kleine Zahl besonders einwerbungsakti-

* Ich danke Karl Ulrich Mayer für den Hinweis auf diesen Einflussfaktor.

Tab. 2-1: Grundmittel und Drittmittel von Hochschulen ohne medizinische Einrichtungen in Tausend Euro

	Grundmittel	Drittmittel
1980	5 091 230	384 417
1985	5 964 010	673 329
1990	7 449 814	1 093 487
1995	11 749 285	1 626 945
1997	11 957 966	1 864 006
1999	12 396 067	1 960 823
2000	12 352 695	2 139 272
2001	12 594 050	2 290 183
2002	13 510 461	2 441 681
2003	13 455 481	2 500 198

Quelle: Statistisches Bundesamt 2005a

ver Standorte. Ob dieser Konzentrationsprozess tatsächlich zu einer Qualitäts- und Relevanzsteigerung der Forschung geführt hat, ist allerdings zu bezweifeln, wenn die Nebeneffekte der zunehmenden Fixierung der Aktivitäten auf die Einwerbung von Drittmitteln berücksichtigt werden (vgl. Schimank 1995a: 123-175; Menninghaus 2006; AG Manieren der jungen Akademie der Wissenschaften 2006).

Die neue Forschungspolitik wird von einem fundamentalen Credo geleitet. Von der Konzentration der Forschung auf wenige herausgehobene Standorte verspricht man sich die kritische Masse, mit der man glaubt, international sichtbarer zu werden. Dabei wird systematisch übersehen, dass real nicht Universitäten oder Fachbereiche international sichtbar sind, sondern einzelne Forscherpersönlichkeiten und Forschergruppen. Diese entfalten sich aber gerade in Großforschungseinrichtungen weniger gut als in kleineren oder mittleren Einrichtungen, weil die Zahl von Mitarbeitern in abhängiger Stellung in solchen Großforschungseinrichtungen besonders groß ist. Es wird in der Regel nicht erkannt, dass die kritische Masse schon mit einer durchschnittlichen Ausstattung erreicht ist und jede darüber hinausgehende Investition mit einem rapide sinkenden Grenznutzen konfrontiert ist, weil sich die Zahl von Mitarbeitern in abhängiger Stellung stark erhöht. Damit sinkt aber die durchschnittliche Kreativität mit jeder weiteren Stelle. Insgesamt bewirkt demnach eine auf Großstandorte zielende Forschungspolitik einen erheblichen Kreativitätsverlust und Innovationsmangel. Dabei ist noch zu berücksichtigen, dass die Zeit von Großforschungszentren international ohnehin vorbei ist und die Entwicklung in die Richtung einer größeren Zahl kleinerer Einheiten geht. Damit wird an Flexibilität gewonnen, die es erlaubt, mit der atemberaubenden Geschwindigkeit der wissenschaftlichen Entdeckungen und technischen Erfindungen mitzuhalten (Larédo 2003). Der kontraproduktive Effekt der Förderung von Großstandorten wird dadurch ausgeblendet, dass »Forschungs-Rankings« anhand der Einwerbung von Drittmitteln durchgeführt werden, die Quantität, aber nicht Qualität sowie Natur-, Lebens- und Ingenieurwissenschaften, aber nicht Geistes- und Sozialwissenschaften nach ihren genuinen Qualitätskriterien prämieren. Ein kontraproduktives, von Naturwissenschaften und Technik geprägtes Forschungsmodell wird undifferenziert allen Disziplinen übergestülpt.

Das Regime der Drittmittel hat aber auch durch alle Disziplinen hindurch erhebliche kontraproduktive Effekte. Es unterstützt maßgeblich Forschung in oligarchischen Strukturen. Nach den Leitlinien der Universitätsleitungen benötigen Professoren eine »drittmittelfähige Ausstattung«, damit die Universität im Kampf um Drittmittel bestehen kann.

In Baden-Württemberg werden mit neu berufenen Professoren entsprechende Zielvereinbarungen getroffen. Professoren benötigen Mitarbeiter, die Forschungsanträge ausarbeiten, um weitere Mitarbeiter zu beschäftigen, die angesichts der Relation von 83 bis 84 Prozent Mitarbeitern zu 16 bis 17 Prozent Professoren an den deutschen Universitäten zum ganz überwiegenden Teil keine Karriereaussichten haben. Statt sich selbstständig auf dem Publikationsmarkt zu betätigen, werden sie für das Verfassen von Drittmittelanträgen und Berichterstattungen ausgebeutet. Da Drittmitteleinwerbung für Lehrstuhlinhaber und selbstständiges Publizieren zwei völlig verschiedene Tätigkeiten sind, lernen sie nicht, sich früh selbstständig auf dem Publikationsmarkt zu behaupten. Ein Großteil der Drittmittel erweist sich unter diesem Gesichtspunkt als Fehlinvestition.

Es versteht sich von selbst, dass Lehrstühle und Institute mit besserer personeller Ausstattung bei der Drittmitteleinwerbung zahlenmäßig im Vorteil sind. Dabei ist jedoch zu berücksichtigen, dass mit der überdurchschnittlichen personellen Ausstattung von Lehrstühlen ganze Heerscharen von Mitarbeitern in abhängiger Stellung gehalten werden, die allein aufgrund ihrer Stellung in ihrer Kreativität und Durchsetzungsfähigkeit behindert werden, so dass insgesamt die Leistungsfähigkeit des Wissenschaftsbetriebes beeinträchtigt wird. Das ist ein grundlegender Standortnachteil des deutschen Wissenschaftssystems im Vergleich zum amerikanischen, das eine solche Masse von Forschern in untergeordneter Stellung nicht kennt. Die Verteilung von DFG-Mitteln akzentuiert diesen Unterschied noch, weil sie die Zahl untergeordneter Forscher in Projekten erheblich erhöht und tendenziell mehr Mittel dorthin fließen, wo diese Zahl ohnehin schon eine überdurchschnittliche Größe hat. In dieser Hinsicht wirkt die DFG-Forschungsförderung kontraproduktiv. Sie verstärkt einen Wettbewerbsnachteil des deutschen Wissenschaftssystems im Vergleich zum amerikanischen. Um diesem Effekt entgegenzuwirken, müsste das Nachwuchsförderprogramm der DFG (z. B. das Emmy-Noether-Programm) zum Hauptprogramm gemacht werden. Graduiertenkollegs, *postdoc*-Förderung und Nachwuchsgruppen müssten im Zentrum stehen. Das Normalverfahren der Einzelförderung, insbesondere aber auch die Förderung von Sonderforschungsbereichen könnten auf ein Minimum reduziert werden, weil sie nicht die Kreativität fördern, sondern Massenforschung als Normalwissenschaft in abhängiger Stellung hervorbringen.

Tatsächlich ist die Forschungsförderung der DFG jedoch genau umgekehrt schwerpunktmäßig auf Großforschungsprojekte mit einer Vielzahl von unselbstständigen Mitarbeitern ausgerichtet. Davon zeugt das große Gewicht der koordinierten Programme (Sonderforschungsbereiche, Forschergruppen, Schwerpunktprogramme, geisteswissenschaftliche Zentren; aus dem Rahmen fallend, da Nachwuchs fördernd, allerdings ohne erkennbaren Karriereweg, da ins Leere führend: Graduiertenkollegs). Nicht weniger als ca. 54 Prozent der DFG-Mittel fließen in koordinierte Programme und nicht mehr als verschwindend geringe 5,9 Prozent in die direkte Nachwuchsförderung. In den mathematisch-naturwissenschaftlichen Disziplinen verschlingen die koordinierten Programme sogar bis zu 75 Prozent der verfügbaren Mittel (DFG 2003a: 27-28).

Die Dominanz der koordinierten Programme, insbesondere der Sonderforschungsbereiche, in der Forschungsförderung der DFG unterwirft die Wissenschaft den Gesetzmäßigkeiten der Produktion von Kollektivgütern (Olson

1968). Kollektivgüter entstehen nicht aus dem spontanen Handeln individueller Akteure, sondern verlangen, dass eine Führungsperson oder eine Führungsgruppe umfangreich Zeit und Energie aus ihrer eigenen Forschungsarbeit abzieht und in Koordinations- und Managementtätigkeiten investiert. Sie müssen ihre eigene wissenschaftliche Kreativität dem Kollektivunternehmen opfern. Durch die Wahrnehmung dieser Führungsrolle senken sie die Beitrittskosten für die übrigen Teilnehmer an dem Unternehmen. Auch diese müssen jedoch einen Teil ihrer Zeit und Energie in Management- und Koordinationsaufgaben investieren. Außerdem müssen sie ihre eigene Originalität der Unterordnung unter ein von der Führungsgruppe entwickeltes Programm opfern. Sonderforschungsbereiche werden deshalb von enorm zeitaufwändigen Verfahren der kollektiven Konzepterarbeitung, Organisation von Begutachtungsverfahren, Abhaltung von Nachbesprechungen und Berichterstattung beherrscht, so dass die beteiligten Professoren sich nahezu komplett in das Dasein eines Forschungsmanagers zu begeben haben, selbst nicht mehr forschen können und die Forschung ihren Mitarbeitern überlassen müssen. Die Mitarbeiter forschen aber nicht selbstständig, sondern führen vorgefasste Anweisungen aus. Kreative Forschung versinkt hier in einem Morast von Management, Koordination, Begutachtung und Routine. Das sind nicht die Strukturen, die Kreativität, Originalität, Wettbewerb und die Offenheit der Wissensevolution fördern. Vielmehr sperren sie die Forschung in ein »stahlhartes Gehäuse« (Weber 1920/1972: 203) ein, aus dem es kein Entrinnen gibt und in dem die Wissenschaft in einem alle Kreativität verschlingenden Routinebetrieb erstarrt.

Beim Vergleich zwischen Universitäten ist immer auch die Fächerstruktur zu berücksichtigen, was ebenfalls immer wieder systematisch ausgeblendet wird. Es ist bekannt, dass Natur-, Lebens- und Ingenieurwissenschaften den Großteil aller DFG-Fördermittel verschlingen. Deshalb versteht es sich von selbst, dass Technische Universitäten und Universitäten mit großen naturwissenschaftlichen, technischen und medizinischen Forschungszentren bei den »Rankings« nach Drittmitteleinwerbung, die Unvergleichbares vergleichen, mit riesigem Abstand an der Spitze stehen. Das ist jedoch nicht unmittelbar Ausdruck ihrer wissenschaftlichen Leistung, sondern Ausdruck der politisch gewollten Investition in wirtschaftlich profitträchtige und unmittelbar materiellen Nutzen bringende Disziplinen und Ausdruck der Kosten, die naturwissenschaftliche Laboratorien und technische Versuchsanlagen verursachen. Umgekehrt werden kleinere Universitäten mit geistes- und sozialwissenschaftlichem Schwerpunkt immer vergleichsweise wenig einwerben. Das drückt einerseits aus, dass ihre Forschung nicht das politische Interesse an wirtschaftlicher Profitabilität und unmittelbarem materiellem Nutzen bedient, andererseits, dass sich ihre Forschung auch nicht adäquat mit dem von Naturwissenschaft und Technik geprägten Förderinstrumentarium der DFG und anderer Drittmittelgeber messen lässt. Es zeigt sich z. B., dass Geistes- und Sozialwissenschaften an Technischen Universitäten bzw. an Universitäten mit einem hohen Anteil von Medizin, Bio-, Natur- oder Ingenieurwissenschaften zum Teil sehr hohe Drittmittelquoten erreichen (DFG 2003a: 179, Tab. A3-16). Der Grund ist die an Technischen Universitäten übliche üppige Ausstattung mit Mitarbeiterstellen und die Partizipation an technischen Großforschungseinrichtungen, in denen sie Dienstleistungen erbringen, die sich allerdings fachlich nicht immer erfolgreich verwerten lassen.

Auch die Einrichtung von Sonderforschungsbereichen, die zu einer erheblichen Steigerung des Drittmittelaufkommens führen, ist nicht unbedingt ein für die Geistes- und Sozialwissenschaften angemessener Gradmesser von Forschungsleistungen. Geistes- und sozialwissenschaftliche Forschung verlangt viel mehr als naturwissenschaftlich-technische Forschung die kreative Forscherpersönlichkeit, die auf eigenen Beinen steht und nicht in die Maschinerie einer Forschungsfabrik eingezwängt ist (vgl. Mommsen 2006). Schon gar nicht kann diese Kreativität von der Masse an Mitarbeitern in abhängiger Stellung entfaltet werden. Um diesem Effekt entgegenzuwirken, müsste sich die DFG weit mehr als bisher auf Nachwuchsförderung in Gestalt von Graduiertenkollegs und *postdoc*-Förderung umstellen. Schon Nachwuchsgruppen sind von der irreführenden Vorstellung geleitet, dass auch der junge Forscher bzw. die junge Forscherin ähnlich wie der Lehrstuhlinhaber einen Stab von abhängigen Mitarbeitern braucht, um sich entfalten zu können.

Wegen der zum Selbstzweck gewordenen Einwerbung von großen Drittmittelsummen sind die Universitätsleitungen gehalten, auch im Bereich der Geistes- und Sozialwissenschaften zu versuchen, DFG-Sonderforschungsbereiche (SFBs) einzurichten. Als Folge davon ist zu beobachten, dass reihenweise Anträge mit einem großen Verbrauch an Zeit und Energie bei der DFG eingehen und in einem völlig unkalkulierbaren, rational nicht nachvollziehbaren Verfahren eines »Beratungsgespräches« scheitern. Als sachliche Gründe für die Ablehnung eines SFB-Vorhabens werden in der Regel eine zu große Allgemeinheit und Breite und zu geringe Spezifität der Fragestellung genannt. Dabei weiß jeder, dass es in den Geistes- und Sozialwissenschaften gar nicht anders geht, weil sich sonst nicht rund 15 Teilprojekte aus mehreren Disziplinen zusammenbinden ließen, ohne die Teilnehmer in die Zwangsjacke zu stecken, über einen Gegenstand forschen zu müssen, den sie sonst nicht anrühren würden und über den sie bislang auch nicht geforscht haben. Würden sie sich diesen Zwang antun, dann käme die Ablehnung mit der Begründung, dass eine zu große Zahl der Teilprojektleiter auf keine thematisch einschlägige Forschungserfahrung mit Vorgängerprojekten zurückgreifen kann. Werden die Teilprojekte jedoch so gebündelt, dass die Antragsteller von ihrer schon durchgeführten Forschung ausgehen können, dann scheitert das Projekt an dem Einwand, dass eine zu große Zahl der Teilprojekte nur das weiterführt, was auch vorher schon erforscht wurde, demgemäß das SFB-Vorhaben nichts Neues erbringt.

Für geistes- und sozialwissenschaftliche SFB-Vorhaben ist das Scheitern von Anfang an programmiert, weil sich die Geistes- und Sozialwissenschaften aufgrund ihrer Fachkulturen nicht in das Korsett eines SFBs zwängen lassen. Die wenigen bewilligten geistes- und sozialwissenschaftlichen SFBs sind wie die nicht bewilligten in ihrer Fragestellung allgemein und breit und nicht spezifisch und auch nicht personell auf einem höheren Qualitätsniveau. Was sie machen, wird auch an anderen Orten in mindestens gleicher oder sogar höherer Qualität getan. Deshalb ist das Bewilligungsverfahren mit dem Beratungsgespräch bei der DFG als entscheidende Vorstufe ein reines Lotteriespiel. Es hängt alles von der mehr oder weniger glücklichen Zusammensetzung der Gutachterkommission ab. Glücklich sind diejenigen Antragsteller, die in der Kommission einen starken Fürsprecher mit Autorität finden, der es schafft, gegen die von Bedenken geprägte Stimmung die positiven Seiten des Vorhabens in den Vordergrund zu rücken und die Bedenken beiseite zu räumen, um dennoch grünes Licht zu geben. Wer dieses Glück nicht hat, kann in diesem Verfahren aufgrund der Unerfüllbarkeit der fiktiv hochgehaltenen Kriterien nur scheitern.

Die Schaffung von großen Forschungsverbünden ist zu einer sich selbst tragenden Ideologie geworden, nach deren Sinn und Zweck nicht mehr gefragt wird. Sie wird von der schönen Idee geleitet, dass zuerst Forschungsfragen vorhanden sind, die sich nur im Verbund bearbeiten lassen, und dann nach der notwendigen Finanzierung gesucht wird. In der Wirklichkeit hat sich das Zweck-Mittel-Verhältnis umgekehrt. Weil das Drittmittelaufkommen und die Einrichtung von Forschungsverbünden zum Qualitätsmaßstab von Forschung gemacht worden sind und sowohl das DFG-Förder-Ranking als auch das CHE-Forschungs-Ranking diesen Maßstab in der Öffentlichkeit festsetzen, ist die Einwerbung von Drittmitteln durch die Einrichtung von symbolträchtigen Forschungsverbünden zum Selbstzweck geworden. Es werden jetzt Forschungsfragen *erfunden*, um an das große Geld zu kommen. Und es werden in großem Stil Ressourcen verbraucht, um das für die Schaffung und Unterhaltung solcher Verbünde notwendige, exorbitant zeitfressende Management kollektiver Forschung überhaupt erbringen zu können. Es wird dabei zusammengebracht, was nicht zwingend zusammengehört, und es werden umfangreiche Ressourcen für Mitläuferprojekte eingesetzt, während für Spitzenforschung außerhalb solcher Verbünde das Geld fehlt. Darüber hinaus haben die Verbünde einen schließenden Effekt. Sie konzentrieren symbolisches Kapital in einem Maß auf einen Verbund, das weit über die tatsächlich erbrachte Forschungsleistung hinausgeht, und entziehen es vielen leistungsstarken Forschern außerhalb des Verbunds. Der Wettbewerb wird durch Monopolstrukturen eingeschränkt, auf Kosten von Vielfalt, Kreativität und offener Wissensevolution.

Die zum Selbstzweck gewordenen Verbünde sind ein Hindernis für den wissenschaftlichen Fortschritt. Sie binden für lange Jahre – bei Sonderforschungsbereichen gegebenenfalls für zwölf Jahre – den ganz überwiegenden Teil der Forschungsmittel der DFG. Das verhindert systematisch den zielgenauen und flexiblen Einsatz der Mittel. Die eingebundenen Forscher verlieren die notwendige Freiheit, um in ihrem jeweiligen Fachgebiet auf neue Problemlagen eingehen und sich ohne örtliche Beschränkung nach jeweiliger Bedarfslage vernetzen zu können. Wenn die DFG je nach Fachgebiet bis zu 75 Prozent ihrer Ressourcen für lange Jahre in solche festgefügten Verbünde investiert, dann wird ihre Förderung zu einem Instrument der Verhinderung von Innovation und wissenschaftlichem Fortschritt.

Die für lange Jahre eingerichteten Verbünde unterdrücken das spontane Entstehen von Ideen, Forschungsprogrammen und Netzwerken, die sich aus der Sache selbst ergeben, auch in der Regel gar keine umfangreichen zusätzlichen Ressourcen benötigen und sich schon gar nicht an einen Ort oder in einen im Rahmen der EU-Rahmenprogramme geschaffenen Verbund nach Länderproporz zwingen lassen. Träten an die Stelle der vielen in den Forschungsverbünden beschäftigten Mitarbeiter in abhängiger Stellung selbstständig forschende Juniorprofessoren, dann würden nicht Lehrstuhlinhaber künstlich Verbünde schaffen müssen, um im großen Stil Mittel für Forschungssklaven einwerben zu können. Stattdessen würden sich junge Forscher selbstständig und spontan zur Bearbeitung von Forschungs- und Publikationsprojekten zusammenschließen, für die bei weitem nicht so viel Geld benötigt wird wie für die Großprojekte. Solche Teams könnten sich spontan nach Interessen- und Forschungslage bilden und wieder auflösen.

Die Umschichtung von Ressourcen weg von der Grundausstattung und hin zur Drittmittelforschung war von der schönen Idee geleitet, den Wettbewerb über die Investition von Forschungsmitteln entscheiden zu lassen und vom »Gießkannenprinzip« wegzukommen, das heißt, zielgenau dort Forschung zu fördern, wo sie höhere Qualitätsmaßstäbe erfüllt, so dass die Mittel effizienter eingesetzt werden. In Verbindung mit den kartellartigen und oligarchischen Strukturen im akademischen Feld und der Dominanz der koordinierten Programme in der DFG-Förderung hat sich daraus jedoch das Gegenteil ergeben, nämlich die Schließung des Zugangs zu Forschungsmitteln und der Aufbau von Monopolstrukturen mit dem Effekt der Einschränkung des Wettbewerbs. Ein Ausweg aus dieser Sackgasse kann nur durch eine grundlegende Strukturreform gefunden werden. Die Ersetzung der durch Drittmittel von Lehrstuhlinhabern eingeworbenen Mitarbeiterstellen durch *tenure track*-Juniorprofessuren würde nicht mehr etablierte Professoren um Mittel zur Beschäftigung von Forschungssklaven konkurrieren lassen, sondern viele junge Forscher um dann viel aussichtsreichere Karrierechancen. Dieser viel intensivere Wettbewerb würde die Ausschöpfung des Innovationspotentials im System um ein Vielfaches erhöhen.

Es gilt vor allem zu berücksichtigen, dass die Drittmitteleinwerbung nur den Input misst, aber nicht den Output in Gestalt von Publikationen. Die DFG-Studie stellt zwar eine positive Korrelation zwischen DFG-Bewilligungen und Publikationen fest (DFG 2003a: 119, Abb. 7-1), dabei wird aber nicht auf den Personaleinsatz umgerechnet, so dass die Berechnung nicht die Information vermittelt, die für ein adäquates Urteil benötigt wird. Es muss ja das von der DFG finanzierte Personal noch hinzugerechnet werden, so dass die Ergebnisse noch mehr relativiert werden als bei der Umrechung auf etatmäßiges Personal. Alles spricht dafür, dass mit den zusätzlichen DFG-Mitteln nicht mehr publiziert wird, als eben eine Personalstelle erbringt, und das wie bei der Drittmitteleinwerbung mit rapide sinkender Effizienz jenseits der durchschnittlichen, ausreichende kritische Masse darstellenden Ausstattung. Außerdem kann mit der festgestellten positiven Korrelation überhaupt nicht bewiesen werden, dass die typische DFG-Projektförderung mit viel Personal in abhängiger Stellung mehr die Publikationsproduktivität fördert als die Förderung von unabhängig arbeitenden älteren und jüngeren Forschern durch Stipendien. Würden dieselben Forscher, die große Drittmittelprojekte abwickeln, mehr zu selbstständiger Forschung freigesetzt, dürfte die Publikationsproduktivität höher sein (siehe dazu Kap. 6).

Überhaupt nicht adäquat misst die Drittmitteleinwerbung die Qualität von Forschung in den Geistes- und Sozialwissenschaften. Insbesondere der Koordinationsaufwand und die Reibungsverluste der besonders erwünschten interdisziplinären Sonderforschungsbereiche der DFG sind außerordentlich hoch (Laudel 1999; Röbbecke et. al. 2004). Das kann in vielen Fällen die Publikationsproduktivität senken. Die Einwerbung von Drittmitteln ist in den Geistes- und Sozialwissenschaften kein reliabler Indikator für Forschungsleistung. Sie kann auch zum Ausdruck bringen, dass in einer Art und Weise geforscht wird, die der Komplexität und den besonderen Anforderungen geistes- und sozialwissenschaftlicher Forschung nicht gerecht wird. Sie kann auch bedeuten, dass Professoren zu Forschungsmanagern degradiert werden, die zwar einen Projektapparat in Schwung halten können, dabei aber nicht mehr die Zeit zu eigener Kreativität finden, der Forschungsbetrieb deshalb in einer Antrags-, Berichts-, Koordinations-, Besuchs-, Austausch- und Konferenzmaschinerie erstickt. Professoren werden zu professionellen Drittmitteleinwerbern, um die Stellen ihrer Projektmitarbeiter zu sichern (Schimank 1995a: 123-175, 305-306; 1995b: 68-72; 1996: 114-115; Winnes und Schimank 1999: 175). Die sich inzwischen artikulierende Kritik an diesem System der Forschungsförderung (siehe z. B. Schubert 2005; Borchmeyer 2006), wird von der DFG und dem Wissenschaftsrat noch mit beruhigenden Formulierungen abgewehrt (siehe z. B. Winnacker 2005b; Strohschneider 2006).

Schon aus Gründen der Minimierung des Ablehnungsrisikos tendieren erfolgreiche Drittmittelforscher dazu, bei neuen Anträgen nahe an dem schon erforschten Gegenstand zu bleiben. In den Sozialwissenschaften führt das zu langjähriger Forschung, in der immer weniger Neues entsteht. Projektforschung muss einen möglichst kleinen Ausschnitt der Realität untersuchen. Die Forschungsfragen müssen so kleingearbeitet werden, dass sie Gefahr laufen, angesichts der Komplexität gesellschaftlicher Zusammenhänge zu trivial zu werden und deshalb weder zu theoretisch noch zu praktisch relevanten Ergebnissen zu führen. Wie Adorno (1969) im Positivismusstreit vehement festgehalten hat, kann das Besondere nur im Kontext des Ganzen richtig erklärt und verstanden werden. Was am Ganzen falsch läuft, bekommt man mit kleinformatiger Forschung nicht in den Blick.

In Habermas' (1969) Begriffen trägt das DFG-Fördersystem zur fortschreitenden Dominanz der »halbierten Vernunft« positivistischer, scheinbar instrumentell verwertbarer Forschung in den Sozialwissenschaften, tendenziell auch in den Geisteswissenschaften bei, während die historisch gewachsenen Formen der praktischen und reflektierenden Vernunft an den Rand gedrängt werden. In der Soziologie verschwindet das von Max Weber (1922/1976) begründete Programm einer verstehenden *und* erklärenden Soziologie von der Bildfläche, wenn sich das naturwissenschaftlich geprägte Programm vollends durchsetzt. Eine verstehend erklärende Soziologie ist z. B. in der Lage, den größeren Sinnzusammenhang und die Kulturbedeutung (Weber 1922/1973: 165-78) des epochalen Wandels der Gegenwart über die bloße Sammlung von Daten und ihre modellhafte Erklärung hinaus begreifbar zu machen. Sie betreibt Soziologie als Wirklichkeitswissenschaft, die es mit der verstehenden Erklärung konkreter historischer Vorgänge zu tun hat und nicht nur zusammenhangslos einzelne Daten mit abstrakten Modellen ohne Bezug zur historischen Wirklichkeit »erklärt«. Mit einer theoretisch reflektierten und historisch-empirisch gesättigten Vorgehensweise distanziert sie sich sowohl von empirieferner und damit leerer Zeitdiagnose als auch von theorieferner und damit blinder Datensammlung mit nur abstrakt-modellhafter Erklärung. So verfährt sie im Sinne von Kants (1781/1956) Feststellung, dass Begriffe ohne Anschauung leer und Anschauungen ohne Begriffe blind sind. Auf diesem Weg ist es möglich, Adornos (1969) Credo, das Besondere im Kontext des Ganzen begreifbar zu machen und zu erklären, gerecht zu werden (vgl. Blumenberg 2000: 18-36). Damit soll nicht der vollständigen Hinwendung der Geistes- und Sozialwissenschaften zur idiosynkratischen Einzelforschung das Wort geredet werden. Auch die Einzelforschung muss sich in größeren Forschungszusammenhängen bewähren und ihre Fruchtbarkeit durch die Inspiration weiterer Forschung beweisen. Auch sie muss sich zu diesem Zweck vernetzen. Insbesondere die Sozialwissenschaften haben außerdem einen Bedarf an langfristigen, ressourcenintensiven Investitionen in die Schaffung großer Datensätze, z. B. im Rahmen von Panelstudien. Ohne solche Investitionen lassen sich keine einigermaßen gesicherten Aussagen über gesellschaftliche Entwicklungen machen. Es kann nur um eine den jeweiligen Disziplinen angemessene Ausbalancierung von Forschungsformen gehen, um Kreativität und Kontinuität in der Wissensevolution zu gewährleisten.

Um Fehlallokationen von Forschungsmitteln entgegenzuwirken, müssten Drittmittel zusammen mit der Grundausstattung als Bezugsgröße für die Errechnung der Publikationsproduktivität verwendet werden. Das würde zu einem zielgerichteten Umgang mit Drittmitteln erziehen. Sie würden nur dann zum Einsatz kommen, wenn auch gute Publikationsergebnisse zu erwarten sind. Forschungsleistung wäre allein an dem Publikationsoutput pro Grundausstattung zu messen. Dabei gälte es noch fachspezifisch den Publikationsoutput nach Monographien (z. B. Faktor 6), Fachzeitschriftenaufsatz (z. B. Faktor 1) und Sammelbandaufsatz (z. B. Faktor 0,5) zu gewichten.

Die DFG (2006a, 2006b) hat inzwischen selbst erkannt, dass die dominanten, von den Naturwissenschaften geprägten Förderformate der koordinierten Programme für die Geisteswissenschaften wie auch für die Sozialwissenschaften nicht adäquat sind und sogar kontraproduktiv wirken. Seit 2003 werden deshalb den Geistes- und Sozialwissenschaften verstärkt Fördermöglichkeiten angeboten, die auf deren Bedürfnisse zugespitzt sind: Professoren können Zeit für eigene Forschung einwerben, indem eine Vertretung für die Dauer ihres eigenen Forschungsprojektes finanziert wird. Insbesondere Nachwuchswissenschaftler kleinerer Fächer können für überlokale Netzwerke Unterstützung bekommen.

Langfristige Einzelprojekte können bis zu zwölf Jahren gefördert werden (z. B. Editionen). Forschergruppen sollen unterhalb der Größenordnung von Sonderforschungsbereichen sichtbare kooperative Forschung ermöglichen. Dabei kann eine Forschergruppe neben Teilprojekten auch ergänzende Professuren, Vertretungsprofessuren für die eigene Forschung und auswärtige Fellows einschließen. Der Wissenschaftsrat (2006) hat in seiner jüngsten Empfehlung die Notwendigkeit betont, dass die Leistungen der Geisteswissenschaften nicht nach dem Modell naturwissenschaftlicher Forschung bewertet werden dürfen und es gälte, eine auf ihre spezifischen Bedürfnisse zugeschnittene Förderung zu gewährleisten. Wenn diese Umstellung auch greifen soll, bedarf es allerdings auch einer entsprechenden finanziellen Absicherung der neuen Förderinstrumente. Anderenfalls gehen sie zu Lasten der Einzelförderung und damit ganz überwiegend zu Lasten der Geisteswissenschaften selbst. Es zeigt sich immerhin, dass in der DFG und im Wissenschaftsrat die Sensibilität für die kontraproduktiven Effekte der bislang dominanten Förderformate gewachsen ist.

Allerdings herrscht keine Klarheit darüber, wie weit sich geistes- und sozialwissenschaftliche Forschung überhaupt in einem zentralen Verfahren nach Kennziffern beurteilen lässt. Der Wissenschaftsrat (2006) empfiehlt, die Geisteswissenschaften nach differenzierten Kennziffern zu beurteilen, erkennt allerdings nicht, dass der immer weitere Zwang zur Differenzierung die Methode der Leistungsbeurteilung durch ein zentralisiertes Verfahren grundsätzlich infrage stellt. Wenn es nur noch Ausnahmen von den Ausnahmen gibt, hebt sich die zentralisierte Leistungsbeurteilung selbst auf. Konsequenter wäre es, für einen offenen Wettbewerb zu sorgen, aus dem sich genügend Anreize für eine Pluralität von Forschungsleistungen ergeben, deren Nutzen nicht von zentralen Kommissionen beurteilt wird, sondern von vielen einzelnen Nachfragen auf einem offenen Wissenschaftsmarkt. Gerade in der Wissenschaft gilt von Hayeks (1969) Credo, dass keine zentrale Instanz die »Weisheit« eines offenen Marktes erreichen kann.

Auch von den neuen Ideen zur Förderung der Geistes- und Sozialwissenschaften ist keine nachhaltige Lösung des Problems zu erwarten. Sie setzten Anreize in den Geistes- und Sozialwissenschaften, vor Ort Forschergruppen als kleine Lösung statt Sonderforschungsbereichen einzurichten, oft im Nachgang zu gescheiterten Projekten dieser Art. Weil die Drittmitteleinwerbung zum Selbstzweck geworden ist, wird auch dabei oft zusammengezwungen, was nicht zusammengehört, und ein Großteil von Forschungsressourcen der spontanen Entfaltung von Ideen, Kooperationen und Netzwerken jenseits örtlicher Bindung entzogen. Auch die Gewährung von Freisemestern hilft nicht weiter. Sie führt zur Verteilung von Privilegien ohne Nutzen für das Ganze. Das Problem besteht darin, dass die universitäre Forschung in allen Disziplinen auf breiter Front von der Last der immer weiter ausgedehnten und betreuungsintensiver gewordenen Lehre, mindestens genauso aber auch von der Arbeit für Selbstverwaltung, Public Relations, Berichterstattung, Drittmitteleinwerbung und Begutachtung erdrückt wird (Schimank 1995), so dass die Verteilung von Privilegien für wenige Glückliche gar nichts bringt. Den gewiss würdigen, mit einem oder zwei Freisemestern belohnten Professoren steht immer eine Vielzahl genauso würdiger Kollegen gegenüber, die weiterhin von den Geschäften absorbiert werden. Weil es nur wenige Gewinner unter vielen gleichwertigen Kandidaten gibt und nach sachlichen Kriterien nicht entschieden werden kann, wer gefördert werden soll und wer nicht, bestimmt in hohem Maße das symbolische Kapital ihrer institutionellen Herkunft über den Erfolg. Das lässt sich z. B. an der Verteilung der Leibniz-Preise der DFG auf die Hochschulen für den Zeitraum von 1986 bis 2005 erkennen (DFG 2006e: 176). Das Glück des Freisemesters ist indessen schon nach kurzer Zeit wieder vorbei, und die Kollegen sehen sich wieder vom üblichen Betrieb eingefangen. In vielen Fällen führt die kurzzeitige Befreiung von der Lehre überhaupt nicht zu einem sichtbaren Ergebnis. Eine genaue Prüfung würde vermutlich offenbaren, dass die Publikationsproduktivität völlig gleich verteilt ist, ob nun ein Freisemester wahrgenommen wurde oder nicht, zumal auch das Freisemester leicht von Verpflichtungen überwuchert werden kann, die von der Arbeit an einer Publikation abhalten. Auch das Volkswagen-Thyssen-Programm der Finanzierung von Freisemestern zur Erstellung eines Opus magnum hat diesen Makel. Angesichts der Vielzahl würdiger Bewerber verteilt es Privilegien, die in vielen Fällen auch noch ohne sichtbaren Effekt bleiben. Wie viele solcher Werke das Licht der Welt erblicken, wird von diesem Programm nicht maßgeblich beeinflusst. Man erkennt, dass das System der Forschungsförderung paradoxerweise eine Privilegiengesellschaft hervorbringt, die systematisch gegen die Prinzipien von Chancengleichheit, offenem Wettbewerb und Leistungsgerechtigkeit verstößt.

Preise für hervorragende Leistungen werden in der Regel durch ihre Orientierungsfunktion bei der Suche nach Erkenntnis gerechtfertigt. De facto schließen sie sich aber schon vorher stattgefundenen Akkumulationsprozessen an, um die dadurch entstandene Differenzierung in »Elite« und »Masse« zu legitimieren und zu verfestigen. Jeder Preisträger hat schon vor der Verteilung des Preises eine herausgehobene Stellung, die durch den Preis nur noch bekräftigt wird. Das lässt sich besonders gut an der Verleihung der Nobelpreise demonstrieren (Zuckerman 1977). Zur Orientierung im Wissenschaftssystem wird der Preis deshalb nicht benötigt. Im Gegenteil, mit der Verfestigung herausgehobener Positionen und der Universitäten, die Preise im globalen Machtzentrum der Wissenschaft anhäufen, wird der Matthäus-Effekt noch verstärkt, durch den die Offenheit der Wissensevolution eingeschränkt und Innovation behindert wird. Zu jedem würdigen Preisträger gibt es eine Vielzahl ebenso würdiger Spitzenforscher, die sich durch die Preisvergabe in ihrem Einfluss behindert sehen. Der Preis nutzt deshalb nicht der Wissenschaft als Ganzes, sondern allein dem Ruhm des Preisstifters, der Komiteemitglieder und des Preisträgers.

Auch die von den neuen »Elite«-Universitäten geplanten Centers for Advanced Studies sind in erster Linie Institutionen der Verteilung von Privilegien an würdige Forscher, denen immer eine Vielzahl ebenso würdiger Forscher gegenübersteht, die – meistens mangels Vernetzung – nicht in den Genuss dieser Förderung gelangen. In der Regel hätten die glücklichen Forscher dieselbe Leistung auch ohne dieses Privileg erbracht, und die vielen anderen Forscher leisten ihren Beitrag zum wissenschaftlichen Fortschritt auch ohne ein Freijahr an einem solchen Zentrum. Das heißt, dass Orte des Privilegs im Hinblick auf den erzielten wissenschaftlichen Fortschritt keinen Unterschied machen. Die Produktivität der Forscher ist mit oder ohne ein solches Zentrum gleich hoch. Der wissenschaftliche Fortschritt wird in erster Linie durch Wettbewerb unter den Bedingungen der Chancengleichheit vorangetrieben. Privilegien für wenige Glückliche verzerren diesen Wettbewerb, weil es zu viele Forscher gibt, die Spitzenleistungen auch ohne solche Privilegien erbringen.

In der modernen Leistungsgesellschaft ist ein solches Privilegiensystem ein Relikt aus der ständischen Gesellschaft, zumal in aller Regel das symbolische Kapital der institutionellen Herkunft maßgeblich über den Zugang zu diesen Privilegien entscheidet. Deshalb ist der Sinn und Zweck solcher Zentren in erster Linie darin zu sehen, dass sie der Akkumulation von symbolischem Kapital dienen. Das Zentrum vermehrt sein symbolisches Kapital, indem es auf Seiten der Beschenkten Dankbarkeit erzeugt, die sich in Lobpreisung und Zitation der Publikationen des Zentrums äußert. Die Beschenkten nehmen den Glanz des Zentrums mit, der ihnen die Tür zu weiteren Ehrungen öffnet. So wird symbolisches Kapital akkumuliert, das letztlich den wissenschaftlichen Wettbewerb ungleichen Bedingungen unterwirft und verzerrt. Dem wissenschaftlichen Fortschritt wird durch diesen Akkumulationsprozess nicht geholfen.

Der Akkumulationsprozess führt in Extremfällen zu einer Häufung von Mitgliedschaften und Ehrungen, die in keinem Verhältnis zu den erbrachten wissenschaftlichen Leistungen stehen. Die Tendenz zur Konzentration von ehrenvollen Mitgliedschaften und Auszeichnungen auf wenige, schon hoch dekorierte Personen ergibt sich dadurch, dass die Preisstifter darauf bedacht sein müssen, durch die Verleihung von Preisen an schon hoch geehrte Personen aus kapitalkräftigen Institutionen selbst symbolisches Kapital zu akkumulieren, um sich im Kampf um Reputation behaupten zu können. Riskante Investitionen in noch unbeschriebene Blätter können sich solche Institutionen nur gelegentlich und bei peripheren Angelegenheiten wie Nachwuchspreisen leisten. Sie verstärken den Matthäus-Effekt, indem sie zu einer Konzentration von symbolischem Kapital beitragen, die erheblich von der breiter gestreuten Verteilung von Forschungsleistungen abweicht. Daraus ergibt sich eine Engführung der Aufmerksamkeit, die dazu führt, dass das vorhandene Potential an Innovation nicht ausgeschöpft wird. Institutionen, die den naturwüchsigen, sich von allein vollziehenden Prozess der Akkumulation von symbolischem Kapital unterstützen, erzeugen deshalb in erheblichem Maße Strukturkonservatismus und paradigmatische Engführung der Wissensevolution.

Eine viel nachhaltigere Förderung des wissenschaftlichen Fortschritts bestünde darin, dass mit Hilfe der Halbierung der DFG-Mittel, des weitgehenden Abbaus der außeruniversitären Forschungseinrichtungen und der Umwandlung aller Mitarbeiterstellen in Juniorprofessuren die Zahl der Universitätsprofessoren massiv erhöht wird. Bei einer durchschnittlichen Lehrbelastung von sechs statt neun Semesterwochenstunden und gleichzeitiger Verteilung aller weiteren Aufgaben auf viel mehr Schultern hätten alle auf Dauer und nicht nur wenige für nur kurze Zeit den nötigen Freiraum zur Forschung und auch genügend Luft für eine engagierte Lehre. Es gäbe weder in der Lehre noch in der Forschung Kapazitätsprobleme, und das ohne einen Cent zusätzlicher Investitionen in Bildung und Forschung. Die zeitfressende Gutachter- und Kommissionsarbeit zur Verteilung der Privilegien könnte auch noch eingespart werden. Das wäre eine flächendeckende Förderung der Forschung für alle wissenschaftlichen Disziplinen gleichermaßen.

Die zentrale Steuerung von Wissenschaft und Forschung ist auf die Nutzung standardisierter Kennziffern angewiesen (HRK 2006). Die Konsequenz einer auf die Erfüllung von wenigen Kennziffern ausgerichteten Zuweisung von Positionen und Reputation ist jedoch die Eindämmung der Vielfalt von Wissen und die Behinderung der Kreativität von Forschern (Schimank 2006). Sie werden zwangsweise auf das Standardmaß der Erfüllung von Kennziffern um ihrer selbst willen reduziert. Das Schreiben von Forschungsanträgen und -berichten wird zum Selbstzweck und danach ausgerichtet, wofür sich mit größter Wahrscheinlichkeit Forschungsgelder einwerben lassen (Laudel 2003). Für das Außergewöhnliche ist in einer solchen Maschinerie kein Platz. Statt Publikationen entsteht ein Berg von Forschungsberichten, die kaum jemand liest. Die zusätzliche Einführung weiterer Kennziffern hat jedoch nicht weniger fehlsteuernde, nämlich standardisierende Effekte. Nehmen Fachzeitschriften mit Begutachtungsverfahren eine dominante Stellung ein, dann wird dadurch ein spezifischer Typus des Standardaufsatzes prämiert, während kreative Beiträge jenseits des Standards aussortiert werden. Die empirische Wissenschaftsforschung hat dazu umfangreiche Evidenz geliefert (vgl. Zuckerman und Merton 1971; Yamazaki 1992, 1995; Daniel 1993, 2001; Sonnert 1995; Armstrong 1997; Seglen 1997; Campanario 1998a, 1998b; Campbell 1999; Hornbostel 2005, 2006; Fröhlich 1999, 2002). Schon der junge Forscher wird auf extreme Spezialisierung konditioniert, weil er nur so zum Erfolg kommen kann. Nach dem Prinzip des *publish or perish* werden Forscher darauf trainiert, Datensätze mehrfach zu verwerten, ohne dass über die erste Veröffentlichung hinaus noch neue Erkenntnisse entstehen. Internationalität, zum Selbstweck gemacht, führt zu einem Wissenschaftstourismus mit viel Zeitverlust und vielen Kontakten, aus denen kein wirklicher Erkenntnisfortschritt hervorgeht.

In den Naturwissenschaften und in der ihrem Modell folgenden Wirtschaftswissenschaft hat sich der Aufsatz in begutachteten Fachzeitschriften, differenziert nach deren *Impact*-Faktor, der misst, wie oft die in dieser Zeitschrift erschienenen Aufsätze zitiert werden, als standardisiertes Leistungskriterium herausgebildet. In den Geistes- und Sozialwissenschaften ist das bislang noch nicht der Fall. Der wesentliche Grund dafür liegt darin, dass sich ihre Forschungsleistungen nicht ohne Gehaltsverlust in das Korsett eines standardisierten Fachzeitschriftenaufsatzes zwängen lassen. Insbesondere hier würde eine ausschließliche Prämierung dieser Publikationsart zu einer Verarmung der Forschung in einem routinemäßigen Normalbetrieb führen, in dem Kreativität tendenziell abgetötet wird. Der Standardaufsatz hat immer höchste Publikationschancen in einer begutachteten Fachzeitschrift, ist aber eben in der Regel auch nur standardmäßig in seinem Gehalt. In den Geistes- und Sozialwissenschaften werden deshalb Publikationen in Sammelbänden, insbesondere aber Monographien einen bleibenden Stellenwert behalten. Sie können den komplexen Qualitätsanforderungen der Geistes- und Sozialwissenschaften eher gerecht werden als die Standardform des gewöhnlichen Fachzeitschriftenaufsatzes, der in seiner Standardisierung als Äquivalent des Wissenschaftsbetriebes zum weltweit standardisiert angebotenen Hamburger von McDonald's gelten kann (Ritzer 1993; Münch 1993a). Für die Geistes- und Sozialwissenschaften müsste das bedeuten, dass Monographien mit dem mehrfachen Gewicht eines Fachzeitschriftenaufsatzes zu werten wären. Mit einem Verhältnis von eins zu sechs würde man etwa richtig liegen.

Aus der wachsenden Literatur zur Steuerung von Universitäten mittels Kennziffern ist vor allem ein Schluss zu ziehen: Alle Verfahren sind enorm fehlerhaft und entfalten jede Menge nichtintendierter Nebeneffekte (vgl. Luukkonen 1995; Widmer 1996; Altrichter et al. 1997; Hornbostel 1997, 2001a; Braun 1998; Langfeldt 2001; Minssen et al. 2003; Backes-Gellner und Moog 2004). Die Steuerung von Behörden durch Kennziffern folgt den Grundsätzen des *new public management* (NPM) bzw. Neuen Steuerungsmodells (NSM). Sie impliziert in der Regel größere Selbstverantwortung von Leistungseinheiten und gegebenenfalls auch Konkurrenz zwischen Leistungseinheiten um Mittelzuweisungen. Beispielsweise konkurrieren Universitäten bzw. Fachbereiche innerhalb von Universitäten untereinander um Forschungsmittel. Dabei wird oft von einer Umstellung auf marktförmige Steuerung gesprochen. Das ist jedoch irreführend. Zumindest handelt es sich um einen äußerst unvollkommenen Markt, weil sich nicht mehrere Nachfrager und Anbieter von Forschungsmitteln gegenüberstehen, sondern ein Monopolist als Anbieter im Zentrum vielen Nachfragern nach Forschungsmitteln. Inzwischen ist NPM in dem Sinne zu einer Ideologie geworden, dass das Instrument ohne genaue Kontrolle über seine erwünschten und unerwünschten Effekte eingesetzt wird, allein deshalb, weil es zur Doxa (herrschenden Lehre) des Feldes geworden ist. Auf die Forschung angewandt, verschiebt das Instrument die Balance weit weg von kreativitätsförderlicher Offenheit hin zu standardisierender Übersteuerung und zur Kennziffernerfüllung als Selbstzweck mit grotesken Folgen (vgl. Weingart 2005; Schiene und Schimank 2006).

Wird die Forschung mit einem System von Kennziffern gesteuert, dann werden Vielfalt, Kreativität, Innovation und Produktivität von einer Zentralverwaltungswirtschaft nach dem Muster des realen Sozialismus erwürgt. Es wird nicht mehr zum Zweck des Erkenntnisfortschritts geforscht, sondern zum Zweck der Erfüllung von Kennziffern, die mit Erkenntnisfortschritt sogar negativ korreliert sind. Um zu sehen, wie ein solches System funktioniert und wie es die Forschungsarbeit durch die strategische Jagd nach Kennziffernerfüllung als Selbstzweck verdrängt, muss man nur die Situation in Großbritannien studieren (Velody 1999; RAE 2001). Die Berichte über das in Großbritannien 1986 eingeführte Verfahren der *research assessment exercises* (RAE)* des Higher Education Funding Council (HEFC) werden zunehmend kritischer, weil erkannt wird, in welchem Maß es Forschungsarbeit durch Forschungsmanagement und -präsentation sowie Vielfalt und Kreativität durch standardmäßige Arbeit im Rahmen der herrschenden Lehre verdrängt (Adam 2002; Görner 2005). Obwohl das Verfahren die Forschungsleistungen durch Expertenkommissionen qualitativ beurteilen lässt, hat es unter der Hand den Effekt der Prämierung der standardmäßigen Erfüllung von Kennziffern, insbesondere der Zahl von Publikationen in Zeitschriften mit hohem *impact*.

---

* Diese britische *ex post*-Evaluation hat bisher fünf Mal stattgefunden: 1986, 1989, 1992, 1996 und 2001. Es werden alle britischen Universitäten erfasst. Aufgrund von Informationen, die von den Universitäten geliefert werden (Personalstatistik, Statistik über fortgeschrittene Forschungsstudenten sowie deren Stipendiensituation, drittmittelfinanzierte Forschungsprojekte, Programme und Forschungspläne, außerdem müssen alle forschungsaktiven Wissenschaftler ihre »vier besten« Publikationen zur Verfügung stellen), bewerten Panels die Forschungsqualität der Universitätsinstitute auf einer siebenstelligen Notenskala. Die Evaluationsergebnisse haben eine direkte Auswirkung auf die vom HEFC zugewiesene Grundfinanzierung (vgl. Campbell 1994).
Quelle: http://www.iff.ac.at/hofo/pdf/iff_campbell_1999.pdf

Statt einen offenen Wettbewerb um Erkenntnisfortschritt zu ermöglichen, wird die Erfüllung standardmäßiger Kriterien in einem zentral gesteuerten System belohnt. Die ganze »Weisheit« des Forschungsbetriebs wird in das Zentrum verlagert, statt es der Evolution im offenen Wettbewerb zu überlassen, wohin sich der Erkenntnisfortschritt bewegt. In einer mit standardisierten Kriterien arbeitenden Zentralverwaltungswirtschaft übt das Zentrum totale Macht aus. Es muss ein Wissen über die Steuerung der Wissenschaft in die erkenntnisfördernde Richtung in Anspruch nehmen, das es nicht hat. Gerade weil der Erkenntnisfortschritt in extrem hohem Maß von der Abweichung vom Standardmäßigen lebt, kann eine zentrale Steuerung der Forschung nach Kennziffern nur eine tödliche Wirkung auf den Fortschritt der Erkenntnis haben. Wenn Friedrich von Hayeks (1969) Lob des Marktes als ungesteuertes Suchinstrument für beste Lösungen irgendwo seine Richtigkeit hat, dann gerade in der Wissenschaft. Was mit standardisierten Kriterien eingeführt wird, ist kein Wettbewerb um Erkenntnisfortschritt im Hayek'schen Sinne, sondern Zentralverwaltungswirtschaft nach dem Vorbild der Sowjetunion. Dass sich auch bei einem qualitativen Evaluationsverfahren unter der Hand die Orientierung an standardisierten Kennziffern als Beurteilungsmaßstab durchsetzt, ergibt sich schon aus dem Zwang, dass die Experten ihr Urteil durch »objektivierbare« Kriterien rechtfertigen müssen, weil ihnen sonst Willkür vorgeworfen wird. Sie werden deshalb selbst Opfer eines Verfahrens, das zwangsläufig zur Standardisierung führt.

Es ist grundsätzlich zu unterscheiden zwischen einem Wettbewerb auf einem offenen Markt und einem Wettbewerb um die Ressourcen, die von einer zentralen Instanz verteilt werden. Im Wettbewerb auf dem offenen Markt hat eine Viel-

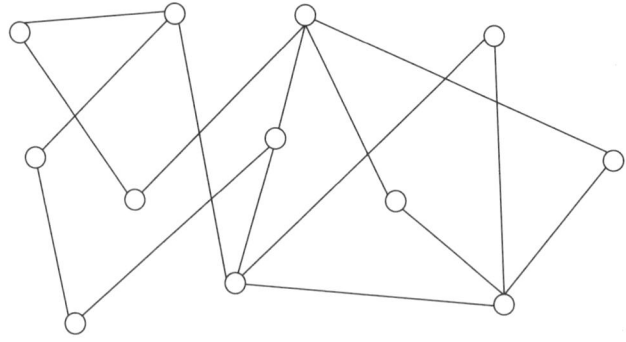

Abb. 2-1: Wettbewerb um Nachfrage nach wissenschaftlichem Wissen in einem offenen Markt

zahl von Anbietern eine Chance, Nachfrager zu finden. In diesem Fall besteht eine größere Vielfalt von Nachfrage und dementsprechend eine größere Vielfalt von Angeboten. Entspricht der wissenschaftliche Wettbewerb diesem Modell des offenen Marktes, dann gibt es eine Vielzahl von Nachfragern nach wissenschaftlichen Leistungen: Wissenschaftler, Studierende und Praktiker auf der Suche nach Wissen. Die Allokation von Wissensangeboten und Wissensnachfrage erfolgt ungesteuert auf einem offenen Markt. Dementsprechend gibt es einen großen Spielraum für Vielfalt und Kreativität, so dass eine offene Evolution des Wissens ohne vorgegebene Richtung garantiert ist (Abb. 2-1).

Die Ersetzung dieses offenen Marktes durch ein System der zentralen Zuweisung von Ressourcen nach Erfüllung von zentral definierten Kennziffern bedeutet, dass nun alle Anbieter um die Gunst eines einzigen, zentralen Nachfragers konkurrieren, dem sie sich vollkommen unterwerfen müssen, um Ressourcen zu erhalten. Die zentrale Instanz verfügt über totale Macht, mit der sie sich die Forscher gefügig machen kann. An die Stelle der Vielfalt von Nachfrage tritt eine einseitig in spezifischen Kennziffern von der zentralen Instanz definierte Nachfrage. Daran ändert auch die Tatsache nichts, dass *peers* die Rolle von Gutachtern spielen. Zumal sehr gehäuft immer wieder dieselben *peers* diese Rolle einnehmen, bilden sie eine Prüfstelle der Regierung als zentrale Instanz. Im Vergleich zum offenen Markt erfolgt eine radikale Einschränkung auf das Standardmäßige, weil das Standardmäßige immer größere Chancen hat als das Außergewöhnliche und damit Abweichende, bei der Vergabe von Forschungsmitteln und bei der Publikation in zentralen Fachzeitschriften zum Zuge zu kommen. Wird außerdem noch gezielt die Einwerbung von Drittmitteln aus der Industrie gefördert, dann sorgt das zwar für praktische Relevanz, aber auch für das systematische Aussortieren von Kreativität, die aus dem Rahmen des unmittelbar praktisch Verwertbaren fällt. Innovationen sind aber gerade auf die Proliferation einer Vielzahl von zunächst weit von praktischer Verwertbarkeit entfernten Ideen angewiesen. Wird die Forschung direkt auf praktische Verwertbarkeit ausgerichtet, dann schrumpft der Pool an Ideen für Innovationen zusammen, so dass der Gesellschaft die notwendigen Ressourcen für Erneuerung fehlen (Abb. 2-2).

Die konservative Regierung in Großbritannien wollte Ende der 1980er Jahre die Universitäten politisch in drei Kategorien einteilen: Forschungsuniversitäten, Lehranstalten und gemischte Institutionen. Der heftige Widerstand gegen diese politische Kategorisierung von Universitäten hat dazu geführt, dass die Regierung mit Hilfe des zentralen Systems eines *peer review*-Verfahrens der Vergabe von Forschungsmitteln nach zentral definierten Standards innerhalb eines Jahrzehnts denselben Effekt erzielt hat. Herausgekommen

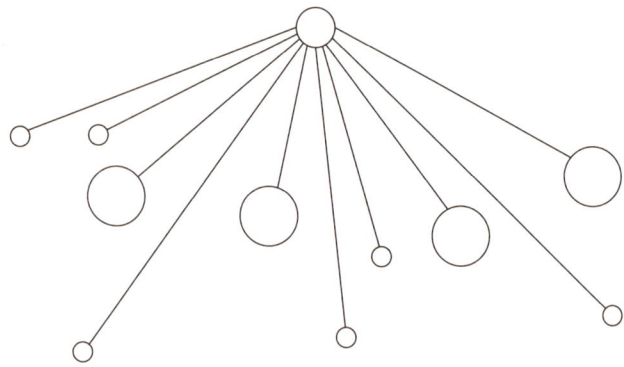

Abb. 2-2: Wettbewerb um Forschungsressourcen in einem zentral gesteuerten System

ist ein System, in dem das Matthäus-Prinzip »Wer hat, dem wird gegeben« voll zur Wirkung kommt und die Forschungsmittel auf Dauer auf wenige Universitäten konzentriert sind (Merton 1968a, 1996). Es wurden nahezu unumstößliche Monopole errichtet, die den offenen Wettbewerb systematisch unterbinden. Einem zentralen Nachfrager steht nur noch eine kleine Zahl von Anbietern von Forschungsleistungen gegenüber. Forschung ist allein noch an der Erfüllung der zentral definierten Kennziffern ausgerichtet, was einerseits Forschung in Forschungsmanagement und -darstellung transformiert, andererseits Vielfalt und Kreativität der massenhaften Produktion des Standardmäßigen und praktisch Relevanten in einem engen Horizont des allein noch Denkbaren opfert. An die Stelle eines offenen Marktes ist ein zentral verwaltetes System der Forschung, eine Art totalitäres Überwachungssystem nach dem Muster der Sowjetunion getreten (Adam 2002; Sharp 2003). »Durch die Entschlossenheit, mit der die Regierung die Steigerung der akademischen Produktivität vorantreibt, entsteht eine stalinistische

Bürokratie akademischer Buchhalter«, schreibt der *Economist* (2005: 14). Die entsprechenden Veröffentlichungen der Regierung schwärmen von »excellence«, »opportunity« und »innovation«. Mit diesen Legitimität heischenden Begriffen wird ein System durchgesetzt, das Vielfalt und Kreativität und damit die unabdingbaren Voraussetzungen von Exzellenz und Innovation empfindlich einengt (DTI 1999, 2000).

Es darf allerdings auch nicht verkannt werden, dass das RAE-Verfahren die traditionell verfestigte Privilegierung der Universitäten gegenüber den Polytechnischen Hochschulen reduziert hat und zu einer offeneren Form der Differenzierung in ressourcenstärkere und ressourcenschwächere Hochschulen geführt hat. Gleichwohl sind Tendenzen der erneuten Verfestigung unverkennbar. Von 100 Hochschulen ziehen nur zehn insgesamt 50 Prozent der Forschungsgelder an sich. Das Verfahren selbst stützt sich auf die qualitative Evaluation durch *peer review*. Es wird die Qualität von je vier eingereichten Publikationen pro Wissenschaftler aus den jeweils vergangenen vier, in den Geistes- und Sozialwissenschaften sechs Jahren beurteilt, um die Mittel für die weiteren vier bzw. sechs Jahre zu verteilen. Dieses Verfahren macht demgemäß nicht den Fehler der direkten rein quantitativen Messung. Außerdem bewertet es Forscher und nicht Institutionen. Es wird auch nicht Input mit Output verwechselt. Vorschläge, das Verfahren durch die direkte Anwendung quantitativer Kriterien weniger aufwändig zu machen, sind bisher abgelehnt worden. Dennoch schleicht sich allein schon wegen des Beurteilungsaufwands und Objektivierungszwangs der Experten die Nutzung von Kennziffern unter der Hand ein. Es werden insbesondere Aufsätze in renommierten Fachzeitschriften mit hohem *impact* und Zitationen beachtet, was zur Privilegierung des Standardmäßigen in zentralen Forschungsfeldern und von Zitationsnetzwerken führt. Ein Standardisierungs- und Konzentrationseffekt zu Lasten von Vielfalt und Kreativität bleibt deshalb nicht aus. Wie kritisch diese Tendenz inzwischen gesehen wird, zeigt z. B. eine in *Euroscience* erschienene Glosse, die ein fiktives Ablehnungsschreiben des British Research Councils bezüglich eines Forschungsantrags von Albert Einstein für seine Forschung zur Relativitätstheorie enthält. Als sechster Ablehnungsgrund wird z. B. genannt: »Der Plan für die Veröffentlichung der Forschungsergebnisse ist ungenügend. Die *Zeitschrift für Physik* ist kein *high impact journal*, würden die Resultate tatsächlich in diesem Rahmen publiziert, dann wären sie vermutlich nur für wenige Spezialisten verständlich.« (Euroscience/news31/spring2005, abgedruckt in *Forschung & Lehre* 10/2005, S. 541) Das Verfahren impliziert auch eine zunehmende Trennung von Forschung und Lehre, weil die Lehre nur noch von Personal getragen wird, das nicht am Forschungswettbewerb teilnimmt, während sich die Forscher aus dem Lehrbetrieb herausziehen (Orr 2005). Eine systematische Auswertung des Forschungsstandes berichtet über folgende Effekte von zentralisierten Evaluationsverfahren mit *peer review*, insbesondere anhand des RAE-Verfahrens in Großbritannien (Gläser, Laudel, Hinze und Butler 2002):

(1) Strategisches Verhalten von Forschern
(überwiegend laut Befragungen):

- Erfolg im *peer review*-Verfahren ist oft reiner Glücksfall wegen günstiger Gutachterkonstellation und rational nicht nachvollziehbar (Abramowitz et al. 1975; Cole, Cole und Simon 1981; Glogoff 1988; Cicchetti 1997; Eldredge 1997; Baxt et al. 1998; Fröhlich 2002)

- Beherrschung der Verteilung von Forschungsmitteln durch Netzwerke der Loyalität und oligarchische Machtausübung (Merton 1968a; Zuckerman 1977; Cole, Cole und Simon 1981; Chubin und Hackett 1990; Travis und Collins 1991; Wenneras und Wold 1997),
- Verdrängung von Forschung und Forschern, die keine Förderung bekommen haben (Chubin und Hackett 1990: 60-69; Bogler 1994),
- Vermeidung der Ablehnung von Forschungsanträgen durch Konzentration auf risikoarme Anträge oder die Mischung von risikoarmen und risikoreichen Anträgen (Neidhardt 1988: 136; Nature 2002; Berezin 1998; Horrobin 1996; Travis und Collins 1991: 336),
- Verzicht auf in der Regel risikoreichere interdisziplinäre Forschung (Travis und Collins 1991; Berezin 1998),
- Bevorzugung von kurzzeitiger Forschung gegenüber Langzeitforschung (Bourke und Butler 1999),
- Verlagerung der Tätigkeit von der Forschung zur Einwerbung von Forschungsmitteln mittels Antragsstellung, die bis über 50 Prozent der Zeit in Anspruch nimmt (Chubin und Hackett 1990: 63; Horrobin 1996: 1294; Hume 1994: 28; Wessely 1998: 302 f.).

(2) Strategisches Handeln von Organisationen: Universitäten, außeruniversitäre Forschungseinrichtungen (laut Befragungen):

- Geteilte Meinung über die Steigerung der Qualität von Forschung durch das RAE-Verfahren in Großbritannien (McNay 1997; Talib 2001),
- Behinderung von interdisziplinärer Forschung (McNay 1997: 25; Talib 2001: 37; Henkel 2000: 141),

- Vermeidung von risikoreichen Forschungsanträgen (Mc-Nay 1997: 25; Talib 2001: 37),
- Bevorzugung von kurzzeitiger Forschung gegenüber Langzeitforschung (Talib 2001: 37; Henkel 2000: 139),
- Unterdrückung wissenschaftlicher Innovationen (Horrobin 1990; McNay 1997: 25),
- teilweise Bevorzugung von angewandter Forschung gegenüber Grundlagenforschung, aber auch teilweise eher Hinwendung zur Grundlagenforschung (McNay 1997: 25; Talib 2001: 36; Liefner 2001: 206-210),
- Reduktion von Vielfalt (Diversity) zu Gunsten des Mainstreams (Henkel 2000: 141; Harley und Lee 1997; van Raan 1996; van Leeuwen und Moed 2002),
- schnellere Publikation von Forschungsergebnissen bei verringerter Qualität (Talib 2000; Talib 2001: 36; Henkel 2000: 139; Mynott 1999: 129-130; Walford 1999: 142-143),
- Steigerung der Zahl von Organisationen mit höherem Rating, so dass sogar besseres Abschneiden mit geringerem Ressourcenzufluss im Vergleich zur Vergangenheit verbunden ist (Cohen 2002),
- Kosten des RAE-Verfahrens übersteigen den Ertrag an effizienter Forschung (Schnitzer und Kazemzadeh 1995: 58; Geuna und Martin 2001).

(3) Effekte von kennziffernbasierter Mittelverteilung:

- Bevorzugung von leicht publizierbarer Forschung (Taylor 2001: 49-53),
- Bevorzugung von kurzzeitiger gegenüber langzeitiger Forschung (Marginson und Considine 2000: 171),
- Steigerung der Quantität von Publikationen bei sinkendem *impact* (Zitationen pro Publikation) (Butler 2001, 2003).

(4) Anpassungsprozesse:

Forscher:
- Anpassung von Forschungsanträgen an Sprache der herrschenden Lehre (Myers 1990; Law 1994: 35, 58).
Organisationen:
- Verbesserung des Forschungsmanagements (McNay 1997: 8, 11-12, 23),
- Druck auf Forschung und gezielte Einstellung produktiver Forscher (McNay 1997: 13)
- Orientierung an RAE-Performanz-Kriterien in der Einstellungspraxis (Harley und Lee 1997: 1450-1453; Henkel 2000: 122),
- strategische Konzentration auf ausreichende kritische Masse im Kerngeschäft (Henkel 2000: 126),
- Steuerung der Organisation nach von außen übernommenen Kennziffern (Marginson und Considine 2000: 149).

Eine vergleichende Untersuchung auf der Basis der Befragung von 45 deutschen und 21 australischen Experimentalphysikern kommt zu dem ernüchternden Ergebnis, dass von einem Qualitäts-Mythos des Zuschlagsverfahrens bei Forschungsanträgen mittels *peer review* gesprochen werden muss (Laudel 2004). Herausragende Forscher unterscheiden sich nur wenig von durchschnittlichen Forschern im Erfolg von Forschungsanträgen. Die interviewten Physiker bestätigen, dass sich ein serieller Routinebetrieb des Anhäufens von weitere Forschung rechtfertigenden Daten in den Bahnen der herrschenden Lehre durchsetzt und Innovationen wegen zu hoher Ablehnungsrisiken unterbleiben. Man kann hier ein Beispiel für den von Meyer und Rowan (1977) beschriebenen Rationalitätsmythos moderner Organisationen beobachten, dessen globale Diffusion in erster Linie einer sozialen Konstruktion zu verdanken ist, nach der die Zuweisung von Forschungsmitteln durch Antragsverfahren und *peer review* ein völlig rationales, objektiviertes Verfahren darstellt, das per definitionem keine »irrationalen« Schattenseiten haben darf. Diese irrationalen Seiten werden verdrängt, wegerklärt oder minimalisiert, so dass keine grundlegenden Zweifel aufkommen. Die Entkopplung der weniger rationalen alltäglichen Praxis des *peer review* von den offiziellen Festreden, der Mangel an direkter Beobachtbarkeit des Vorgangs selbst, der schleichende und sich unmerklich breitmachende Charakter und die Langfristigkeit der Effekte helfen, den Rationalitätsmythos trotz abweichender Praxis unbefleckt zu halten. Die Formalstruktur der öffentlichen Lobrede auf das *peer review*-Verfahren und die Aktivitätsstruktur der alltäglichen Praxis des *peer review* bleiben voneinander getrennt, so dass der Mythos nicht kontaminiert wird und keine Legitimitätseinbußen hinnehmen muss.

Weil sich die Tendenz der Standardisierung von Forschung in den Verfahren der Begutachtung nicht ganz leugnen lässt, müssen Bemühungen verstärkt werden, den Mythos der Rationalität der Verfahren zu retten. Der Wissenschaftsrat will deshalb »Vielfalt und Risikobereitschaft« im Wissenschaftssystem mehr als bisher gefördert wissen: »Es bedarf ausreichender frei verfügbarer Grundmittel, auch für junge Wissenschaftler. Zugleich müssen Begutachtungsverfahren in der Projektförderung variabler gestaltet werden. Unterstützend schlägt der Wissenschaftsrat der DFG und privaten Förderern vor, spezifische Förderinstrumente für explorative, unkonventionelle Projekte zu entwickeln. Ziel ist, eine Standardisierung der Forschung zu vermeiden und Eintrittsschwellen, die neue Forscher und Forschungsgebiete vom

Wettbewerb um Förderung ausschließen, abzubauen« (Wissenschaftsrat 2003b: VII).

Im institutionellen Kontext des gegebenen Fördersystems ist die Stellungnahme des Wissenschaftsrats die Anerkennung einer Anomalie im sonst an sich »rational« funktionierenden System. Diese Anomalie soll innerhalb des gegebenen Systems mit speziellen Maßnahmen bearbeitet werden. Das heißt, es werden Residualkategorien eingeführt, die das weitere Überleben des herrschenden Paradigmas sichern. Das ganze Verfahren muss dann nicht infrage gestellt werden. Der Rationalitätsmythos wird so vor der Verunreinigung durch nichtrationale Praktiken geschützt. Die Einführung spezieller Maßnahmen zur Förderung von Vielfalt und Risikobereitschaft kann an dem grundsätzlich standardisierenden Effekt des Hauptverfahrens nichts ändern. Der Effekt solcher Spezialmaßnahmen ist letztlich die Erhaltung des herrschenden Paradigmas, an dessen Beherrschung durch Kartelle und Monopole grundsätzlich nichts geändert wird. Eine solche Veränderung würde eine viel grundsätzlichere Umstellung auf die marktförmige Organisation des Wettbewerbs gerade ohne eine zentrale Instanz der Forschungsförderung wie die DFG verlangen.

Die Robustheit der Ergebnisse der empirischen Wissenschaftsforschung ist durchaus verbesserungsbedürftig, zumal sie überwiegend auf Befragungen beruhen, so dass »weitere Forschung« erforderlich ist, um zu gesicherteren Ergebnissen zu gelangen (Gläser, Laudel, Hinze und Butler 2002: 17-20). Die empirische Wissenschaftsforschung selbst bedarf einer kritischen Evaluation, wie Hirschauer (2004) aufgezeigt hat. Der Schwerpunkt der Forschung müsste demnach auf die Verfahren der sozialen Konstruktion von wissenschaftlicher Exzellenz gelegt werden, um den instrumentalistischen Fehlschluss zu vermeiden, dass mit Reparaturen am Verfahren grundsätzlich eine vollkommene »Objektivierung« der Mittelverteilung möglich ist. Das Festhalten am Rationalitätsmythos verkennt demnach, dass jedes Verfahren »leistungsgerechte und effiziente« Mittelzuweisung sozial konstruiert. Es kommt dann darauf an, zu ermitteln, mit welchen Verfahren welche Art der »Rationalität« von Mittelverteilung konstruiert wird. Die breite Übereinstimmung über die stark standardisierenden, Risiko minimierenden, Innovationen und Vielfalt behindernden und den Mainstream bevorzugenden Effekte einer zentralen Steuerung der Forschung mittels Kennziffern lässt auf jeden Fall vermuten, dass die weitere Forschung in diesem Punkt nicht zu wesentlich anderen Erkenntnissen kommen wird. Die Botschaft der bisherigen Forschung vermittelt den Eindruck, dass zentralisierte Forschungsförderung Gefahr läuft, das Erfüllen von Kennziffern ohne Gewährleistung des Erfolgs zum Selbstzweck werden zu lassen.

Fazit: Exzellenzkonstruktion durch das Förder-Ranking eines Drittmittelgebers macht die Drittmittelforschung von Forschungsmanagern mit großen Mitarbeiterstäben zum Maßstab guter Forschung und untergräbt damit systematisch die Förderung der Kreativität selbstständiger jüngerer und älterer Forscher. Sie tendiert dazu, die Geistes- und Sozialwissenschaften in das Korsett der Produktion und Auswertung großer Datenmengen als Selbstzweck zu zwängen, ohne dass nach ihrem tiefer liegenden Sinn und Zweck gefragt wird. Sie entspricht nur unzureichend den Qualitätsanforderungen kreativer Forschung in den Geistes- und Sozialwissenschaften und gefährdet letztlich ihre spezifische Fachkultur. Es entsteht ein Kreislauf der seriellen Einwerbung von Drittmitteln mit eng beieinanderliegenden Fragestellungen zum Zweck der Weiterbeschäftigung von Mitarbeitern, auch dann, wenn der Forschungsbedarf in dem betreffenden Gebiet längst erschöpft ist. Schon aus Gründen der einfacheren Zugänglichkeit wird die Drittmitteleinwerbung zum Maßstab von Exzellenz, obwohl es sich um eine reine Inputgröße handelt, die nur im absoluten Sinn auch Output produziert, der jedoch an anderer Stelle möglicherweise mit größerer Effizienz hervorgebracht würde, wie die große Diskrepanz zwischen relativem Drittmittelinput und relativem Publikationsoutput pro Wissenschaftler beweist (siehe Kap. 6). Die Fixierung von Exzellenzzuschreibung auf Drittmitteleinwerbung verlagert in erheblichem Umfang Ressourcen weg von der eigentlichen Forschungsarbeit und in das Antrags-, Berichts- und Begutachtungsverfahren hinein. Es entsteht eine Herrschaft der Kennziffern, die Kreativität behindert und der standardisierten dominanten Meinung Vorrang vor dem Nichtstandardisierten gibt. Dadurch entstehen erhebliche Verluste an Vielfalt, Kreativität und offener Wissensevolution.

Das Regime der Drittmittel und Kennziffern wirkt in dem Sinne als ein Dispositiv der Macht, dass es die Akkumulation von Forschungsressourcen an kapitalkräftigen Standorten fördert und den weniger kapitalkräftigen Standorten weiter Forschungsressourcen entzieht. Darüber hinaus zwingt es die Forschung in das enge Korsett der seriellen Einwerbung von Drittmitteln und der Erfüllung von Kennziffern.

3. Exzellenzkonstruktion durch Forschungs-Ranking II: Das Regime der absoluten Zahlen

DFG-Förder-Ranking

Wie die Exzellenzrhetorik Realität im Machtfeld der Wissenschaft konstruiert, lässt sich gut am DFG-Bericht 2003 zu den Bewilligungen 1999-2001 demonstrieren (DFG 2003a). Der Bericht repräsentiert die Doxa des akademischen Feldes, das heißt das Legitimitätsverständnis, nach dem Forschungsgelder leistungsgerecht verteilt werden. Er hat den Titel »Förder-Ranking 2003«. Im Bericht finden sich zahlreiche Tabellen, in denen Universitäten in eine Rangordnung gebracht werden. Ebenso werden Ranggruppen in Zehnerschritten gebildet. Nur in einem kurzen Abschnitt wird auf Bewilligungen je Stelle wissenschaftlichen Personals eingegangen. Es findet sich in diesem Abschnitt keine Abbildung, die etwas zur Relativierung der sonst den Ton angebenden, nur den Input an Drittmitteln in absoluten Zahlen wiedergebenden Rangliste aussagt (DFG 2003a: 44-48). In der Zusammenfassung wird ein Ranggruppenvergleich in Bezug auf mehrere Leistungskennzahlen durchgeführt, der in Tabelle 8-1 des DFG-Berichts zusammengefasst wird. Dieser Ranggruppenvergleich wird dann in einer zweiten Tabelle 8-2 in Bezug auf die an einer Hochschule tätigen Professoren relativiert. Der realitätsnähere Vergleich nach dem gesamten wissenschaftlichen Personal unterbleibt jedoch. Zu diesem Personal gehören auch die drittmittelgeförderten wissenschaftlichen Mitarbeiter. Das heißt, dass in diesem Fall ein Teil der eingeworbenen Drittmittel dem Nenner zugerechnet wird und eine gewisse Verzerrung zu Ungunsten der drittmittelreichen Standorte und Disziplinen entsteht. Dabei muss aber auch berücksichtigt werden, dass drittmittelgeförderte Mitarbeiter maßgeblich zur Einwerbung weiterer Drittmittel beitragen, weil ihre Weiterbeschäftigung unmittelbar davon abhängt. Das bringt den drittmittelreichen Standorten und Disziplinen wieder den Vorteil, über Personal zu verfügen, das an der weiteren Einwerbung von Drittmitteln besonders interessiert ist. Eine im Vergleich zu absolut mittelstarken Standorten geringere Einwerbungsquote pro Wissenschaftler an absolut drittmittelreichen Standorten verweist gerade darauf, dass ein größerer Teil der Wissenschaftler überwiegend damit beschäftigt ist, für die eigene weitere Anstellung zu sorgen. Dadurch ist die Einwerbungsquote pro Wissenschaftler niedriger als an absolut mittelstarken Standorten, wo das hauptamtliche Personal, das *zusätzliche* Stellen schafft, einen größeren Anteil am Gesamtpersonal hat. Weiterhin muss in Anschlag gebracht werden, dass die Zahl etatmäßiger wissenschaftlicher Mitarbeiter die Chancen von Professoren, Drittmittel einzuwerben, erheblich erhöht, zumindest bis zu einer mittleren Zahl von ca. vier Mitarbeitern. Angesichts von 84,1 Prozent wissenschaftlichen Mitarbeitern und 15,9 Prozent Professoren an den Universitäten im Berichtszeitraum 1999-2001 (DFG 2003a: 25) ist deshalb die Gesamtzahl der Wissenschaftler die bei weitem realitätsgerechtere Maßzahl zur Messung der Produktivität eines Standorts, sowohl beim Input an Forschungsmitteln als auch beim Output an Publikationen. Es ist wenig aussagekräftig, nur 15,9 Prozent des gesamten Personals eines Standorts als Maßzahl zu verwenden, um dessen Produktivität im Hinblick auf die mit 100 Prozent des Personals erreichten Drittmitteleinwerbungen und Publikationen zu ermitteln. Im Berichtszeitraum

2002-2004 des DFG-Förder-Rankings 2006 hat sich der Anteil der Professoren am wissenschaftlichen Personal nur unwesentlich auf 17,2 Prozent erhöht (DFG 2006e: 19).

Bei den relativen Bewilligungssummen pro Professor bzw. pro Wissenschaftler zeigt sich im DFG-Förder-Ranking, dass durch die Bank Technische Universitäten und Universitäten mit einem deutlichen Übergewicht in Naturwissenschaft, Technik und Medizin die Spitzengruppe bilden. Es handelt sich außerdem um Standorte mittlerer Größe, was den negativen Effekt von Überausstattung und Unterausstattung beweist (DFG 2003a: 133, Tab. 8-2). Im Anhang finden sich eine zusammenfassende und vier nach Fachgebieten aufgeteilte Tabellen, die Aufschluss über die Inputproduktivität der einzelnen Standorte im Hinblick auf die Förderquote pro eingesetztem wissenschaftlichem Personal geben. Diese Tabellen sind in der Tat sehr aufschlussreich und enthalten Überraschungen, die nicht in das sonst gezeichnete Bild passen.

Abgesehen von den erwähnten Abschnitten werden im Bericht aus den Ergebnissen, die etwas über die Inputproduktivität aussagen, keine systematischen Schlüsse gezogen. Statt dessen beherrscht die Differenzierung nach mehr oder weniger »bewilligungsstarken« Hochschulen ohne Relativierung auf eingesetztes Personal das Bild. Die relativierenden Ergebnisse bleiben überwiegend hinter der Fassade der Differenzierung allein nach absoluten Zahlen, aber nicht nach Produktivität verborgen. Auf diese Weise entsteht ein verzerrtes Bild der Forschungsleistungen an den deutschen Universitäten. Es wird Exzellenz attestiert, wo überwiegend Masse oder naturwissenschaftliche, technische und medizinische Schwerpunkte gegeben sind. Dagegen wird die Relativierung nach eingesetztem Personal und Fächerstruktur vor allem in der Rezeption im vereinfachenden öffentlichen

Diskurs in den Hintergrund gedrängt. Die im Bericht enthaltenen Anhaltspunkte für eine differenzierte Betrachtung werden im öffentlichen Diskurs ausgeblendet, so dass ein verzerrtes, die Politik prägendes Bild der Realität entsteht, das nicht Forschungsproduktivität, sondern Forschungsquantität in den Vordergrund stellt (z. B. Horstkotte 2006b).

Dass die beobachtete Verteilung von Forschungsressourcen eine monopolartige Struktur aufweist und Wettbewerb, Vielfalt und Kreativität behindern könnte, wird im DFG-Bericht überhaupt nicht diskutiert. Dementsprechend taucht auch nicht der Gedanke auf, dass diese monopolartige Struktur in einem eigentümlichen Missverhältnis zur breiteren Streuung von DFG-Bewilligungen pro Wissenschaftler und von Publikationen pro Wissenschaftler steht. Erst recht wird auch nicht in Erwägung gezogen, dass diese Verzerrung der Realität von Forschungsleistungen der überproportionalen Repräsentation von Naturwissenschaft, Technik und Großstandorten in den Entscheidungsgremien und Gutachterausschüssen der DFG geschuldet sein könnte, der Mittelzufluss dementsprechend nicht aus einem offenen Wettbewerb, sondern aus erheblich vermachteten Entscheidungsstrukturen hervorgeht (DFG 2003a: 89) (siehe dazu Kap. 5).

Was öffentlich vom Förder-Ranking der DFG rezipiert wird, ist eine verzerrte Wahrnehmung der Realität, die von den im Bericht vorzufindenden Ergebnissen nicht bestätigt wird. Machtzentren der Wissenschaft mit nur durchschnittlicher Forschungsproduktivität wird in der öffentlichen Rezeption die Medaille der Exzellenz zugewiesen, dagegen werden überdurchschnittlich produktive Standorte unterbewertet. Trotz aller Bemühung um Differenzierung reiht sich der DFG-Bericht in seiner vereinfachten öffentlichen Rezeption in die anschwellende Flut von Rankings ein, die systematisch Realität verzerren, damit aber erheblich die Realitätswahrnehmung in der Öffentlichkeit prägen, aus der wiederum politische Maßnahmen abgeleitet werden. Diese Art der verzerrenden Realitätskonstruktion ist zu einem festen Bestandteil der Politik geworden, in dem sich nur noch behauptet, wer seine Konstruktion der Realität durchsetzen kann. Hier ist es der Begriff »Ranking«, der die Dokumentation von Leistungsunterschieden suggeriert, die sich bei einer genaueren Betrachtung als bloße Größeneffekte und als Ergebnis vermachteter Entscheidungsstrukturen ohne erkennbaren Bezug zu wirklichen Leistungen im Sinne der besonderen Produktivität von Forschern erweisen. Die dazu im DFG-Bericht enthaltenen Daten werden in der Öffentlichkeit nicht rezipiert, so dass mit einer verfälschten öffentlichen Realitätskonstruktion Politik gemacht wird. Sie läuft darauf hinaus, Großstandorte zu Exzellenzzentren zu erklären, obwohl sie sich in ihren Forschungsleistungen von einer Vielzahl anderer Standorte nicht unterscheiden. Was der DFG-Bericht in Wahrheit repräsentiert, ist keine Rangliste von Universitäten nach Leistung, sondern eine Verteilung der Macht im Feld der Wissenschaft. Da diese Machtverteilung mit dem Etikett der Exzellenz legitimiert wird, trägt der Bericht trotz der darin enthaltenen Differenzierungen auf dem Wege der öffentlichen Rezeption zur Verschleierung der Machtverhältnisse im Feld der Wissenschaft bei.

Nehmen wir die von der DFG dokumentierten Bewilligungen für den Zeitraum 1999 bis 2001, dann ergibt sich folgendes Bild: In der oberen Hälfte finden wir die Technischen Universitäten bzw. die Universitäten mit hohem naturwissenschaftlichem, technischem und medizinischem Anteil sowie die größten Universitäten nach Zahl der dort tätigen Professoren und Wissenschaftler insgesamt, in der unteren

Hälfte die Universitäten mit geringem oder gar keinem Anteil an Naturwissenschaften, Technik und Medizin sowie die kleinen Universitäten nach Zahl von Professoren und Wissenschaftlern insgesamt. Mit dem Anteil von Naturwissenschaften, Technik und Medizin und dem eingesetzten Personal wächst der Anteil an DFG-Bewilligungen. Die Spitze der ersten zehn Standorte bilden TU Aachen, Universität München, TU München, Universität Tübingen, Universität Erlangen-Nürnberg, Universität Heidelberg, Universität Stuttgart, Universität Würzburg, HU Berlin und Universität Karlsruhe. Die Situation stellt sich jedoch anders dar, wenn berücksichtigt wird, mit wie viel Personaleinsatz wie viel DFG-Bewilligungen erreicht werden (vgl. Teichler 2005a: 269). Hier rutschen insbesondere die sehr großen Standorte deutlich ab, während insbesondere kleinere, auf Naturwissenschaften, Technik und/oder Medizin spezialisierte Standorte nach oben springen. Die TU München wird von Stuttgart, Hannover und Karlsruhe überholt. Freiberg, Kaiserslautern, Clausthal, Darmstadt, Braunschweig, Hamburg-Harburg und Bayreuth steigen weit nach oben (Tab. 3-1).

Vor allem schrumpfen die Abstände zwischen den Universitäten erheblich zusammen. Während die Spannweite bei den absoluten Bewilligungssummen zwischen 119,2 Mio. Euro und 0,5 Mio. Euro, unter den ersten 50 Standorten zwischen 119,2 Mio. und 16,2 Mio. Euro liegt, beträgt sie bei den Bewilligungssummen pro Wissenschaftler nur 48,1 Tausend Euro zu 2,2 Tausend Euro insgesamt bzw. 48,1 Tausend Euro zu 15,6 Tausend Euro unter den ersten 50 Universitäten (DFG 2003a: 172, Tab. A3-10; 178, Tab. A3-15). Bei den absoluten Summen erreicht der bewilligungsstärkste Standort 7,35-mal mehr DFG-Mittel als der Standort auf Platz 50, bei den relativen Summen sind es dreimal mehr. Nicht weniger als

Tab. 3-1: Die höchsten 30 DFG-Bewilligungen 1999-2001 im Verhältnis zur Zahl der Professoren/Wissenschaftler insgesamt je Hochschule

Hochschule		Professoren		Wissenschaftler insgesamt	
	Mio. €	N	T € je Prof.	N	T € je Wiss.
Stuttgart U	93,2	243	383,4	2677	34,8
Hannover MedHo	28,0	86	326,1	1436	19,5
Karlsruhe U	87,0	267	325,8	2134	40,8
Aachen TH	119,2	388	307,3	3930	30,3
Konstanz U	43,2	145	297,8	898	48,1
München TU	116,3	394	295,3	4100	28,4
Würzburg U	90,3	340	265,7	2523	35,8
Tübingen U	100,2	406	246,7	3478	28,8
Freiberg TU	26,1	112	233,0	633	41,2
Heidelberg U	94,2	410	229,8	3396	27,7
Freiburg U	85,2	375	227,3	3222	26,5
Ulm U	37,8	178	212,2	1856	20,4
Kaiserslautern U	30,5	144	211,7	953	32,0
Clausthal TU	15,8	76	207,7	441	35,8
Erlangen-Nürnberg U	95,4	468	203,9	3340	28,6
Darmstadt TU	53,5	277	193,0	1743	30,7
Hannover U	65,3	344	189,8	2207	29,6
Düsseldorf U	43,7	238	183,8	2115	20,7
Bochum U	72,9	401	181,7	2354	31,0
Bielefeld U	42,3	237	178,3	1394	30,3
Braunschweig TU	41,0	231	177,6	1527	26,9
Hamburg-Harburg TU	17,9	101	176,9	524	34,1
Göttingen U	74,0	427	173,2	2975	24,9
Berlin TU	67,5	392	172,2	2402	28,1

Hochschule		Professoren		Wissenschaftler insgesamt	
Bonn U	81,6	480	170,0	3133	26,1
München U	116,9	710	164,6	5129	22,8
Chemnitz TU	25,8	159	162,2	898	28,7
Berlin HU	90,1	562	160,3	4484	20,1
Marburg U	58,0	364	159,3	2175	26,7
Bayreuth U	28,1	177	158,5	934	30,0

Quelle: DFG 2003a: 178, Tabelle A3-15

30 Standorte liegen relativ dicht beieinander im Bereich zwischen 20 und 30 Tausend Euro pro Wissenschaftler. Insgesamt 57 Standorte erzielen zehn bis 30 Tausend Euro pro Wissenschaftler. Dabei werden die verbliebenen Unterschiede nahezu ausschließlich durch die Fächerstruktur erklärt. Das Feld der Forschung stellt sich demnach in relativen Zahlen als viel ausgeglichener und pluralistischer dar als in absoluten Zahlen. Es lässt sich keine derartige Konzentration auf wenige sehr ressourcenreiche Standorte im Zentrum mit einigen mittelstarken Standorten in der Semiperipherie und vielen kleinen Standorten in der Peripherie beobachten wie bei den absoluten Bewilligungssummen (vgl. DFG 2003a: 65-70). Vielmehr gibt es bei den relativen Bewilligungssummen eine Gruppe von acht nur leicht stärkeren Standorten, um die sich 30 nur wenig schwächere Standorte gruppieren, die wieder von ca. 30 nochmals leicht schwächeren Standorten umgeben sind. Das ist die pluralistische Realität der Bewilligungsproduktivität der deutschen Forschungslandschaft, die im Gegensatz zur Monopolstruktur der Verteilung von absoluten Summen an DFG-Mitteln steht. Nochmals wesentlich gleichmäßiger und in erheblichem Maße anders verteilt sieht die Struktur der Publikationswerte aus (siehe Kap. 6).

Unter den Volluniversitäten fällt auf, dass die LMU München weit von ihrer Spitzenposition in absoluten Zahlen (Rang zwei nach Aachen) auf Rang 26 bei der Umrechnung auf Professoren zurückfällt, sich dagegen die mittelgroßen bayerischen Universitäten Erlangen-Nürnberg auf Rang 15 und insbesondere Würzburg auf Rang sieben deutlich besser positionieren können. Die Umrechnung auf Wissenschaftler insgesamt ergibt ein noch ungünstigeres Bild für die LMU. Mit 22,8 Tausend Euro Bewilligungssumme pro Wissenschaftler erreicht sie nur Platz 32. Die Universität Duisburg wirbt mit 23,6 Tausend Euro mehr DFG-Mittel pro Wissenschaftler ein als die Universität München, die Universität Osnabrück mit 20,2 Tausend Euro kaum weniger. Die Tatsache, dass die LMU in der ersten Runde der Exzellenzinitiative zur »Eliteuniversität« gekürt wurde, Duisburg und Osnabrück in der allgemeinen Fixierung auf absolute Zahlen und im völligen Ignorieren der allein entscheidenden Forschungsproduktivität aber auf die unteren Plätze solcher »Ranglisten« verbannt werden, gibt zu erkennen, von welchem Rationalitätsmythos die Debatte über die Förderung von Spitzenforschung beherrscht wird. Im innerbayerischen Vergleich fällt auf, dass die von der Staatsregierung gegenüber dem Standort München benachteiligten Universitäten (siehe Kap. 1) bei der Umrechnung der DFG-Bewilligungen auf Wissenschaftler insgesamt weit nach vorne rücken und die LMU weit hinter sich lassen. Die Universität Bayreuth schiebt sich von Rang 42 auf Rang elf vor, die Universität Würzburg von Rang acht auf Rang vier. Die zweitgrößte bayerische Universität Erlangen-Nürnberg fällt dagegen von Rang fünf auf Rang 14 zurück, rangiert aber immer noch weit vor der LMU auf Rang 32.

Den größten Sprung nach vorne in der Einwerbung von

DFG-Mitteln pro Kopf macht die Universität Konstanz, die schon bei ihrer Gründung auf die Schiene einer Vorzeigeuniversität gebracht wurde. Mit der Zahl von 898 Wissenschaftlern insgesamt bringt sie es auf ein Bewilligungsvolumen von 48,1 Tausend Euro pro Wissenschaftler und damit mit deutlichem Vorsprung auf den Spitzenplatz vor der TU Freiberg mit 41,2 Tausend Euro. Karlsruhe beweist, dass eine Technische Universität mit mittlerer Ausstattung deutlich effektiver sein kann als eine Technische Universität mit viel umfangreicherer Personalausstattung. Dort haben 2134 Wissenschaftler pro Person 40,8 Tausend Euro DFG-Mittel eingeworben, an der TU München dagegen 4100 Wissenschaftler nur 28,4 Tausend Euro pro Person. Allerdings können weder Konstanz noch Karlsruhe ihre hohen DFG-Bewilligungssummen pro Wissenschaftler in ebenso hohe Publikationsraten pro eingesetztem Personal umsetzen (siehe Kap. 6). Geht man die einzelnen, von der DFG gebildeten Fächergruppen durch, zeigt sich durchgehend das gleiche Bild. Besonders umfangreicher Personaleinsatz zahlt sich nicht aus. An der Spitze stehen überwiegend Universitäten mit mittlerem oder sogar nur niedrigem Personaleinsatz, dagegen bedeutet besonders hoher Personaleinsatz eher eine Position in der Mitte. In der Regel implizieren auch große, wenig forschungsintensive Kliniken eine geringere Forschungsproduktivität pro Kopf (DFG 2003a: 48). Im innerbayerischen Vergleich schneiden Würzburg, Erlangen-Nürnberg und Bayreuth durchgehend besser ab als die LMU München, in den Ingenieurwissenschaften Erlangen-Nürnberg mit halbem Personaleinsatz besser als die TU München. Von den 31 Standorten, die vor der Universität München platziert sind, verfügen 20 über weniger als 2500 Wissenschaftler. Von den 47 Standorten, die hinter der Universität München auf Platz 32 rangieren, verfügen 27 über weniger als 1000 Wissenschaftler. Von den 19 Universitäten mit mehr als 3000 Wissenschaftlern erreicht nur eine einzige – die TH Aachen – mehr als 30 Tausend Euro pro Wissenschaftler, nämlich 30,3. Von den 13 Universitäten, die einen Spitzenwert von 30 Tausend Euro und mehr erzielen, beschäftigen zehn weniger als 2500 Wissenschaftler. Die 21 Universitäten, die weniger als 15 Tausend Euro pro Person einwerben, sind fast alle bis auf wenige Ausnahmen auf Geistes- und Sozialwissenschaften spezialisiert, oder sie haben nur einen sehr kleinen Bereich der Naturwissenschaften oder Technik, und ihre Professoren sind schlechter mit Mitarbeiterstellen ausgestattet als die Professoren der über ihnen rangierenden Universitäten.

Die von der bayerischen Forschungspolitik forcierte herausgehobene Stellung des Standorts München ist maßgeblich dem größeren Personaleinsatz geschuldet und schlägt bei einer Umrechnung auf das eingesetzte Personal ins Gegenteil um. Der Standort München erweist sich im Vergleich zu den Konkurrenten als weniger effizient arbeitende Einrichtung. An der LMU werben nicht weniger als 5129 Wissenschaftler pro Kopf 22,8 Tausend Euro DFG-Mittel ein, an der TU München 4100 Wissenschaftler pro Kopf 28,4 Tausend Euro, in Würzburg jedoch 2523 Wissenschaftler pro Kopf 35,8 Tausend Euro, in Erlangen-Nürnberg 3340 Wissenschaftler pro Kopf 28,6 Tausend Euro, in Bayreuth nur 934 Wissenschaftler pro Kopf 30 Tausend Euro.

Im DFG-Förder-Ranking 2006 für den Berichtszeitraum 2002 bis 2004 stellen sich die Verhältnisse ganz ähnlich dar (DFG 2006e: 154-155). Die LMU besetzt bei den absoluten Bewilligungssummen mit 130,8 Mio. Euro den Spitzenplatz, fällt aber bei den relativen Werten pro Professor mit 185,0 Tausend Euro auf Platz 19 zurück, bei den weit realitätsnäheren relativen Werten pro Wissenschaftler mit 26,8 Tausend Euro weit hinter Würzburg mit 44,4 Tausend Euro, Bayreuth mit 37,4 Tausend Euro und Erlangen-Nürnberg mit 32,0 Tausend Euro auf Platz 26. Sie erreicht in etwa den Durchschnittswert von 26 Tausend Euro. Weitere 18 nach der LMU platzierte Hochschulen kommen auf mehr als 23 Tausend Euro und sind nicht weit von dem Wert der LMU entfernt. Das heißt, dass nicht nur 25 Hochschulen effizienter als die LMU arbeiten, sondern weitere 18 Hochschulen einen nahezu gleichen Effizienzwert erzielen. Am Maßstab der Effizienz gemessen, ist deshalb die LMU auch im Berichtszeitraum 2002 bis 2004 weit von der herausgehobenen Stellung entfernt, die ihr inzwischen im Rahmen der Exzellenzinitiative von Bund und Ländern offiziell bescheinigt worden ist.

Es darf hier allerdings nicht aus dem Blick geraten, dass wir es auch bei den relativen Bewilligungssummen nur mit dem Input an Ressourcen und nicht mit dem Output an Publikationen oder Patenten zu tun haben. Gemessen wird damit, welcher Stellenwert der Einwerbung von Drittmitteln an einem Standort gegeben wird und wie günstig dafür die strukturellen Gegebenheiten gestaltet sind. Ein erster Blick auf die Publikationen ergibt folgendes Bild: Auch bei den Publikationen in internationalen Fachzeitschriften verliert die LMU ihre von der stark zu Gunsten von englischsprachiger Fachzeitschriftenliteratur verzerrenden CEST-Studie bescheinigte Spitzenstellung in Deutschland, wenn das Ergebnis auf das eingesetzte Personal umgerechnet wird (Da Pozzo et al. 2001) (Tab. 3-2).

In der medizinischen Grundlagenforschung produzieren an der LMU 3006 Wissenschaftler 2,36 Publikationen pro Kopf, in Würzburg 1315 Wissenschaftler 2,87, in Düsseldorf

Tab. 3-2: Publikationen pro Wissenschaftler und insgesamt

	Publikationen pro Wissenschaftler	Publikationen gesamt
Uni Bayreuth	3,58	3 352
Uni Würzburg	3,52	8 876
Uni Düsseldorf	3,48	7 353
U München	3,28	16 823
TU München	2,31	9 452

Quelle: DFG 2003a: 229, Abbildung A7- 2

1445 Wissenschaftler 2,45. Es zeigt sich, dass Würzburg und Bayreuth in Bayern eine höhere Publikationsproduktivität erreichen als die LMU und die TU München.

Die Tatsache, dass in der CEST-Studie die LMU als erste deutsche Universität erst auf Rang 51 erscheint, wird zum Anlass genommen, um dort einen international sichtbaren Vorzeigestandort zu schaffen. Aus dem nüchternen Effizienzvergleich kann jedoch nur geschlossen werden, dass dies der falsche Ansatz ist. Er schwächt die Leistungsbilanz des bayerischen und des deutschen Universitätssystems insgesamt. Eine Stärkung wäre dadurch zu erzielen, dass überdimensionierte Standorte auf das Maß der jeweils erforderlichen kritischen Masse zurückgebaut werden und dafür unterausgestattete Standorte auf die erforderliche kritische Masse gebracht werden, um in ihren profilbildenden Fächern konkurrenzfähiger zu werden. Der entsprechend verschärfte nationale Wettbewerb würde die Leistung des gesamten Universitätssystems steigern. Die Zurechnung von Publikationen auf einzelne Standorte ist für den Forschungsstandort Deutschland insgesamt irrelevant. Was zählt, kann nur die Gesamtleistung sein. Sie zum Vorteil von weniger effizient arbeitenden Großstandorten zu senken, verfehlt das angestrebte Ziel. Angesichts des extrem kleinen Bruchteils deutschsprachiger Forschungsliteratur, die in den internationalen Datenbanken erfasst wird, handelt es sich bei diesen internationalen »Rankings« ohnehin um statistische Artefakte, mit denen allerdings Politik gemacht wird (siehe dazu Kap. 4).

Konsultiert man das umstrittene »Academic Ranking of World Universities« der Shanghai Jiao Tong University (SJTU 2004) trotz seiner extremen Realitätsverzerrung zu Gunsten der englischsprachigen Wissenschaftswelt und zu Gunsten von Standorten der Naturwissenschaft, Technik und Medizin sowie zu Gunsten von Großstandorten mit hohem Personal- und Sachaufwand (wieder ohne Berücksichtigung ihrer Forschungsproduktivität und Fächerstruktur) (Weingart 2003, 2004; van Raan 2005), dann ist darin zu erkennen, dass nicht weniger als 170 amerikanische Universitäten unter den 500 sichtbarsten Standorten zu finden sind, unter den ersten 100 sind es nicht weniger als 51. Aus Deutschland sind insgesamt 43, unter den ersten 100 insgesamt sieben vertreten. Diesen Zahlen ist in erster Linie zu entnehmen, dass das amerikanische Universitätssystem nicht nur aus wenigen Spitzenuniversitäten besteht, die in der deutschen Presse Erwähnung finden, sondern aus einem Feld von mindestens 170, und wenn man es sehr eng fasst, immer noch aus einem Feld von 51 miteinander konkurrierenden Universitäten. Ohne diese hohe Intensität der Konkurrenz zwischen gut ausgestatteten Universitäten wäre das amerikanische Universitätssystem nicht so leistungsfähig, wie es sich darstellt. Diese Voraussetzung eines leistungsfähigen Universitätssystems wird von der Leuchtturmpolitik untergraben. Mit einer massiven Konzentration von Forschungsmitteln auf wenige auserwählte, nachweislich weniger effizient arbeitende Standorte will sie zehn Universitäten unter den »ers-

ten« 50 platzieren, auf Kosten der Verringerung der Gesamtzahl von nachweislich effizienter arbeitenden, in der Liste der
500 vertretenen Standorten. Für reine Symbolik wird eine
massive Verringerung der gesamten Forschungsleistung des
Wissenschaftsstandorts Deutschland in Kauf genommen. Es
handelt sich um reine Symbolik, weil die Forschungsleistung
de facto insgesamt sinkt, wenn sie zwecks Darstellung von
absoluten Zahlen nach außen zu Lasten der Chancengleichheit und des Wettbewerbs auf weniger Standorte konzentriert wird.

So oder so, ein System mit starker Konkurrenz zwischen
mittleren und spezialisierten kleineren Standorten wird – wie
schon die DFG-Zahlen beweisen – mit dem gegebenen Personaleinsatz größere Forschungsleistungen hervorbringen.
Dazu ist auch ein Abbau der außeruniversitären Großforschungseinrichtungen zu Gunsten einer besseren Ausstattung der Universitäten erforderlich. Auf diese Weise würde
wieder jene Integration von Forschung und Lehre erreicht,
die den deutschen Universitäten im 19. Jahrhundert den internationalen Spitzenplatz eingebracht hat. Sie ist die unabdingbare Voraussetzung von Innovation und Kontinuität in
der Forschung. Die Auslagerung eines großen Teils der Forschung in außeruniversitäre Forschungszentren führt dagegen leicht in die Sackgasse von Routineforschung, der die
Impulse durch den schnelleren Generationenwechsel und
die Kreativität von selbstständigen Forscherpersönlichkeiten fehlt. Als mit der Gründung der Kaiser-Wilhelm-Gesellschaft dieser Weg beschritten wurde, war das der Anfang vom
Ende der führenden Stellung der deutschen Universitäten in
der Welt (Münch 1984/1992: 188-198; Brocke 1990a, 1990b).
Allerdings wurde erst nach dem Zweiten Weltkrieg Forschung in großem Umfang in außeruniversitäre Zentren ver-

lagert, und zwar in dem Maße, in dem sich der Bund in der Forschung engagiert hat, zumal ihm der direkte Zugang zu den Universitäten wegen der Länderhoheit über die Hochschulen verwehrt ist. Die deutschen Universitäten sind in ihrer weltweit führenden Stellung auch deshalb von den amerikanischen Universitäten abgelöst worden, weil dort, nach dem Vorbild des deutschen Modells, die Forschung weit mehr in den Universitäten verblieben ist und mit dem Graduiertenstudium eine neue Stufe der Integration von Forschung und Lehre geschaffen wurde (Münch 1984/1992: 255-259; 1986/1993b: 344-363). Das soll nicht heißen, dass es einzelnen außeruniversitären Instituten nicht gelingen kann, kreativitäts- und innovationsförderliche Strukturen zu schaffen, was sich z. B. an kleineren Max-Planck-Instituten beobachten lässt, die sich in der jüngeren Vergangenheit de facto zu Research Schools mit eher lose koordinierten Forschungsprojekten von Doktoranden und Postdoktoranden gewandelt haben.

Die von der DFG gewährte Forschungsförderung ist offensichtlich auf Antrags-/Berichts-Verfahren mit einem größeren Mitarbeiterstab zugeschnitten. Dadurch werden die naturwissenschaftlichen, technischen und medizinischen Fächer bzw. Universitäten, die in diesen Fächern stark ausgebaut sind, bevorzugt. Umgekehrt kommen Universitäten mit stärker geistes- und sozialwissenschaftlicher Ausrichtung bei diesem Modell der Forschungsförderung systematisch zu kurz. Handelt es sich – wie bei vielen Neugründungen – außerdem noch um besonders schlecht ausgestattete und dementsprechend vernachlässigte Universitäten, dann fallen sie nahezu vollständig durch das am Modell der Projektforschung mit Mitarbeitern in abhängiger Stellung orientierte Raster der DFG-Forschungsförderung. Das gilt in verstärktem Maße für die Dominanz von Großprojekten koordinierter Programme. Eine genauere Analyse der DFG-Bewilligungen zeigt einen Zusammenhang zwischen der Ausstattung der Professuren mit Mitarbeitern und eingeworbenen DFG-Mitteln. Das »Ranking« nach DFG-Mitteln belohnt deshalb privilegierte Fächer und Universitäten und bestraft benachteiligte Fächer und Universitäten. Universitäten, bei denen auf eine Professur sechs bis sieben Mitarbeiter kommen, bilden überwiegend die Spitze bei den DFG-Bewilligungen, während Universitäten mit vier bis fünf Mitarbeitern pro Professur überwiegend im Mittelfeld rangieren und Universitäten mit durchschnittlich nur zwei bis drei Mitarbeitern pro Professur im letzten Drittel der »Rangliste« zu finden sind. Die allgemein enge Korrelation zwischen Personalausstattung und Drittmitteleinwerbung spricht dafür, dass bessere Grundausstattung zusätzlich durch daraus resultierende Drittmittelausstattung privilegiert wird und dadurch ungleiche Startbedingungen noch ungleicher werden.

Dass die kleinen geistes- und sozialwissenschaftlichen Standorte nur verhältnismäßig wenig DFG-Mittel einwerben, ergibt sich aus der Privilegierung von naturwissenschaftlicher, technischer und medizinischer Forschung, von in Großprojekten koordinierten Programmen und von Projektforschung von Lehrstuhlinhabern bzw. Institutsdirektoren mit einem größeren Stab an Mitarbeitern. Wenn man mehr geistes- und sozialwissenschaftliche Forschung und mehr selbstständige Forschung – gerade auch von Naturwissenschaftlern – haben will, dann liegt es nahe, anders als die neue Forschungspolitik diese Verzerrung nicht noch weiter zu verstärken, sondern gegenzusteuern, um mehr Wettbewerb, mehr Vielfalt und mehr Kreativität zu fördern.

Eine genaue Analyse bringt sechs wesentliche Faktoren

ans Tageslicht, von denen der Input an Drittmitteln, mittelbar und mit entsprechender Relativierung auch der Output der Publikationen – zumindest nach dem angloamerikanisch und naturwissenschaftlich-technisch und medizinisch beherrschten Messverfahren – abhängt. Es handelt sich um nichts anderes als Größeneffekte und Fachkultureneffekte, die mit den zufällig an einem Standort tätigen Personen nichts zu tun haben:

(1) Überausstattung über dem Durchschnitt in einem Fachgebiet senkt die gemessene Forschungsproduktivität.
(2) Unterausstattung senkt die gemessene Forschungsproduktivität.
(3) Konzentration auf Projektförderung mit einer großen Zahl an Mitarbeitern in abhängiger Stellung senkt die gemessene Forschungsproduktivität.
(4) Konzentration auf die Förderung von selbstständiger wissenschaftlicher Arbeit einzelner Forscher und kleiner Forschergruppen, von Doktoranden bis zu Professoren, steigert die gemessene Forschungsproduktivität.
(5) Konzentration auf Naturwissenschaft, Technik und Medizin steigert die gemessene Forschungsproduktivität.
(6) Konzentration auf Geistes- und Sozialwissenschaften senkt die nach dem Modell von Naturwissenschaft, Technik und Medizin gemessene Forschungsproduktivität.

Aus diesem Ergebnis kann folgender Schluss gezogen werden:

(7) Je ungleicher Standorte und Fächer ausgestattet sind und je mehr Projekte von Mitarbeitern in abhängiger Stellung gefördert werden, umso mehr nehmen Wettbewerb, Vielfalt und Kreativität ab und umso mehr sinkt die gesamte

Forschungsproduktivität über alle Fächer und Standorte hinweg.

Dieselben Struktureffekte wie bei den DFG-Bewilligungen sind auch bei der Verteilung von Gastwissenschaftlern der Alexander von Humboldt-Stiftung (AvH) auf Standorte festzustellen, mit einer gewissen Abschwächung auch bei der Verteilung der Stipendiaten des Deutschen Akademischen Austauschdienstes (DAAD) (Abb. II 3 und II 4 im Anhang). Die Gastwissenschaftlerprogramme belohnen Institute mit großen Mitarbeiterstäben, in denen sich die Lehrstuhlinhaber weitgehend auf eine Managementrolle zurückgezogen haben und die Mitarbeiter forschen lassen. Sie haben genug Zeit, Personal und Räume, um die Gäste auch in gebührendem Maß betreuen und mit einem ansprechenden Arbeitsplatz versorgen zu können. Professoren, die noch selbst forschen, weniger Personal in abhängiger Stellung beschäftigen und auch über weniger üppige Ausstattung an Räumen verfügen, sehen sich durch zu häufige Besuche von Gästen in erster Linie in ihrer Arbeit behindert. Je mehr Zeit sie in diese »Kennziffer« investieren, umso mehr sinkt ihre Leistung bei der »Kennziffer« Publikationen. Es ist deshalb nicht überraschend, dass Universitäten und Disziplinen mit größeren Mitarbeiterstäben auch mehr Gastwissenschaftler aufnehmen. Dabei macht sich zusätzlich der Traditionsbonus der klassischen Universitätsstandorte sehr stark bemerkbar, weil es die Gastwissenschaftler nach Berlin, München, Bonn, Heidelberg, Tübingen und Freiburg zieht, ganz unabhängig davon, was an anderen Standorten geleistet wird. Das zeigt sich schon daran, dass eine sehr hohe Korrelation zwischen DFG-Bewilligungen und AvH-Gastwissenschaftlern (sowie etwas schwächer DAAD-Stipendiaten) besteht, aber praktisch keine Korrelation zwischen DFG-Bewilligungen und Publikationen pro Professor. Daraus kann geschlossen werden, dass auch die Zahl von AvH-Gastwissenschaftlern (und DAAD-Stipendiaten) nicht mit den Publikationen pro Professor korreliert ist (siehe Kap. 6). Trotz dieser ganz anderen Realität der tatsächlichen Verteilung der Forschungsleistungen in Gestalt von Publikationen pro eingesetztem Personal publiziert die AvH eine Rangliste, in der nur die absolute Zahl von AvH-Gastwissenschaftlern an den Standorten berücksichtigt wird, und bescheinigt den an der Spitze dieses »Rankings« platzierten Traditionsuniversitäten »Exzellenz«. Auf die Fragen nach der Erklärung dieses Ergebnisses und der Validität des Indikators »Gastwissenschaftler« zur Messung von Forschungsleistungen wird nicht eingegangen. Es kommt nur eine Ursache für die Verteilung der Gastwissenschaftler auf Standorte in Frage: Exzellenz. »Das Humboldt-Ranking zeigt, welche deutschen Einrichtungen und welche Fachbereiche so gut sind, dass wir die Besten für einen Forschungsaufenthalt in Deutschland gewinnen können«, erklärt Dr. Georg Schütte, Generalsekretär der Humboldt-Stiftung (AvH 2006). Der Generalsekretär der AvH kann gar nicht anders reden, weil sonst die Rationalität der Auswahlverfahren der Stiftung infrage gestellt würde. Das Beispiel zeigt, wie die verselbstständigte, ohne Prüfung der Fakten auskommende Rhetorik der Exzellenz einen Legitimität stiftenden Rationalitätsmythos erzeugt, der den Blick auf eine ganz andere, nämlich ernüchternde Realität verstellt.

Im DFG-Förder-Ranking 2006 für den Berichtszeitraum 2002 bis 2004 stellen sich die Verhältnisse nicht wesentlich anders dar als im Förder-Ranking 2003 für den Berichtszeitraum 1999 bis 2001. Deshalb lassen sich die Ergebnisse unserer Analyse des Förder-Rankings 2003 auf das neueste

Förder-Ranking 2006 übertragen. Das Förder-Ranking 2006 enthält jedoch im Vergleich zum Ranking 2003 eine Differenzierung der Verteilung der DFG-Bewilligungssummen auf Standorte für zwölf Fachgebiete (DFG 2006e). Dadurch ist ein Vergleich der Hochschulen nach Fachgebieten, insbesondere nach ihrem fachspezifischen Profil, möglich. Allerdings beschränkt sich der Text auf die Darstellung der absoluten Bewilligungssummen und übergeht die Frage der Effizienz in der Einwerbung von Forschungsgeldern pro Professor bzw. erst recht pro Wissenschaftler. Im Text wird erst ganz am Ende kurz die relative Einwerbung von DFG-Mitteln pro Professor dargestellt, allerdings wieder undifferenziert für die gesamten Einnahmen der Hochschulen über alle Fachgebiete hinweg. Dabei bleibt immer noch außer Betracht, mit wie viel Personal an Wissenschaftlern insgesamt die Mittel eingeworben wurden. Diese relativen Werte werden erst im Anhang preisgegeben. In der textlichen Darstellung spielen sie keine Rolle. Angesichts der Tatsache, dass der Anteil der Professoren am wissenschaftlichen Personal der Hochschulen im Berichtszeitraum nur bei 17,2 Prozent lag (DFG 2006e: 19), und angesichts des Umstandes, dass Forschungsanträge in aller Regel von wissenschaftlichen Mitarbeitern ausgearbeitet werden, ist die Berechnung pro Professor nicht als Effizienzmaß geeignet. Sie verzerrt zu Gunsten von Fächern und Standorten mit einem höheren Anteil von wissenschaftlichen Mitarbeitern pro Professor. Die Verzerrung der Berechnung von DFG-Bewilligungssummen pro Wissenschaftler durch die mögliche Einbeziehung von drittmittelgeförderten Mitarbeitern ist im Vergleich dazu gering und kann deshalb vernachlässigt werden, zumal auch drittmittelgeförderte Mitarbeiter das Potential für die Beantragung von Drittmitteln erhöhen.

Neben den DFG-Bewilligungssummen findet man für die jeweiligen Fachgebiete auch Zahlen zu den DFG-Fachgutachtern, den Alexander-von-Humboldt-Gastwissenschaftlern und den vom DAAD geförderten Stipendiaten sowie zur Beteiligung an kooperativen Forschungsprogrammen der DFG. Bei der Betrachtung der gesamten DFG-Bewilligungssummen kommen noch Zahlen zu den DFG-Leibniz-Preisträgern und DFG-Fachkollegiaten hinzu. Die Präsentation dieser Daten erfolgt ganz in der Sprache der Doxa des akademischen Feldes. Die Spalte für die DFG-Gutachter wird unter den Begriff »wissenschaftliche Expertise« gefasst, die Spalte für die AvH- und DAAD-Gastwissenschaftler unter den Begriff »internationale Attraktivität«. In der Gesamtbetrachtung werden die Spalten für die Leibniz-Preisträger, die DFG-Fachkollegiaten und die DFG-Gutachter unter den Begriff »wissenschaftliche Expertise und Spitzenforscher« subsumiert. Dabei wird nach der Doxa ein Leistungszusammenhang derart postuliert, dass die Verteilung der DFG-Bewilligungssummen leistungsgerecht nach der an einem Standort in einem Fachgebiet gegebenen »Expertise« und »internationalen Attraktivität« erfolgt. Ob es andere Faktoren geben könnte, die den Zusammenhang erklären, wird nicht in Erwägung gezogen. Überhaupt nicht zur Sprache kommt eine Erklärung der Zusammenhänge durch das an einem Standort vorhandene symbolische Kapital (Ausschussmitgliedschaften, DFG-Fachgutachter, Traditionsuniversität in attraktiver Stadt mit hoher Anziehungskraft auf Ausländer), die unabhängig von Leistungen maßgeblich die Bilanz eines Standorts in DFG-Bewilligungen, Leibniz-Preisträgern sowie AvH- und DAAD-Gastwissenschaftlern bestimmen. Ein erster Hinweis darauf ergibt sich schon dadurch, dass die Differenzen zwischen den Standorten in den relativen Werten pro Professor im Vergleich zu den absoluten Werten ganz erheblich zusammenschrumpfen und über eine große Bandbreite von Standorten kaum noch signifikante Unterschiede festzustellen sind. Dabei gilt es wieder zu beachten, dass der größte Teil der Verteilung durch die Zahl der an einem Standort tätigen Wissenschaftler insgesamt und nicht nur durch die Zahl der Professoren erklärt wird, die davon durchschnittlich nur 17,2 Prozent ausmachen. Die Berechnung pro Wissenschaftler und auch nach Fachgebiet brächte die Differenzen nahezu zum Verschwinden. Die Rhetorik der Exzellenz erweist sich demnach bei näherer Betrachtung als die Pflege eines Mythos, der einem Realitätstest nicht standhält. Das gilt erst recht, wenn man berücksichtigt, dass das DFG-Förder-Ranking allein den Input an Forschungsgeldern misst, aber unberücksichtigt lässt, welcher Output an Publikationen damit produziert wird. Wie wir noch sehen werden, besteht nur ein ganz schwacher bis gar kein Zusammenhang zwischen dem Input an Forschungsgeldern und dem Output an Publikationen pro Professor (siehe Kap. 6). Daraus kann man schließen, dass auch das DFG-Förder-Ranking 2006 die Doxa des akademischen Feldes repräsentiert, die lehrt, dass Forschungsgelder leistungsgerecht verteilt werden. Das Ranking pflegt eine Rhetorik der Exzellenz, die einen Rationalitätsmythos verbreitet, der durch die Realität nicht gedeckt wird. Die Doxa des Feldes erweist sich als eine Illusio.

In die nach außen vermittelte Prämierung absoluter Zahlen durch das DFG-Förder-Ranking reiht sich auch das CHE-Forschungs-Ranking ein (Berghoff et al. 2005a). Es spricht von forschungsstarken Universitäten an der Spitze der Tabelle und meint damit die Universitäten, die in absoluten Zahlen dominieren (ebd. Abb. 1). Der Bericht sondert sogar elf »Forschungsuniversitäten« aus dem übrigen Feld der Hochschulen aus, wobei der Schnitt zwischen Nummer elf und Nummer zwölf selbst nach der Methode des Centrums für Hochschulentwicklung (CHE) ohne zureichenden Grund erfolgt. Das CHE-Forschungs-Ranking 2006 identifiziert eine Spitzengruppe von acht »forschungsstarken« Universitäten (Berghoff et al. 2006). Auf diese Weise wird durch die statistische Konstruktion eines Artefakts Definitionsmacht im öffentlichen Diskurs ausgeübt.

Schon die Berücksichtigung der relativen Werte zeichnet im CHE-Forschungs-Ranking ein ganz anderes Bild mit weit geringeren Differenzen und einem viel breiteren Feld relativ gleich starker Universitäten (ebd. Abb. 2). Dabei privilegiert auch der Universitätsvergleich in relativen Zahlen die Technischen Universitäten und die Volluniversitäten mit hohem Personalbestand und besserer Ausstattung pro Professor insbesondere in Naturwissenschaften und Technik, weil sie aufgrund ihrer Größe und Ausstattung in mehr Disziplinen und Unterkategorien punkten können.

Die Rede von »forschungsstarken« Universitäten sagt mehr über Größenordnungen, die Dominanz von ökonomisch nützlichen Disziplinen in der Förderstruktur und die damit verbundenen Machtpositionen im wissenschaftlichen Feld aus als über Forschungsleistungen, gemessen an den Krite-

rien von Chancengleichheit und unterschiedlichen Qualitätsanforderungen an die jeweiligen Disziplinen. Wenn die
Drittmitteleinwerbung in den Geistes- und Sozialwissenschaften eher kontraproduktiv auf die Erfüllung der Qualitätsanforderungen von Forschung wirkt, dann macht es
keinen Sinn, dieses Kriterium zur Einstufung von Fachbereichen in einer Rangordnung nach »Forschungsstärke« zu
verwenden. Auch die vom CHE gemessenen Promotionen
pro Jahr und pro Professor sind unbrauchbar, weil sie außerordentlich stark von der Fächerstruktur, von der Mitarbeiterzahl und von der Standortgröße beeinflusst werden.

Was am ehesten die Forschungsleistungen repräsentiert,
sind die nach Disziplinen unterschiedlich zu gewichtenden
Publikationen pro Wissenschaftler. Da das CHE nur Publikationen pro Professor misst, ist selbst in diesen Publikationswerten eine erhebliche Verzerrung zu Gunsten von Fachbereichen mit besser ausgestatteten Professuren (Sachmittel,
etatmäßige Mitarbeiter, Projektmitarbeiter) enthalten, da besser ausgestattete Professoren mit Hilfe der Mitarbeiter auch
bessere Publikationschancen haben. Trotzdem ergibt sich
bei den Publikationswerten pro Professor auch beim CHE
ein viel gemischteres und viel breiter gefächertes Bild als
bei den Drittmitteln und Promotionen (dazu Berghoff et
al. 2005b).

Die verzerrende Realitätskonstruktion kommt auch darin
zum Ausdruck, dass im CHE-Forschungs-Ranking in der
tabellarischen Darstellung die absoluten Zahlen dominieren
und die bei genauerer Prüfung allein realitätsgerechte, wegen
der Nichtberücksichtigung der Ausstattung der Professuren
jedoch immer noch verzerrende Kennziffer der Publikatio-
nen/Patente pro Professor nur eines von sieben (bei der Psychologie: acht) erhobenen Merkmalen darstellt (Berghoff

et al. 2005b) (Tab. 3-3). Bei den meisten Fächern werden viermal absolute und zweimal relative Zahlen erhoben. Die zusätzlich erhobene Reputation ist extrem traditions- und drittmittellastig, das heißt, sie prämiert insbesondere die Reputation von Traditionsuniversitäten aus den Studententagen der befragten Professoren, von Standorten, die in der weiter zurückliegenden Vergangenheit einmal eine prägende Rolle in einem Fach gespielt haben, und von Standorten, die im Machtzentrum der Forschungsförderung präsent sind und ein hohes Drittmittelaufkommen aufweisen. Bezeichnenderweise ist die Reputation in allen Fächern wesentlich stärker mit dem absoluten Drittmittelaufkommen als mit dem relativen Drittmittelaufkommen korreliert, in neun von 13 Fächern stärker mit dem absoluten Drittmittelaufkommen als mit den absoluten Publikationswerten, in zwölf von 13 Fächern deutlich stärker mit dem absoluten Drittmittelaufkommen als mit den relativen Publikationswerten, ebenso in zwölf von 13 Fächern viel stärker mit den absoluten Publikationswerten als mit den relativen Publikationswerten. Auffällig ist auch die Korrelation mit der Zahl von Promotionen, dabei stärker mit der absoluten als mit der relativen Zahl. Die Einbeziehung der Reputationswerte in die Skala verzerrt demgemäß stark zu Gunsten der traditionellen Großstandorte mit viel Personal, Drittmittelaufkommen und damit verbundenen Promotionen.

Es muss hier berücksichtigt werden, dass mit dem Personalbestand, dem Drittmittelaufkommen und den außeruniversitär verfügbaren Akademikern an einem Standort automatisch die Zahl der Promotionen steigt. Mit den Promotionen nimmt außerdem zwangsläufig die absolute Zahl von Publikationen zu, je nach Fachkultur sogar die relative Zahl von Publikationen pro Professor, weil der Professor als

Mitautor der von Doktoranden, z. B. als ausgeklinkte Aufsätze aus ihrer Dissertation, ausgearbeiteten Publikationen auftritt. Dieser Zusammenhang macht sich in der Chemie (0,508*) und in der Physik (0,251*) bemerkbar, wo offensichtlich die Labormitarbeiter wesentlich zu den Publikationen eines Professors beitragen, jedoch nicht in der Biologie (0,159), wo die erst in der jüngeren Vergangenheit ausgebaute Biotechnologie vermutlich nicht flächendeckend dieselben oligarchischen Strukturen ausgebildet hat wie in der Physik und noch mehr in der Chemie. Die stärkere Ausprägung dieses Verhaltensmusters in der Chemie folgt wahrscheinlich aus der Dominanz der Laborforschung in diesem Fach, während in der Physik der Anteil der theoretischen Physik für ein geringeres Ausmaß der Publikation von Experimentalforschungsergebnissen mehrerer Mitarbeiter unter Anleitung eines Professors sorgt. Das einzige weitere Fach mit einer signifikant positiven Korrelation zwischen der Zahl der Promotionen und den Publikationen pro Professor ist die Betriebswirtschaftslehre (0,48**), in der die hohe Lehrbelastung dazu geführt hat, dass die Professoren sowohl in der Lehre als auch in der Publikationstätigkeit in erheblichem Maße von ihren Mitarbeitern entlastet werden. Davon profitieren insbesondere die Standorte mit sehr guter personeller Ausstattung der Lehrstühle.

Insgesamt ist zu berücksichtigen, dass die bivariaten Korrelationen nach dem Koeffizienten r die Stärke eines Zusammenhangs betonen, dabei aber die erklärte Varianz nach r^2 deutlich niedriger liegt. Zum Beispiel beträgt das r^2 bei r = 0,5 nur 0,25, bei r = 0,2 nur 0,04. Im Hinblick auf die erklärte Varianz müssen demgemäß die ermittelten Korrelationen erheblich relativiert werden (vgl. dazu Abb. A IV und A V im Anhang).

Die Signifikanztests wurden teilweise einseitig, teilweise zweiseitig durchgeführt. Weiterhin ist zu beachten, dass etatmäßig hoher Personalbestand stark mit den Drittmitteleinnahmen korreliert ist, aus denen sich eine günstigere Gelegenheitsstruktur für Drittmitteleinnahmen pro Wissenschaftler, für die absolute Zahl von Publikationen und die relative Zahl von Publikationen pro Professor ergibt. So schaffen Sonderforschungsbereiche der DFG z. B. Drittmitteleinnahmen für Professoren, die ohne diesen Verbund nicht in den Genuss von Drittmitteln kämen und damit auch nicht zu Publikationen mit Mitarbeitern. Diese Mittel fehlen jedoch an anderer Stelle aktiveren Forschern bzw. überhaupt für die Finanzierung selbstständiger junger Wissenschaftler, die nicht unter Anleitung von Lehrstuhlinhabern forschen. In den meisten Fächern sind absolut höhere Drittmitteleinnahmen besonders mit höheren Drittmitteleinnahmen pro Wissenschaftler und höheren absoluten Publikationszahlen positiv korreliert, weniger stark auch mit höheren Publikationszahlen pro Professor. Der schwächste Zusammenhang besteht zwischen den Drittmitteln pro Wissenschaftler und den Publikationen/Patenten pro Professor. Er ist lediglich in vier von dreizehn Fächern signifikant positiv: in Biologie, Chemie, Geschichte und Maschinenbau. Bei den anderen neun Fächern ist kein Zusammenhang erkennbar. Dieses Ergebnis verweist darauf, dass hohe Drittmitteleinnahmen in der weit überwiegenden Mehrzahl der Fächer natürlich zwangsläufig die absoluten Publikationszahlen aufgrund der reinen Vermehrung des Personals erhöhen, aber nicht die Publikationen der Professoren, die vom System der Drittmittelforschung tendenziell in die Rolle von Forschungsmanagern gedrängt werden. Es spricht alles dafür, dass die Professoren in den Fächern, in denen ihre eigene Publikationstätigkeit positiv

Tab. 3-3: Korrelationen verschiedener Kennziffern in 13 Disziplinen

	Drittmittel/Promotionen	Drittmittel/Publikationen, Patente	Drittmittel/Drittmittel pro Wiss.	Drittmittel/Promotionen pro Prof.	Drittmittel/Publikationen, Patente pro Prof.	Drittmittel/Reputation	Drittmittel pro Wiss./Reputation	Publikationen, Patente/Reputation	Publikationen, Patente pro Prof./Reputation	Drittmittel pro Wiss./Publikationen, Patente pro Prof.
Anglistik/Amerikanistik	0,442**	0,504**	0,815**	0,259**	0,210	0,639**	0,379**	0,663**	0,409**	0,207
Biologie	0,591**	0,566**	0,712**	0,366**	0,340*	0,426**	-0,026	0,408**	0,128	0,553**
BWL	0,37**	0,35**	0,71**	0,11	0,08	0,41**	-0,03	0,53**	0,3**	-0,26
Chemie	0,658**	0,521**	0,734**	0,489**	0,443**	0,605**	0,213	0,443**	0,353**	0,248*
Elektro- und Inform.-technik	0,820**	0,442**	0,577**	0,597**	0,215	0,753**	0,199	0,377**	0,177	-0,09
Erziehungs-Wissenschaften	0,640**	0,599**	0,834**	-0,008	0,171	0,778**	0,607**	0,601**	0,358**	0,134
Geschichte	0,524**	0,494**	0,838**	0,289*	0,407**	0,752**	0,445**	0,691**	0,340**	0,323**
Maschinenbau/Verfahrenstechnik	0,954**	0,740**	0,728**	0,661**	0,385**	0,795**	0,566**	0,480**	0,227	0,423**
Pharmazie	0,889**	0,330	0,658**	0,419**	0,216	0,569**	0,217	0,559**	0,651**	-0,068
Physik	0,735**	0,740**	0,722**	0,371**	0,305*	0,565**	0,149	0,575**	0,133	0,133
Psychologie	0,362*	0,318*	0,753**	0,205	0,289*	0,612**	0,343*	0,330*	0,296*	0,264
Soziologie	0,67**	0,53**	0,65**	0,07	-0,01	0,56**	0,16	0,61**	0,29*	-0,04
VWL	0,47**	0,53**	0,78**	0,13	-0,07	0,49**	0,25	0,44**	-0,03	-0,1

Quelle: Berghoff et al. 2005b; Signifikanzniveau: * = 0,05; ** = 0,01

mit erhöhten Drittmitteleinnahmen pro Wissenschaftler korreliert ist, erheblich von Mitautorenschaften oder von der Zuarbeit von Mitarbeitern profitieren. Dieser Erfolg der erhöhten Publikationstätigkeit von Professoren durch Drittmitteleinnahmen muss allerdings mit den Kosten verrechnet werden, die darin bestehen, dass in neun von dreizehn Fächern kein positiver Effekt nachzuweisen ist und in allen Fächern Forschung und Publikationstätigkeit einer Vielzahl von Mitarbeitern in abhängiger Stellung unterstützt wird, wodurch die frühe Selbstständigkeit junger Forscher systematisch unterbunden wird. Die im Forschungs-Ranking des CHE konstruierte Elite von elf »Forschungsuniversitäten« erweist sich in diesem Licht nicht als Stärke von Wissenschaft und Forschung in Deutschland, sondern als eine Schwäche, die für ihre gesunkene Innovationskraft und internationale Wettbewerbsfähigkeit mitverantwortlich zu machen ist.

Von den sieben (im Fach Psychologie acht) einbezogenen Kennziffern im Forschungs-Ranking des CHE messen fünf nahezu ein und denselben Faktor, nämlich die Positionierung eines Standortes im Machtzentrum des wissenschaftlichen Feldes aufgrund von Tradition, dem hohen Anteil von Naturwissenschaften und Technik am Personal, hohem Personalbestand, vielen außeruniversitären Instituten und anderen Beschäftigungsmöglichkeiten für Akademiker in der unmittelbaren Nachbarschaft sowie, eng damit korreliert, hohen Drittmitteleinnahmen. Was durch die Dominanz dieses Machtfaktors an den Rand gedrängt wird, ist das um die besseren Gelegenheitsstrukturen der Großstandorte bereinigte Drittmittel- und Publikationsaufkommen pro Wissenschaftler, die in der CHE-Skala überhaupt nicht in bereinigter Form vorkommen und in unbereinigter Form eine untergeordnete Rolle spielen. Außerdem beeinflusst der zentrale

Machtfaktor noch zusätzlich das relative Drittmittel- und Publikationsaufkommen eines Standorts, so dass selbst die Rangskala in den relativen Werten stark zu Gunsten der Standorte im Machtzentrum verzerrt. Dementsprechend gleicht die relative Rangskala des CHE die extreme Verzerrung der absoluten Rangskala nicht aus.

Die hohe Interdependenz zwischen den einzelnen Kennziffern wird im Duktus des CHE-Arbeitspapiers als Beweis dafür gewertet, dass ein Standort, der sich in einer Kennziffer als »exzellent« erweist, auch in anderen Kennziffern »Exzellenz« zeigt. Dabei wird der Eindruck erweckt, dass die Kennziffern unabhängig voneinander die »Exzellenz« eines Standortes beweisen. In Wirklichkeit handelt es sich um so eng beieinanderliegende, sich allein durch die geschaffene Gelegenheitsstruktur wechselseitig stützende Kennziffern, dass sie letztlich nur einen einzigen Faktor zum Ausdruck bringen, nämlich die Position eines Standorts im wissenschaftlichen Machtfeld, die insbesondere in Drittmittelinput und damit in positive Werte bei allen anderen Kennziffern umgesetzt wird. Wo die Ergebnisse von diesem statistisch konstruierten Artefakt abweichen, nämlich bei der in neun von dreizehn Fächern nicht erkennbaren, bei den vier anderen Fächern nur mit großer Streuung gegebenen positiven Korrelation zwischen der Drittmitteleinwerbung pro Wissenschaftler und dem Publikationsoutput pro Professor, wird z. B. von »einigen Hochschulen« gesprochen, die »aus dem Rahmen fallen«, weil sie sich offensichtlich nicht in das Bild des herrschenden Rationalitätsmythos fügen. Insgesamt bleibt das Forschungs-Ranking an dieser entscheidenden Stelle auffällig sprachlos und findet keinen Weg zu einer schlüssigen Deutung.

Stellt man eine Liste zusammen, in der Naturwissenschaften und Geistes-/Sozialwissenschaften mit jeweils drei Disziplinen in gleicher Zahl vertreten sind (Physik, Chemie und Biologie vs. Geschichte, Soziologie und Volkswirtschaftslehre), so dass Chancengleichheit im Fächerspektrum herrscht, dann teilen sich nicht weniger als 41 Universitäten die 60 zu vergebenden Plätze unter den jeweils ersten zehn (siehe Kap. 6, Tab. 6-1 und 6-2). Von einer kleinen Elite »forschungsstarker« Universitäten ist nichts zu sehen, wenn man diesen auf Chancengleichheit und fachspezifische Qualitätsanforderungen achtenden Maßstab anlegt. Die CHE-Rangliste »forschungsstarker« Universitäten misst demnach nicht mehr als die Größe und die Dominanz naturwissenschaftlich-technischer Disziplinen an einem Standort, die dadurch beeinflusste Ausstattung von Professuren mit Mitarbeitern und Sachmitteln, die damit verbundene, nur für Naturwissenschaften und Technik überhaupt relevante Einwerbung von Drittmitteln als reine Inputgröße, das an einem großen Standort mit entsprechender Gelegenheitsstruktur vorhandene Potential an Promovenden auf der Nachfrageseite durch viele Mitarbeiter in der Drittmittelforschung, in benachbarten außeruniversitären Instituten und in anderen Tätigkeitsfeldern am Ort und die durch Ausschussmitgliedschaften und Gutachterpositionen geballte Macht von Großstandorten. Es unterstützt mit dieser stark verzerrenden Realitätskonstruktion die weitere Konzentration von Forschungsmitteln auf wenige Standorte, die mittels Ausschuss-, Gutachter- und öffentlich wirksamer Definitionsmacht in eine nach den Kriterien von Chancengleichheit und fachspezifischen Qualitätsanforderungen illegitime Vormachtstellung gebracht werden. Das CHE-Forschungs-Ranking reproduziert auf diese Weise die herrschende Rhetorik, die für exzellent hält, was sich als exzellent darstellt.

Wie wir sehen, misst das CHE-Forschungs-Ranking die Forschungsstärke von Fachbereichen in der Summe nahezu ausschließlich in absoluten Zahlen. Das entscheidende Merkmal ist der Drittmittelinput, der gleich mehrfach mittelbar auch durch andere Indikatoren mitgemessen wird (DFG-Mittel absolut, Publikationen absolut, Promotionen absolut, Promotionen pro Professor, Drittmittel je Wissenschaftler). Deshalb ist es nicht überraschend, dass die elf bzw. acht »Forschungsuniversitäten« an der Spitze des CHE-Forschungs-Rankings auch unter den ersten 13 Universitäten der größten Konsumenten an DFG-Mitteln zu finden sind. Lediglich in zwei Positionen stimmen die ersten zwanzig Standorte in beiden Listen nicht überein (Berghoff et al. 2005a: 3; DFG 2003a: 166). Gemessen wird demnach nur der Input an Forschungsmitteln, aber nicht der Output, der damit erzielt wird. Das ergibt ein verzerrtes Bild der Forschungsleistungen. Der einzige vom CHE verwendete Indikator, der einigermaßen nahe an die tatsächlichen Forschungsleistungen der Fachbereiche und Universitäten herankommt, ist der Index für die Publikationen bzw. Patente pro Professor (siehe Kap. 6). Das CHE-Forschungs-Ranking 2005 verfügt über Daten für 13 Fächer: Anglistik/Amerikanistik, Biologie, BWL, Chemie, Elektro-/Informationstechnik, Erziehungswissenschaft, Geschichte, Maschinenbau, Pharmazie, Physik, Psychologie, Soziologie und VWL (Berghoff et al. 2005b). Will man schon eine durchschnittliche Forschungsleistung einer ganzen Universität über alle Fachbereiche hinweg ermitteln, dann wären die einzelnen Ergebnisse der Fächer an einer Universität zu addieren. Um Verzerrungen durch die unterschiedliche durchschnittliche Länge von Publikationen zwischen Fächern zu verringern, sind stark unterdurchschnittliche Publikationswerte eines Faches um einen bestimmten Faktor zu erhöhen, stark überdurchschnittliche Publikationswerte um einen bestimmten Faktor zu erniedrigen. Dementsprechend wurden bei den Publikationswerten (bzw. Patentwerten) pro Professor erhöht: Anglistik/Amerikanistik mal 1,5, Elektro-/Informationstechnik mal sechs, Maschinenbau mal sechs, Psychologie mal drei. Erniedrigt wurde: Geschichte durch zwei. Bei den absoluten Publikationswerten (bzw. Patentwerten) wurden erhöht: Elektro-/Informationstechnik mal vier, Maschinenbau mal vier, Psychologie mal vier. Erniedrigt wurden: Erziehungswissenschaft durch drei, Geschichte durch vier. Als Maßstab wurde der mittlere Publikationswert über alle Fächer hinweg verwendet. Die Summe der für eine Universität ermittelten Publikationswerte (bzw. Patentwerte) wurde wiederum durch die Anzahl der an einer Universität gezählten Fächer geteilt. So ergibt sich für jede Universität ein durchschnittlicher Publikationswert (bzw. Patentwert) über alle Fächer hinweg. Das Ergebnis findet sich in Abbildung 3-1. Hier ist zu berücksichtigen, dass Durchschnittswerte besonders starke und besonders schwache Leistungen einzelner Fachbereiche im Ergebnis verschwinden lassen. Eine unterdurchschnittliche Gesamtleistung einer Universität kann trotzdem herausragende Leistungen von ein, zwei oder sogar drei Fachbereichen beinhalten. Umgekehrt hat eine Universität mit einer überdurchschnittlichen Gesamtleistung immer auch Fachbereiche mit eher schwächeren Leistungen. Das gilt erst recht für die individuellen Forscher innerhalb der Fachbereiche. Herausragende Leistungen individueller Forscher gehen im Durchschnitt unter. Die Tatsache, dass immer nur eine kleine Zahl der Mitglieder eines Fachbereichs den größten Teil der Publikationen hervorbringt, hat aber auch zur Folge, dass nur ganz wenige Forscher die Gesamtleistung eines Fachbereichs nach oben treiben können, ihr

Ausscheiden den Fachbereich von heute auf morgen jedoch wieder nach unten stürzen lässt. Die Gesamtleistung einer Universität kann allein von außerordentlich hohen Publikationswerten von nur zwei von elf Fachbereichen stark nach oben gezogen werden, wenn von den übrigen Fachbereichen fast alle wenigstens durchschnittliche Leistungen erbringen. Beispielsweise würde sich der hohe Publikationswert pro Professor der LMU München von 17,87 auf 14,47 verringern, wenn die außergewöhnlich hohen Publikationswerte der Fächer Betriebswirtschaftslehre und Soziologie nicht mitgerechnet würden. Das heißt, dass auch die weit oben platzierte Münchner Universität in der Summe von neun von elf Fächern nur auf einen durchschnittlichen Publikationswert käme, das heißt gerade auch in Fächern, mit denen im internationalen Wettbewerb gepunktet werden soll.

Um einen leistungsgerechten Vergleich durchführen zu können, muss berücksichtigt werden, mit wie vielen Mitarbeitern die Professoren ihre Publikationen verfassen können, zumal in vielen Fächern sogar üblicherweise Professoren und Mitarbeiter als Koautoren publizieren. In den Naturwissenschaften sind die Lehrstuhlinhaber in der Regel an allen Publikationen ihres Instituts beteiligt. Publikationswerte pro Professor verzerren deshalb zu Gunsten der Fachbereiche bzw. Hochschulen mit besserer Personalausstattung der Professoren. Die Abstände zwischen den Hochschulen schrumpfen weiter zusammen, wenn die Publikationen pro Professor auf die verfügbare Mitarbeiterzahl relativiert werden. Die höheren Publikationswerte pro Professor können in den meisten Fällen auf höhere Mitarbeiterzahlen pro Professor zurückgeführt werden. Die vollständige Relativierung nach Mitarbeiterzahl ergibt allerdings eine Verzerrung in die andere Richtung, das heißt zu Ungunsten der Hochschulen

Abb. 3-1: Publikationswerte bzw. Patentwerte absolut und relativ

PPM			R (PP)
U Erfurt 6,02	16,85	57,25	6
U Eichstätt 4,40	11,9	42,93	50
U Bamberg 4,35	13,47	31,90	30
U Duisburg 4,19	15,52	54,86	14
U Passau 4,10	13,95	27,70	25
U Augsburg 3,96	15,82	51,14	12
U Bayreuth 3,87	16,62	45,55	9
U Paderborn 3,69	12,9	35,84	36
U Würzburg 3,68	19,89	72,33	1
U Gießen 3,64	16,75	58,17	7
FU Berlin 3,64	15,27	89,76	15
U Dortmund 3,53	14,11	50,21	24
U Osnabrück 3,49	11,88	34,44	52
U Mannheim 3,47	16,33	67,04	11
U München 3,44	17,87	105,93	4
U Trier 3,33	13,33	44,13	32
U Hohenheim 3,33	18,33	56,89	2
U Erl.-Nbg. 3,28	16,75	68,35	8
U Köln 3,28	13,77	71,01	29
U Tübingen 3,20	17,95	57,89	3
U Münster 3,20	14,74	85,54	19
U Potsdam 3,19	12,76	46,16	41
U Bochum 3,15	13,85	63,39	27
U Frankfurt/M. 3,14	12,88	69,70	38
U Dresden 3,14	15,08	70,88	17
U Marburg 3,04	14,57	62,96	21
U Bremen 3,03	12,1	52,44	49
U Regensburg 3,02	14,78	43,47	18
U Leipzig 2,98	13,4	51,51	31
U Hamburg 2,98	10,74	84,20	56
U Siegen 2,96	9,17	34,57	62
TU Ilmenau 2,95	13,87	56,33	26
U Kaiserslautern 2,90	13,33	39,94	33
U Essen 2,87	12,33	54,67	45
HU Berlin 2,84	15,6	87,76	13
U Jena 2,83	14,7	53,67	20
TU Freiberg 2,83	11,9	55,44	51
TU Berlin 2,80	12,88	62,32	37

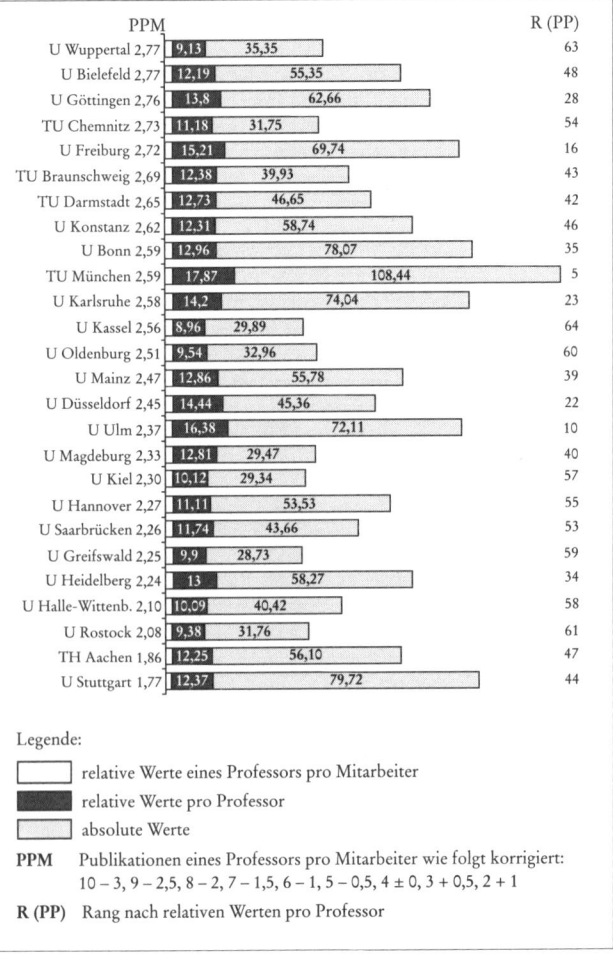

Legende:

□ relative Werte eines Professors pro Mitarbeiter

■ relative Werte pro Professor

▨ absolute Werte

PPM Publikationen eines Professors pro Mitarbeiter wie folgt korrigiert:
10 – 3, 9 – 2,5, 8 – 2, 7 – 1,5, 6 – 1, 5 – 0,5, 4 ± 0, 3 + 0,5, 2 + 1

R (PP) Rang nach relativen Werten pro Professor

Quelle: Eigene Berechnungen nach Berghoff et al. 2005b, CHE-Forschungs-Ranking und DFG 2003a: Tab. A3-15, S. 178. Einbezogen sind jeweils maximal dreizehn Fächer: Anglistik/Amerikanistik, Betriebswirtschaftslehre, Biologie, Chemie, Elektro-/Informationstechnik, Erziehungswissenschaft, Geschichte, Maschinenbau, Pharmazie, Physik, Psychologie, Soziologie, Volkswirtschaftslehre. Um Verzerrungen durch fächerspezifische Profile der Universitäten zu vermeiden, wurden Abweichungen der absoluten Publikationswerte vom mittleren Wert aller Fächer wie folgt korrigiert: Elektro-/Informationstechnik x · 4, Maschinenbau x · 4, Psychologie x · 4, Erziehungswissenschaft x: 3, Geschichte x: 4. Relative Werte wurden wie folgt korrigiert: Anglistik/Amerikanistik x · 1,5, Elektro-/Informationstechnik x · 6, Maschinenbau x · 6, Psychologie x · 3, Geschichte x: 2. Bei Elektro-/Informationstechnik und Maschinenbau handelt es sich um Patentwerte. Die ermittelten Fachwerte einer Hochschule wurden addiert und durch die Anzahl der Fächer dividiert, um den Durchschnittswert pro Fach zu ermitteln. Bei den Fächern Biologie, Chemie, Elektro-/Informationstechnik, Maschinenbau, Pharmazie, Physik und Psychologie wurden die Publikationswerte nach Darstellung des CHE nicht nach Autorenzahl gewichtet, bei den anderen sechs Fächern bis zur Zahl von vier Autoren. Um Verzerrungen zu Gunsten von Fachbereichen mit einer höheren Mitarbeiterzahl pro Professor auszugleichen, wurde neben dem relativen Publikationswert a) pro Professor ein relativer Publikationswert b) eines Professors pro Mitarbeiter berechnet. Dabei wurde wiederum zur Vermeidung von Verzerrungen in der entgegengesetzten Richtung die Mitarbeiterzahl wie folgt korrigiert: 10-3, 9-2,5, 8-2, 7-1,5, 6-1, 5-0,5, 4±0, 3+0,5, 2+1. Es wurden nur die Publikationen mit den Professoren unter den Autoren gezählt. Dabei muss man wissen, dass insbesondere in den Natur-, Lebens- und Ingenieurwissenschaften in der Regel alle Publikationen/Patente eines Instituts/Lehrstuhls den Namen des Institutsdirektors/Lehrstuhlinhabers unter den Autoren aufzählen.

mit hoher Mitarbeiterzahl pro Professor. Die Wahrheit dürfte etwa in der Mitte liegen (Abb. 3-1).

Tabelle 3-4 unterteilt die 64 erfassten Universitäten in drei Profilgruppen: 18 kleine Universitäten mit eher geistes- und sozialwissenschaftlichem Profil, 22 große Universitäten mit einem großen, einer Volluniversität nahekommenden Fächerangebot und 14 kleine bis große Universitäten mit einem eher naturwissenschaftlichen, lebenswissenschaftlichen und ingenieurwissenschaftlichen Profil. Dadurch werden Verzerrungen der Gesamttabelle aller 64 Hochschulen, die sich aus Größe, Mitarbeiterzahl der Professoren und Fächerprofil ergeben, vermieden. Wir sehen, dass die Gruppe der kleinen Universitäten ihrem Fächerprofil entsprechend im Durchschnitt deutlich weniger Mitarbeiter pro Professor beschäftigt als die großen Universitäten und erst recht die Universitäten mit einem Profil in Natur-, Lebens- und Ingenieurwissenschaften. Dementsprechend ist ihr durchschnittlicher Publikationswert pro Professor niedriger als bei den großen und den naturwissenschaftlich-technisch ausgerichteten Universitäten. Die Mitarbeiterzahl steigert offensichtlich das Publikationsaufkommen eines Professors. Das geschieht allerdings nur bis zu einer mittleren Zahl von Mitarbeitern, und zwar gerade auch in den natur-, lebens- und ingenieurwissenschaftlichen Disziplinen. Dass die Professoren in diesen Disziplinen besonders große Mitarbeiterstäbe benötigen, erweist sich als Mythos. Auch in dieser Gruppe stellen sich die Universitäten mit einer mittleren Zahl von etwa fünf Mitarbeitern pro Professor als produktiver dar. Das Gesetz des abnehmenden Grenznutzens jenseits einer mittleren Mitarbeiterzahl trifft gerade die Gewinner der Exzellenzinitiative besonders hart. Ihre Prämierung stützt sich offensichtlich in erster Linie auf Größe und kann sich angesichts der Gesetzmäßigkeit des sinkenden Grenznutzens nur kontraproduktiv auswirken.

Verzerrungen in den Publikationswerten pro Professor können dadurch ausgeglichen werden, dass die Publikationswerte nach Autorenzahl gewichtet werden. Nach Darstellung der CHE-Daten ist das nur in den geistes- und sozialwissenschaftlichen Fächern mit Ausnahme der Psychologie bis zu vier Autoren durchgeführt worden (Anglistik/Amerikanistik, Betriebswirtschaftslehre, Erziehungswissenschaft, Geschichte, Soziologie, Volkswirtschaftslehre), aber nicht in den anderen Disziplinen (Biologie, Chemie, Elektro-/Informationstechnik, Maschinenbau/Verfahrenstechnik, Pharmazie, Physik, Psychologie) (Berghoff et al. 2005b). Eine vollständige Relativierung der Publikationswerte nach der

Mitarbeiterzahl pro Professor führt vermutlich zu einer Verzerrung zu Ungunsten der Universitäten mit fächerspezifisch durchschnittlich besserer Ausstattung der Professoren, das heißt korrespondierend zum Anteil der Natur-, Lebens- und Ingenieurwissenschaften, und zu Gunsten der Universitäten mit eher geistes- und sozialwissenschaftlichem Profil und entsprechend geringerer Mitarbeiterzahl pro Professor. Der Abstand zwischen der niedrigsten Mitarbeiterzahl von 1,7 und der höchsten von 10,0 beträgt 8,3. Eine Möglichkeit, die Mitarbeiterzahl zu berücksichtigen, ohne in das andere Extrem der Verzerrung zu Gunsten der Universitäten mit niedrigerer Mitarbeiterzahl zu verfallen, ist die Halbierung dieses Abstandes von oben und von unten. Die Tatsache, dass nur in sechs von 13 Fächern nach Autoren gewichtet wurde und auch die Gewichtung nur bis zu vier Autoren erfolgte, rechtfertigt eine solche Relativierung, zumal insbesondere in den naturwissenschaftlichen Disziplinen die Publikationen von bis zu zehn Autoren einschließlich des Professors produziert werden. Die in der Spalte Publikationsproduktivität eines Professors pro Mitarbeiter (PPM) errechneten Publikationswerte ergeben sich durch die Dividierung der Publikationswerte pro Professor durch die *korrigierte* Mitarbeiterzahl. Die Korrektur wurde wie folgt vorgenommen: Mitarbeiterzahl 10-3, 9-2,5, 8-2, 7-1,5, 6-1, 5-0,5, 4±0, 3+0,5, 2+1 (Tab. 3-4).

Wir sehen nach dieser korrigierten Relativierung folgendes Ergebnis: Die Publikationswerte eines Professors pro Mitarbeiter der kleineren Universitäten mit eher geistes- und sozialwissenschaftlichem Profil sind im Durchschnitt deutlich höher als diejenigen der großen Universitäten und erst recht der Universitäten mit naturwissenschaftlich-technischem Profil. Es kommt hier zum Vorschein, dass es sich bei den kleineren Universitäten offensichtlich um sehr effiziente und leistungsfähige Einheiten handelt, was bei der Fokussierung der Leistungsbeurteilung auf den absoluten Drittmittelinput völlig untergeht. Innerhalb der drei Gruppen ist zu erkennen, dass die Abstände nochmals erheblich zusammenschrumpfen, wenn die Publikationswerte nach Mitarbeiterzahl relativiert werden. Das bestätigt die These, dass die Leistungsunterschiede zwischen den Fachbereichen bzw. Universitäten viel geringer sind als die Unterschiede zwischen den Professoren innerhalb der Fachbereiche. Das heißt, dass Spitzenforscher über viele Standorte verteilt sind und sich nicht auf wenige Standorte konzentrieren. Die Forschung wird demgemäß nicht zielgenau gefördert, wenn sie auf Hochschulen bzw. Fachbereiche und nicht auf Personen gerichtet ist. Das Ortsprinzip der koordinierten Programme der DFG und auf seiner Linie die Exzellenzinitiative stellen jedoch entgegen dieser Erkenntnis die Förderung von Institutionen in den Vordergrund. Weiterhin ist an den nach Mitarbeiterzahl relativierten Publikationswerten zu sehen, dass sich die drittmittelstärksten Hochschulen keineswegs als Spitzengruppe in den Publikationen identifizieren lassen. Etliche der Exzellenzgewinner rangieren in der unteren Hälfte der Tabellen, z. T. sogar weit unten, während viele Verlierer in der oberen Hälfte und sogar ganz oben zu finden sind.

Die Lancierung einer »Elite« von »Forschungsuniversitäten« im Gefolge des DFG-Förder-Rankings und des CHE-Forschungs-Rankings erweist sich demnach als eine verselbstständigte Realitätskonstruktion ohne Bezug zur Verteilung der tatsächlichen Forschungsleistungen außerhalb dieser Konstruktion. Die entsprechende Realitätsverzerrung ergibt sich aus dem statistischen Artefakt, dass der absolute Drittmittelinput von Hochschulen zum dominanten Kriterium gemacht wurde, das offensichtlich als Indikator für die Beurteilung von Forschungsleistungen ungeeignet ist und sogar kontraproduktive Effekte hat, weil es zur ineffizienten Konzentration von Forschungsmitteln auf schon drittmittelstarke Hochschulen nach dem Ortsprinzip führt und dadurch die zielgenaue Förderung der über das ganze Land verstreuten Spitzenforscher systematisch verhindert. Effekte von Größe, Mitarbeiterzahl und Fächerprofil werden Fachbereichen und Kollektiven als Leistungen zugerechnet. Dadurch entsteht der falsche Eindruck einer deutlichen Differenzierung der Forschungs-»Leistungen« zwischen den Fachbereichen. Bereinigt man die Ergebnisse um diese Effekte, dann nähern sich die Durchschnittswerte einander so weit an, dass kaum noch Leistungsdifferenzen erkennbar sind. Nahezu alle Fachbereiche und Universitäten haben einzelne außergewöhnlich produktive Forscher und viele weniger produktive Forscher in der Einwerbung von Drittmitteln und in der Platzierung von Publikationen. Deshalb sind diese Leistungsdifferenzen innerhalb von Fachbereichen viel größer als zwischen Fachbereichen.

Insgesamt zeigt das Ergebnis, dass die vom CHE-Forschungs-Ranking suggerierte Ausdifferenzierung einer Spitze von elf bzw. acht »Forschungsuniversitäten« bzw. bei einer weiteren Fassung des Begriffs von 20 forschungsstarken Universitäten nicht existiert. Es handelt sich um ein statistisches Artefakt, das aus der gleich mehrfachen Messung von Größe und absolutem Drittmittelinput resultiert. Die Abstände zwischen den oberen und den unteren Rängen sind bei den relativen Publikationswerten viel geringer als bei den absoluten Werten. Nur leichte Korrekturen an den Zahlen können die Rangeinstufung eines Standortes um 20 Plätze nach oben oder unten verschieben. Und für solche Korrekturen gibt es

Kleine Universitäten unter 1200 Wissenschaftlern mit tendenziell geistes- und sozialwissenschaftlichem Profil				Universitäten mit Schwerpunkt in Natur-, Lebens- und Ingenieur-wissenschaften			
	MP	PPM	PP		MP	PPM	PP
Erfurt	1,8	6,02	16,85	Bayreuth	4,3	3,87	16,62
Eichstätt	1,7	4,40	11,90	Dresden	5,8	3,14	15,08
Bamberg	2,1	4,35	13,47	Ilmenau	5,7	2,95	13,87
Duisburg	3,2	4,19	15,52	Kaiserslautern	5,6	2,90	13,33
Passau	2,4	4,10	13,95	Freiberg	4,7	2,83	11,90
Augsburg	3,5	3,96	15,82	TU Berlin	5,1	2,80	12,88
Paderborn	2,5	3,69	12,90	Chemnitz	4,6	2,73	11,18
Osnabrück	2,9	3,49	11,88	Braunschweig	5,6	2,69	12,38
Mannheim	5,2	3,47	16,33	Darmstadt	5,3	2,65	12,73
Hohenheim	6,5	3,33	18,33	TU München	9,4	2,59	17,87
Trier	3,5	3,33	13,33	Karlsruhe	7,0	2,58	14,20
Potsdam	4,0	3,19	12,76	Ulm	9,4	2,37	16,38
Siegen	2,1	2,96	9,17	Aachen	9,1	1,86	12,25
Wuppertal	2,3	2,77	9,13	Stuttgart	10,0	1,77	12,37
Konstanz	5,2	2,62	12,31	Arithmet. Mittel	6,5	2,70	13,79
Kassel	2,5	2,56	8,96				
Oldenburg	3,3	2,51	9,54				
Greifswald	4,4	2,25	9,90				
Arithmet. Mittel	3,3	3,51	12,89				

immer Anlässe. Das ist schon deshalb der Fall, weil nur diejenigen Publikationen erfasst werden, die in den vom CHE
ausgewerteten Datenbanken enthalten sind, doch das ist nur
ein Teil der tatsächlichen Publikationen. Deshalb lassen sich

Große Universitäten 1200-5200 Wissenschaftler mit breitem Fächerangebot						
	MP	PPM	PP		MP	PPM	PP
Würzburg	6,4	3,68	19,89	Essen	4,3	2,87	12,33
Gießen	5,1	3,64	16,75	HU Berlin	7,0	2,84	15,60
FU Berlin	4,2	3,64	15,27	Jena	6,2	2,83	14,70
Dortmund	4,0	3,53	14,11	Bielefeld	4,9	2,77	12,19
U München	6,2	3,44	17,87	Göttingen	6,0	2,76	13,80
Erl.-Nürnbg.	6,1	3,28	16,75	Freiburg	7,6	2,72	15,21
Köln	4,7	3,28	13,77	Bonn	5,5	2,59	12,96
Tübingen	7,6	3,20	17,95	Mainz	6,2	2,47	12,86
Münster	5,6	3,20	14,74	Düsseldorf	7,9	2,45	14,44
Bochum	4,9	3,15	13,85	Magdeburg	7,0	2,33	12,81
Frankfurt a. M.	4,6	3,14	12,88	Kiel	4,9	2,30	10,12
Marburg	5,3	3,04	14,57	Hannover	5,4	2,27	11,11
Bremen	4,0	3,03	12,10	Saarbrücken	6,2	2,26	11,74
Regensburg	5,9	3,02	14,78	Heidelberg	7,3	2,24	13,00
Leipzig	5,0	2,98	13,40	Halle	5,3	2,10	10,09
Hamburg	3,6	2,98	10,74	Rostock	5,0	2,08	9,38
				Arithmet. Mittel	5,6	2,90	13,81

Quelle: Eigene Berechnungen nach
Berghoff et al. 2005 b und DFG 2003a: Tab. A3-15, S. 178.

Legende:
MP   Mitarbeiter pro Professor
PP   Publikationen pro Professor
PPM   Publikationen eines Professors pro Mitarbeiter, wie folgt korrigiert:
      10-3, 9-2,5, 8-2, 7 1,5, 6-1, 5-0,5, 4±0, 3+0,5, 2+1

über ein sehr breites Mittelfeld von ca. 40 Hochschulen überhaupt keine signifikanten und robusten Unterschiede im Publikations- bzw. Patentoutput pro Professor feststellen. Dabei ist auch zu bedenken, dass z. B. zwei Fachbereiche jeweils drei publikationsstarke Mitglieder haben mögen, in einem Fachbereich aber nur insgesamt sechs Professoren tätig sind, im anderen dagegen neun. Das bedeutet, dass der größere Fachbereich einen schlechteren relativen Publikationswert erreicht als der kleinere. Ist er deshalb als schlechter einzustufen? Für den Einfluss auf den wissenschaftlichen Diskurs mag es unerheblich sein, ob die jeweils drei besonders aktiven Forscher noch drei oder sechs weitere Kollegen haben. Das verweist darauf, dass nicht Fachbereiche, sondern individuelle Forscher die entscheidenden Träger des wissenschaftlichen Diskurses sind, und es deshalb wenig sinnvoll ist, überhaupt Fachbereiche oder gar ganze Universitäten in eine Rangordnung zu bringen. Weiterhin ist zu berücksichtigen, dass eine Universität mit einem unterdurchschnittlichen Gesamtwert einzelne Fachbereiche mit Spitzenleistungen beherbergen kann, während eine überdurchschnittliche Gesamtleistung auch von einer größeren Zahl nur knapp überdurchschnittlicher Leistungen einzelner Fachbereiche erbracht werden kann, ohne dass es an dieser Universität wirkliche Spitzenleistungen gibt. All das sagt, dass die Rangfolge keineswegs als absolut gültig betrachtet werden kann und gerade aufgrund der geringen Unterschiede leicht Verschiebungen möglich sind, wenn anders gewichtet wird (z. B. nur die fünf besten Leistungen zählen oder die zwei schlechtesten Leistungen scheiden aus).

Diese Relativierungen unterstreichen, dass keine wirklich eindeutig herausgehobene Spitze von »Forschungsuniversitäten« – wie vom CHE-Forschungs-Ranking suggeriert – hervorsticht. Das soll nicht heißen, dass es überhaupt keine Universitäten gibt, die bei allen Gewichtungen doch immer wieder gut abschneiden. Es existiert jedoch keine geschlossene Gruppe von Forschungsuniversitäten; weder die ersten elf bzw. acht noch die ersten zwanzig Universitäten des CHE-Forschungs-Rankings bilden eine solche Gruppe. Nimmt man die Publikationen pro Professor, dann verteilen sich die ersten elf Universitäten des CHE-Forschungs-Rankings nach Abbildung 3-1 auf eine Spannbreite von nicht weniger als 47 Plätzen, vier von den ersten elf finden sich zwischen den Plätzen 13 und 23, nur drei unter den ersten zehn. Die ersten 20 Universitäten des CHE-Forschungs-Rankings streuen zwischen Platz eins und Platz 56 von insgesamt 64 Plätzen. Sieben davon liegen jenseits von Platz 34. Dasselbe gilt für die Rangfolge der Einwerbung von DFG-Bewilligungen. Die 15 bewilligungsstärksten Standorte der Jahre 1999 bis 2001 sind in der Rangfolge der Publikationen pro Professor zwischen den Plätzen eins und 56 verstreut (DFG 2003a: 166). Erst recht gehen die Spitzengruppen des DFG-Förder-Rankings und des CHE-Forschungs-Rankings in der Rangfolge der Publikationen eines Professors pro Mitarbeiter unter. Sie streuen von Rang neun bis Rang 64.

In Abbildung 3-1 ist auch zu sehen, dass absolutes und relatives Publikationsaufkommen ganz unterschiedlich verteilt sind. Dabei ist noch zu berücksichtigen, dass ein absolut hohes Publikationsaufkommen mit hohem Personalbestand korreliert ist, der wiederum eine größere Chance dafür bietet, dass ein Fachbereich wenigstens drei besonders publikationsstarke Mitglieder hat, die den Publikationswert nach oben treiben. Das heißt, dass hohe Werte pro Kopf diesem Umstand geschuldet sein können. Umgekehrt können aber auch große Fachbereiche durch eine Vielzahl inaktiver Forscher nach unten gezogen werden, ohne dass dies von der kleinen Zahl aktiver Forscher ausgeglichen werden kann. Dementsprechend sind hohe absolute Werte ganz oben wie auch ganz unten in der Abbildung zu erkennen. Ebenso sind niedrige absolute Werte ganz oben und ganz unten zu sehen, weil ein kleiner Fachbereich von nur einem aktiven Forscher nach oben gebracht werden kann, ein kleiner Fachbereich aber auch weniger Chancen auf die Rekrutierung von wenigstens einem aktiven Forscher hat. All das beweist wieder, dass Kennziffern für ganze Universitäten wie auch für Fachbereiche als Kollektive in hohem Maße nichts anderes wiedergeben als Größeneffekte, hinter denen die tatsächlichen Leistungen der einzelnen Forscher verschwinden.

Die Rangfolgen in Abb. 3-1 und Tabelle 3-4 sollen *nicht* als Wiedergabe einer »objektiven« Rangordnung verstanden werden, sondern allein als Korrektiv der im Anschluss an das DFG-Förder-Ranking und das CHE-Forschungs-Ranking verbreiteten Stratifikation nach absoluten, insbesondere Drittmittel in den Vordergrund stellenden Zahlen. Es geht nicht um die »objektive« Position einer Universität in einer imaginären Rangordnung, sondern um die Entmythologisierung der vom DFG-Förder-Ranking und vom CHE-Forschungs-Ranking in der Öffentlichkeit forciert verbreiteten Konstruktion einer Gruppe von »Spitzenuniversitäten« bzw. »Forschungsuniversitäten«, die real definitiv nicht existiert.

Fazit: Eine Untersuchung zum britischen Research Assessment Exercise ist zu dem Ergebnis gekommen, dass 80 Prozent der ermittelten Leistungsdifferenzen zwischen Fachbereichen durch Größeneffekte zu erklären sind (Johnes 1996). Sowohl das DFG-Förder-Ranking als auch das CHE-Forschungs-Ranking konstruieren Exzellenz dominant nach absoluten Größen, so dass relative Größen systematisch unterbelichtet bleiben. Ihre Veröffentlichung hat maßgeblich zur Konstruktion eines Mythos beigetragen, nach dem es in Deutschland schon eine Spitzengruppe von Forschungsuniversitäten gibt. Dieser Mythos wird durch die Realität nicht gedeckt. Es ist besonders brisant, dass die in der öffentlichen Meinung besonders einflussreichen Neuauflagen der beiden Rankings kurz vor der umstrittenen Sitzung des Bewilligungsausschusses für die Exzellenzförderung am 13. Oktober 2006 erschienen sind. Angesichts der Unsicherheit, in der sich die Mitglieder des Bewilligungsausschusses befanden, ist den beiden Rankings keine unerhebliche Rolle in der Unsicherheitsbewältigung zugekommen. Die Legitimität dieser Art von Realitätskonstruktion steht indessen auf sehr wackeligen Beinen. Da sich in absoluten Zahlen Großstandorte von mittleren und diese von kleinen Standorten abheben, entsteht ein verzerrtes Bild einer deutlichen Rangordnung nach Exzellenz. Sinnbildlich stellt das CHE-Forschungs-Ranking die Ampel auf Grün für die Spitzengruppe, auf Gelb für die mittlere Gruppe und auf Rot für die Schlussgruppe. Relative Zahlen pro Wissenschaftler ergeben jedoch ein viel differenzierteres Bild mit geringeren Unterschieden zwischen den Standorten und offenbaren sogar, dass Großstandorte ein erhebliches Maß der Überinvestition in absoluten Zahlen benötigen, um dieselbe relative Leistung pro Wissenschaftler wie mittlere und kleinere Standorte zu erbringen. Da Drittmittelgeber zwecks Legitimation ihrer Mittelverteilung nach außen die Rationalität ihrer Verfahren darstellen müssen, hat die Darstellung der Drittmittelverteilung nach absoluten Zahlen Vorrang. Sie erweckt den Eindruck, dass die Mittel nach deutlichen Leistungsunterschieden verteilt werden. Der Glaube an den Rationalitätsmythos drängt die geringeren Unterschiede in den relativen Zahlen und die Diskrepanz zwischen absoluten und relativen Zahlen in den Hintergrund, anderenfalls müsste offen bekundet werden, dass die Mittelverteilung nicht nur nach Exzellenz erfolgt, sondern in erheblichem Maße strukturellen Effekten und der strukturellen Machtverteilung im Feld geschuldet ist. Statt von Exzellenzzentren müsste dann von Machtzentren gesprochen werden, was viel weniger rational und legitim klingt. Das Förder-Ranking der DFG löst die Spannung zwischen dem Interesse an der Darstellung rationaler Exzellenzkonstruktion und der durchaus erkennbaren Abweichung davon dadurch, dass die rationale Seite durch absolute Zahlen in den Vordergrund gestellt wird, während die relativen Zahlen im Hintergrund platziert werden. Auch das CHE-Forschungs-Ranking praktiziert diese Spannungsauflösung. Seine Daseinsberechtigung hängt auch davon ab, dass man Exzellenz in Zahlen greifbar machen kann, auch wenn dabei in erheblichem Maß statistische Artefakte konstruiert werden müssen. Die deutlichen Abweichungen der relativen Zahlen vom Rationalitätsmythos bleiben weitgehend ohne Erklärung am Rande stehen. Die weniger rationale Praxis der Exzellenzkonstruktion wird durch diese Verdrängungsmechanismen von der öffentlichen Darstellung des Rationalitätsmythos entkoppelt.

Offensichtlich waren beide Rankings in erheblichem Maße an der Konstruktion eines Mythos beteiligt, durch den Machtstrukturen des akademischen Feldes maßgeblich gestützt werden, die auf die Beeinträchtigung und gerade nicht auf die Förderung der Innovationskraft und internationalen Wettbewerbsfähigkeit von Wissenschaft und Forschung in Deutschland hinauslaufen. Man erkennt daran, in welchem Maße die gesellschaftliche Entwicklung in der Mediengesellschaft von Realitätskonstruktionen bestimmt wird, deren Legitimität insofern infrage steht, als sie selbst wenig dem Wettbewerb ausgesetzt sind, also eine Monopolstellung innehaben, und keiner Evaluation unterworfen werden. Es zeigt sich hier ein Beispiel für die zunehmende Beherrschung der Gesellschaft durch die mediale Konstruktion der Realität durch Instanzen, die keine Verantwortung für die von ihnen erzeugten Wirkungen übernehmen müssen (vgl. Weingart 2005). Die Führungsspitzen der DFG und des Wissenschaftsrates, die in der Hand der dominanten Akteure im Feld sind, konnten mit Hilfe dieser Mythenbildung den Übergang zum neuen »Differenzierungsparadigma« legitimieren. Mediale Realitätskonstruktion und strategische Führung im akademischen Feld gingen hier offenbar Hand in Hand. So wurde es möglich, in der Öffentlichkeit den Aufbau von Monopolstrukturen als Prämierung und Konsolidierung von schon existenten Spitzenuniversitäten zu rechtfertigen. Bei näherer Prüfung erweist sich dieser Vorgang jedoch als ein Akt ohne Legitimität. Es ist hier zu erkennen, wie die öffentlich verbreitete Realitätskonstruktion von Forschungs-Rankings als ein Dispositiv der Macht wirkt, das als Legitimationsressource maßgeblich zur wachsenden Konzentration von Forschungsmitteln auf wenige Standorte beigetragen hat.

4. Exzellenzkonstruktion durch Internationalisierung: Forschung unter amerikanischer Hegemonie

Es ist sicherlich richtig, die Internationalisierung von Forschung zu fördern, das heißt die grenzüberschreitende Zusammenarbeit, Besuche im Ausland und Besuche aus dem Ausland, Publikationen, die international diffundieren und einen höheren internationalen *Impact*-Faktor erreichen. Dabei gilt es allerdings zu berücksichtigen, dass der internationale Wettbewerb unter ungleichen Ausgangsbedingungen stattfindet. In den Geistes- und Sozialwissenschaften bedeutet das auch, dass die zunehmende Internationalisierung die besonderen Leistungen spezifischer, in nationalen Kontexten gewachsener Fachkulturen auf einem Friedhof untergegangener Traditionen beerdigt und an deren Stelle den Monismus der angloamerikanischen Fachkultur setzt. In der Soziologie würde der Standardaufsatz in der *American Sociological Review* oder im *American Journal of Sociology* als einzige Repräsentation soziologischer Erkenntnis übrig bleiben (vgl. Münch 1986, 1991a, 1993). Die vollständige Internationalisierung wäre mit der unangefochtenen Hegemonie der amerikanischen Fachkultur, ihrer Denkansätze und ihrer methodologischen Vorgehensweisen gleichzusetzen. Damit würde aber das für die Evolution des Wissens verfügbare Potential an Ideen in einer Weise eingeschränkt, die eine immer größere Verarmung des Wissens programmiert. Das lässt sich am sehr ungleichen *impact* der führenden amerikanischen und europäischen Fachzeitschriften ablesen, der im Wesentlichen aus dem schon durch den riesigen amerikanischen Markt bedingten Provinzialismus amerikanischer Forscher resultiert. Nehmen wir die Soziologie als Beispiel, es ist zu vermuten, dass es in anderen Disziplinen ähnlich aussieht. Die beiden führenden amerikanischen Fachzeitschriften, die *American Sociological Review* und das *American Journal of Sociology*, erreichten z. B. im Jahr 2003 jeweils 5607 bzw. 4980 Zitationen, die *European Sociological Review* dagegen lediglich 160. Die englischsprachige europäische Fachzeitschrift bringt es demgemäß nur auf etwa drei Prozent des *impacts* der amerikanischen Zeitschriften. Das ist etwa das Niveau, das auch die beiden führenden deutschsprachigen Fachzeitschriften, die *Kölner Zeitschrift für Soziologie und Sozialpsychologie* (224) und die *Zeitschrift für Soziologie* (138) erzielen. In Europa stellen sich nur *Sociology* mit 900 Zitationen und das *British Journal of Sociology* mit 548 Zitationen etwas besser. Das sind jedoch auch nur zehn bis 18 Prozent des amerikanischen Niveaus. An der Liste der Zeitschriften wird außerdem die nahezu absolute Dominanz der englischsprachigen Soziologie und innerhalb dieser Sprache der amerikanischen Soziologie in den internationalen Datenbanken erkennbar. In der Liste der 93 erfassten Zeitschriften finden sich lediglich fünf deutschsprachige Zeitschriften. Von den insgesamt 44 792 Zitationen entfallen ganze 536, das heißt nicht mehr als 1,2 Prozent auf diese Zeitschriften. Der französischen Soziologie geht es noch schlechter. Sie ist mit zwei Zeitschriften und 241 Zitationen, das heißt mit nur 0,5 Prozent des Zitationsaufkommens, vertreten (ISI Journal Citation Reports 2004) (Tab. 4-1).

Diese Diskrepanz im *impact* zwischen den amerikanischen und den europäischen Fachzeitschriften hat nur begrenzt mit Qualitätsunterschieden zu tun. Man muss allerdings zugestehen, dass die amerikanische Soziologie wesentlich professioneller organisiert ist und nicht wie die deutsche Soziologie von oligarchischen Strukturen in ihrer Entfaltung behindert wird. Der Unterschied resultiert aber auch in erheblichem Maße daraus, dass amerikanische Soziologen europäische Zeitschriften nicht lesen, schon gar keine Publikationen, die nicht in englischer Sprache erscheinen. *Sociology* und das *British Journal of Sociology* profitieren dabei ein wenig, aber auch nur wenig von der traditionell bestehenden engeren Beziehung zwischen Großbritannien und den Vereinigten Staaten. Amerikanische Soziologen sind außerdem nahezu ausschließlich mit gesellschaftlichen Problemen ihres eigenen Landes befasst: Migration, Rassenfragen, Ethnizität, Gender, Jugend, Arbeit, Ungleichheit. Dazu finden sie zu 99 Prozent amerikanische Publikationen. Außerdem sind sie in ame-

Tab. 4-1: Zitationswerte und *impact* soziologischer Fachzeitschriften

Titel der Zeitschrift (Abkürzung)	Zitationen 2003	impact-Faktor	Titel der Zeitschrift (Abkürzung)	Zitationen 2003	impact-Faktor
ACTA SOCIOL	219	0,816	POPUL DEV REV	1151	1,642
AM J ECON SOCIOL	155	0,373	RACE CLASS	132	0,524
AM J SOCIOL	4980	2,333	RATION SOC	230	0,867
AM SOCIOL REV	5607	2,383	REV FR SOCIOL	143	0,068
ANN TOURISM RES	540	0,555	REV RELIG RES	189	0,268
ANNU REV SOCIOL	1651	3,205	RURAL SOCIOL	655	0,561
ARCH EUR SOCIOL	71	0,143	SOC ANIM	108	0,255
ARMED FORCES SOC	182	0,429	SOC BIOL	262	0,233
BERL J SOZIOL	38	0,103	SOC COMPASS	48	0,044
BRIT J SOCIOL	548	0,877	SOC FORCES	2003	1,057
BRIT J SOCIOL EDUC	270	0,657	SOC INDIC RES	515	0,398
CAN J SOCIOL	104	0,404	SOC NATUR RESOUR	470	0,842
CAN REV SOC ANTHROP	171	0,333	SOC NETWORKS	394	0,611
CHINESE SOC ANTHROP	8	0,025	SOC PROBL	1172	0,500
COMP STUD SOC HIST	363	0,306	SOCIETY	101	0,098
CONTEMP SOCIOL	118	0,214	SOCIOL CAS	15	0,063
CONTRIB INDIAN SOC	25	0,038	SOCIOL EDUC	728	1,048
DEVIANT BEHAV	251	0,535	SOCIOL FORSKNIN	17	0,167

Titel der Zeitschrift (Abkürzung)	Zitationen 2003	impact-Faktor	Titel der Zeitschrift (Abkürzung)	Zitationen 2003	impact-Faktor
DISCOURSE SOC	331	0,677	SOCIOL FORUM	239	0,233
DRUS ISTRAZ	35	0,065	SOCIOL HEALTH ILL	1210	1,761
ECON SOC	702	1,684	SOCIOL INQ	251	0,200
ETHNIC RACIAL STUD	469	0,712	SOCIOL METHOD RES	657	1,229
EUR SOCIOL REV	160	0,596	SOCIOL METHODOL	504	0,840
GENDER SOC	624	0,519	SOCIOL PERSPECT	282	0,425
HUM ECOL	399	0,829	SOCIOL QUART	621	0,397
HUM STUD	104	0,128	SOCIOL RELIG	132	0,348
INT J INTERCULT REL	424	0,437	SOCIOL RES ONLINE	112	0,264
INT J SOCIOL LAW	71	0,103	SOCIOL REV	451	0,782
INT SOCIOL	130	0,196	SOCIOL RURALIS	367	1,468
J CONTEMP ETHNOGR	207	0,346	SOCIOL SPECTRUM	110	0,325
J HIST SEXUALITY	64	0,125	SOCIOL SPORT J	330	0,615
J HIST SOCIOL	97	0,306	SOCIOL THEOR	289	1,132
J LAW SOC	122	0,352	SOCIOL THEOR METHOD	1	0,033
J LEISURE RES	508	0,636	SOCIOL TRAV	98	0,255
J MARRIAGE FAM	3705	1,430	SOCIOLOGIA	57	0,115
J MATH SOCIOL	222	0,433	SOCIOLOGY	900	1,376
J POLIT MIL SOCIOL	55	0,200	SOTSIOL ISSLED+	223	0,184

Titel der Zeitschrift (Abkürzung)	Zitationen 2003	impact-Faktor	Titel der Zeitschrift (Abkürzung)	Zitationen 2003	impact-Faktor
J SCI STUD RELIG	700	0,537	SOZ WELT	79	0,209
J SOCIOL	42	0,256	STUD SYMB INTERACT	68	0,068
KOLNER Z SOZIOL SOZ	224	0,576	SYMB INTERACT	379	0,625
LANG SOC	390	0,583	TEACH SOCIOL	51	0,043
LANG SPEECH	480	0,419	THEOR SOC	396	0,977
LAW SOC REV	941	0,833	WORK EMPLOY SOC	372	0,733
LEISURE SCI	353	0,707	WORK OCCU-PATION	362	0,909
LOISIR SOC-SOC LEIS	60	0,100	YOUTH SOC	288	0,476
MEDIA CULT SOC	241	0,347	Z SOZIOL	138	0,542
POLIT SOC	331	1,389			

Quelle: ISI Journal Citation Reports 2004.

rikanische Netzwerke des Informationsaustauschs und der Kooperation eingespannt. Kooperationen über die amerikanischen Grenzen hinaus sind äußerst selten und bleiben sporadischer Natur. Zusammen mit der Tatsache, dass amerikanische Soziologen die bei weitem größte nationale Gruppe an Soziologen stellen – die American Sociological Association hat 14 000 Mitglieder –, führt diese Konzentration von amerikanischer Soziologie auf amerikanische Soziologie zu exorbitant höheren Zitationswerten der amerikanischen Fachzeitschriften. Diese werden noch zusätzlich durch das Zitierverhalten der europäischen Soziologen erhöht. Im Unterschied zum Desinteresse der amerikanischen Soziologen an den gesellschaftlichen Gegebenheiten Europas und ihrer soziologischen Analyse, interessieren sich europäische Soziologen weit mehr für die amerikanische Gesellschaft und ihre soziologische Analyse, und dies auch noch deutlich mehr als für ihre europäischen Nachbarländer und ihre Soziologie. So kommt es, dass europäische Soziologen neben der Soziologie ihres eigenen Landes vorwiegend amerikanische Soziologie, aber wenig europäische Soziologie zitieren.

Dass die *European Sociological Review* nicht über das Zitationsniveau der deutschen Fachzeitschriften hinauskommt, beweist den noch sehr geringen Verflechtungsgrad der europäischen Soziologie. Nur wenn sich eine ähnliche Verflechtung der europäischen Soziologie wie in den USA herausbildete, würde die *European Sociological Review* – falls sie sich als zentrales Publikationsorgan durchsetzte – dem Zitationsniveau der amerikanischen Fachzeitschriften deutlich näher rücken. Das hieße aber auch eine komplette englischsprachige und auch fachkulturelle Vereinheitlichung der europäischen Soziologie. Und es spricht alles dafür, dass diese Homogenisierung im Kielwasser der amerikanischen Fachzeitschriften vonstatten ginge. Es wäre das Ende von fachkulturellem Pluralismus und die komplette Durchsetzung der amerikanischen Fachkultur auf dem europäischen Kontinent. Die Folge wäre ein enormer Verlust an Potential von Ideen, Forschungsansätzen und methodischen Verfahren zum Nachteil für die offene Evolution der Soziologie. Sie würde in die Sackgasse des fachkulturellen Monismus mit einer erheblichen Verarmung des Wissens führen. Dieselben Konsequenzen hätte die komplette Orientierung europäischer Soziologen am amerikanischen Publikationsmarkt, indem sie gezielt Publikationen in amerikanischen Fachzeitschriften zwecks

Erreichen eines hohen *Impact*-Faktors suchen. Sie können dort nur reüssieren, wenn sie sich von den Eigenarten europäischer Fachkulturen verabschieden, sich ganz die amerikanische Fachkultur aneignen und mit amerikanischen Soziologen Ko-Autorenschaften praktizieren. Um dauerhaft erfolgreich zu sein, müssen sie fester Bestandteil amerikanischer Netzwerke werden und am besten die Beziehungen nach Europa abbrechen, damit sie sich ganz auf die dortigen Fragen und Analyseansätze einlassen und zudem ihr empirisch nachgewiesenes Handicap der fehlenden englischen Muttersprache bei der Begutachtung eingereichter Aufsätze überwinden können (Herrera 1999). Auch diese Strategie endet in der uneingeschränkten Hegemonie der amerikanischen Soziologie.

Wer international Einfluss auf die Forschungsentwicklung ausüben möchte, muss sich an vorhandene Netzwerke in internationalisierten Forschungsfeldern anschließen, von denen es nur eine begrenzte Zahl gibt. Forschung, die sich nicht in solche etablierten Netzwerke einfügt, hat Schwierigkeiten, überhaupt wahrgenommen zu werden. Nur in ganz seltenen Fällen kann es gelingen, ein neues internationales Netzwerk aufzubauen. Das verlangt außerordentlich umfangreiche Investitionen in Beziehungspflege mit gemeinsamen Konferenzen, Forschungs- und Publikationsprojekten. Mindestens die Hälfte von Zeit und Energie muss in solche Managementtätigkeiten investiert werden. Die internationalisierte Wissenschaft wird wie andere Funktionsbereiche auch von globalen Mikrostrukturen kleiner und enger Beziehungsnetze getragen (Knorr Cetina und Brügger 2005). Die Netzwerke werden in der Regel von einer Kerngruppe eng zusammenarbeitender Forscher geprägt, die kaum über die Zahl von fünf bis zehn hinausreicht. In kleineren Forschungsfeldern kann das schon den größeren Teil des internationalen Netzwerks ausmachen. In größeren Forschungsfeldern gruppiert sich um den Kern ein Forschungsfeld, das an den im Kern durchgeführten Forschungsarbeiten orientiert ist. Innerhalb eines solchen mehr oder weniger weit reichenden Netzwerks können die Mitglieder durch die regelmäßige Mitwirkung an Konferenzen, Workshops und Publikationsprojekten erreichen, dass ihre Beiträge wahrgenommen und zitiert werden, und zwar umso mehr, je mehr es ihnen gelingt, sich im inneren Kern des Netzwerks zu platzieren. Durch den regelmäßigen Kontakt mit nur einer begrenzten Zahl von fünf bis zehn Kollegen kann ein hohes Maß der internationalen Sichtbarkeit mit hohem *impact* auf die Entwicklung in einem Forschungsgebiet erreicht werden.

In aller Regel ist es eine kleine Gruppe von regelmäßig zusammenarbeitenden Forschern, die für Internationalität in einem Forschungsfeld steht. Die Entwicklung solcher Forschungsfelder wird zusätzlich durch die politische Nachfrage nach praktisch verwertbarer Forschung unterstützt. In Europa haben die Forschungsrahmenprogramme der Europäischen Union in dieser Hinsicht zunehmend Bedeutung erlangt. Sie treiben die Organisation von Forschung in internationalen Netzwerken voran und sorgen zugleich für die Orientierung dieser Netzwerke an praktischer Relevanz. Die EU forciert auf diese Weise in erheblichem Maße die Entwicklung europäischer Forschungsnetzwerke. In den Sozialwissenschaften sind dadurch Beschäftigungs- und Sozialpolitik, Bildung und soziale Ungleichheit, Migration und europäische Integration zu dominanten Forschungsfeldern geworden, die andere Forschungsfragen und die damit beschäftigten Forscher an den Rand drängen. Es ergibt sich dadurch eine Engführung der Wissensevolution auf dominante

Forschungsfelder mit engem Praxisbezug. Durch ihren hohen Organisationsgrad werden die Forschungsfelder einem hohen Maß der Standardisierung unterworfen. Es bilden sich internationale Konsortien, die riesige Datenmengen in industrieller Fließbandarbeit produzieren und auswerten, bei der das erkennende Subjekt vollkommen austauschbar wird und hinter den industriell gefertigten, standardisierten Massenprodukten verschwindet. Das ist die aktuelle Form der Entfremdung in der global vernetzten Wissensgesellschaft. Die Forscher können immer nur kleine Mosaiksteinchen zum Feld beitragen und sehen sich zu enger Spezialisierung auf die wiederholte Untersuchung kleinster Nuancen gezwungen, um sich in dem eng besetzten Feld behaupten zu können. Da in den Sozialwissenschaften anders als in den Naturwissenschaften mit einer solchen Spezialisierung keine fassbaren Erkenntnisfortschritte erzielt werden, tritt die Forschung auf Jahre hinaus auf der Stelle, um immer wieder dieselben Ergebnisse in unterschiedlichen Varianten hervorzubringen. Gegenwärtig ist dieser Trend in der im Anschluss an die PISA-Studie boomenden Bildungsforschung zu beobachten, die in regelmäßiger Wiederholung die Benachteiligung ausländischer Schüler insbesondere im deutschen Schulsystem nachweist.

Was durch die Organisation der Forschung in internationalen Netzwerken auf der Strecke bleibt, ist klassisches Gelehrtentum, weil es sich der Vereinnahmung durch die Kollektivzwänge solcher Netzwerke per se widersetzt und der Einbettung in eine kulturelle Tradition bedarf, um sich entfalten zu können. Die im Zuge der Internationalisierung forcierte Organisation von Forschung in Netzwerken belässt dieser klassischen Art des Forschens immer weniger Platz, zumal es für die organisierten Netzwerke keinen unmittelbaren Nutzen abwirft. Die Folge dieser Entwicklung ist die absolute Herrschaft der Normalwissenschaft, die den einzelnen Forscher und die Forscherin zu kleinen Spezialisten in einem Kollektiv macht. Vielfalt und Kreativität als Quelle wissenschaftlicher Innovationen haben in diesem System wenig Entfaltungsspielraum. Es droht dadurch die Erstarrung der Sozialwissenschaften im Abarbeiten kleinster Forschungsfragen, ohne dass irgendein Fortschritt erkennbar wäre. Was in den Naturwissenschaften für Kontinuität bei stetigem Erkenntnisfortschritt sorgt, führt in den Sozialwissenschaften dazu, dass die Forschung in endlosen Wiederholungen immer wieder dasselbe zutage fördert. Eine Überprüfung der Verteilung des Zitationsaufkommens macht ganz deutlich, dass Autoren weitaus höhere Zitationsraten erzielen, wenn sie sich auf ein enges, international gut vernetztes Forschungsfeld spezialisieren und die Gelegenheit nutzen, mit mehreren Ko-Autoren erstens in kürzerer Zeit eine größere Zahl von Aufsätzen in internationalen, am besten amerikanischen Fachzeitschriften zu veröffentlichen, und zweitens auch am persönlichen Netzwerk der Ko-Autoren zu partizipieren. Dagegen wird eine dem klassischen Gelehrtentyp folgende selbstständige Kompetenz ohne Ko-Autoren in theoretischen Grundlagen und in einem breiteren Feld der Fragen von größerer Kulturbedeutung zwar allgemein geachtet, aber nicht durch ein ähnlich hohes Zitationsaufkommen belohnt wie das auf Ko-Autorenschaften und Spezialisierung ausgerichtete Publizieren in festen Netzwerken. Überlassen wir Berufungsverfahren nur noch Google Scholar oder dem Social Science Citation Index (SSCI), dann wird die akademische Welt in absehbarer Zeit nur noch von Spezialisten beherrscht, die ohne theoretische Grundlagen zu den Fragen von allgemeiner Bedeutung für die Kultur nichts mehr sagen können. Die Spezialisten sind gezwungen, das innerhalb ihres Netzwerks erworbene symbolische Kapital durch weitere Forschung in diesem eng begrenzten Feld zu vermehren. Es lässt sich nicht in ein anderes Feld übertragen. In den Sozialwissenschaften führt die Dominanz dieser Art der Spezialisierung zu sinkender Innovations-, Deutungs- und Erklärungskraft. Eine Kennziffernsteuerung der Forschung, die allein auf Zitationsraten setzt, bestraft riskante Investitionen von Nachwuchswissenschaftlern in feldübergreifendes autonomes Forschen und zerstört deshalb auf lange Sicht die Innovations-, Deutungs- und Erklärungskraft der Sozialwissenschaften. Man sieht daran, was die globale, alle gesellschaftlichen Funktionsbereiche durchdringende Verbreitung von *new public management*, also der Steuerung von Globalhaushalten, Funktionsbereichen und Organisationen mit Budgetierung und Kennziffern, in der Wissenschaft anrichtet. Die offene Suche nach Erkenntnis wird durch das stupide Erfüllen von Kennziffern ersetzt.

Es ist deutlich zu sehen, dass in den von der EU geförderten europäischen Netzwerken der Sozialwissenschaften Forscher aus Großbritannien, Skandinavien und den Niederlanden dominieren. Das liegt an der englischen Sprache als Kommunikationsmedium des internationalen Wissenschaftsbetriebes, an der traditionell intensiv gepflegten Außenorientierung der kleinen europäischen Länder und an dem von Haus aus engen Praxisbezug der Sozialwissenschaften in allen diesen Ländern. Deutschland und Frankreich tun sich besonders schwer, in den europäischen Netzwerken Fuß zu fassen, weil sie über einen relativ selbstgenügsamen eigenen Diskurs in ihrer eigenen Sprache verfügen und weit weniger praxisbezogen forschen, vielmehr ihren eigenen Forschungsfragen in einer relativ praxisfernen akademischen Welt nachgehen. Die Europäisierung der Sozialwissenschaften macht diese akademischen Traditionen zu Provinzveranstaltungen ohne internationalen Anschluss. Die Sozialwissenschaften in Deutschland und Frankreich werden nur dann eine Rolle in den europäischen Netzwerken spielen können, wenn sie sich von ihren eigenen akademischen Traditionen lösen und sich den im europäischen Feld dominierenden Forschungsfragen zuwenden. Sie werden dann allerdings etwas tun müssen, was die anderen Wissenschaftsnationen traditionell besser können, während sie das aufgeben, was sie selbst besser beherrschen. Die schwierige Aufgabe ist es deshalb, wenigstens einen Hauch der eigenen akademischen Traditionen in die europäischen Netzwerke einzubringen. Nur so haben deutsche und französische Traditionen der Gesellschaftstheorie eine Überlebenschance im Kontext der Europäisierung der Sozialwissenschaften.

In der Physik ist klar zu erkennen, dass der Weg deutscher Wissenschaftler zu internationalen Erfolgen über die Inklusion in amerikanische Netzwerke durch Übersiedlung, zumindest für eine längere Zeit ihrer Karriere, in die USA führt. Die *Süddeutsche Zeitung* berichtet anlässlich der Verleihung des Physik-Nobelpreises an den an der LMU und am Max-Planck-Institut für Quantenoptik in Garching forschenden Physiker Theodor Hänsch (2005 zusammen mit den Amerikanern Roy Glauber und John Hall):

»Hänsch, der 1986 nach einem 16-jährigen Aufenthalt an der kalifornischen Stanford-Universität nach Deutschland zurückkehrte und an der Münchner Universität den Lehrstuhl für Experimentalphysik und Laserspektroskopie innehat, ist nach 16 Jahren der erste deutsche Physik-Nobelpreisträger, der auch in seinem Land forscht. 1989 hatte Wolfgang Paul von der Universität Bonn den Preis erhalten. In den vergangenen Jahren waren zwar mehrere Deutsche ausgezeichnet worden, zuletzt im Jahr 2001 der Münchner Physiker Wolfgang Ketterle. Sie alle hatten ihre Ausbildung in Deutschland erhalten, forschten aber inzwischen in den Vereinigten Staaten.« (Rubner 2005)

Man muss hinzufügen, dass auch für den Physiker Hänsch die 16 Jahre in den USA entscheidend die Chancen auf die Auszeichnung mit dem Nobelpreis erhöht haben.

Zitationsanalysen haben für die Naturwissenschaften mehrfach gezeigt, dass in allen Ländern ein überproportionaler Anteil von Publikationen aus dem eigenen Land und der eigenen Sprache zitiert wird. Je nach Maß ist dieser Anteil in den USA höher als zumindest in den größeren Ländern Westeuropas. Eine frühe Studie von Deutsch (1954) weist einen bei weitem höheren Selbstzitationswert in den USA als in allen anderen 15 einbezogenen Ländern nach (0,626 gegenüber z. B. 0,134 in Deutschland). Das ist natürlich allein schon der Gelegenheitsstruktur der bei weitem größeren Textmenge geschuldet, aus der in den USA zitiert werden kann. Deshalb haben neuere Untersuchungen von Frame und Narin (1988) und von Bookstein und Yitzahki (1999) diesen Größeneffekt herausgerechnet. Frame und Narin kommen dadurch auf einen höheren Wert bei den anderen Ländern als bei den USA, Bookstein und Yitzahki immer noch auf einen höheren Wert der USA im Vergleich zu großen Ländern, aber nicht im Vergleich zu kleinen Ländern. Durch dieses Herausrechnen des Größeneffekts soll allein das Ausmaß ethnozentrischer Selbstzitation innerhalb von Ländern erfasst werden. Für die Beantwortung der Frage nach der hegemonialen Position der amerikanischen Wissenschaft ist das jedoch irrelevant. Es kommt allein auf das faktisch gegebene Maß der Selbstzitation unabhängig von den Ursachen an. Diese hegemoniale Position wurde schon in der frühen Studie von Deutsch klar bewiesen. Was die Zitationsanalysen darüber hinaus zeigen, ist eine wesentlich dichtere inneramerikanische Zitationsver-flechtung als sie zwischen den Ländern Westeuropas zu be-obachten ist (0,626 vs. 0,423 bei Deutsch, 1,71 vs. 1,28 bei Frame und Narin, 2,90 vs. 1,49 bei Bookstein und Yitzahki). Das ist eine wesentliche Ursache für die hegemoniale Stel-lung der USA. Außerdem wurde ermittelt, dass der prozen-tuale Anteil internationaler Ko-Autorenschaften in den USA neben Japan und Indien am niedrigsten ist (14,6 Prozent vs. 28,8 Prozent z. B. in Deutschland), der prozentuale Anteil nationaler Ko-Autorenschaften neben Japan und Italien da-gegen besonders hoch ausgeprägt ist (Moed 2005: 298). Die hegemoniale Stellung der USA wird noch im Sinne einer *self-fulfilling prophecy* (Merton 1949/1968b) dadurch verstärkt, dass der Science Citation Index (SCI) englischsprachige Li-teratur überrepräsentiert (Luwel 1999; Zitt, Ramanana und Bassecoulard 2003; King 2004). Diese hegemoniale Struktur beinhaltet auch höhere Zutrittsbarrieren für Wissenschaft-ler ohne englische Muttersprache, selbst dann wenn sie in Eng-lisch publizieren (Herrera 1999).

Im Vergleich der Disziplinen dürfte die Soziologie eine Zwischenstellung zwischen der vollständigen, amerikanisch dominierten Internationalisierung und der kompletten Vor-herrschaft nationaler Netzwerke und Fachkulturen einneh-men. Die Geschichtswissenschaft wird noch lange vor allem mit der Geschichte des jeweils eigenen Landes, wenn auch zunehmend im europäischen und globalisierten Kontext be-schäftigt sein. Das gibt der von Muttersprachlern in der jewei-ligen Landessprache verfassten Geschichtsschreibung einen natürlichen Vorrang, wenn auch die schon bestehende eng-lischsprachige Internationalisierung weiter voranschreiten wird. Es ist aber eher unwahrscheinlich, dass die französische Geschichtsschreibung zur Französischen Revolution eines

Tages vollständig internationalisiert und dabei amerikanisch dominiert sein wird. Dasselbe gilt für die Sprach- und Literaturwissenschaften.

Die Prämierung internationalisierter Forschung ist in den Geistes- und Sozialwissenschaften also ein zweischneidiges Schwert. Einerseits fördert sie die internationale Verflechtung und damit die Diffusion sehr unterschiedlicher Ideen, Forschungsansätze und methodischer Vorgehensweisen und erhöht damit das global verfügbare Kreativitätspotential. Andererseits erfolgt die Selektion der sich durchsetzenden Ideen, Forschungsansätze und methodischen Vorgehensweisen in einem Machtfeld, das stark von amerikanischen Netzwerken und Publikationsorganen beherrscht wird. Dementsprechend forciert die besondere Prämierung von Internationalisierung in den Geistes- und Sozialwissenschaften tendenziell die Verengung der Forschung auf ein dominantes Muster von Ideen, Forschungsansätzen und methodischen Vorgehensweisen. Sie hat in Bezug auf die Erhaltung eines breiteren Kreativitätspotentials einen kontraproduktiven Effekt. Bei aller Universalität dürfte selbst die naturwissenschaftliche Forschung nicht ganz frei von solchen kreativitätsmindernden Effekten der Herausbildung hegemonialer Strukturen im internationalisierten Wissenschaftssystem sein.

In den meisten Disziplinen haben bestimmte amerikanische Fachzeitschriften international eine Monopolstellung. Das impliziert Ablehnungsquoten bis zu 98 Prozent der eingereichten Manuskripte. Gutachter befinden sich dann immer auf der sicheren Seite, wenn sie Manuskripte ablehnen, zumal in jedem Manuskript aus Sicht eines Gutachters Defizite gefunden werden können. Es mag z. B. nur darum gehen, dass ein Gutachter gerne etwas anderes untersucht haben möchte als das, was im Text untersucht wurde. Wenn

Fachzeitschriften drei oder sogar vier Gutachten einholen, kommen mit größter Wahrscheinlichkeit genug Ablehnungsgründe zusammen. Befürwortet ein Gutachter die Publikation eines Manuskripts, dann läuft er bei diesem Verfahren größte Gefahr, sich gegenüber den Herausgebern als inkompetent darzustellen, weil ihm offensichtlich zahlreiche Mängel des Textes nicht aufgefallen sind. Für die Ablehnung von Manuskripten gibt es ein Standardrepertoire von Gründen, die im typischen, ganz besonders in den USA entwickelten *review*-Verfahren Anwendung finden. Sehen wir einmal von der zu großen Länge ab, dann würde ein Text wie Max Webers (1920/1972) Abhandlung über die protestantische Ethik und den Geist des Kapitalismus in einem typischen amerikanischen *review*-Verfahren mit folgender typischer, weitgehend ritualisierter Begründung abgelehnt: »Der Text wirft ein zu weites Netz aus. Beinahe jedes seiner unterschiedlichen Themen könnte zu einem separaten Aufsatz gemacht werden. Dadurch mangelt es dem Text an argumentativer Stringenz und Kohärenz. Es werden Begriffe ohne genaue Definition verwendet, weitreichende Behauptungen ohne Beweis aufgestellt. Die empirische Evidenz ist dünn. Man erfährt nichts über die Zahl, Repräsentativität und Auswertung von Quellen. Dem Artikel mangelt es an methodischer Exaktheit, der Forschungsstand ist nicht ausreichend rezipiert. Es wird nicht genügend berücksichtigt, was von Meyer und Müller schon erforscht und gesagt worden ist. Obwohl der Text ein interessantes Thema behandelt, ist er nicht genug ausgereift, um publiziert werden zu können.« Die Herausgeber bedanken sich für das Interesse an der Zeitschrift und wünschen dem Autor viel Erfolg in der weiteren Forschung zu seinem wichtigen Thema. Ganz gewiss werden die Autoren durch das Begutachtungsverfahren gezwungen, ihre Gedanken klar zu fassen, präzise zu argumentieren und genau zu zeigen, was sie dem vorhandenen Forschungsstand an neuer Erkenntnis hinzufügen. Ohne ein solches Verfahren würde sich die Wissenschaft im Kreise drehen und im Chaos versinken. Auch den Schriften Max Webers hätte mehr Zwang zur Präzisierung gut getan. Trotzdem gibt es auch die Schattenseite dieses Verfahrens. Es ist der normalisierende Effekt, der den Wissenschaftler zum kleinen Rätsellöser macht und die nicht standardisierbare Kreativität im Zaum hält, so dass kühne Ideen zur Mangelware werden. Unter solchen Bedingungen haben insbesondere solche Artikel eine Chance, die Höllenfahrt der Begutachtung zu überstehen, die eine winzig kleine Frage in standardmäßiger Form mit genauen Beweisen für die aufgestellte These beantworten. Außerdem müssen sie das Glück haben – das beinahe einem Lottogewinn gleichkommt –, dass zufälligerweise drei oder gar vier Gutachter sehr nahe an dem Gegenstand dran sind, ähnlich denken wie der Autor und daran interessiert sind, dass der Artikel publiziert wird, z. B. weil sie selbst genug zitiert sind und mit dem Autor das Interesse an der Promotion eines Themas und eines Forschungsansatzes teilen. In den Vereinigten Staaten lernt der Nachwuchswissenschaftler sehr früh die Regeln dieses Systems kennen und trainiert sich das entsprechende Know-how an. Er wird systematisch darauf eingestellt, sich so einzuschränken, dass ihm keine Fehler nachzuweisen sind. Durch Ko-Autorenschaften mit einem, zwei oder noch mehr Mitstreitern wird das Risiko des Scheiterns noch weiter minimiert. Einzelne Mitautoren können sich dann allein auf die Rolle des Aufdeckens möglicher Einwände konzentrieren. Es entsteht eine Publikationspraxis mit mehrfacher Absicherung gegen Risiken des Scheiterns. Die Überschreitung von Grenzen des etablierten

Wissens ist so nur schwer möglich. Es ist etwa so, wie wenn man den Feldberg im Schwarzwald mit einer großen Expedition, mit Seil und Sauerstoffgerät besteigen würde, während Reinhold Messner ganz allein und ohne Sauerstoffgerät den Mount Everest im Himalaya-Gebirge bezwungen hat.

In den international dominanten Fachzeitschriften erscheinen ganz überwiegend Produkte, die von zwei, drei, vier und noch mehr Autoren verfasst wurden bzw. aus einem entsprechenden Autorenpool hervorgegangen sind. Dabei ist oft nicht klar, welcher Autor wie stark an dem Text mitgearbeitet hat. Als Mitglied einer solchen Autorengemeinschaft sichern sich die einzelnen Wissenschaftler mehrfache Publikationschancen, die sie als einzelne Autoren nicht erreichen können. Wissenschaftliches Publizieren wird dadurch zu einem von einem Forschungsnetzwerk gepflegten Kollektivgut, bei dem die individuelle Handschrift nahezu völlig verschwindet. Die Mitglieder dieser Netzwerke werden zu Fließbandarbeitern, die über spezialisiertes Know-how verfügen, aber nicht mehr als Gelehrte im klassischen Sinn gelten können. In diesem System der Normalwissenschaft ist für klassisches Gelehrtentum kein Platz.

Regelmäßige Publikationserfolge in hochrangigen Fachzeitschriften lassen sich in der Regel nur unter folgenden Bedingungen erzielen: Der Wissenschaftler wird Mitglied in einem Netzwerk, das die internationale Szene in einem bestimmten Forschungsgebiet beherrscht, regelmäßig in den zentralen Fachzeitschriften publiziert und eingereichte Manuskripte für diese Zeitschriften begutachtet. Der Zusammenhalt dieses Netzwerks wird durch regelmäßige Konferenzen und gemeinsame Publikationen in Sammelbänden gewährleistet. Die Mitgliedschaft in einem solchen Netzwerk reduziert für die beteiligten Wissenschaftler Unsicherheit.

Das Netzwerk definiert kollektiv die relevanten Forschungsfragen, Forschungsansätze und Methoden. Dadurch weiß der
Wissenschaftler, was gefragt ist und welche Ansätze und methodischen Verfahren als legitim gelten, und stellt sich darauf
ein. Forschungsnetzwerke üben für längere Zeit eine normalisierende und standardisierende Funktion aus. Was aus dem
Rahmen fällt, hat keine Chance, hochrangig publiziert zu
werden und Beachtung zu finden. Dagegen ist dem standardisierten Produkt des Normalwissenschaftlers ein Minimum
an Aufmerksamkeit sicher. Innovationen haben es in diesem
Netz der Normalwissenschaft schwer. Sie sind in der Regel
auf Generationenwechsel angewiesen (Kuhn 1967). Da der
Erfolg von Forschungsansätzen in den Geistes- und Sozialwissenschaften in der Regel nicht wirklich durch ihre fakti-
sche Erklärungskraft nachzuweisen ist, dienen die Forschungsnetzwerke in diesen Disziplinen in besonderem Maße der
sozialen Konstruktion von legitimer Erkenntnis. Der von
neuen Forschergenerationen ausgehende Paradigmenwandel
ist dann in der Regel nicht mehr als ein Wechsel der Denkweise und der Blickrichtung, der dazu beiträgt, die Welt in einer
spezifischen Weise wahrzunehmen und zu begreifen, um von
der folgenden Generation wieder durch eine andere Sicht-
weise abgelöst zu werden. Dabei kommen immer wieder auch
ältere Perspektiven auf die Realität zum Zuge, so dass sich
eher eine Kreislaufbewegung als eine Fortschrittsbewegung
ergibt. Was in diesem System der Normalwissenschaft wenig
Chancen hat, ist die Forschung von Solitärs. In aller Regel
findet sie keinen Anschluss, damit keine Beachtung, kein Verständnis und keinen Weg zur Publikation in den von der
Normalwissenschaft dominierten Fachzeitschriften. Nur in
ganz seltenen Ausnahmefällen können Solitärs durch besondere Umstände außergewöhnliche Erfolge erzielen.

Die Untersuchung von weitreichenderen und tiefgreifenderen Zusammenhängen wird im System der Normalwissenschaft systematisch verdrängt, weil sie sich zwangsläufig den Einwand einhandelt, mit »Hypothesen« zu arbeiten, deren Geltung nicht vollständig durch aufwändige empirische Testverfahren nachgewiesen worden ist. Dabei werden auch für die theoretisch plausibelsten Annahmen empirische Evidenzen verlangt. Dieses *review*-Verfahren fördert die standardisierte Forschung zu trivialen Fragen und sortiert Arbeiten mit kühneren Annahmen aus. Die Forschung bewegt sich deshalb so weit von den großen Problemen der Gesellschaft weg, dass sie dazu nichts mehr zu sagen hat. In der Volkswirtschaftslehre hat die geschilderte Standardisierung der Veröffentlichungspraxis dazu geführt, dass die modelltheoretische Exaktheit mit der vollständigen Trennung von der wirtschaftspolitischen Praxis erkauft wurde. Paradoxerweise ist es den Ökonomen auf diese Weise jedoch gelungen, in der politischen Beratung und in der öffentlichen Debatte als Experten mit der Weihe unangreifbaren höheren Wissens auftreten zu können. Dabei wird die Kluft zwischen Theorie und Praxis durch Ideologie und gerade nicht durch wissenschaftliches Wissen überbrückt. Ob post-keynesianische neoliberale Positionen oder post-neoliberale neo-keynesianische Positionen, ob in Entwicklungsfragen der neoliberale Washington-Konsens oder der nicht mehr so neoliberale Post-Washington-Konsens vertreten wird, ist nicht Ergebnis höherer wissenschaftlicher Erkenntnis, sondern Ergebnis der Durchsetzung ideologisch geprägter Diskursfraktionen im Feld der Wirtschafts- und Entwicklungspolitik. Wenn sich Nobelpreisträger wie Joseph Stiglitz (2002) zum Anwalt der Überwindung des neoliberalen Washington-Konsens des Internationalen Währungsfonds (IWF) und der Weltbank machen und mehr Aufmerksamkeit für die gesellschaftliche Einbettung entwicklungspolitischer Maßnahmen einfordern, dann ist dieses Plädoyer nicht aus seinen nobelpreisgekrönten wissenschaftlichen Publikationen abgeleitet, sondern maßgeblich aus der insbesondere von Nichtregierungsorganisationen erfolgreich forcierten öffentlichen Thematisierung der verheerenden Folgen der neoliberalen Entwicklungspolitik hervorgegangen (Vetterlein 2005).

Es hatte seine Richtigkeit, dass Paul Feyerabend (1976) in einer Zeit der breiten Aufmerksamkeit für wissenschaftstheoretische Debatten in den 1960er und 1970er Jahren das Lob des theoretischen und methodologischen Pluralismus als unverzichtbare Quelle der offenen Evolution des wissenschaftlichen Wissens gesungen hat. Für die Forschungsförderung heißt das, dass nationaler Wettbewerb weiterhin eine unverzichtbare Voraussetzung für die Erhaltung eines größeren Kreativitätspotentials ist. Der europäische und darüber hinaus der globale Wettbewerb benötigen starke nationale Wettbewerbssysteme, um einer größeren Vielfalt von Ideen, Forschungsansätzen und methodischen Vorgehensweisen die Chance der europäischen und globalen Diffusion zu geben. Nur auf dieser Grundlage ist gewährleistet, dass sich auf europäischer und globaler Ebene keine monokulturelle Hegemonie als Sackgasse der Evolution des Wissens herausbildet. Es ist demgemäß richtig, europäische Netzwerke zu fördern, wie dies im Rahmen der EU-Forschungspolitik geschieht, weil dadurch die Chancen für die grenzüberschreitende Diffusion neuer Ideen erhöht werden und auch der amerikanischen Hegemonie im globalen Wissenschaftssystem mit ausreichender Kraft entgegengewirkt werden kann. Falsch ist es jedoch, dafür im Gegenzug auf nationaler Ebene die Konkurrenz durch überzogene Konzentrationsprozesse und die Schaffung überdimensionaler Einheiten, das heißt durch die Bildung von Forschungsmonopolen, einzudämmen. Es versiegen dann die Quellen der Innovation. Ebenso ist es richtig, über Europa hinausgehende, insbesondere nach den Vereinigten Staaten strebende Forschungsnetzwerke zu fördern, weil dadurch im globalen Wissenschaftsbetrieb die Chancen für Innovationen aus reichhaltigeren Quellen der Kreativität erhöht werden. Diese Aufgabe auserwählten Großstandorten zu überlassen, führt nicht zum erhofften Erfolg, weil dadurch der heimische Wettbewerb untergraben und das Potential der Kreativität, aus dem geschöpft werden soll, verringert wird. Die Großstandorte werden aus dem nationalen Wettbewerb herausgelöst und gleichen sich der schon vorhandenen amerikanischen Hegemonie an. Den Großstandorten fehlt dann die Inspiration aus Vielfalt und Wettbewerb auf nationaler Ebene. Dieser Effekt wird noch dadurch verstärkt, dass das amerikanische Wissenschaftssystem selbst nicht dem in Europa angestrebten Muster der Preisgabe des nationalen Wettbewerbs folgt, sondern selbst hochkompetitiv ausgestaltet ist, die Forschung sich keineswegs auf wenige Großstandorte konzentriert, sondern eine Vielzahl kleinerer Forschungseinheiten für die Erhaltung von Wettbewerb und Kreativität sorgt. Gerade dieser härtere Wettbewerb ist die Grundlage dafür, dass die hegemoniale Position der amerikanischen Wissenschaft nicht von innen ausgehöhlt wird. Sie kann jedoch nicht die Vielfalt und den Wettbewerb ersetzen, die in den anderen Teilen der Welt noch vorhanden sind, jedoch ohne besondere Förderung auszusterben drohen (vgl. Jeannin und Devillard 2005).

Dieses Massensterben von wissenschaftlicher Kreativität wird man nur dann verhindern können, wenn in Europa mehr Vielfalt und mehr Wettbewerb erhalten bleiben (vgl. Larédo

2003). Für diese Strategie könnte die deutsche Forschungs-politik eine Vorreiterrolle spielen, weil sie anders als insbe-sondere Frankreich und Großbritannien, aber auch die meis-ten anderen Länder auf eine jahrhundertelange Tradition der inneren Vielfalt und des Wettbewerbs in einer reichhaltigen Universitäts- und Forschungslandschaft zurückblicken kann. Konzentrationsprozesse, die sich durch Clusterbildungen er-geben haben, gälte es nicht noch zu verstärken, sondern sie müssten hinsichtlich ihrer wettbewerbsmindernden Wirkung kritisch überprüft und eher zu Gunsten der Stärkung des Wettbewerbs in ihrer Größe zurückgefahren werden. Die Förderung europäischer und globaler Netzwerke kann des-halb nur dann wettbewerbs- und kreativitätsfördernd wir-ken, wenn sie nicht auf privilegierte Standorte (Universitäten und Fachbereiche), sondern auf individuelle Forscherper-sönlichkeiten und Forschergruppen zielt. Diese Strategie er-hält auf der einen Seite ein reiches Kreativitätspotential auf nationaler Ebene und speist dieses Potential auf der anderen Seite in den europäischen und darüber hinausgehenden glo-balen Wissenschaftsbetrieb ein.

Die Transformation der Wissenschaft vom Nebeneinan-der von in sich verdichteten nationalen Forschungskultu-ren zur globalen Hegemonie der amerikanischen Forschung wird maßgeblich von bibliometrischen Studien betrieben, denen es zunehmend gelungen ist, Aufmerksamkeit zu er-langen. Die bekanntesten Beispiele dafür sind die CEST-Champions-League der Forschungsinstitutionen und die Shanghai-Liste der 500 weltweit »sichtbarsten« Universitä-ten. Dabei wird diese »Sichtbarkeit« ganz wesentlich von den »Rankings« selbst produziert (Da Pozzo et al. 2001; SJTU 2004; vgl. kritisch Weingart 2003, 2004; van Raan 2005). Solche Rankings konstruieren im Handstreich eine Weltliga, in der plötzlich der amerikanische Wissenschaftsmarkt zum Weltmarkt befördert wird, während die bislang gleichrangig daneben existierenden Wissenschaftskulturen zur Provinzliga im globalen akademischen Feld degradiert werden. Konsekrationsinstanzen wie das Nobelkomitee verleihen der hegemonialen Stellung der amerikanischen Wissenschaft durch die reichliche Vergabe von Nobelpreisen die Weihe, die keine Fragen nach der eigenen Rationalität und Würde nichtamerikanischer Wissenschaftskulturen mehr aufkommen lässt.

Der Streit um die minimale Geltung eigener Traditionen und Diskurse wird jetzt angesichts des zunehmenden Einflusses bibliometrischer Studien auf die Forschungspolitik über die Breite bzw. Selektivität der in bibliometrischen Verfahren ausgewerteten Literaturbasis ausgetragen. Dabei ist das Grundproblem die Repräsentativität der bibliometrischen Daten. Der oft verwendete Social Science Citation Index erfasst weit überproportional englischsprachige Fachzeitschriftenaufsätze und damit nur einen Bruchteil der realen, in den Sozialwissenschaften noch stark national und in Sammelbänden und Monographien stattfindenden Diskurse (vgl. Litzenberger und Sternberg 2005, 2006; Glaeser 2006). Nach einer Untersuchung berücksichtigt die Datenbank des Institute for Scientific Information (ISI) nur 20 bis 23 Prozent der australischen Literatur in den Sozialwissenschaften (Glaeser 2006: 45). Eine Auswertung der Datenbank SOLIS zeigt, dass in den Sozialwissenschaften die erfassten Publikationsformen noch recht breit zwischen Fachzeitschriftenaufsätzen (42 Prozent), Beiträgen in Sammelbänden (32 Prozent) und Monographien (26 Prozent) streuen (Winterhager 1994: 544, zit. in Hornbostel 1997: 240). Der Versuch von Jürgen Gerhards (2002), die Publikationstätigkeit deutscher Soziologen über die *Zeitschrift für Soziologie* und die *Kölner Zeitschrift für Soziologie und Sozialpsychologie* zu erfassen, hat heftige Proteste wegen mangelnder Repräsentativität ausgelöst (Burkart 2002; Rammert 2002). Eine Analyse der zitierten Literatur in sechs deutschen Fachzeitschriften der Soziologie des Jahrganges 2002 zeigt, dass etwa 40 Prozent auf Monographien entfallen, jeweils etwa 25 Prozent auf Aufsätze in Fachzeitschriften und in Sammelbänden und etwa zehn Prozent auf sonstige Publikationen (Hornbostel 2006: 223). Das beweist, dass sich der Aufsatz in referierten Fachzeitschriften in diesem Fach keineswegs als dominanter Qualitätsmaßstab durchgesetzt hat.

Die vom Centrum für Hochschulentwicklung (CHE) (Berghoff et al. 2005a, 2005b) praktizierte relativ breite Auswertung von Literatur ist von Ökonomen als dilettantisch kritisiert worden, weil sie zu wenig nach der »Qualität« der Publikationen gewichtet sei (Ursprung 2003; dazu Berghoff und Hornbostel 2003). Die Frage ist allerdings, wie Qualität definiert wird und wer darüber bestimmt. Dem angeblichen Dilettantismus zu lascher Kriterien bei der Literaturauswahl auf der einen Seite korrespondiert auf der anderen Seite die zu geringe Fokussierung der sozialen Konstruktion der Qualität von Publikationen und der durch restriktive Qualitätskriterien geschaffenen Anreizstrukturen für die langfristige Evolution des Wissens. Die soziale Konstruiertheit von Qualität und die Vermachtung der Verfahren, in denen diese Konstruktion erfolgt, bedürfen der besonderen Beachtung.

Das CHE erfasst ein sehr breites Spektrum der Literatur. Es reicht von Monographien und Aufsätzen in international führenden Fachzeitschriften bis zu Beiträgen in Sammelbänden. Die Publikationen werden für die Volkswirtschaftslehre wie folgt gewichtet:

(1) Länge des Textes (bis fünf Seiten ein Punkt, sechs bis zehn Seiten zwei Punkte, elf bis 20 Seiten drei Punkte, 21-100 Seiten vier Punkte, über 100 Seiten sieben Punkte);

(2) Anzahl der Autoren (ein Autor = eins; zwei Autoren = 0,5; drei Autoren = 0,33; mehr als drei Autoren = 0,25);

(3) Reine Herausgeberschaften: drei Punkte (Berghoff et al. 2005b: P-7).

In der älteren Version des CHE-Forschungs-Rankings wurde noch graue Literatur einbezogen, und zwar mit der Hälfte des mittels (1) bis (3) erreichten Punktwertes (Berghoff et al. 2005a). Ursprung (2003) sowie Steininger und Süßmuth (2004) kritisieren, dass diese Verfahrensweise für das Fach Volkswirtschaftslehre zu wenig nach der Qualität der Publikationsorgane gewichtet sei, d. h. nach Wertschätzung der Ökonomen Literatur minderwertigen Rangs ein zu hohes Gewicht erhält. Sie verfallen in ihrer Korrektur der CHE-Ergebnisse allerdings genau in das andere Extrem. Ursprung (2003) zieht eine Reihe von bibliometrischen Studien heran, die von einer stark international und auf Fachzeitschriften konzentrierten Literaturbasis ausgehen, im konsequenten Fall auch stark nach dem *impact* bzw. der durch Umfrage ermittelten Reputation der Fachzeitschriften gewichten. Steininger und Süßmuth (2004; 21) schränken die Literaturbasis auf lediglich 26 Fachzeitschriften ein. An der Spitze steht die *American Economic Review* mit einem Gewicht von 0.60, am unteren Ende die *Zeitschrift für Wirtschafts- und Sozialwissenschaften* (Schmollers Jahrbuch) als Schlusslicht mit einem Gewicht von 0,17.

Die Konsequenz selektiver Verfahren ist die Ausradierung des weitaus größten Teils der gesamten Literaturproduktion eines Faches und die Einschränkung des Rankings auf ganz wenige publizierte Seiten. Angesichts der äußerst geringen Sichtbarkeit deutscher Wissenschaftler im amerikanisch dominierten internationalen Fachzeitschriftenmarkt handelt es sich bei diesem Verfahren um die weit verfrühte statistische Konstruktion einer »Weltliga«, die es real im Forschungsbetrieb nicht gibt. Das gilt gerade auch für das Fach Volkswirtschaftslehre. Nicht mehr als durchschnittlich zwei Prozent der Aufsätze in internationalen Fachzeitschriften der Volkswirtschaftslehre wurden zwischen 1981 und 1999 von deutschen Autoren veröffentlicht (1981-1985 waren es 1,5 Prozent, 1995-1999 immerhin 2,6 Prozent) (Winterhager, Schwechheimer und Weingart 2001). Die Auswertung von 26 ausgewählten »hochrangigen« Fachzeitschriften hat für den Zeitraum zwischen 1990 und 2003 ergeben, dass 58 Fachbereiche im gesamten Zeitraum von 14 Jahren jeweils nicht mehr als 200 Seiten, zwei weitere Fachbereiche nicht mehr als knapp über 300 Seiten, nochmals zwei Fachbereiche nicht mehr als gut 600 Seiten und lediglich der größte Fachbereich knapp 900 Seiten publiziert haben. Auf den Lehrstuhl umgerechnet kamen die Lehrstühle von 56 Fachbereichen auf noch nicht einmal zehn Seiten in 14 Jahren, weitere sieben Fachbereiche auf nur zehn bis 20 Seiten und lediglich zwei Fachbereiche auf 50 bis 55 Seiten (Steininger und Süßmuth 2004: 23). Das heißt, dass 56 Fachbereiche mit weniger als zehn Seiten pro Lehrstuhl in ganzen 14 Jahren in das »Ranking« eingehen, die »aktiveren« sieben Fachbereiche aber auch nur mit zehn bis 20 Seiten und auch die beiden »Spitzenfachbereiche« mit nur 50 bis 55 Seiten. Auf das Jahr umgerechnet ist das bei 56 Fachbereichen weniger als eine Seite pro Jahr, bei den sieben aktiveren Fachbereichen weniger als zwei Seiten und bei den beiden »Spitzen« nicht mehr als vier Seiten. Selbst der Spitzenwert ist eine äußerst bescheidene Größe, die zeigt, dass dieses Verfahren eine Internationalität prätendiert, die real überhaupt nicht existiert. An diesem Ergebnis ändert auch die Tatsache nichts, dass die Seitenzahlen durch die Gewichtung nach unten korrigiert wurden. Selbst bei Annahme einer fünffachen Seitenzahl pro Jahr und Lehrstuhl wäre das Ergebnis immer noch so, dass eine auch dann bei weitem nicht existierende Internationalität der Forschung künstlich konstruiert wird, die mit der Realität des Forschungsgeschehens nichts zu tun hat. Es hat deswegen keinen Sinn, ein scheinbar qualitätsbewusstes bibliometrisches Verfahren zu verwenden, wenn es ein Artefakt konstruiert, das von der Realität des Forschungsgeschehens so weit entfernt ist wie der Mond von der Erde.

Eine Untersuchung der Publikationstätigkeit deutscher und österreichischer Wirtschaftsforschungsinstitute kommt zu dem Ergebnis, dass von den 518 im Zeitraum von 1989 bis 2000 erfassten Aufsätzen lediglich 49 in den »*top 30 journals*« publiziert wurden, d. h. noch nicht einmal ganze zehn Prozent (Huber und Keil 2004). Es kann deshalb bei Rankings, die auf »*top journals*« fokussiert sind, von der Konstruktion von »Elfenbeinligen« gesprochen werden (Steininger und Süßmuth 2005). Wenn das schon für die Ökonomie gesagt werden kann, dann gilt dies umso mehr für andere Disziplinen der Geistes- und Gesellschaftswissenschaften, bei denen es überhaupt nicht die besondere Prämierung von Fachzeitschriftenaufsätzen und auch nicht eine so eindeutige Klassifizierung der Zeitschriften wie in der Ökonomie gibt. In diesen Disziplinen würde man mit einer selektiven, auf internationale Fachzeitschriften beschränkten Messung von Publikationen überhaupt nichts über die Realität und Qualität der Forschung erfahren.

Die sehr geringe Fallzahl von international sichtbaren Publikationen eignet sich nicht für eine Spiegelung der Forschungsaktivitäten. Ihre sehr geringe Differenz pro Lehrstuhl über die große Masse der Standorte hinweg lässt sich nicht als Differenzierungskriterium nach Rängen verwenden. Die geringe Fallzahl im Vergleich zur Masse der Forschungs- und Publikationsaktivitäten macht ihr Auftreten zudem von Würfelzufällen abhängig. Weil an den sehr großen Fachbereichen viel häufiger gewürfelt wird als an den mittleren und kleineren, ist die bloße Wahrscheinlichkeit eines Lottogewinns – und darum handelt es sich bei Ablehnungsquoten eingereichter Aufsätze von bis zu 98 Prozent – auch viel größer. Die zweite Karte, die stechen kann, sind einzelne Forscher, die mit ihren Treffern einen ganzen Fachbereich, gegebenenfalls auch einen mittleren oder kleineren Fachbereich nach oben bringen. Größeneffekte und die Zufallsverteilung besonders treffsicherer einzelner Autoren erklären alles, wobei ein großer Fachbereich gleich doppelt Glück mit einem Zufallstreffer haben kann. Er kann bei Berufungsverfahren und bei Publikationen häufiger würfeln. Das ist alles. Deshalb repräsentieren derart weit von der Masse der Forschungsaktivitäten entfernte bibliometrische Verfahren nichts als Größen- und Zufallseffekte, aus denen sich keine Rückschlüsse auf die real gegebene Qualität eines Standorts ziehen lassen. Dieses ernüchternde Ergebnis muss sogar noch dadurch weiter relativiert werden, dass noch nicht einmal die Umrechnung der Publikationen auf Lehrstühle ein adäquates Bild vermittelt, da die Lehrstühle sehr unterschiedlich mit Mitarbeitern ausgestattet sind. Würde man auch diesen Effekt herausrechnen, dann würden die Unterschiede noch weiter eingeebnet.

Eine selektive bibliometrische Analyse vermittelt demgemäß eine Scheinprofessionalität, die einer genaueren Prüfung nicht standhält. Das heißt allerdings bei weitem nicht, dass das breite und nicht nach Qualität differenzierende Verfahren des CHE über alle Zweifel erhaben ist. Es hat spiegelbildlich den Nachteil einer fehlenden Differenzierung nach Qualität. Allerdings ist es auch aus reiner Wahrscheinlichkeit nicht abwegig, aus größerer Publikationsproduktivität auch auf häufigere Treffer höherer Qualität zu schließen. Es ist ein Faktum, dass die sichtbarsten Wissenschaftler auch weitaus am meisten publizieren. Das schließt gerade auch viele Publikationen dieser Wissenschaftler außerhalb der dominanten Fachzeitschriften ein. Es besteht insofern eine positive Korrelation zwischen der Quantität des Publikationsoutputs und der zugeschriebenen Qualität. Diese Annahme wird durch eine Untersuchung zur ökonomischen Literatur bestätigt, die keine wesentliche Differenz zwischen einer breiteren und einer selektiveren Erfassung der Literatur in bibliometrischen Verfahren ermittelt hat (Kocher, Sutter und Heregger 2004). Das CHE selbst hat inzwischen zusätzlich eine Auswertung internationaler Publikationen in der Volkswirtschaftslehre für den Zeitraum 2001 bis 2003 vorgenommen. Dabei zeigt sich eine größere Konzentration auf die großen Fachbereiche (wegen häufigerem Würfeln), insgesamt aber weitgehend eine Bestätigung des weniger selektiven bibliometrischen Verfahrens. Nur eine Universität erreicht in der internationalen Auswertung einen Spitzenplatz, obwohl sie national nur im Mittelfeld rangiert, und nur zwei Universitäten, die national an der Spitze stehen, fallen international auf die unteren Ränge zurück (Berghoff et al. 2005b: P-13).

Mehr als die *Zuschreibung* von Qualität, worin auch immer sie begründet sein mag, kann ohnehin nicht gemessen werden. Auch die Reputation der höchstrangigen Fachzeitschrift beruht auf zugeschriebener Qualität. Die Herausgeber und die Gutachter der Zeitschrift definieren, was Qualität ist, und verfahren dabei selektiv nach den von ihnen maßgeblich geprägten dominanten Standards. Das grenzt alles aus, was sich diesen Standards nicht fügt und bevorzugt standardisierte, routinemäßige Forschung im Rahmen der herrschenden Lehre (vgl. Elliott, Greenaway und Sapsford 1998; Hodgson und Rothmann 1999; Kocher und Sutter 2001).

Die Befürworter selektiver bibliometrischer Verfahren nehmen als bare Münze von Qualität, was letztlich sozial konstruiert ist und bei anderen Herrschaftsverhältnissen im akademischen Feld auch anders konstruiert werden könnte. Das heißt, dass selbst die Gewichtung von Publikationen nach Qualität auf einer breiteren Literaturbasis systematisch Verzerrungen produziert. Sie trägt zur Reproduktion der herrschenden Paradigmen und Methoden bei und erweist sich damit als innovationsfeindlich. Insbesondere unterstützt dieses Verfahren die amerikanische Hegemonie in allen wissenschaftlichen Disziplinen. In der Volkswirtschaftslehre bedeutete das in den vergangenen zwanzig Jahren die ungebremste globale Verbreitung des neoliberalen Paradigmas und die Weltherrschaft des sogenannten Washington-Konsens, der mit den Vereinigten Staaten ein Gesellschaftsmodell zum Vorbild gemacht hat, das alle Errungenschaften der europäischen Wohlfahrtsstaaten ausradiert und an deren Stelle eine Gesellschaft mit größter Ungleichheit setzt; 15 Prozent der Bevölkerung leben unter der Armutsgrenze, und es herrscht ein Kriminalitätsniveau, das nur durch exorbitant hohe Inhaftierungsraten unter Kontrolle gehalten werden kann. Dafür gibt es auch noch die passende Theorie des amerikanischen Nobelpreisträgers Gary Becker (1968). Sie kennt außer Anreizen und Abschreckung keine Faktoren, die einen Einfluss auf das Kriminalitätsniveau einer Gesellschaft ausüben. Ein anderer amerikanischer Nobelpreisträger – Joseph Stiglitz (2002) – hat inzwischen offen bekannt, dass der Washington-Konsens in den Entwicklungs- und Transformationsländern großen Schaden angerichtet hat, dem kein adäquater Nutzen gegenübersteht. Hinter dem Modell-Platonismus (Albert 1963) der herrschenden ökonomischen Lehre verbirgt sich in erheblichem Maße eine liberale Ideologie, deren weltweite Verbreitung nicht »höherer« Erkenntnis geschuldet ist, sondern der Hegemonie eines Landes, in dem diese Ideologie kulturell verwurzelt ist und das Denken der weltweit dominierenden Ökonomen prägt (Dezalay und Garth 1998, 2002; Fourcaude 2006).

Die Streitfrage, ob die international durch ihren *impact* dominierenden amerikanischen Fachzeitschriften offen für Input aus allen nationalen Fachkulturen und allen Forschungsrichtungen sind, lässt sich nicht schon mit dem Hinweis darauf positiv beantworten, dass in zwei aktuellen Heften an 18 von 43 Beiträgen nichtamerikanische Autoren beteiligt sind (Ursprung 2004). Die hegemoniale Stellung der amerikanischen Ökonomie bedeutet, dass ausländische Autoren in amerikanischen Fachzeitschriften nur zum Zuge kommen können, wenn sie sich das dort herrschende Paradigma und die entsprechenden Standards und Praktiken aneignen. Das erfordert in aller Regel eine ausreichende Sozialisation in diesem System durch lange Aufenthalte an amerikanischen Universitäten, am besten durch Ko-Autorenschaften mit fest in der amerikanischen Wissenschaftspraxis verwurzelten Kollegen. Die Inklusion nichtamerikanischer Autoren in amerikanische Fachzeitschriften führt deshalb nicht zur Pluralisierung der dominanten Lehrmeinungen, sondern umgekehrt zur globalen Uniformität des Denkens. Diese Tendenz wird noch dadurch verstärkt, dass Publikationserfolge in den amerikanischen Fachzeitschriften außerhalb der Vereinigten Staaten in bibliometrischen Studien mit den höchsten Punktwerten prämiert werden.

Eine Untersuchung zur Repräsentation deutscher Ökonomen in den international dominanten wirtschaftswissenschaftlichen Fachzeitschriften ermittelt, dass nicht mehr als zwei Prozent der gesamten Publikationen aus deutscher Feder stammen. In den Naturwissenschaften erreichen deutsche Autoren etwas mehr, aber auch nur sieben Prozent des international herrschenden Publikationsaufkommens. Diesem fehlenden Zugang zu den amerikanisch dominierten Publikationsnetzwerken entspricht eine ebenso niedrige Zitationsrate der Publikationen aus deutscher Hand. Das heißt, dass die wenigen international sichtbaren Publikationen deutscher Autoren auch noch vergleichsweise wenig zitiert werden. Deutschland befindet sich hier zusammen mit Italien und Japan in der Schlussgruppe (Winterhager, Schwechheimer und Weingart 2001: 156). Der Anteil der deutschen Wirtschaftswissenschaften am weltweiten Publikationsoutput ist zwischen 1981-1985 und 1995-1999 von 1,5 auf 2,6 Prozent gestiegen. Der Anteil der USA ist dagegen in diesem Zeitraum von 69 auf 58,3 Prozent gefallen. Die EU hat ihren Anteil von 18,6 auf 29,7 Prozent steigern können. Großbritannien hat von 10,7 auf 14,4 Prozent zugelegt. Im Verhältnis zu ihrer Größe sind die Niederlande und Schweden mit Steigerungen von 1,1 auf 3,3 und 0,9 auf 1,5 Prozent besonders erfolgreich (Winterhager, Schwechheimer und Weingart 2001: 160). Die Veränderungen zeigen, dass die Herausforderung für die Vereinigten Staaten aus der EU kommt, die mit ihrer Forschungspolitik zur Aufholjagd geblasen hat. Trotzdem nehmen die Vereinigten Staaten nach wie vor eine hegemoniale Position ein. Amerikanische Wissenschaftler bestimmen durch ihre dominanten Fachzeitschriften über den Zugang zur Spitze im internationalen Publikationsmarkt. Die zunehmende Vernetzung der europäischen Wissenschaften ist die Strategie, die mittelfristig zur Gleichrangigkeit mit den USA führen kann. Das wird allerdings auf Kosten der Vielfalt der europäischen Wissenschaften geschehen.

Die Quellen des Social Science Citation Index sind zu nicht mehr als 3,9 Prozent deutschsprachig (Schui 2004: 27). In Psych-INFO, einer Datenbank zu psychologischer Literatur für den gesamten Zeitraum von 1872 bis 2002, ist zu 89,9 Prozent englischsprachige Literatur enthalten und nur zu 10,1 Prozent Literatur aus anderen Sprachen. Deutschsprachige Literatur erreicht nicht mehr als 0,6 Prozent (Schui 2004: 32). Das impliziert auch, dass die bis zum Ersten Weltkrieg starke Stellung deutschsprachiger psychologischer Literatur – 24 587 von insgesamt 59 916 Publikationen für 1894 bis 1915 – kaum noch ins Gewicht fällt. Eine Analyse der zitierten Quellen in den jährlichen Kongressansprachen der Präsidenten der American Psychological Association zeigt, dass bis zum Ersten Weltkrieg 20 Prozent deutsche Quellen zitiert wurden, während des Ersten Weltkriegs keine, in den 1920er und 1930er Jahren wieder 20 Prozent, während des Zweiten Weltkriegs weniger als zehn Prozent, danach wieder zehn Prozent. Heute sind deutsche Quellen nicht mehr zu finden (Schui 2004: 35). Die Vorsitzenden der Deutschen Gesellschaft für Psychologie haben in den 1970er Jahren verstärkt englischsprachige Literatur bei ihren Kongressreden zitiert. Seit 1980 liegt das Niveau bei 0 bis 25 Prozent (Schui 2004: 36). Dabei ist zu berücksichtigen, dass dieses Ergebnis nicht das deutlich stärker an englischsprachiger Literatur orientierte Zitationsverhalten in der Fachliteratur widerspiegelt, da solche Kongressreden natürlich einen vorrangigen Bezug zu den eigenen Mitgliedern haben. Trotzdem ist daran zu erkennen, dass amerikanische und deutsche Psychologen in zwei voneinander getrennten Welten leben. Das bedeutete vor der vollständigen Internationalisierung der Psychologie, dass es in beiden Welten Rangstufen der Reputation gab. Im Zeitalter der amerikanischen Hegemonie werden jedoch die Könige der deutschen Psychologie im globalen Maßstab zum Fußvolk degradiert.

In der Psychologie wurde ausgiebig darüber gestritten, welche Verluste an Vielfalt welchen Gewinnen an Internationalität zu opfern wären, wenn eine komplette Umstellung auf die englische Sprache erfolgen würde (Traxel 1975, 1979; Lienert 1977; Marx 1989; Weingart 1989; Gigerenzer et al. 1999). Ein Autor stellt fest: »There is no English language market for foreign research that does not fit the American way of life« (Zitat bei Traxel 1979: 75). Bis heute hat die Debatte nicht zu einer starken Anhebung englischer Publikationen deutscher Autoren geführt (Becker 1994). Nur 17 Prozent der von deutschen Psychologen produzierten Literatur erscheint in englischer Sprache. Allerdings bedeutet das einen deutlichen Anstieg gegenüber fünf Prozent in den 1970er Jahren. Die inzwischen internationalisierten Fachzeitschriften erreichen trotz Umstellung auf die englische Sprache bei weitem nicht den *impact* der amerikanischen Fachzeitschriften (Schui 2004: 41). Die Umstellung von *Psychologische Forschung* auf *Psychological Research* hat leichte Zitationsgewinne gebracht, trotzdem bleibt die Zeitschrift weit hinter den führenden amerikanischen Fachzeitschriften zurück (Schui 2004: 51). Durch die zunehmende Globalisierung werden bislang nebeneinander existierende nationale Wissenschaftsgemeinschaften mit je eigenen Wissenschaftskulturen, Diskursen, Netzwerken und Reputationsstrukturen in ein globales Feld geworfen. Dieses globale Feld wird in erheblichem Maße erst durch Aktivitäten des Vergleichs wissenschaftlicher Leistungen und des Benchmarkings als Wirklichkeit konstruiert. Die zunehmend aktiver werdenden Scientometriker betätigen sich dabei als Baumeister der symbolischen Ordnung eines globalen Machtfeldes der Wissenschaft. Als wesentliches Instrument dieser symbolischen Konstruktion dienen Literatur- und Zitationsdatenbanken. Die in diesen Datenbanken weit überrepräsentierte englischsprachige, ganz überwiegend amerikanische Literatur und die von ihr repräsentierten Zitationsnetzwerke werden gerade dadurch in eine weltweit herrschende Stellung gebracht. Vorher eigenständige, aus sich selbst heraus lebende und sich selbst reproduzierende nationale Fachkulturen werden auf diesem Wege der amerikanischen Hegemonie unterworfen und von ihr kolonisiert. Die Könige und Fürsten der vielen nationalen Fachkulturen, die sich vorher noch auf gleicher Ebene begegnen konnten, sehen sich nun in die unterlegene Position von Lehrlingen versetzt, die mit der Sprache auch die in der amerikanischen Wissenschaft herrschenden Paradigmen und Praktiken erst noch lernen müssen und sich als Stipendiaten in den Zentren der Macht im globalen Feld der Wissenschaft erst denjenigen Habitus aneignen müssen, der sie überhaupt zur Teilnahme am nun globalen Machtspiel der Wissenschaft befähigt. Das ist ein langer, mehrere Generationen in Anspruch nehmender Prozess. Für die aktuell aktiven Forscher ist das nicht weniger als eine Änderung der Spielregeln während des laufenden Spiels (Hicks 2004).

Selbst in der genuin deutschen Domäne des Maschinenbaus rangieren die deutschen Maschinenbauinstitute mit 6,4

Prozent des weltweiten Publikationsoutputs zusammen mit den Instituten in Großbritannien, Japan, Frankreich und Italien nur im Mittelfeld, wobei Großbritannien, Schweden, die Schweiz, die Niederlande und Frankreich im Verhältnis zum Volumen ihrer Population deutlich höhere Werte erzielen. Dasselbe gilt für den Rezeptionserfolg (Fuchs 1994; Kosmützky, Winterhager, Schwechheimer und Weingart 2003: 38). Auch in diesem Bereich scheint der relativ große deutschsprachige Binnenmarkt international ein Wettbewerbsnachteil zu sein, weil er nicht im gleichen Maße wie in kleineren Ländern zur Orientierung am internationalen Markt zwingt. Legt man den gesamten Science Citation Index (SCI) zugrunde, dann ist für den Zeitraum von 1989 bis 2003 eine Steigerung des deutschen Anteils von 6,3 auf 8,7 Prozent festzustellen. Das liegt in der Nachbarschaft Großbritanniens (8,6 Prozent) und Frankreichs (6,4 Prozent). Der Anteil der USA ist in diesem Zeitraum von 36,2 auf 31,7 Prozent gesunken. Der Anteil der EU-Länder ist von 1999 bis 2003 leicht von 38,1 auf 36,8 Prozent zurückgegangen. Mit den neuen Mitgliedsländern wäre in 2003 ein Anteil von 41,7 Prozent erzielt worden (Schmoch und Gauch 2005: 4). Damit hätte die EU die Vereinigten Staaten im reinen Publikationsaufkommen vom ersten Platz verdrängt. Das ändert allerdings noch nichts an der hegemonialen Stellung der USA, die sich in der internationalen Dominanz ihrer Fachzeitschriften und ihres *impacts* und in der damit verbundenen weltweiten Herrschaft der amerikanischen Wissenschaftskultur äußert. Während die Zitationsraten der deutschen Publikationen bei 3,6 liegen, diejenigen der 15 EU-Länder bei 3,3, erreichen die amerikanischen Publikationen eine Rate von 4,9 (Schmoch und Gauch 2005: 6). Sehr drastisch zeigt sich die amerikanische Hegemonie im SCI bei der internationalen

Ausrichtung (Sichtbarkeit) von Publikationen. Hier stehen die USA 2001 mit einem gegenüber 1989 nur leicht von 36 auf 33 gesunkenen Wert einsam an der Spitze. Deutschland konnte in diesem Zeitraum seinen Wert immerhin von zwei auf sechs steigern. Großbritannien erzielt neun, Frankreich vier, die 15 EU-Länder liegen aufgrund der schwachen Position der weniger hoch entwickelten Länder bei nur zwei (Schmoch und Gauch 2005: 8).

Nach einer bibliometrischen Auszählung ökonomischer Literatur finden sich in der Liste der 100 sichtbarsten Autoren bei den Publikationen und bei den Zitaten 91 Amerikaner (Coupé 2003: 1334-1339). Bei den Fachbereichen der Ökonomie sieht es nicht viel anders aus. Lediglich 26 nichtamerikanische sind unter den ersten 100 zu sehen. Diese gehören außerdem ausschließlich dem angelsächsischen Kulturkreis an (Coupé 2003: 1326-1327). Weitere Studien haben ähnliche Ergebnisse erbracht. Wird die Literaturbasis verbreitert, dann tauchen ein paar nichtamerikanische Fachbereiche unter den ersten 100 auf (Kalaitzidakis, Mamuneas und Stengos 2003). Innerhalb Europas dominieren insbesondere britische Fachbereiche oder solche Fachbereiche, die stark im angelsächsischen Bereich vernetzt sind (Combes und Linnemer 2003). Es kann davon ausgegangen werden, dass die wenigen nicht an einer amerikanischen Universität tätigen Ökonomen unter den 100 sichtbarsten ausreichend lange in den USA tätig waren, um den Zugang zum amerikanischen Markt zu finden. Alles spricht dafür, dass das komplette Fehlen nichtamerikanischer bzw. nichtamerikanisch denkender Autoren in dieser Liste Ausdruck einer Hegemonie ist, die nicht der höheren Rationalität und Qualität der amerikanischen Forschung geschuldet ist, sondern der einfachen Tatsache, dass der amerikanische Wissenschaftsmarkt im Handstreich zum globalen Markt erklärt wird. Die bibliometrischen Studien sind ein wirksames Instrument der Errichtung dieser globalen Herrschaft des amerikanisch geprägten Denkens.

Ein bibliometrisches Verfahren, das die amerikanische Hegemonie in der Gewichtung von Publikationen widerspiegelt, bringt zwar die Weltherrschaft eines bestimmten Denkens zum Ausdruck, trägt damit aber auch zur Reproduktion dieser Weltherrschaft bei und wirkt selbst in erheblichem Maße auf die weltweite Einschränkung der Paradigmen- und Methodenvielfalt hin. Diese Reduktion von Erkenntnis auf einen herrschenden Standard wird in der Ökonomie als Beweis ihrer wissenschaftlichen Reife gewertet. In Wirklichkeit ist dieser Sieg teuer erkauft worden, nämlich damit, dass das ökonomische Denken der weltweiten Hegemonie der neoliberalen Ideologie ausgeliefert worden ist. Gerade die Ökonomie ist der beste Beweis dafür, in welche Sackgassen das Denken gerät, wenn Pluralität, Kreativität und offener Wettbewerb durch die globale Herrschaft eines einzigen Paradigmas ausradiert werden. Die Inthronisierung eines nach *impact* oder Reputation geschichteten internationalen Systems von Fachzeitschriften ersetzt den offenen Wettbewerb auf einem Markt, auf dem es viele Anbieter und viele Nachfrager gibt, durch ein zentralisiertes System des Buhlens um die Gunst des Kaisers. Es ist genau das Gegenteil einer offenen Entwicklung ohne zentrale Steuerung, die von einem weiteren Nobelpreisträger – Friedrich A. von Hayek (1969) – zum bestmöglichen Suchinstrument erklärt worden ist, solange menschliches Wissen fehlbar und unvollständig ist. Paradoxerweise setzten die Ökonomen ausgerechnet in ihrem eigenen Feld nicht auf das liberale Credo eines offenen Marktes, obschon sie sonst gerne alle Lebensbereiche unterwerfen möchten.

Die in der Volkswirtschaftslehre inzwischen übliche Unterscheidung von A-, B- und C-*journals* nach deren *impact* in Gestalt von Zitationshäufigkeiten und/oder Reputation und die Beurteilung der Publikationslisten von Bewerbern um akademische Positionen nach der Zahl von Veröffentlichungen in A-*journals* führen zur Errichtung von Monopolen der Definition von Forschungsqualität. Der Effekt dieser Praxis ist die Schließung der Wissensevolution. Die Entwicklung des ökonomischen Wissens vollzieht sich deshalb auf einem schmalen Pfad, umfangreiches Potential an Wissen bleibt unbeachtet liegen. Deshalb spricht alles dafür, Gegenkräfte gegen den Aufbau intermediärer Monopole von Fachzeitschriften zu institutionalisieren. Das kann z. B. durch die Erhöhung des Angebots an Publikationsintermediären geschehen, durch die gezielte Nichtbeachtung des *impacts* einer Zeitschrift bei der Beurteilung von Publikationslisten und durch die Pflege der breiten, über die *high impact journals* hinausgehenden Zitation von Publikationen als professioneller Standard. Die Verengung des Zitierverhaltens auf ein schmales Segment von Fachzeitschriften müsste bei der Beurteilung der Qualität von Publikationen negativ verbucht werden. Es ist Sache der Fachgesellschaften, im Interesse ihrer eigenen Fortschritte auf die Offenheit des Publikationsmarktes hinzuwirken und der Etablierung von Intermediärmonopolen entgegenzuwirken.

Wenn die Wissensevolution nicht in die Sackgasse der Weltherrschaft einer unter mehreren möglichen Denkweisen hineinführen soll, sind bibliometrische Verfahren auf einer breiten Literaturbasis gegenüber Verfahren auf einer schmalen und stark gewichteten Basis vorzuziehen. Wenn das Ergebnis wie im Falle der Volkswirtschaftslehre nicht der herrschenden Meinung entspricht (Ursprung 2003), dann ist es im Sinne der offenen Wissensevolution besser, darin eine de facto doch noch vorhandene Vielfalt als Kreativitätspotential zu erkennen, als zum Instrument eines selektiven Verfahrens zu greifen, das den langfristigen Effekt der Förderung von paradigmatischer Einfältigkeit hat.

Es ist zu bedenken, dass weniger selektiv publizierte Texte sowohl für die Verfasser selbst als auch für deren Rezipienten einen unverzichtbaren Pool für die weitere Entwicklung des Wissens darstellen. Ohne diese Basis – gerade in ihrer öffentlich zugänglichen Form – könnte die »höherrangige« Literatur gar nicht entstehen. Nähme man sie aus der Wertung, dann würden jegliche Anreize für ihre unerlässliche Produktion zwecks Erhaltung eines möglichst breiten Pools der Wissensevolution fehlen. Das selektive und gewichtete bibliometrische Verfahren hätte demnach eine komplette Fehlsteuerung der Wissenschaft zur Folge. Man sieht daran, welcher Schaden überhaupt durch solche Ranking-Verfahren angerichtet wird. Es wird die absolut wichtigste Ressource der gesellschaftlichen Evolution dilettantischen Eingriffen ausgesetzt, die zu schweren Einschränkungen des verfügbaren Wissenspools führen. Vermeidbar ist diese Fehlsteuerung, wenn man die Wissensevolution einem *offenen* Markt mit vielen Nachfragern und Anbietern überlässt und grundsätzlich auf jeden zwangsläufig zum Dilettantismus verurteilten Versuch des Messens und Steuerns verzichtet. Weil Institutionen wie Wissenschaftsräte und Ministerien von ihrer Aufgabenstellung her zum Messen verdammt sind, ist ihre Abschaffung die beste Voraussetzung dafür, dass sich Wissen tatsächlich in einem offenen Markt entwickeln kann. Alles, was dafür benötigt würde, wäre eine Regulierungsagentur, die über die Offenheit und Chancengleichheit in diesem Markt wacht. Genau dieses Feld der Wissensevolution ist der richtige Platz für die konsequente Umsetzung des liberalen Credos.

Trotz dieser fehlsteuernden Effekte bekommen bibliometrische »Rankings« eine immer größere Bedeutung, weil sich die Forschungspolitik dazu genötigt sieht, ihren Eingriffen in die Wissensevolution wenigstens einen Schein der Rationalität und Legitimität zu geben. Dabei muss auch über kleinere Fehler hinweggesehen werden: Die Zahlen reichen meist nur für Momentaufnahmen aus, die bei einer früheren oder späteren Messung schon wieder anders aussehen können. Es existieren breite Zonen der Ununterscheidbarkeit von Publikationsleistungen, weil nur verschwindend geringe Differenzen publizierter Seitenzahlen bestehen, wenn diese Zahlen auf die kleinste produzierende Einheit umgerechnet werden. Gleichwohl werden solche nichtsignifikanten Unterschiede in völlig überschätzte Rangordnungen transformiert. Größeneffekte und Zufallsverteilungen erklären fast alles. Trotzdem unterbleibt das Herunterrechnen auf die kleinste produzierende Einheit weitgehend, und zwar wegen der unsicheren Datenbasis. Diese nicht auf tatsächliche Leistungsdifferenzen zurückgehenden Effekte werden jedoch von den Gewinnern des Spiels zum Reputationsaufbau bzw. zur Reputationssicherung genutzt. Das zahlt sich wieder in der Zuweisung von Ressourcen aus, die zur weiteren Verstärkung der Größeneffekte eingesetzt werden können. Daraus folgt die systematische Erzeugung von Rangordnungen, die dem Gesetz der Akkumulation von Entscheidungs- und Definitionsmacht gehorcht und gerade der Erhaltung eines von Chancengleichheit und Wettbewerb geleiteten offenen Marktes entgegenwirkt. Mit der bibliometrischen »Leistungsmessung« wird demgemäß genau das Gegenteil von dem erzeugt, was beabsichtigt wird. Statt den Wettbewerb zu fördern, wird er systematisch eingeschränkt. Das ist dadurch zu erklären, dass Fachbereiche in der Situation der politisch erzeugten Unsicherheit zu jedem Strohhalm greifen müssen, der ihnen die Vorteile einer Monopolstellung und Schutz gegen offenen Wettbewerb verleiht (vgl. Gläser 2006; Weingart 2005, 2006).

Fazit: Exzellenzkonstruktion durch die besondere Anerkennung international sichtbarer Publikationen mit hohem *impact* macht den Standardaufsatz in amerikanischen Fachzeitschriften zum alleinigen Maßstab von Exzellenz und unterwirft Wissenschaft und Forschung in Europa der amerikanischen Hegemonie. Die Internationalisierung der Forschung wirkt als ein Dispositiv der Macht, das insbesondere in den Geistes- und Sozialwissenschaften eine erhebliche Einschränkung von Vielfalt, Kreativität und offener Wissensevolution zur Folge hat. Dieser amerikanischen Hegemonie wird man nicht durch eigene Monopolstrukturen entgegenwirken können, sondern nur durch die gezielte Förderung von Wettbewerb, Vielfalt und Kreativität.

II. Das akademische Feld: Machtverteilung, Ressourcenzufluss und Publikationsoutput

5. Drittmittelinput: Effekte der Machtverteilung

In diesem wie auch im folgenden Kapitel soll das akademische Feld vermessen werden. Es geht um den Zusammenhang zwischen der Machtverteilung, dem Ressourcenzufluss und dem Publikationsoutput. Zu diesem Zweck werden statistische Analysen durchgeführt. Die zugehörigen Abbildungen und Tabellen finden sich im Anhang. Wir beginnen mit einer statistischen Analyse der Machtverteilung im akademischen Feld. Auf dieser Grundlage wird nach den Wirkungen der Verteilung von sozialem, ökonomischem, kulturellem und symbolischem Kapital im akademischen Feld auf den Zufluss von Forschungsressourcen in Gestalt von Drittmitteleinnahmen und der Rekrutierung von AvH-Gastwissenschaftlern sowie DAAD-Stipendiaten und -Graduierten als wesentlichen Elementen der Konstruktion wissenschaftlicher Exzellenz gefragt. Das geschieht zunächst mit Hilfe von Streudiagrammen, an die sich multiple Regressionsanalysen anschließen. Grundlage dafür sind die verfügbaren Daten des Förder-Rankings der DFG (2003a) für den Berichtszeitraum 1999-2001. Die hohe Korrelation der Verteilung der DFG Bewilligungen auf die Hochschulen 1999-2001 und der Verteilung 2002-2004 weist nach, dass eine Berechnung mit den Daten des Förder-Rankings 2006 zu keinen anderen Ergebnissen führen würde (DFG 2006e). Das unterstreicht die Robustheit und aktuelle Relevanz der Ergebnisse (vgl. Abb. II.1 i im Anhang).

Jeder Standort nimmt einen bestimmten Platz im akademischen Feld ein, der maßgeblich durch die Verfügung über ökonomisches, soziales, kulturelles und symbolisches Kapital bestimmt wird. Durch die zwei Achsen von hohem (*grande porte*) und niedrigem (*petite porte*) sozialem Kapital auf der einen Seite und hohem und niedrigem ökonomischem bzw. umgekehrt kulturellem Kapital wird determiniert, in welchem Umfang ein Standort über symbolisches Kapital verfügt, das als Reputation wirkt und zur Ausübung von Definitionsmacht eingesetzt werden kann, z. B. bei der Akquirierung von Drittmitteln und der Attrahierung von AvH-Gastwissenschaftlern oder DAAD-Stipendiaten und -Graduierten (vgl. dazu Bourdieu 1982: 212-213; 1992: 114-115, 140-141; 2004a: 176, 181, 192-193, 229-230) (Abb. 5-1). Durch die zwei Achsen wird die Machtposition eines Standorts im akademischen Feld bestimmt. Dabei ist die seit den 1960er Jahren sich vollziehende Machtverschiebung vom kulturellen zum ökonomischen Kapital zu beachten. Das heißt, dass ökonomisches Kapital ein deutlich größeres Gewicht für den Erwerb von symbolischem Kapital hat als kulturelles Kapital. Die Inklusion breiter Bevölkerungsschichten in die Universitätsbildung und der wachsende internationale Wettbewerb haben die traditionelle Idee der Bildung durch Wissenschaft über die Zwischenstation der Bildung als Bürgerrecht durch die Leitidee der Bildung als Humankapital ersetzt, das Fertigkeiten beinhaltet, die sich auf dem Arbeitsmarkt in ökonomischen Erfolg umsetzen lassen. Kulturelles Kapital als interiorisierte Hochkultur ist dafür wenig geeignet. Gefragt sind stattdessen praktisch-technische Fähigkeiten. Deshalb verschieben sich die Gewichte von der Seite der reinen, zweck-

Abb. 5-1: Kapitalsorten im Prozess der Konstruktion wissenschaftlicher Exzellenz

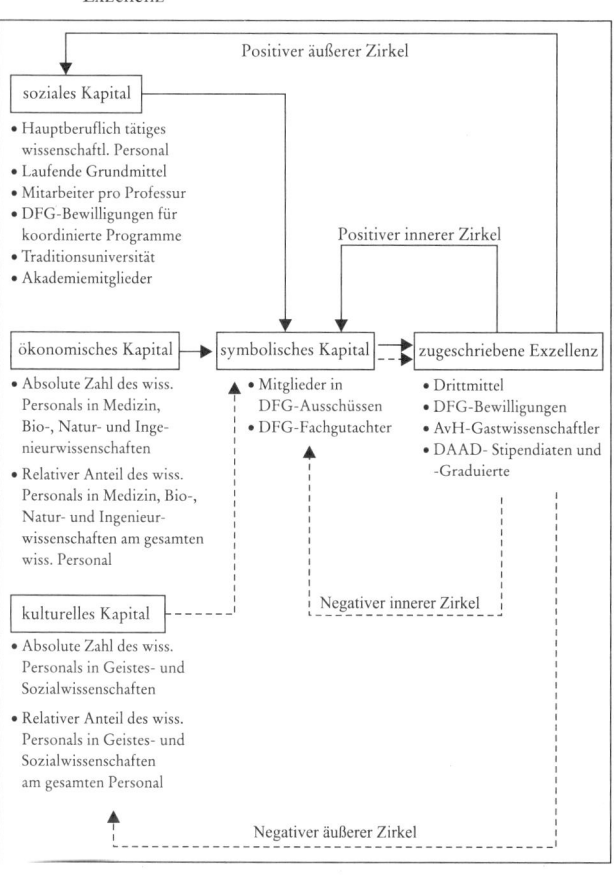

freien Erkenntnis zur Seite der praktisch-technisch nütz-lichen Erkenntnis.

Das akademische Feld lässt sich mit Hilfe eines Streudia-gramms abbilden (Abb. A-I im Anhang). Die x-Achse reprä-sentiert die beiden Pole von kulturellem Kapital (links) und ökonomischem Kapital (rechts), die y-Achse das soziale Ka-pital (wenig/viel). Von links unten nach rechts oben wach-sen ökonomisches und soziales Kapital. Das impliziert nach rechts oben zunehmend eine Machtposition mit viel symbo-lischem Kapital, das als Reputation wirkt und zur Ausübung von Definitionsmacht eingesetzt werden kann. Für die em-pirische Repräsentation der theoretischen Kategorien wer-den folgende Indikatoren verwendet:

• Soziales Kapital
Es kommt darauf an, wie weit durch bestimmte Faktoren Chancen der Netzwerkbildung, der gesellschaftlichen Sicht-barkeit und der zugeschriebenen Bedeutung erhöht werden. Das wird bei folgenden Faktoren angenommen:
– Zahl des hauptberuflich tätigen wissenschaftlichen Perso-nals
– Laufende Grundmittel (in Mio. Euro)
– Durchschnittliche Zahl der Mitarbeiter pro Professor
– DFG-Bewilligungen für koordinierte Programme
– Standort in Westdeutschland oder Berlin
– Universitätsgründung vor 1970
– Akademiemitglieder

• Ökonomisches Kapital
Es kommt darauf an, dass ein Standort Wissen produziert und Bildung vermittelt, die als technisch-praktisch nützlich und ökonomisch verwertbar betrachtet werden. Das wird bei folgenden Faktoren vermutet:

- absolute Zahl des wissenschaftlichen Personals in Medizin, Biologie, Naturwissenschaften und Ingenieurwissenschaften
- Anteil des wissenschaftlichen Personals in Medizin, Biologie, Naturwissenschaften und Ingenieurwissenschaften am gesamten wissenschaftlichen Personal in Prozent

• Kulturelles Kapital
Es kommt darauf an, in welchem Umfang reine, zweckfreie Erkenntnis geschaffen und reine, zweckfreie Bildung vermittelt wird. Das wird bei folgendem Faktor postuliert:
- Anteil des wissenschaftlichen Personals in Geistes- und Sozialwissenschaften am gesamten wissenschaftlichen Personal in Prozent (spiegelbildlich zum Anteil von Medizin, Biologie, Natur- und Ingenieurwissenschaften)

• Symbolisches Kapital
Es geht um die Möglichkeit, Definitionsmacht auszuüben. Dafür stehen folgende Faktoren:
- Zahl der DFG-Gutachter an einem Standort
- Mitgliederzahl in DFG-Ausschüssen an einem Standort

Abhängige Variablen

Es wird davon ausgegangen, dass die Verteilungsstruktur von sozialem, ökonomischem, kulturellem und symbolischem Kapital sichtbar die Verteilung von Forschungsressourcen als abhängige Variable determiniert. Es werden dafür folgende Indikatoren verwendet:
- DFG-Bewilligungen
- Drittmittel
- AvH-Gastwissenschaftler
- DAAD-Stipendiaten und -Graduierte

Die Forschungsressourcen werden zur Generierung von wissenschaftlichem Kapital in Gestalt von publizierten Erkenntnissen eingesetzt. Das kann mit geringerer oder größerer Effizienz geschehen, wie wir noch sehen werden. Je mehr die Verteilung des wissenschaftlichen Kapitals (Publikationen) auf Standorte von der Verteilung der Forschungsressourcen abweicht, umso mehr erscheint sie nicht nur als ineffizient, sondern auch als illegitim, weil in der Leistungsgesellschaft das Prinzip gilt, dass der Zufluss von Ressourcen durch korrespondierende Leistungen zu rechtfertigen ist.

Im Bezugsrahmen von Pierre Bourdieus (1979, 1991, 1992, 2004a) Feldtheorie wird das Machtfeld der Wissenschaft von zwei sich überkreuzenden Achsen bestimmt. Die eine Achse verläuft zwischen den Polen »Zentrum vs. Peripherie« (*grande porte* vs. *petite porte*), die andere zwischen den Polen »reine zweckfreie Erkenntnis vs. praktisch-technische Nützlichkeit von Erkenntnis«. Ich interpretiere hier die Achse *grande porte/petite porte* als Achse zwischen den Polen von hohem und niedrigem sozialem Kapital. Auf die Situation in Deutschland übertragen, könnte man die Großstandorte der Drittmittelforschung als Zentrum mit hohem sozialem Kapital und die kleinen Standorte mit wenig Drittmittelforschung als Peripherie mit niedrigem sozialem Kapital verstehen, die Geistes- und Sozialwissenschaften als Pol der zweckfreien Erkenntnis, die Ingenieurwissenschaften und die Medizin als Pol der praktisch-technischen Nützlichkeit. Die Natur- und Biowissenschaften sind in besonderer Weise von der Spannung zwischen den Polen der zweckfreien und der nützlichen Erkenntnis geprägt. Sie werden heute von starken Kräften auf die Seite der praktisch-technischen Verwertbarkeit gezogen (vgl. beispielhaft Eckert und Osietzki 1989). Selbst die Geistes- und Sozialwissenschaften werden diesem Instrumentalisierungsdruck unterworfen und verlieren an Legitimität, weil sie die an sie gestellten Anforderungen der praktisch-technischen Nützlichkeit nicht erfüllen können (vgl. Winnes und Schimank 1999: 87ff). In der bürgerlichen Klassengesellschaft sind die Geisteswissenschaften von Generation zu Generation von einem Bildungsbürgertum getragen worden, das eine relativ geschlossene Klasse gebildet hat. Sprach-, Literaturwissenschaften und Geschichte haben die Lehrer des Bildungsbürgertums herangebildet und nichts anderes getan. Die Geisteswissenschaften waren so in einem sich selbst reproduzierenden Milieu verwurzelt und vor praktischer Instrumentalisierung geschützt. Heute bilden die Geisteswissenschaften nur noch zum kleinsten Teil zukünftige Lehrer aus, die außerdem im Gymnasium keine reine Bildungsschicht mehr erziehen, sondern eine breite Bevölkerungsschicht, an die keine höhere Bildung vermittelt werden soll, sondern Grundfertigkeiten des Denkens, Schreibens und Rechnens.

PISA hat das deutsche Gymnasium endgültig aus der Vergangenheit einer großen Bildungskultur gerissen und gezeigt, welche Kluft zwischen traditionellem Bildungsanspruch und erbärmlicher Bildungswirklichkeit besteht. Die in der PISA-Studie an der Spitze rangierenden Länder haben diese Lektion früher gelernt oder sie haben sie gar nicht lernen müssen, weil für sie die Sekundarschule nie der geschlossene Ort der Reproduktion des Bildungsbürgertums war, sondern ein schlichter Ort der Vermittlung von Grundfertigkeiten. Das deutsche Gymnasium muss jetzt diese Lektion nachholen und endgültig von der Tradition des Bildungsbürgertums Abschied nehmen. Höhere Massenbildung funktioniert nicht nach dem Modell des deutschen Idealismus, sondern nach den Gesetzmäßigkeiten praktischer Erfordernisse. Die Schule muss von den Höhen der großen Kultur in die Niederungen der standardisierten Vermittlung von Grundfertigkeiten an alle herabsteigen. Je mehr sie diese Lektion lernt, umso mehr wird sie mit guten PISA-Ergebnissen und entsprechender öffentlicher Zustimmung belohnt werden. Was die Schüler dabei lernen, hat natürlich mit der großen Kultur des alten Bildungsbürgertums nichts mehr zu tun. Es handelt sich um Fertigkeiten, die überall in der Welt nach den gleichen Standards vermittelt werden, so wie McDonald's seine Hamburger vollkommen gleichförmig in Kansas City, Los Angeles, Tokio, Moskau, Nairobi und Neu-Delhi verkauft. Derselbe Lernprozess wird den Geistes- und Sozialwissenschaften an den Universitäten durch den Bologna-Prozess der europaweiten Umstellung auf Bachelor-/Masterstudiengänge aufgeherrscht (vgl. Teichler 2004). Sie haben lange Zeit ignoriert, dass sie es nicht mehr mit einer bildungsbürgerlichen Klientel und Lehrerbildung zu tun haben, sondern mit Studierenden, die Sach- und Managementaufgaben überwiegend in der Privatwirtschaft ausüben werden und dies in Gestalt zahlloser Praktika auch während des Studiums schon lernen. Die Universität ist ein Ort, den sie nur gelegentlich zwischen zwei Praktika aufsuchen, um schnell den einen oder anderen Schein abzuholen und die eine oder andere Prüfungsklausur zu schreiben. Die Humboldt'sche Universität ist für sie eine Institution aus dem vorvergangenen Jahrhundert und seit mindestens 100 Jahren tot. Die Geistes- und Sozialwissenschaften haben das jahrzehntelang nicht wahrhaben wollen und sich an eine Fiktion gehalten. Sie haben sich damit abgefunden, dass es immer noch eine Hand voll Studierende gab, die dem alten Modell zu entsprechen schienen, die große Masse der Studierenden jedoch nicht wirklich etwas mit dem Betrieb zu tun hatte. Mit dem Bachelorstudium werden sie jetzt dazu gezwungen, nicht große Höhenflüge des Diskurses zu pflegen, sondern praktische Fertigkeiten zu vermitteln. Wenn 39 Prozent der Studierenden eines bis ins Letzte schon praxisnah gestalteten Studiengangs der Soziologie sich noch mehr Praxisbezug wünschen, dann ist klar, was die Forderung des Tages ist: Schluss mit Erkenntnis um der Erkenntnis willen, Schluss mit Ausflügen in die Geschichte einer Disziplin und hin zu Personalmanagement, Marketing und Public Relations. Man klagt darüber, dass dies alles nichts mehr mit einem Universitätsstudium zu tun hat. Das ist richtig. Aber es ist die Realität. Alles andere ist Fiktion. Die McDonaldisierung des Universitätsstudiums im Rahmen des Bolognaprozesses ist die logische Konsequenz aus der Öffnung der Universitäten für die Massenbildung (vgl. Teichler 1998).

Im Machtfeld der Wissenschaft bedeutet dieser Wandel insbesondere einen erheblichen Machtverlust auf der Seite des Pols der zweckfreien, reinen Erkenntnis. Weil diese Art der Erkenntnis nicht massenhaft gebraucht wird, haben diejenigen, die sich als ihre Gralshüter verstehen, nichts mehr zu sagen. Es fehlt ihnen schlicht die Klientel eines Bildungsbürgertums, das ihre Ansprüche auf geistige Führerschaft in die Gesellschaft tragen würde. Gelehrte wie Adorno, Horkheimer oder Habermas würden im Hörsaal der heutigen Massenlehranstalten nur gähnendes Unverständnis ernten. Wenn schon in den Universitäten die Jünger von McKinsey und Roland Berger weitaus mehr und neugierigere Zuhörerschaft in die Hörsäle ziehen können als die letzten Exemplare einer untergehenden Gelehrtentradition, wer soll dann draußen in der Öffentlichkeit noch ein Ohr für die Botschaften des reinen Geistes haben? Im Machtfeld der Wissenschaft heißt das, dass die Ressourcen mehr nach Nützlichkeit verteilt und vermehrt auf die Seite dieses Pols gezogen werden. Die Naturwissenschaften sind diesen Weg schon gegangen. Die Geisteswissenschaften müssen sich mit der Rolle bescheiden, zukünftigen Sachbearbeitern und Managern Entscheidungshilfe und interkulturelle Fertigkeiten zu vermitteln. Die Sozialwissenschaften müssen ihre Nützlichkeit durch das Anhäufen von Datenbergen beweisen. Für mehr und anderes ist in der neuen akademischen Welt kein Platz, schon gar nicht für klassisches Gelehrtentum (vgl. Albrecht 2001).

Der klassische Gelehrte hat als individuelle Persönlichkeit gewirkt. Er hat keine Großforschungseinrichtung, keinen Sonderforschungsbereich und keine Forschergruppe benötigt. Die kritische Masse, auf die er angewiesen war, beschränkte sich auf eine gut ausgestattete Bibliothek. Eine größere Zahl von Projektmitarbeitern und Kollegen in einem kollektiven Forschungszentrum wären für ihn nur hinderlich gewesen. Alle großen Forscherpersönlichkeiten der Vergangenheit in den Geistes- und Sozialwissenschaften hätten im heute herrschenden System der Drittmittelforschung keine Chance, gefördert zu werden. Um Gelehrtentum gedeihen zu lassen, brauchte man eine größere Zahl kleinerer Institute. Institute mit zwei bis drei Lehrstühlen haben genügt, um das erforderliche akademische Milieu zu schaffen. Heute werden solche kleinen Einheiten als nicht mehr lebensfähig begriffen. Das Personal wird größeren Einheiten zugeschlagen, um genügend kritische Masse zu schaffen. Damit wird der alten Gelehrtenkultur endgültig der Garaus gemacht. Es zählen jetzt nur noch Großstandorte, die sich nicht durch besonderes Gelehrtentum auszeichnen sollen, sondern durch das Auftürmen von Drittmitteln. Der Geist hat die Universitäten verlassen. Es herrscht die praktische Nützlichkeit. Ihr gilt es zu dienen. Damit sind die Weichen für die Monopolisierung von Forschungsmitteln bei den praktisch nützlichen Disziplinen und an den Großstandorten gestellt. Wir treten endgültig in eine Epoche ein, die Max Weber (1920/1972: 204) schon vor einhundert Jahren heraufziehen sah. Sie wird beherrscht von »Fachmenschen ohne Geist« und »Genussmenschen ohne Herz«. Diese Diagnose trifft heute den Nagel auf den Kopf. Was sich hinter dem Rücken der antreibenden Kräfte dieses grundlegenden Wandels von Bildung und Wissenschaft vollzieht, ist Zerstörung ohne Schöpfertum, weil dem Ganzen der Legitimität stiftende Sinn fehlt. Woher soll er auch kommen, wenn es in der neuen akademischen Welt keinen Platz für sinnstiftendes Gelehrtentum gibt?

Konstruktion und Effekte von symbolischem Kapital

Nach diesen allgemeinen Betrachtungen zu den Machtverschiebungen im akademischen Feld wenden wir uns im Folgenden der Interpretation der statistischen Analysen zu. Wir beginnen mit der Korrelation zwischen DFG-Ausschussmitgliedern als einer Form von symbolischem Kapital und DFG-Bewilligungssummen. Die Mitgliederlisten der DFG-Ausschüsse bieten einen Einblick in die Machtkonzentration der Forschungsorganisation Deutschland. Der Wissenschaftsrat fungiert als Steuerungsinstanz, die DFG als Konsekrationsinstanz der Forschung im Machtzentrum. Die von wenigen Traditionsuniversitäten monopolisierten Akademien der Wissenschaft stellen den Pool von Mitgliedern für einflussreiche Positionen im Wissenschaftsbetrieb bereit. Um diesen Kern gruppieren sich die Max-Planck-Gesellschaft, die Helmholtz-Gemeinschaft, die Leibniz-Gemeinschaft, die Fraunhofer-

Gesellschaft, die Bund-Länder-Kommission für Bildungsplanung und Forschungsförderung, das Bundesministerium
für Bildung und Wissenschaft, die Hochschulrektorenkonferenz und die zwanzig Universitäten mit den höchsten DFG-
Bewilligungssummen.

Betrachten wir die institutionelle Herkunft der Mitglieder in den Ausschüssen der DFG, dann sehen wir ein hohes
Maß der Konzentration der Mitgliedschaften auf besonders
kapitalkräftige Institutionen. Die Max-Planck-Gesellschaft
und sechzehn von 80 notierten Universitäten – das heißt
weniger als ein Viertel der Institutionen – vereinigen mehr
als die Hälfte der addierten Mitgliedschaften in Präsidium,
Senat, Bewilligungsausschuss Sonderforschungsbereiche, Bewilligungsausschuss Graduiertenkollegs, Auswahlausschuss
Heinz-Maier-Leibnitz-Preis und Fachausschüssen (1998)
bzw. Fachkollegien (2005). Man kann auch von einer Drei-
klassengesellschaft sprechen. Zur Oberklasse gehören die Institutionen mit mehr als 24 Mitgliedern, zur breiten Mit-
telklasse die Institutionen mit elf bis 24 Mitgliedern, zur
Unterklasse die Institutionen mit zehn oder weniger Mitgliedern. Die Verteilung der DFG-Bewilligungssummen 1999-
2001 korrespondiert weitgehend dieser Klassenteilung. Die
Mitgliedschaft in den zentralen Ausschüssen hat ein besonders hohes Gewicht. Addiert man diese Mitgliedschaften zu
den Ausschussmitgliedschaften insgesamt, dann hat man einen
Indikator für das symbolische Kapital einer Institution, in
den die zentralen Ausschussmitgliedschaften mit doppeltem
Gewicht eingehen. Mit diesem Indikator für symbolisches
Kapital korreliert die Verteilung der DFG-Bewilligungssummen besonders hoch. Zwischen beiden Faktoren – symbolisches Kapital und DFG-Bewilligungen – besteht ein re-
kursiver, sich selbst verstärkender Effekt. Das ist an dem

Zusammenhang zwischen Mitgliedschaften 1998, DFG-Bewilligungssummen 1999-2001, Mitgliedschaften 2002, Mitgliedschaften 2005 und Mitgliedschaften 1998 bis 2005 zu erkennen. Die erklärte Varianz ist sowohl nach vorne als auch nach rückwärts hoch (Tab. 5-1).

Die Einnahmen an DFG-Bewilligungen verteilen sich mit wenigen Ausreißern entsprechend der Repräsentation der Universitäten in den DFG-Ausschüssen (Abb. A-II.1 e-g im Anhang). Nicht anders sieht es bei der Vergabe der Leibniz-Preise aus (DFG 2006e: 176-177). Sicher handelt es sich immer um würdige Preisträger. Ebenso sicher gibt es aber eine Vielzahl ebenso würdiger Forscher, die mangels Zugang zum Machtzentrum des akademischen Feldes keine Chance hatten, zum Zuge zu kommen. Die größten Bewilligungsempfänger finden sich auch fast alle unter der ersten Gruppe der am besten in der DFG repräsentierten Universitäten, die kleinsten Bewilligungsempfänger sind nur sehr schwach bzw. überhaupt nicht in den Ausschüssen vertreten. Die mittleren Bewilligungsempfänger sind auch nur in mittlerer Größenordnung in den Ausschüssen präsent. Dasselbe gilt für die Verteilung der Leibniz-Preise. Einzelne Universitäten haben eine im Verhältnis zu ihrer Größe deutlich überproportionale bzw. deutlich unterproportionale Repräsentanz in den DFG-Ausschüssen. In Einzelfällen ist das mit außergewöhnlich hohen bzw. verhältnismäßig niedrigen Bewilligungssummen pro Professor korreliert. Einige Standorte profitieren zusatzlich zu den direkten Ausschussmitgliedschaften noch dadurch, dass ihnen Direktoren von Max-Planck-Instituten oder Forschungszentren der Helmholtz-Gemeinschaft oder Leibniz-Gemeinschaft in ihrer unmittelbaren Nachbarschaft durch Honorarprofessuren verbunden sind. Dadurch erhöht sich ihr in DFG-Ausschussmitgliedschaften zum Ausdruck

Tab 5-1: Wissenschaftliche Mitglieder in DFG-Ausschüssen und DFG-Bewilligungssummen

Institutionen	Mitglieder zentrale Ausschüsse			Mitglieder Ausschüsse insgesamt			Summe zentrale Ausschüsse	Summe Ausschüsse insg.	Symb. Kapital	DFG-Bewilligungen in Mio. €	Leibniz-Preise
	1998	2002	2005	1998	2002	2005				1999-2001	1986-2003
Max-Planck-Ges.	14	9	9	30	31	34	32	95	127	83,6	28
TU Dresden	3	4	2	19	32	28	9	79	88	57,2	1
U Freiburg	3	5	4	19	22	25	12	66	78	85,2	9
U München	8	4	3	25	22	15	15	62	77	116,9	8
U Tübingen	4	4	4	17	26	21	12	64	76	100,2	12
U Bonn	4	2	4	26	24	16	10	66	76	81,6	7
FU Berlin	6	1	5	16	21	18	12	55	67	76,6	11
TU München	5	6	1	17	23	13	12	53	65	116,3	7
HU Berlin	3	2	1	13	20	26	6	59	65	90,1	6
TH Aachen	3	2	2	18	20	19	7	57	64	119,2	3
U Heidelbg.	3	3	4	17	17	17	10	51	61	94,2	3
U Karlsruhe	6	6	5	16	18	9	17	43	60	87	11
U Göttingen	1	3	4	14	19	18	8	51	59	74	7
U Erlangen-Nürnberg	3	3	3	11	21	16	9	48	57	95,4	2

Institutionen	Mitglieder zentrale Ausschüsse			Mitglieder Ausschüsse insgesamt			Summe zentrale Ausschüsse	Summe Ausschüsse insg.	Symb. Kapital	DFG-Bewilligungen in Mio. €	Leibniz-Preise
	1998	2002	2005	1998	2002	2005				1999-2001	1986-2003
U Würzburg	0	2	4	13	15	16	6	44	50	90,3	7
U Köln	1	1	2	18	14	14	4	46	50	73,8	6
U Münster	1	1	4	11	11	22	6	44	50	69	6
U Hamburg	2	1	0	13	19	17	3	44	47	74,1	3
U Frankfurt/M.	2	2	3	15	15	9	7	39	46	69,4	8
U Mainz	2	2	0	13	18	10	4	41	45	61,2	3
U Stuttgart	2	1	2	12	17	10	5	39	44	93,2	4
U Marburg	2	4	3	11	12	12	9	35	44	58	9
U Bochum	0	2	1	14	13	13	3	40	43	72,9	5
U Hannover	1	2	3	8	14	13	6	35	41	65,3	1
TU Darmstadt	1	2	1	11	12	14	4	37	41	53,5	2
U Konstanz	5	2	2	14	10	7	9	31	40	43,2	5
U Jena	1	1	1	11	15	10	3	36	39	41,5	1
TU Berlin	1	2	2	10	11	11	5	32	37	67,5	5
U Halle-Wittenberg	1	0	0	12	14	10	1	36	37	34,6	1

Institutionen	Mitglieder zentrale Ausschüsse			Mitglieder Ausschüsse insgesamt			Summe zentrale Ausschüsse	Summe Ausschüsse insg.	Symb. Kapital	DFG-Bewilligungen in Mio. €	Leibniz-Preise
	1998	2002	2005	1998	2002	2005				1999–2001	1986–2003
U Kiel	1	2	1	13	13	6	4	32	36	38,4	5
U Düsseldorf	3	2	3	10	9	7	8	26	34	43,7	3
U Kaiserslautern	1	4	5	5	10	9	10	24	34	30,5	–
TU Braunschweig	2	3	1	7	8	12	6	27	33	41	2
U Dortmund	0	1	3	7	12	8	4	27	31	42,6	–
U Bayreuth	1	2	1	8	9	8	4	25	29	28,1	3
U Magdeburg	1	2	1	5	8	12	4	25	29	26,4	2
U Gießen	0	0	1	11	7	8	1	26	27	45,3	–
U Regensburg	0	2	2	6	9	7	4	22	26	34,4	2
U Ulm	1	2	3	3	8	8	6	19	25	37,8	2
U Leipzig	0	0	0	3	10	10	0	23	23	40,6	–
U Bremen	1	3	2	3	7	5	6	15	21	43,7	1
U Bielefeld	1	2	2	5	5	6	5	16	21	42,3	6
U Saarbrücken	2	2	2	5	5	5	6	15	21	38,5	7
U Essen	0	1	2	5	8	4	3	17	20	28,9	2

Institutionen	Mitglieder zentrale Ausschüsse			Mitglieder Ausschüsse insgesamt			Summe zentrale Ausschüsse	Summe Ausschüsse insg.	Symb. Kapital	DFG-Bewilligungen in Mio. €	Leibniz-Preise
	1998	2002	2005	1998	2002	2005				1999-2001	1986-2003
U Rostock	0	1	1	3	8	4	2	15	17	14	–
MedHo Hannover	0	1	3	3	2	6	4	11	15	28	–
TU Freiberg	1	1	0	7	3	3	2	13	15	26,1	2
U Hohenheim	1	1	0	6	4	3	2	13	15	12,8	1
U Greifswald	1	0	0	2	3	6	1	11	12	11,2	–
TU Chemnitz	0	0	0	1	6	6	0	11	11	25,8	–
U Potsdam	1	0	0	1	6	4	0	11	11	16,2	2
MedU Lübeck	1	0	0	4	3	3	1	10	11	10,6	–
U Siegen	0	0	1	1	3	5	1	9	10	10,8	1
U Wuppertal	1	0	1	4	4	1	1	9	10	10	1
U Bamberg	0	1	1	2	4	2	2	8	10	3,4	1
U Mannheim	1	0	0	1	3	4	0	8	9	13,3	–
U Osnabrück	1	0	0	3	1	2	1	6	7	13,8	1
TiHo Hannover	0	0	0	2	2	3	0	7	7	5,9	–
UBW München	0	0	0	2	4	1	0	7	7	4,1	–

Institutionen	Mitglieder zentrale Ausschüsse			Mitglieder Ausschüsse insgesamt			Summe zentrale Ausschüsse	Summe Ausschüsse insg.	Symb. Kapital	DFG-Bewilligungen in Mio. €	Leibniz-Preise
	1998	2002	2005	1998	2002	2005				1999-2001	1986-2003
U Kassel	0	0	0	2	1	3	0	6	6	9,4	–
TU Ilmenau	0	0	0	4	1	1	0	6	6	7,7	–
TU Clausthal	0	0	0	2	2	1	0	5	5	15,8	–
U Trier	0	0	0	3	1	1	0	5	5	14,7	–
U Passau	0	0	0	2	3	0	0	5	5	2,9	–
U Paderborn	0	0	0	1	2	1	0	4	4	17,5	3
U Duisburg	0	0	0	2	1	0	0	3	3	21	1
TU Hamburg-Harburg	0	0	0	1	1	1	0	3	3	17,9	1
U Oldenburg	0	0	0	0	0	3	0	3	3	14,6	1
U Weimar	0	0	0	1	0	2	0	3	3	4,7	–
FU Hagen	0	0	0	0	2	1	0	3	3	1,6	–
U Augsburg	0	0	0	0	1	1	0	2	2	12,9	2
TU Cottbus	0	0	0	0	1	1	0	2	2	4,3	1
U Frankfurt/O.	0	0	0	0	1	1	0	2	2	2	–
UBW Hamburg	0	0	0	1	0	1	0	2	2	2	–

Institutionen	Mitglieder zentrale Ausschüsse			Mitglieder Aus-schüsse insgesamt			Summe zentrale Aus-schüsse	Summe Aus-schüsse insg.	Symb. Kapital	DFG-Bewilligungen in Mio. €	Leibniz-Preise
	1998	2002	2005	1998	2002	2005				1999-2001	1986-2003
KathH Eichstätt	0	0	0	0	1	1	0	2	2	0,7	–
U Erfurt	0	0	0	1	0	0	0	1	1	0,7	–
U Koblenz-Landau	0	0	0	0	0	0	0	0	0	1,7	–
U Witten-Herdecke	0	0	0	0	0	0	0	0	0	1,6	–
HdK Berlin	0	0	0	0	0	0	0	0	0	1,1	–
U Lüneburg	0	0	0	0	0	0	0	0	0	0,9	–
U Hildesheim	0	0	0	0	0	0	0	0	0	0,5	–

Zentrale Ausschüsse: Präsidium, Senat (wiss. Mitglieder), Bewilligungsausschuss Sonderforschungsbereiche, Bewilligungsausschuss Graduiertenkollegs, Auswahlausschuss Heinz-Maier-Leibnitz-Preis.

Ausschussmitglieder nsgesamt: o. g. Ausschüsse plus Fachausschüsse (1998) bzw. Fachkollegien (2002, 2005).

Symbolisches Kapital: Summe zentrale Ausschüsse plus Summe Ausschüsse insgesamt. Die dadurch erfolgende doppelte Zählung der zentralen Ausschüsse bringt den höheren Wert des darin steckenden symbolischen Kapitals zum Ausdruck. Die Reihenfolge der Institutionen richtet sich nach dem Besitz an symbolischem Kapital. Die drei Leibniz-Preise von Duisburg-Essen wurden nach Größe der beiden Standorte verteilt.

Quellen: DFG 1998: 380–446; 2002: 233–247; 2003a: 49, 172–173; 2005a: 229–241; 2006e: 176–177; DFG-Homepage vom 19. 2. 2006: Mitglieder der Fachkollegien; Bereitstellung durch DFG für 2002.

kommendes symbolisches Kapital um einige Punkte. Das gilt insbesondere für Standorte mit besonderer Verdichtung außeruniversitärer Forschungseinrichtungen, vor allem für die Standorte Aachen (Jülich), Karlsruhe, Berlin, Göttingen, Heidelberg und München.

Eine Untersuchung über Antragsbewilligungen beim Forschungsrat eines kleineren westeuropäischen Landes hat nachgewiesen, dass die Erfolgswahrscheinlichkeit eines Forschungsantrages eklatant mit der Nähe von Antragsteller und Evaluationskommission steigt. Hat kein Antragsteller jemals einen Sitz in irgendeinem Ausschuss des Forschungsrates gehabt, dann liegt die Bewilligungsquote bei 37 Prozent. Ist/war ein Mitantragsteller Mitglied in einem solchen Ausschuss, aber nicht in dem über den Antrag entscheidenden Ausschuss, dann steigt die Bewilligungsquote auf 47 Prozent. Ist/war der Hauptantragsteller Mitglied in irgendeinem, aber nicht in dem entscheidenden Ausschuss, dann erhöht sich die Bewilligungsquote auf 60 Prozent. Ist ein Mitantragsteller Mitglied in dem entscheidenden Ausschuss, dann wird eine Quote von 62 Prozent erzielt. Die Spitze einer Quote von 74 Prozent wird bei einer Mitgliedschaft des Hauptantragstellers im entscheidenden Ausschuss erreicht (Moed 2005: 253, Abb. 20.5). Ausschussmacht schlägt offensichtlich Skrupel der Vorteilsnahme. Umso erstaunlicher ist die Duldung eines Ausschusskartells von 16 Universitäten und der MPG mit der Hälfte aller DFG-Ausschusssitze durch die dadurch benachteiligten Universitäten. Erklärbar ist das durch die noch vorhandene Wirkungskraft des Rationalitätsmythos einer Entscheidung über DFG-Förderanträge durch unvoreingenommen urteilende »hochrangige« Experten, die angeblich dazu führt, dass sich dort mehr Gutachter konzentrieren, wo die größte Kompetenz vorhanden ist (DFG 2003a: 89). Diese Exzellenzrhetorik kann so lange den Rationalitätsmythos stützen, wie die mit dem Input an DFG-Mitteln verbundene Produktivität der Mitteleinwerbung pro Kopf und erst recht die Relation zwischen Inputproduktivität und Publikationsoutput pro Kopf im Verborgenen gehalten wird, die Aktivitätsstruktur der alltäglichen Praxis von der Formalstruktur der öffentlichen Rede entkoppelt bleibt (Meyer und Rowan 1977).

Die Ausschüsse der DFG werden von einem latenten Kartell der Großstandorte dominiert, sowohl die übergeordneten Ausschüsse als auch die Fachausschüsse. Über die koordinierten Programme der DFG sind die Großstandorte eng miteinander verflochten. Die Fachausschüsse bzw. -kollegien weisen in einzelnen Fachgebieten mehrere (zwei, drei und sogar noch mehr) Mitglieder einer einzigen, meist einer größeren Universität mit Traditionsbonus auf. Bonn profitiert offensichtlich in besonderer Weise von der räumlichen Nähe. Es kommt sogar mehrfach vor, dass zwei Mitglieder eines Unterausschusses ein und demselben Institut angehören (DFG 1998: 380-446). Das bedeutet jedoch keineswegs, dass die Ausschussmitglieder und die DFG-Gutachter gezielt Forschungsprojekte an die eigenen Einrichtungen bringen. Die Gutachter handeln nach ihren professionellen Standards und nach bestem Wissen und Gewissen.

Die Begutachtungsverfahren sind so angelegt, dass Förderanträge nach den dominanten professionellen Standards auf Herz und Nieren geprüft werden. Deshalb kommt kaum ein Antrag ganz ungeschoren davon (Neidhardt 1988). Und es kann davon ausgegangen werden, dass schlechte Qualität keine Chance des Durchkommens hat. In dieser Hinsicht handelt es sich um ein äußerst strenges *peer review*-Verfahren. Die Selektivität des Verfahrens zu Gunsten eines relativ engen Kreises von Drittmittelempfängern vollzieht sich unter diesen Bedingungen hinter dem Rücken der Akteure. Von entscheidender Bedeutung ist dabei die Tatsache, dass angesichts der in nahezu allen Anträgen auf Forschungsförderung gefundenen Mängel sekundäre Merkmale wie Reputation und Standortgröße eine überragende Bedeutung bekommen. Die Gutachtertätigkeit ist per definitionem auf das Aufdecken von Mängeln ausgerichtet. Dieses Leitprinzip gutachterlicher Tätigkeit führt zu dem Ergebnis, dass an der ganz großen Mehrzahl aller Anträge Mängel entdeckt werden. Infolgedessen kommt die Mehrzahl der Anträge zum Zuge – gegebenenfalls mit Auflagen oder auch erst im zweiten Anlauf mit Nachbesserungen –, obwohl sie nach gutachterlicher Stellungnahme Mängel aufweisen. Das hat schon die Untersuchung von Neidhardt (1988: 109, 116) über das Begutachtungsverfahren der DFG nachgewiesen. Bei der Frage, ob Anträge trotz der aufgedeckten Mängel – gegebenenfalls mit Auflagen, Kürzungen oder auch erst im zweiten Anlauf – zum Zuge kommen oder nicht, ist die Reputation des Antragstellers und auch seiner Institution von entscheidender Bedeutung. Auch das hat die Untersuchung von Neidhardt (1988: 109, 116) gezeigt. Die Reputation von Antragsteller und Standort dienen als Mittel der Bewältigung von Unsicherheit über die Erfolgschancen eines Forschungsprojekts. Bei Großprojekten im Rahmen der koordinierten Programme der DFG spielt die an einem Standort vermutete kritische Masse und professionelle Erfahrung mit langfristig angelegten Großprojekten eine bedeutende Rolle. Das führt dazu, dass renommierte Antragsteller aus größeren Standorten mit einer langjährigen Geschichte der Durchführung von Großprojekten wie Sonderforschungsbereichen bessere Chancen haben, auch Großprojekte mit Schwächen –

wie z. B. Inkohärenz und nicht durchgängig hochkarätige Mitantragsteller – durchzubringen, als Antragsteller ohne diesen Hintergrund.

Genügend kritische Masse und schon deshalb genügend Qualität wird zwangsläufig dort unterstellt, wo in der Vergangenheit schon Großprojekte durchgeführt wurden und große Fachbereiche vorhanden sind. Bei dem großen Anteil, den die koordinierten Programme am gesamten Fördervolumen der DFG haben, ergibt sich aus dieser Situation eine zwar nicht intendierte, aber sich trotzdem vollziehende Verteilung von Fördermitteln im Sinne der konsekutiven Akkumulation von Wettbewerbsvorteilen, dementsprechend die zunehmende Konzentration von Forschungsmitteln auf einen kleinen Kreis von Standorten, aus dem sich wiederum aus denselben Gründen die Mehrheit der Gutachter speist. Dabei ist noch mit zu bedenken, dass die Einwerbung von DFG-Mitteln durch koordinierte Programme in hohem Maße die Akquisition weiterer DFG-Mittel im Normalverfahren nach sich zieht. Das ist der sich selbst verstärkende Prozess, der zum Aufbau kartell- und monopolartiger Strukturen führt, ohne dass dies von den Akteuren im Spiel direkt intendiert wird. Es ist ein Prozess, der nach dem von Norbert Elias (1939/1976) beschriebenen Monopolmechanismus abläuft. Die verantwortlichen Akteure tun ihr Bestes, trotzdem geht aus ihrem Handeln in nicht intendierter Weise eine Struktur hervor, die dem wissenschaftlichen Wettbewerb und der offenen Evolution des Wissens abträglich ist.

Der Vorgang kann als ein Spezialfall pfadabhängiger Entwicklungen betrachtet werden, bei denen erste Schritte in eine bestimmte Richtung die Wahrscheinlichkeit erhöhen, dass weitere Schritte in dieselbe Richtung gemacht werden

und jeder weitere Schritt in diese Richtung diese Wahrscheinlichkeit noch weiter erhöht. Das kann durch die mit den Investitionen in eine Richtung wachsenden Erträge (*increasing
returns*) erklärt werden, im Vergleich zu denen sich die Kosten einer Umkehr und des Einschlagens einer anderen Richtung zunehmend als weitaus größer darstellen. Dadurch werden Entwicklungspfade auch dann beibehalten, wenn sie auf
lange Sicht geringere Erträge erbringen als andere Entwicklungspfade. Neben dieser institutionen*ökonomischen* Erklärung, ist auch eine institutionen*politische* Erklärung derart
denkbar, dass mit den Schritten in eine bestimmte Richtung
Machtstrukturen aufgebaut werden, die darauf hinwirken,
dass die Machtpositionen zur Fortsetzung des eingeschlagenen Entwicklungspfades genutzt werden. Institutionen*soziologisch* erklärt sich der Vorgang so, dass die Entwicklungsschritte Denkschablonen aufbauen, die zur Folge haben, dass
der eingeschlagene Entwicklungspfad als rational wahrgenommen wird, Alternativen dagegen gar nicht denkbar sind bzw.
als weniger rational betrachtet werden. Man kann diese drei
institutionalistischen Erklärungen des beobachteten Vorgangs insofern als komplementär verstehen, als sie drei miteinander zusammenhängende und sich gegenseitig stützende Aspekte des Ganzen beleuchten (Hall und Taylor 1996;
Pierson 2004: 17-53, 133-166; Beyer 2005).

Das Ergebnis der konsekutiven Akkumulation von Drittmitteln, Ausschussmitgliedschaften und Gutachtertätigkeiten durch einen kleinen Kreis von Standorten lässt sich als
ein latentes Machtkartell bezeichnen. Es ist latent und nicht
manifest vorhanden, weil es ein nicht intendierter Effekt von
rationalem Handeln nach professionellen Kriterien ist und
nicht auf Absprachen der beteiligten Akteure beruht, die auf
die Aufteilung von Forschungsressourcen untereinander und

das Fernhalten potentieller Konkurrenten von diesen Ressourcen zielen. Die Wähler wählen diejenigen Mitglieder in die Ausschüsse, denen sie eine gewissenhafte Handhabung ihrer Aufgabe zutrauen, die Ausschussmitglieder tun, was sie für das Beste zur Förderung der Wissenschaft halten, und die Gutachter befürworten, was nach ihrem besten Wissen und Gewissen die Erkenntnis fördert. Trotzdem resultiert aus diesen vielen rationalen Einzelentscheidungen eine Struktur der Verteilung von Ausschuss- und Gutachtermacht und von Forschungsressourcen, die sich als kartellartig beschreiben lässt. Das liegt im Wesentlichen an der hohen Unsicherheit der Akteure über die Fähigkeiten von Forschern, die Kapazität von Standorten und die Erfolgswahrscheinlichkeit von Forschungsprojekten. Diese Unsicherheit zwingt sie zur Entscheidung nach sekundären Merkmalen, die Qualität verbürgen, ohne dass man es selbst nachprüfen kann. Diese Funktion erfüllen konsekutiv in langen Serien erworbene Reputation und die Größe von Fachbereichen, die kritische Masse anzeigen. Das Verhalten der Gutachter unter großer Unsicherheit über die Qualität von Angeboten (Anträgen) entspricht dem in der Ökonomie als Herdenverhalten bezeichneten Modell, das dort insbesondere zur Erklärung von Anlegerverhalten in Finanzmärkten Anwendung findet. Mangels Wissen über die langfristige Performanz von Vertrauensnehmern (Unternehmen, Antragsteller) halten sich Vertrauensgeber (Investoren, Gutachter) an das Verhalten anderer Vertrauensgeber (Investoren, Gutachter) auf dem Markt und verursachen dadurch mit die herdenhafte Zuweisung von Ressourcen an Vertrauensnehmer (Unternehmen, Antragsteller), ohne dass dadurch die effizienteste Allokation von Ressourcen garantiert ist. Es kann sogar sein, dass auf diese Weise bessere Angebote systematisch aus dem

Markt gedrängt werden (Merton 1949/1968b; Akerloff 1970; Arthur 1988, 1997; Devenow und Welch 1996).

Bei den zu begutachtenden Forschungsprojekten handelt es sich in der Sprache der Ökonomie um Vertrauensgüter mit hochgradiger Unsicherheit über die Entscheidungsgrundlagen der Förderung (Informationsrisiko), über den Ablauf des Projektes (Delegationsrisiko) und auch noch über die Qualität des Endproduktes (Beurteilungsrisiko) (vgl. Oehler und Unser 2002: 194-206). Der Gutachter als Vertrauensgeber weiß vor »Vertragsabschluss« nicht genau, was wirklich in dem Projekt des Antragstellers (Vertrauensnehmers) im Vergleich zu in der Regel thematisch anders gelagerten Projekten an Erkenntnispotential steckt. Das heißt, er hat ein hohes Informationsrisiko. Zwischen Vertrauensgeber und Vertrauensnehmer besteht eine hohe Informationsasymmetrie, weil Ersterem Informationen über das Projekt fehlen, die Letzterer gleichwohl besitzt. Der Gutachter hat auch keine direkte Kontrolle über den Ablauf des Projektes. Das ist sein Delegationsrisiko. Die Delegationsasymmetrie zeigt sich darin, dass der Vertrauensnehmer den Projektablauf ganz allein bestimmt. Schließlich liegt auch noch ein Beurteilungsrisiko vor, weil ein Projektbericht noch keine vollständigen Anhaltspunkte darüber liefert, welcher Erkenntnisfortschritt nun tatsächlich erzielt worden ist und wie weit sich dieser Fortschritt in der Rezeption der Ergebnisse in der scientific community bemerkbar machen wird. Das ist eine Sache, die sich in der Regel erst nach längerer Zeit einstellt. Außerdem liegt es wieder ganz in der Hand des Vertrauensnehmers, seine Ergebnisse so zu vermarkten, dass sie in der scientific community rezipiert werden. Das ist die Beurteilungsasymmetrie. Weil die einer Forschungsleistung zugeschriebene Qualität in hohem Maße von deren erfolgreicher Vermarktung abhängt, hat der Gutachter ein Urteil über ein Produkt abzugeben, dessen zugeschriebene Qualität nicht in seiner Hand liegt.

Angesichts dieser Koinzidenz hochgradiger Informations-, Delegations- und Beurteilungsrisiken und -asymmetrien müssen sich Begutachtungsverfahren zwangsläufig auf sekundäre, vertrauenserzeugende Kriterien stützen, die nicht direkt die Qualität eines Forschungsantrages, eines Forschungsverfahrens und eines Forschungsergebnisses beweisen. Auf der Seite der Gutachter ergibt sich ein hoher Bedarf an »screening«, auf der Seite der Antragsteller ein hoher Bedarf an »signalling«. Beide Seiten sind auf der Suche nach Ersatzindikatoren für Qualität. Diesen Zweck erfüllt der Rekurs auf Erfolge in der Vergangenheit, auf »einschlägige« Vorarbeiten, auf schon eingeworbene Drittmittel, auf die vorhandene Infrastruktur, die so genannte kritische Masse und sonstige Erfolge eines Standorts. Von größter Bedeutung ist das in Netzwerken verankerte soziale Kapital. Je mehr ein Forscher in ein Netzwerk eingebunden ist, umso besser kann er seine Forschungsergebnisse auch weiter vermitteln. Er verfügt dann schon über relevante Abnehmer seiner Produkte, die wiederum als Multiplikatoren für deren weitere Verbreitung sorgen. Das macht den Erfolg von kooperativer Forschung gegenüber Einzelforschung aus, wenn die Qualität von Forschungsergebnissen unter hoher Unsicherheit in Kennziffern gemessen wird. Es liegt auf der Hand, dass dieser Mechanismus für Innovationen einerseits hohe Hürden aufbaut, andererseits aber deren Diffusion befördert, wenn diese Hürden einmal übersprungen sind. Die Einzelforschung einsamer Wölfe wird in diesem System an den Rand gedrängt; verschwindet sie ganz, dann mangelt es dem Wissenschaftssystem erheblich an Kreativitätspotential, das auf

Quellen außerhalb fester Netzwerke angewiesen ist. Auf die Geisteswissenschaften wirkt sich die Unterwerfung unter Begutachtungsverfahren, die aufgrund hoher Unsicherheiten auf Kennziffern und Rezeptionserfolge zurückgreifen müssen, in dem Sinne kreativitätshemmend aus, dass die in diesen Disziplinen vorherrschende Einzelforschung des Gelehrten als maßgebliche Quelle der Kreativitätsentfaltung ins Abseits geschoben wird.

Wie schon Friedhelm Neidhardt (1988) in seiner Untersuchung über DFG-Begutachtungsverfahren festgestellt hat, ist die Reputation eines Forschers das entscheidende Kriterium bei der Begutachtung von Forschungsanträgen, wenn die Gutachter über die Qualität eines Antrags unsicher sind. Das ist indessen aufgrund der erwähnten Informations-, Delegations- und Beurteilungsrisiken grundsätzlich so und macht sich bei wachsender Konkurrenz um Forschungsgelder umso mehr bemerkbar, weil diese Konkurrenz in besonderem Maße den Blick auf die Mängel von Anträgen lenkt, um Ablehnungsgründe sammeln zu können. Da ist entscheidend, wie sich Reputation im Wissenschaftssystem bildet. Der naive Blick könnte sagen, dass Reputation dort entsteht, wo herausragende Leistungen geboten werden. Hier drehen wir uns allerdings im Kreise, wenn die Beurteilung von Forschungsleistungen unter so großer Unsicherheit erfolgen muss, wie wir es schon festgestellt haben. Sicherlich gibt es sachliche Kriterien, die in einer Disziplin Qualität definieren. Allerdings kann darüber mehr oder weniger Übereinstimmung herrschen. Außerdem sagt die Erfüllung sachlicher Kriterien noch gar nichts darüber aus, dass eine Forschungsleistung deshalb besondere Beachtung verdient. Es ist die Voraussetzung, um überhaupt im Strom mitschwimmen zu können, mehr aber nicht. Was mehr und was weniger Beachtung findet und dadurch Reputation schafft, könnte wieder naiv auf besondere Kreativität zurückgeführt werden. Aber auch im Hinblick auf dieses Kriterium kann gesagt werden, dass ein bestimmtes Maß an Kreativität zur Normalität des Wissenschaftsbetriebes gehört und viel Kreativität im breiten Strom der Forschung mangels Beachtung untergeht.

Wieder enden wir bei der sozialen Konstruktion von Exzellenz, nämlich bei der Frage, welche unter den unzähligen kreativen Leistungen von Wissenschaftlern besondere Beachtung erlangen und auf einen Entwicklungspfad der Akkumulation von Reputation aus vorhandener Reputation gebracht werden. Entscheidend dafür sind Anfangserfolge der Beachtung mit Signalwirkung. Die Rezeption bestimmter Publikationen durch schon reputierte Forscher ist hier entscheidend. Weil sie die Aufmerksamkeit eines weiteren Netzwerks auf relevante Forschung lenken, initiieren sie einen katalysatorischen Effekt, indem jeder weitere Rezeptionserfolg (Zitation) von sich aus eine noch größere Zahl von Rezeptionserfolgen erzeugt. In einem Schneeballverfahren breitet sich eine ganze Rezeptionswelle aus, die dazu führt, dass bestimmte Werke nur deshalb in Literaturverzeichnisse aufgenommen werden, weil sie in vielen anderen Literaturverzeichnissen auch erscheinen und dadurch einen Kommunikationszusammenhang im Netzwerk herstellen. Diese Publikationen gelangen dann in eine zentrale Stellung im Netzwerk, aus der sie kaum noch zu verdrängen sind. Maßgeblich dafür ist die dadurch gewonnene Ordnung im Netzwerk. Prinzipiell hätten auch andere Werke diese Rolle spielen können. Weil sie jedoch nicht den Sprung über die Hürde der Rezeption durch schon reputierte Forscher geschafft haben, schwimmen sie nur am Rande mit. Die reputierten Forscher wirken in diesem Prozess als erste Konsekrationsinstanzen, die bestimmten Publikationen eine erste Weihe verleihen, die sie dann auf einen Weg der fortschreitenden Akkumulation von Rezeption durch Rezeption schickt.

Für die ersten Rezeptionserfolge können eine Vielzahl von Faktoren verantwortlich sein. Zunächst kann wieder an Kreativität gedacht werden. Wieder muss man aber feststellen, dass es weit mehr kreative Leistungen gibt, als tatsächlich rezipiert werden. Umgekehrt können bei einer Kreativitätsflaute auch weniger kreative Leistungen Beachtung finden. Immer haben wir es mit einem Selektionsverfahren zu tun, das wenige Publikationen aus einer Vielzahl von an sich gleichwertigen Publikationen zum Rezeptionserfolg führt. Der Anfangserfolg ist deshalb schon in erheblichem Maße eine soziale Konstruktion. Entscheidend ist dann in der Tat die institutionelle Herkunft der Forscher, insbesondere die Kooperation mit schon reputierten Forschern. In offizieller Sprachregelung haben sie dann von den schon reputierten Forschern ihr Handwerk besonders gut gelernt. Hinter dieser Offizialsprache wirkt jedoch das soziale Kapital, das aus der Verbindung mit reputierten Forschern resultiert. Die Kooperation mit reputierten Forschern vermittelt dasjenige soziale Kapital, das erforderlich ist, um die Hürde der Nichtbeachtung wegen des beschränkten Aufmerksamkeitspotentials aller Forscher zu überspringen. Im besten Fall wirkt dann die erlangte Beachtung zurück auf das Selbstwertgefühl des Forschers und beflügelt ihn in seiner weiteren Forschung, während die vielen nicht beachteten Forscher verunsichert und in der Entfaltung ihrer Leistung gebremst werden. In diesem Sinn wirken die symbolischen Prozesse der Zuschreibung von Reputation (bzw. »Exzellenz«) als *self-fulfilling prophecy* zurück auf das Objekt der Zuschreibung.

Sind einmal die Hürden der Nichtbeachtung mangels Aufmerksamkeitskapazität übersprungen, verfügt ein Forscher über jene Reputation, die ihn dann in seiner weiteren Forschung trägt und ihm weitere Beachtung sichert, obwohl es zu seiner Forschung eine größere Zahl von gleichwertigen Alternativen gibt, die jedoch mangels sozialen Kapitals unbeachtet bleiben. Reputation ist so gesehen eine soziale Konstruktion in Gestalt der Akkumulation von sozialem Kapital aus sozialem Kapital. Auch der Erfolg der reputierten Forscher, die als Konsekrationsinstanzen für jüngere Forscher dienen, ist auf diese Weise zustande gekommen.

Die Strukturierung durch soziales Kapital erfüllt für das Wissenschaftssystem eine Orientierungs- und Ordnungsfunktion und wirkt dementsprechend innovationshemmend. Da jedoch der Erkenntnisfortschritt in besonderem Maße auf Innovation, d. h. auf das Brechen mit dem herrschenden Kanon, angewiesen ist, besteht eher ein Bedarf an Gegenkräften gegen zu viel Ordnung als ein Bedarf an Festigung dieser Ordnung. Genau diese Verfestigung der herrschenden Wissensordnung folgt jedoch aus der Unterwerfung der Wissenschaft unter ein flächendeckendes Begutachtungsverfahren. Dieses Verfahren gibt dem Mechanismus der Akkumulation von sozialem Kapital aus sozialem Kapital einen solchen Vorrang, dass Innovationen, die sich immer gegen die etablierte Wissensordnung durchsetzen müssen, erheblich behindert, wenn nicht gar ganz erstickt werden. Als Gegenmaßnahme gegen diese Tendenz kann nur die gezielte Förderung von Pluralität wirken, sowohl auf der Angebotsseite von Forschungsförderung (mehr Förderinstitutionen neben der DFG) als auch auf der Nachfrageseite (eine größere Zahl gleichrangiger Nachfrager und gerade keine Hierarchie von Forschungsinstitutionen und Forschern). Die aktuelle Exzellenzinitiative von Bund und Ländern tut jedoch alles, um genau diese Voraussetzung der offenen Wissensevolution, des Erkenntnisfortschritts und der internationalen Wettbewerbsfähigkeit von Wissenschaft und Forschung in Deutschland endgültig zu beseitigen. Der Effekt wird die noch weitere kartellartige Konzentration von Forschungsmitteln auf Monopole und Forschungsoligarchien mit weiter versiegendem Innovationspotential sein. Dabei kommt noch verschärfend hinzu, dass die Strukturierung durch verfestigtes soziales Kapital im Fördersystem maßgeblich am Reputationsaufbau durch die Einwerbung von Drittmitteln ohne Bezug zu Publikationen orientiert ist und deshalb in einen selbstreproduktiven Prozess der Kartell- und Monopolbildung ohne Gegenkontrolle hineinführt.

Die Zuschreibung von Reputation an Personen und Standorte ist ein kumulativer Prozess der sozialen Schließung (Merton 1968a, 1995, 1996; Cole 1970; Cole und Cole 1973; Mackert 2004). Er ist von Neulingen schwer in Gang zu setzen und wird bei etablierten Personen und Institutionen zu einem sich fortlaufend selbst verstärkenden Prozess. Hat sich auf diesem Weg eine Monopolisierung von Ausschussmitgliedschaften, Gutachtertätigkeiten und Forschungsmitteln durch einen kleinen Kreis von Institutionen und Personen ergeben, dann wirkt dieser Kreis wie ein latentes Machtkartell, weil sich zwangläufig eine engere Verflechtung in einem Netzwerk herausbildet und ebenso zwangsläufig die Zugangschancen zu diesem Netzwerk für diejenigen Akteure im Feld sich verringern, die noch keinen Fuß in der Tür haben. Das impliziert wiederum, dass sich die Mitglieder des kleinen Kreises auf Förderprogramme einigen, die ihrer eigenen Struktur korrespondieren, dagegen weniger der Struktur anderer Institutionen. Zwischen der Struktur der am latenten Kartell beteiligten Standorte und Disziplinen und der Struktur der Förderprogramme besteht ein Verhältnis der Homologie. Das hat für die Außenseiter im Feld den Effekt der Ausgrenzung, weil ihre Struktur nicht den dominanten Förderprogrammen entspricht. Von entscheidender Bedeutung sind hier die koordinierten Programme der DFG. Sie verhalten sich homolog zu Großforschungsprojekten in Naturwissenschaften, Technik und Medizin mit großen Mitarbeiterstäben an Großstandorten und wirken ausgrenzend auf kleinere Standorte, Geistes- und Sozialwissenschaften sowie junge Wissenschaftler aller Disziplinen, die ihre Kreativität in selbstständiger Forschung entfalten wollen.

Der beschriebene Mechanismus der Akkumulation von sozialem und symbolischem Kapital aus schon vorhandenem Kapital erscheint indessen auf den ersten Blick als legitim, wenn die Verteilung der Forschungsressourcen wie auch der Ausschussmitglieder und Fachgutachter auf Standorte und Disziplinen in Beziehung zur Verteilung der Beantragung von Forschungsmitteln und zur Bereitstellung von wählbaren Ausschussmitgliedern und Fachgutachtern gesetzt wird. Eine wesentliche Ursache für die außerordentlich ungleiche Verteilung von Forschungsressourcen dürfte die schon ungleiche Verteilung der Anträge sein. Leider gibt das DFG-Förder-Ranking (DFG 2003a) darüber keine Auskunft. Dass der ungleichen Verteilung der Forschungsressourcen auch eine ungleiche Verteilung der Anträge korrespondiert, kann theoretisch aufgrund der Wirksamkeit der reflexiven Selbstverstärkung von Beantragung und Bewilligung angenommen werden. Es ist zu vermuten, dass sich über einen längeren Zeitraum eine reflexive Selbstverstärkung von DFG-Bewilligungen und DFG-Anträgen herausbildet. Das heißt, dass der Konzentration von DFG-Bewilligungen auf wenige Standorte auch eine Konzentration der Anträge auf diese Standorte korrespondiert. Bewilligungen ziehen neue Anträge nach sich, die wiederum zu weiteren Bewilligungen führen. Auf diese Weise entstehen kumulative Effekte und eine entsprechende, sich selbst verstärkende Verkettung der Beschäftigung von Projektmitarbeitern, die aus dem Interesse der Weiterbeschäftigung alles tun, um mit einem neuen Antrag wieder zum Erfolg zu kommen. So entsteht eine sich selbst reproduzierende Kultur der Drittmittelforschung, die weitere Mittel dort hinführt, wo schon Mittel vorhanden sind, während dort, wo keine Projektmitarbeiter nach Finanzierung ihrer Beschäftigung streben, auch keine DFG-Anträge geschrieben werden. Dementsprechend dürften die großen Bewilligungsempfänger der DFG auch die großen Antragsteller sein. Genau derselbe reproduktive und kumulative Zirkel bestimmt auch die Besetzung der DFG-Ausschüsse und die Bestellung der DFG-Gutachter. Je mehr Ausschussmitglieder und DFG-Gutachter ein Standort oder eine Disziplin schon haben, umso mehr werden sie auch weiterhin Ausschussmitglieder und Gutachter zur Verfügung stellen. Bei den zur Wahl stehenden Ausschussmitgliedern und Fachgutachtern dürfte demgemäß in der Regel dieselbe ungleiche Verteilungsstruktur gegeben sein, wie bei den tatsächlich gewählten bzw. tätigen Ausschussmitgliedern und Fachgutachtern.

Eine exemplarische Durchsicht der Wahlliste zur DFG-Fachgutachterwahl 1999 bestätigt diese Vermutung voll und ganz. Von den ersten 1000 auf den ersten 24 Seiten zur Wahl vorgeschlagenen Kandidaten entfallen nicht weniger als 675 auf nur 25 von 83 Standorten (DFG 1999). Weniger als ein Drittel aller Standorte stellt mehr als zwei Drittel der Kandidaten zur Wahl. Dabei ergibt sich wieder ungefähr dasselbe Verhältnis unter den ersten 25 Standorten. Der weitaus größte Teil der Kandidaten entfällt auf die ersten zehn Standorte. Geht man die weiteren 40 Seiten der Liste durch, dann zeigt sich etwa das gleiche Bild. Lediglich in Spezialbereichen der Ingenieurwissenschaften findet man etwas häufiger die kleinen Technischen Hochschulen. Insgesamt dominieren neben Berlin die westdeutschen Traditionsuniversitäten mit Schwerpunkt in Süddeutschland. Die Wahlliste vermittelt den Eindruck, als ob nur in Berlin, Köln, Bonn, Aachen, Frankfurt a. M., Heidelberg, Karlsruhe, Tübingen, Stuttgart, Freiburg, Konstanz, München, Würzburg und Erlangen Wissenschaft betrieben würde. Da die Wahlliste nicht die Institution, sondern nur den Tätigkeitsort der Kandidaten nennt, fallen die Kandidaten der Max-Planck-Gesellschaft den universitären Standorten, das heißt überproportional Berlin und München, zu. Die dadurch entstandene Verzerrung ist bei 1000 Kandidaten unerheblich. Die ganzen Neugründungen der 1970er Jahre – mit Ausnahme von Bochum – und die ostdeutschen Universitäten – mit Ausnahme der HU Berlin und der TU Dresden – sind in den DFG-Wahllisten fast nicht existent. In der DFG-Wahlliste 2003 stellen 25 Standorte einschließlich der Max-Planck-Gesellschaft kaum weniger Kandidaten, nämlich 635 der ersten 1000 auf der Liste, bzw. 790 der insgesamt 1329 (DFG 2003b). Die vielen Neugründungen haben an der Zentralität der Traditionsuniversitäten im Machtfeld der deutschen Wissenschaft überhaupt nichts geändert. Die Kritik an der Verkrustung der Traditionsuniversitäten in den Jahren der Studentenbewegung hat die Machtstrukturen des akademischen Feldes in Deutschland unberührt gelassen. Die Revolution von 1968 hat an den deutschen Universitäten anscheinend nicht stattgefunden. Dabei ist zu bedenken, dass den Monopolstrukturen auf der Makroebene oligarchische Strukturen auf der Mesoebene der Universitäten korrespondieren. Das Zusammenspiel dieser beiden Strukturen ist als Hauptursache für die Kreativitäts- und Innovationsdefizite von Wissenschaft und Forschung in Deutschland auszumachen. Die Übermacht der traditionellen Großstandorte auf der DFG-Wahlliste ist so zu erklären, dass sich die vorschlagsberechtigten Fachgesellschaften ganz überwiegend in der Hand dieser Standorte befinden. Sie nutzen offensichtlich sowohl den Vorteil der traditionellen Führerschaft als auch den Vorteil der größeren Mitgliederzahl in diesen Gesellschaften für sich. Den Neugründungen und den ostdeutschen Universitäten ist es nicht gelungen, in das Machtzentrum der Fachgesellschaften vorzudringen. Besonders erstaunlich ist die Tatsache, dass Fachausschüsse bzw. aktuell Fachkollegien aus zwei bis drei Gutachtern mehrfach allein von einem einzigen Institut oder Fachbereich gestellt werden. Diese massive Konzentration der Kandidaten und der gewählten Mitglieder der Fachkollegien auf wenige Standorte spricht für eine Änderung der Wahlordnung derart, dass in einem Fachgebiet – das mehrere Fachkollegien umfasst – von einer Institution nur ein Gutachter vorgeschlagen werden kann. Lässt man mehrere Kandidaten zu, dann wäre nur der Kandidat mit den meisten Stimmen gewählt.

Die Korrespondenz zwischen Beantragung und Bewilligung, zur Wahl stehenden und tatsächlich gewählten bzw. tätigen DFG-Ausschussmitgliedern und DFG-Fachgutachtern verleiht der Mittelverteilung insofern Legitimität, als die Mittel in etwa dort hinfließen, wo auch die Anträge herkommen. Hinter dieser vordergründigen Legitimität verbirgt sich jedoch die Reproduktion eines latenten Machtkartells, weil die reflexive Verstärkung von Antragstellung und Mittelzuweisung eine Differenzierung zwischen Insidern und Outsidern schafft, die auf Dauer gestellt ist und so den Wettbewerb um Forschungsmittel sowie um Forschungsoutput einschränkt. Die Outsider bleiben schon deshalb draußen vor den Toren, weil sie mangels Projektmitarbeitern sowohl weniger Zugangs*motive* als auch weniger Zugangs*chancen* zum kartellartigen Bewilligungsmechanismus haben. Wenn keine Projektmitarbeiter vorhanden sind, gibt es keine unmittelbar drängenden Motive für die Beantragung von Drittmitteln, und es fehlt das erforderliche Personal, um Anträge überhaupt stellen zu können. Die etatmäßigen Mitarbeiter leiden inzwischen in einem Maße unter den Belastungen von Lehre und Studentenbetreuung, dass sie kaum noch zur Beantragung von Drittmitteln im Stande sind.

Der vordergründig legitim erscheinende reproduktive und kumulative Zirkel von Beantragung und Bewilligung führt indessen zur Konzentration von Drittmitteln auf die besser mit etatmäßigen Mitarbeitern und Grundmitteln ausgestatteten Großstandorte und Disziplinen (Medizin, Bio-, Natur- und Ingenieurwissenschaften), die ihr umfassenderes soziales Kapital in umfangreicheres symbolisches Kapital (DFG-Ausschüsse, DFG-Gutachter) und damit auch wieder verstärkt in Drittmittel umsetzen können. Das ermöglicht den explizierten reproduktiven und kumulativen Zirkel von Beantragung und Bewilligung. Es ergibt sich eine pfadabhängige Konzentration der Forschungsmittel auf wenige Standorte und Disziplinen, bei der jeder Mittelzufluss zum Ausgangspunkt für weiteren Mittelzufluss wird.

Die Legitimität der aus diesem Entwicklungspfad hervorgehenden Konzentration der Forschungsmittel auf wenige Standorte und Disziplinen ist sowohl in den Voraussetzungen als auch in den Konsequenzen infrage zu stellen. In den Voraussetzungen ergeben sich die Zweifel aus der Verursachung durch die strukturell vorgegebene Ungleichheit der

Ausstattung, die nicht durch besondere Forschungsleistungen verdient ist. In den Konsequenzen folgen sie aus der durch den erläuterten, kumulativ wirkenden Zirkel erzeugten Kartellisierung von Forschungsmitteln, der Herausbildung von Forschungsmonopolen und der oligarchischen Organisation der Forschung einer immer größeren Zahl von unselbstständigen Mitarbeitern unter Anleitung ganz weniger Direktoren und Lehrstuhlinhaber. Es werden dadurch genau diejenigen Bedingungen geschaffen, die hemmend auf die Entwicklung von Wettbewerb, Vielfalt, Kreativität und Offenheit der Wissensevolution wirken. Auf diese Weise wird die Forschung in ein Milieu eingezwängt, das gerade nicht ihre internationale Wettbewerbsfähigkeit fördert.

Die Exzellenzinitiative als konsequente Fortsetzung des beschriebenen Entwicklungspfades führt zu nichts anderem als dazu, dass an Großinstituten, an denen 50 bis 100 unselbstständige Mitarbeiter auf einen Direktor kommen, in Zukunft 75 bis 125 unselbstständige Mitarbeiter unter Anleitung ihrer Direktoren arbeiten. Das ist nicht das Milieu, aus dem die erwünschte, in Nobelpreisen gipfelnde Kreativität von Wissenschaft und Forschung erwächst. Die Exzellenzinitiative wird hier von der falschen Annahme geleitet, dass sich Nobelpreise erzwingen ließen, wenn noch mehr Forschungsmittel dorthin geschafft werden, wo ohnehin schon viel Forschungsmittel konzentriert sind. Die Ursache für die gesunkene Wettbewerbsfähigkeit von Wissenschaft und Forschung in Deutschland ist jedoch nicht Geldmangel, sondern die Fehlinvestition der vorhandenen Finanzmittel in Strukturen, die Vielfalt, Wettbewerb und Kreativität vernichten, statt sie zu fördern. Wenn an einem naturwissenschaftlich-technischen Großstandort noch mehr Millionen in die Vergrößerung der Mitarbeiterzahl investiert werden, als das bislang der Fall ist, dann entsteht daraus kein den wissenschaftlichen Fortschritt fördernder Effekt. Der Nachteil der Forschung in Deutschland gegenüber den USA ist ja gerade nicht, dass den Lehrstuhlinhabern und Institutionsdirektoren zu wenig Forschungsmittel zur Verfügung stehen, sondern dass sie jetzt schon über *zu viel* Personal verfügen, was als Hemmschuh für die frühe Selbstständigkeit und den Karriereaufbau der jungen Wissenschaftler wirkt. Die Exzellenzinitiative verstärkt diese kontraproduktive Struktur noch, statt sie abzubauen. Deshalb ist sie zum Scheitern verurteilt.

In dem dargelegten Sinn hat der kleine Kreis der großen DFG-Bewilligungsempfänger de facto den Charakter eines latenten Machtkartells, das im Endeffekt ohne jegliche Absprachen und ohne Wissen der beteiligten Akteure wie jedes Machtkartell eine sich selbst verstärkende und Außenseiter ausgrenzende Wirkung entfaltet. Aus diesem latenten Machtkartell resultiert eine monopolartige Verfügung über Ausschuss- und Gutachtermacht sowie über Forschungsressourcen auf der Makroebene des akademischen Feldes. Auf der Mesoebene der Forschungsorganisationen und der Mikroebene des Forschungsprozesses fördern Kartell und Monopol Forschung im Rahmen oligarchischer Strukturen mit einer großen Schar von Mitarbeitern, die in abhängiger Stellung unter Anleitung von Institutsdirektoren und Lehrstuhlinhabern arbeiten. Die Konsequenz dieser Homologie von latentem Kartell, Monopolen und Oligarchien ist die Einschränkung des Wettbewerbs und damit verbunden die Unterdrückung von Vielfalt, Kreativität und offener Wissensevolution.

Da der beschriebene Prozess der Herausbildung kartellartiger, monopolistischer und oligarchischer Strukturen kumulativ aus vielen Einzelentscheidungen hinter dem Rücken der Akteure hervorgeht, bedarf es der gezielten Gegensteuerung, wenn die daraus resultierende Unterdrückung von Wettbewerb, Vielfalt, Kreativität und offener Wissensevolution verhindert werden soll. Das verlangt die Einrichtung einer Instanz, deren Aufgabe es ist, den Wettbewerb offenzuhalten und Kartell- sowie Monopolbildungen zu unterbinden. Während für andere Märkte solche Instanzen inzwischen nach amerikanischem Vorbild zur Gewährleistung von reguliertem Wettbewerb geschaffen worden sind, bedarf es für das akademische Feld erst noch der Erzeugung eines Bewusstseins für diese Gesetzmäßigkeiten und einer Bereitschaft zu grundlegenden Reformschritten. Die Exzellenzinitiative von Bund- und Ländern zur Förderung von Wissenschaft und Forschung an den deutschen Hochschulen ist weit davon entfernt und auf dem besten Wege, das Gegenteil davon zu tun und die schon vorhandenen homologen Strukturen von Kartell, Monopol und Oligarchie noch weiter zu akzentuieren.

Neben der Institutionalisierung eines regulierten Wettbewerbs kann der Tendenz zur Bildung von kartellartigen, monopolistischen und oligarchischen Strukturen durch kurze Amtsdauern, konsequente Ämterrotation, dezentralisierte Entscheidungsstrukturen, Beschränkung von Entscheidungsmacht, Transparenz mit strengen Informationspflichten und gezielt eingesetzte Gegenmacht entgegengewirkt werden. Dazu würde auch die Aufteilung der DFG in mehrere, miteinander konkurrierende Förderorganisationen gehören. Das sind die Maßnahmen, mit denen in den Vereinigten Staaten gemäß der im Unabhängigkeitskrieg verwurzelten politischen Philosophie der *Federalist Papers* als Interpretationsrahmen der Verfassung von 1789 der Aufbau von unkontrollierten

Machtstrukturen verhindert wird. Diese Philosophie durchdringt alle Funktionsbereiche der Gesellschaft, so auch den Funktionsbereich der Wissenschaft. Ihre Prämisse ist das *Misstrauen*, dass Macht grundsätzlich missbraucht werden kann. Demgegenüber stützt sich die Philosophie einer Honoratiorenverwaltung wie sie für die Organisation des Wissenschaftsbetriebes in Deutschland charakteristisch ist, auf das *Vertrauen*, dass angesehene Persönlichkeiten die Amtsgeschäfte nach bestem Wissen und Gewissen im Allgemeininteresse führen und gerade lange Amtszeiten die Gewähr dafür bieten. Das ist ein grundsätzlicher Unterschied zwischen der amerikanischen und der deutschen Organisation des Wissenschaftsbetriebes. Mit der gewachsenen Bedeutung des Wettbewerbs ergeben sich in Deutschland Strukturanpassungszwänge in die Richtung des amerikanischen Modells. Die Umstellung auf Wettbewerb verlangt den Aufbau der dazu passenden Regulierungsstrukturen. Werden diese Strukturen nicht geschaffen, dann bilden sich Hybride, die andere als die intendierten Effekte produzieren. Das ist gegenwärtig an der Organisation des Wissenschaftsbetriebes in Deutschland zu beobachten, wo der forcierte Wettbewerb um *zentral* verteilte Forschungsressourcen zum Aufbau kartellartiger, monopolistischer und oligarchischer Strukturen führt. Aus den Ehrenämtern vertrauenswürdiger Honoratioren werden dann Schaltstellen einer Macht ohne Gegengewicht. Die alten Strukturen verlieren unter den neuen Bedingungen ihre Legitimität.

Vergleichen wir die Organisation des Wissenschaftsbetriebes in den Vereinigten Staaten und in Deutschland, dann sehen wir z. B. dass wissenschaftliche Vereinigungen in den USA über eine professionelle Geschäftsführung verfügen, die Wissenschaftler selbst davon entlastet sind und sich auf die strategischen und repräsentativen Funktionen beschränken können. Präsidentschaft und Ausschüsse dieser Vereinigungen wechseln viel häufiger als in Deutschland. Der Präsident der American Sociological Association wird z. B. nur für ein einziges Jahr gewählt, in dem er nicht viel mehr zu tun hat, als die Idee für das Thema der nächsten Jahresversammlung zu geben und die *presidential address* bei dieser Versammlung zu halten. Wiederwahl kommt nicht vor. Auch bei anderen Wissenschaftsorganisationen und bei den Herausgebern von Fachzeitschriften wird strikt auf Rotation geachtet. Dagegen gilt in Deutschland langjährige Amtsinhaberschaft als Garant von Erfahrung, Kompetenz und Kontinuität in verantwortungsvollen Positionen. Es ist nicht selten, dass Ausschussmitgliedschaften, Gutachtertätigkeiten und Herausgeberschaften über acht, zwölf und noch mehr Jahre ausgeübt werden. Die Fachgutachter der DFG bleiben in der Regel auch nach ihrer maximal achtjährigen Amtszeit fester Bestandteil des Gutachternetzwerkes (Neidhardt 1988). In Deutschland herrscht noch immer das Modell einer Honoratiorenverwaltung in den Forschungsorganisationen vor. Das heißt, dass die Wissenschaftler selbst viel mehr in die Organisationsarbeit involviert sind und diese Tätigkeit länger ausüben. Die Vielzahl von Vorständen und Ausschüssen der verschiedenen Forschungsorganisationen erzeugt deshalb eine relativ geschlossene Honoratiorenschicht, die den Forschungsbetrieb für lange Jahre gestaltet, zumal es wegen der Differenzierung in nur 15,9 Prozent Professoren und 84,1 Prozent Mitarbeiter an den deutschen Universitäten an Personal für die akademische Selbstverwaltung fehlt (DFG 2003a: 24). Die Folge dieses Systems ist Ämterhäufung und chronische Überlastung an der Spitze und mangelndes Engagement in der Breite. Scheidet eine Führungspersönlichkeit aus einem Vorstand oder einem Präsidentenamt aus, dann sieht man sie bald im Vorstand bzw. Präsidentenamt einer anderen Forschungsorganisation. Mehrfachmitgliedschaften gehören systematisch zu diesem Modell. Das führt zu einer starken personellen Verflechtung, die das Pendant einer Forschungsorganisation Deutschland zur – inzwischen allerdings in Abwicklung begriffenen – Deutschland AG (Streeck und Höpner 2003) in der Wirtschaft darstellt. Die Führungselite der Forschungsorganisation Deutschland bildet die Spitze einer insgesamt oligarchischen Struktur der Forschung, die sich in den Instituten und Lehrstühlen der Universitäten und in den außeruniversitären Forschungseinrichtungen fortsetzt. Dieses System zieht einerseits etablierte Forscher aus dem eigentlichen Forschungsprozess heraus und in reine Selbstverwaltungs- und Managementkarrieren hinein, andererseits hält es die große Masse der aktiven Forscher als Sklaven eines von einer relativ geschlossenen Elite dirigierten Forschungsbetriebs. Die einen haben ihre Kreativität der Organisation des Wissenschaftsbetriebes oder dem Forschungsmanagement geopfert, die anderen werden systematisch daran gehindert, ihre eigene Kreativität zu entfalten.

Monopolartige Strukturen werden insbesondere durch die koordinierten Programme der DFG geschaffen (Abb. A-II). Im Durchschnitt 54 Prozent, in den Naturwissenschaften bis zu 75 Prozent der Forschungsmittel werden von der DFG über koordinierte Programme verteilt, für die das »Ortsprinzip« gilt, das heißt, es wird Wert darauf gelegt, dass eine größere Fördermaßnahme auf einen Standort konzentriert wird. Nach der eindeutigen Aussage dieses Prinzips wird nicht die individuelle kreative Forscherpersönlichkeit gefördert, sondern ein Standort, an dem die Infrastrukturen und

das Forschungsmanagement vorliegen, die für die Akquirierung und Durchführung solcher Programme erforderlich
sind. Dass die Konzentration dieser koordinierten Programme auf die Großstandorte in den stark mit Mitgliedern
aus den Großstandorten besetzten DFG-Ausschüssen keinen Zweifel am Ortsprinzip aufkommen lässt, ergibt sich
aus dem Verhältnis der Homologie zwischen den koordinierten Programmen und der an Großstandorten vorhandenen
und nutzbar zu machenden kritischen Masse. Das Ortsprinzip der koordinierten DFG-Programme ist für die Großstandorte der Schlüssel zur Schatzkammer der DFG. Tatsächlich bewirkt das Ortsprinzip eine massive Fehlallokation
von Forschungsmitteln, weil auf diese Weise eine Vielzahl
von Forschern als Trittbrettfahrer in den Genuss langfristi-
ger Drittmittelförderung gelangt, die den Mittelzufluss nicht
durch entsprechend erhöhten Publikationsoutput rechtfertigen können. Diese fehlgeleiteten Mittel fehlen dem kreativen Forscher an anderem Ort, der nicht an dem Klubgut
»Sonderforschungsbereich« partizipiert.

Die Dominanz von Medizin/Biologie, Naturwissenschaften und Ingenieurwissenschaften gegenüber den Geistes-
und Sozialwissenschaften insbesondere in der DFG-Forschungsförderung zeigt sich im Anteil von im Durchschnitt
54 Prozent der koordinierten Programme an der gesamten
Forschungsförderung, die mit Ausnahme der Graduiertenkollegs auf die naturwissenschaftlich-medizinisch-technischen Disziplinen zugeschnitten sind. Analog dominieren
diese Fächer in den entscheidenden Ausschüssen. Im Bewilligungsausschuss für die Sonderforschungsbereiche sitzen
z. B. fünf Vertreter der Geistes- und Sozialwissenschaften,
aber insgesamt 27 (jeweils neun) Vertreter der naturwissenschaftlich-medizinisch-technischen Disziplinen (DFG 1998:

387-389). Dementsprechend gingen in den koordinierten Programmen im Zeitraum 1999-2001 1 451,6 Mio. Euro an die naturwissenschaftlich-medizinisch-technischen Disziplinen und nur 249,4 Mio. Euro an die Geistes- und Sozialwissenschaften (DFG 2003a: 174-175). Von den 3,095 Mrd. des gesamten Fördervolumens im Zeitraum von 1999 bis 2001 gingen 495 Mio., das heißt 16 Prozent, an die Geistes- und Sozialwissenschaften (DFG 2003a: 166-167, Tab. A3-5). Gegenwärtig liegt der Anteil der Geistes- und Sozialwissenschaften bei 15 Prozent (dfge.de_im_profil/zahlen_und_fak ten.11.02.2006).

Die Übermacht von Naturwissenschaft und Technik in den DFG-Ausschüssen führt in den Geistes- und Sozialwissenschaften zur bevorzugten Prämierung von Annäherungen an naturwissenschaftliche Verfahren oder – wie etwa in der Psychologie – zur besonderen Förderung ihrer naturwissenschaftlichen Seite. Es fällt z. B. auf, dass sich unter den jungen Maier-Leibnitz-Preisträgern aus dem Bereich der Psychologie besonders viele »Kognitionswissenschaftler« finden (DFG 2005a). Diese von außen erzwungene Vernaturwissenschaftlichung führt zu einer Verarmung der Geistes- und Sozialwissenschaften. Auf die Praxis des menschlichen Handelns losgelassen, impliziert die mit der Vernaturwissenschaftlichung zwangsläufig einhergehende Vereinfachung der Realitätswahrnehmung eine gefährliche Vereinseitigung des Umgangs mit komplexen Problemlagen. Beispielsweise werden dann komplexe soziale Probleme an den Schulen durch medikamentöses Ruhigstellen sogenannter verhaltensauffälliger Schüler gelöst, statt sie in ihrer sozialen Komplexität anhand geeigneter Reformmaßnahmen anzugehen.

Betrachten wir jetzt die Streudiagramme in Abteilung A-I

im Anhang, dann sehen wir in Abb. A-I.1 die Verteilungsstruktur von ökonomischem, kulturellem und sozialem Kapital im akademischen Feld. Rechts oben finden wir die an ökonomischem und sozialem Kapital reichen Standorte. Es sind die großen Technischen Universitäten. Ihr ökonomisches und soziales Kapital verleiht ihnen auch ein hohes Maß an symbolischem Kapital, das sie im öffentlichen Diskurs, in den Entscheidungsorganen und in den Gutachterausschüssen zur Ausübung von Definitionsmacht einsetzen können. Das zeigt sich unmittelbar in der außerordentlich hohen Konzentration der Mehrheit der DFG-Ausschussmitgliedschaften und der DFG-Gutachter auf nicht mehr als 16 Universitäten und die Max-Planck-Gesellschaft von insgesamt 80 im DFG-Förder-Ranking explizit aufgezählten Universitäten plus Max-Planck-Gesellschaft (+ weiteren 62 Einrichtungen) (DFG 1998: 380-446) (Tab. 5-1). Die Konzentration folgt dem Umfang an sozialem und ökonomischem Kapital, während kulturelles Kapital spiegelbildlich zum ökonomischen Kapital negativ mit dem symbolischen Kapital von Ausschuss- und Gutachtermacht korreliert ist (Abb. A-I. 2-5). Dazu kommt die enge positive Korrelation von DFG-Ausschussmitgliedschaften und DFG-Gutachterzahl einer Einrichtung (Abb. A-I. 5c).

Das ist die Machtbasis, die den an sozialem und ökonomischem Kapital reichen Einrichtungen das symbolische Kapital verleiht, um einen Großteil der DFG-Bewilligungen und AvH-Gastwissenschaftler an sich zu ziehen (Abb. A-II). Dass dies für die DAAD-Stipendiaten und -Graduierten weniger gilt, liegt daran, dass sich bei ihnen ein größerer Teil als bei den AvH-Gastwissenschaftlern vom kulturellen Kapital der Geistes- und Sozialwissenschaften und vom sozialen Kapital der Traditionsuniversitäten anlocken lässt. Es ist auch klar zu erkennen, dass ökonomisches und soziales Kapital zusammen in symbolisches Kapital in Gestalt der Definitionsmacht von DFG-Gutachtern umgesetzt werden (Abb. A-I.1 und 2). Die Zahl von DFG-Gutachtern wächst mit dem sozialen und ökonomischen Kapital eines Standorts. Und in der Tat wirkt sich die Definitionsmacht von Gutachtern sehr direkt im Umfang von DFG-Bewilligungen, AvH-Gastwissenschaftler und – wieder weniger direkt – in DAAD-Stipendiaten und -Graduierten aus. Es ist bemerkenswert, dass im DFG-Förder-Ranking als einzige Erklärung dieses Zusammenhangs die Konzentration von größerer Kompetenz an den »bewilligungsstarken« Standorten zur Sprache kommt (DFG 2003a: 89). Abgesehen davon, dass sich aus der Korrelation direkt keine Kausalbeziehung herauslesen lässt, wirkt diese Erklärung angesichts der großen Diskrepanz zwischen Drittmitteleinnahmen und Publikationen bei allen Fächern wie die Beschwörung eines Rationalitätsmythos, von dem sich die Wirklichkeit weit entfernt hat, wie wir noch sehen werden (Abb. A-IV, A-V).

Dem herrschenden naturwissenschaftlich-technischen Pol rechts oben diagonal entgegengesetzt ist der beherrschte Pol von kleinen Standorten mit geistes- und sozialwissenschaftlichem Schwerpunkt links unten. Als kleine Standorte mit nur geringem sozialem Kapital leiden sie in besonderer Weise unter der massiven Entwertung ihres kulturellen Kapitals, die im Zuge der Umstellung der Universitäten auf Massenausbildung, von Bildung durch Wissenschaft auf Bildung als Humankapital und im Zuge des wachsenden Interesses an ökonomisch verwertbarer Erkenntnis bei gleichzeitig sinkendem Interesse an zweckfreier reiner Erkenntnis und Bildung eingetreten ist (vgl. Bourdieu 2004a: 226-277). Die Geistes- und Sozialwissenschaften sind weit schlechter ausgestattet als Medizin, Biologie, Natur- und Ingenieurwissenschaften und tragen trotzdem die Hauptlast des Massenzustroms an die Universitäten, von dem die Natur- und Ingenieurwissenschaften, Biologie und Medizin weitgehend verschont geblieben sind (vgl. Schimank 1995a: 313). Sie müssen dafür das Opfer der Preisgabe ihrer Identität bringen. Im Wintersemester 2000/2001 kamen auf 32 652 Geistes- und Sozialwissenschaftler 973 000 Studierende, auf 95 130 Mediziner, Natur- und Ingenieurwissenschaftler 676 000 Studierende. Das heißt, in den Geistes- und Sozialwissenschaften besteht eine Relation Wissenschaftler/Studierende von 1:30, in Medizin, Natur- und Ingenieurwissenschaften eine Relation von 1:7 (DFG 2003a: 31; Statistisches Bundesamt 2004: 71). Wissenschaftler und nicht Professoren als Bezugsgröße zu nehmen, ist realistischer, weil damit die wissenschaftlichen Mitarbeiter einbezogen werden, die einen Großteil der Lehrbelastung tragen. Daran ändert die Tatsache, dass nicht alle einbezogenen Wissenschaftler lehren, grundsätzlich nichts.

Um den Anforderungen der Massenbildung gerecht zu werden, müssen die Geistes- und Sozialwissenschaften ihren sakralen Kern – zweckfreie reine Erkenntnis und Bildung – einem wohlfeilen Angebot von Kulturfertigkeiten opfern. Sie werden auf diesem Weg ihres Status als wissenschaftliche Disziplinen beraubt und zu Anbietern eines faktischen Fachhochschulstudiums degradiert. Das heißt, dass sie nicht einmal mehr der Hort des kultivierten kulturellen Kapitals sein dürfen. Während sich in die naturwissenschaftlichen Disziplinen kaum Studierende wagen, die dafür nicht geeignet sind, ist dies in den Geistes- und Sozialwissenschaften zu einer Realität geworden, die massiv zu ihrem Statusverlust beigetragen hat. Die durchschnittliche Abiturnote lag 2004 laut einer *Spiegel*-Befragung (Selbstauskunft, deshalb nicht sicher) in Chemie bei 1,99, in Physik bei 1,77, in Mathematik bei 1,77, in Germanistik bei 2,24, in Politologie bei 2,26, in Soziologie bei 2,43 (*Spiegel* 2005: 63).

Auf der Strecke bleibt die Bildung durch Wissenschaft, die ihrer Aura und ihres Wertes beraubt ist. Es entwickelt sich ein circulus vitiosus. Angesichts der Entwertung ihrer Diplome investieren die Studierenden weniger in ihre Bildung durch Wissenschaft und mehr in Praktika. Das verringert wieder den Wert ihrer Bildung, so dass die Studierenden noch mehr Zusatzqualifikationen in Praktika erwerben müssen usw. Diese massive Entwertung der Universitätsabschlüsse ist in einer Untersuchung des Wissenschaftsrats (2003a) für den Zeitraum von 1996 bis 2000 dokumentiert. Es gibt Fächer, bei denen der Durchschnitt der Abschlüsse über alle Standorte hinweg inzwischen bei 1,3 liegt. Eine Fallstudie über ein amerikanisches Elite-College beschreibt anschaulich diese aufgrund der in den Vereinigten Staaten schon viel länger praktizierten Lehrevaluation und der finanziellen Abhängigkeit von Departments und Professoren vom Studentenzulauf schon früher vollzogene Entwicklung. Dort ist der Anteil sehr guter Noten (A) allein zwischen 1965 und 1975 von zehn auf 30 Prozent gestiegen. Inzwischen erzielen 45 Prozent der Absolventen die »Bestnote«, der Durchschnitt befindet sich bei 1,7 (B+). Eine 2,7 (C+) löst schon Klageandrohungen aus. Die interviewten Professoren sagen, dass die geringe Varianz der Noten bei weitem nicht die tatsächlich bestehenden Leistungsunterschiede widerspiegelt, so dass der erzielte Notendurchschnitt für Arbeitgeber bei Entscheidungen über Bewerbungen nahezu wertlos geworden ist. Damit haben Sekundärtugenden einschließlich der sozialen Herkunft erheblich an Bedeutung gewonnen. Das Studium ist seines sakralen Kerns beraubt. Die vielen zusätzlichen Aktivitäten der Studierenden sind Folge und weitere Ursache für diesen Teufelskreis der Entwertung, wie in dem Bericht festgestellt wird. An dem untersuchten amerikanischen College wurde diesem Entwertungsprozess durch die Beschränkung des Prädikats summa cum laude auf allein die obersten drei Prozent eines Jahrgangs begegnet (Metz-Göckel 2004: 154-164).

Paradoxerweise haben es gerade jene Fächer, die für ein gewinnbringendes Studium ein besonders hohes Maß an kulturellem Kapital erfordern, mit Studierenden zu tun, die dafür die Voraussetzungen nicht mitbringen. Pierre Bourdieu (1992: 259-274) hat das schon in seiner Untersuchung der Krise der französischen Universitäten Ende der 1960er Jahre festgestellt. Es gilt für die Situation der deutschen Universitäten in der Gegenwart aufgrund der inzwischen viel weiter fortgeschrittenen Expansion der universitären Bildung noch mehr als damals. Ebenso ist die schon von Bourdieu konstatierte Entwertung der Bildungstitel Realität. Sie sind nicht nur zahlenmäßig inflationär gesteigert worden. Was hinter ihnen steckt, hat immer weniger mit akademischen Anforderungen zu tun, die einmal das Abitur und danach das Universitätsdiplom gestellt haben. Weil die Geistes- und Sozialwissenschaften sowohl in quantitativer als auch in qualitativer Hinsicht mehr als die naturwissenschaftlichen und technischen Disziplinen von dieser Entwertung ihrer Diplome betroffen sind, erleben sie einen besonderen Statusverlust, der sie im akademischen Feld wie auch in der öffentlichen Kommunikation in eine Randposition drängt. Wenn heute beklagt wird, dass die Soziologie nicht mehr so viel zu sagen habe wie in den 1960er und 1970er Jahren, dann sind das die tieferen Ursachen dafür. Bourdieu (1992: 224-237) macht aber auch die inflationäre Rekrutierung in den Professorenberuf, insbesondere in der Phase der starken Expansion der Sozialwissenschaften, dafür verantwortlich. Auch das ist im deutschen Universitätssystem in den 1970er Jahren zur Realität geworden.

Effekte von sozialem, ökonomischem, kulturellem und symbolischem Kapital

Im Weiteren sollen eine Reihe der Hypothesen geprüft werden, die in der durchgeführten Analyse der Konstruktion wissenschaftlicher Exzellenz und der Verteilung von Forschungsmitteln entwickelt wurden und als Leitfaden sowie als Grundlage für die Beurteilung von Strategien der Forschungsförderung gedient haben (Abb. 5-1). Es werden eine Reihe von bivariaten Korrelationsanalysen mit Streudiagrammen durchgeführt. Dabei ist davon auszugehen, dass die festgestellten Zusammenhänge unmittelbar nichts über eine kausale Richtung aussagen. Eine solche Richtung kann nur aufgrund von theoretischen Überlegungen und zusätzlichen Informationen angenommen, aber nicht mit Sicherheit bestätigt werden (Abb. A-II und III im Anhang).

Absoluter Input

Es ist zu erwarten, dass der von einer Universität erzielte Forschungsinput in Gestalt von DFG-Bewilligungen und auch AvH-Gastwissenschaftlern, jedoch weniger deutlich DAAD-Stipendiaten und -Graduierten auf eine Reihe von Größeneffekten zurückzuführen ist, insbesondere auf die absolute Zahl des hauptberuflich tätigen wissenschaftlichen

Personals (soziales Kapital), die laufenden Grundmittel (soziales Kapital) und die absolute Zahl bzw. den prozentuellen Anteil von Medizinern, Bio-, Natur- und Ingenieurwissenschaftlern am wissenschaftlichen Personal (ökonomisches Kapital). Einen deutlich Forschungsinput steigernden Effekt sollte die Beteiligung an koordinierten Programmen der DFG haben (soziales Kapital), weil sie ansonsten weniger aktive Forscher mitzieht und stark kumulativ wirkt. Dagegen sollte sich der prozentuale Anteil von Geistes- und Sozialwissenschaftlern am wissenschaftlichen Personal negativ auf die genannten Inputgrößen auswirken (kulturelles Kapital). Eine Universität, die ihren Input an Forschungsmitteln vergrößern will, sollte dementsprechend ihre Personalausgaben von den Geistes- und Sozialwissenschaften in den Bereich der Medizin, Bio-, Natur- und Ingenieurwissenschaften umschichten, um angesichts der Fixierung von Forschungsevaluationen auf Drittmittel, DFG-Bewilligungen und AvH-Gastwissenschaftler ihre Position in der Forschungslandschaft zu verbessern. In der Tat haben die Fachministerien der Länder und die Universitätsleitungen diese Lektion gelernt und nehmen die entsprechenden Umschichtungen vor.

Es ist auch zu vermuten, dass die mit der Standortgröße (soziales Kapital) und dem Anteil von Medizin, Bio-, Natur- und Ingenieurwissenschaften (ökonomisches Kapital) wachsende Zahl von DFG-Fachgutachtern (symbolisches Kapital) einen positiven Effekt auf die absoluten Inputgrößen hat. Der DFG-Bericht betrachtet das als einen Beweis dafür, dass die DFG-Mittel dort hinfließen, wo besonders hohe Kompetenz vorhanden ist. Diese Deutung übergeht jedoch den engen Zusammenhang der DFG-Gutachterzahl mit der Standortgröße, der Dominanz von Medizin, Bio-, Natur- und Ingenieurwissenschaften und den DFG-Ausschussmitgliedern am Standort. Der Gutachtereffekt wird dementsprechend schon durch Größen-, Fach- und Mehrheitseffekte in den DFG-Ausschüssen erklärt. Erst recht ergeben sich Zweifel bezüglich der DFG-Interpretation aus der noch zu erörternden Tatsache, dass sich der durchgehend positive Zusammenhang zwischen DFG-Gutachterzahl und Forschungsinput bei der Betrachtung der Inputproduktivität verliert.

Betrachten wir die Ergebnisse zum absoluten Forschungsinput (Abb. A-II), dann zeigt sich, dass die Annahmen und Argumente der durchgeführten Analyse weitgehend zutreffen und die postulierten Größen-, Fach- und Gutachtereffekte bestätigt werden. Das gilt am stärksten für Medizin, Bio-, Natur- und Ingenieurwissenschaften und für die Summe aller Disziplinen, was schon beweist, dass die Fächergruppe Medizin, Bio-, Natur- und Ingenieurwissenschaften nahezu ausschließlich über die Position einer Universität im Wettbewerb um Forschungsmittel entscheidet. Dagegen hat ein größerer Anteil der Geistes- und Sozialwissenschaften am wissenschaftlichen Personal einer Hochschule im Umkehrschluss einen stark negativen Effekt auf die Akquirierung von Forschungsressourcen. In den Geistes- und Sozialwissenschaften sind die Korrelationen deutlich weniger erkennbar. Das beweist, dass die Geistes- und Sozialwissenschaften durch das herrschende, auf Medizin, Bio-, Natur- und Ingenieurwissenschaften ausgerichtete Modell der Forschungsförderung in eine Zwangsjacke gesteckt werden, die ihre Entfaltung nach ihren eigenen Maßstäben behindert. Dieses Ergebnis wird insbesondere durch die Effekte der koordinierten Programme der DFG bestätigt. Sie saugen in Medizin, Bio-, Natur- und Ingenieurwissenschaften nahezu das gesamte DFG-Bewilligungsvolumen auf (soziales Kapital), dagegen ist bei den Geistes- und Sozialwissenschaften eine erheblich breitere Streuung zu erkennen. Es gibt in diesen Fächern offensichtlich noch einen erheblichen Umfang der Forschungsförderung außerhalb der koordinierten Programme. Das spiegelt exakt wider, dass es den Anforderungen der Kreativität und Vielfalt in den Geistes- und Sozialwissenschaften zuwiderläuft, wenn man sie auf großangelegte koordinierte DFG-Programme zurichtet. Aus naturwissenschaftlicher Sicht könnte man diesen Befund auch als mangelnden »Reifegrad« der Geistes- und Sozialwissenschaften interpretieren. Dabei wird »Reife« mit Standardisierung gleichgesetzt, die in den Geistes- und Sozialwissenschaften in erheblichem Maße mit Trivialisierung einhergeht und Kreativitätsverlust beinhaltet.

Koordinierte Programme zwingen Vielfalt und Kreativität in das Korsett eines künstlich geschaffenen gemeinsamen Forschungsrahmens. Sie machen aus kreativen Forschern Forschungsmanager, die eine Vielzahl weniger kreativer Forscher mitziehen müssen, um ein solches koordiniertes Großprojekt auf die Beine stellen zu können. Eine Vielzahl der beteiligten, weniger kreativen Forscher betreibt Trivialforschung und nimmt kreativen Einzelforschern, die nicht eingebunden sind bzw. sich nicht einbinden lassen, Forschungsmittel weg. Was für die Geistes- und Sozialwissenschaften ganz überwiegend gilt, das hat auch für Medizin, Bio-, Natur- und Ingenieurwissenschaften eine nicht zu vernachlässigende Gültigkeit. Die extreme Konzentration der Forschungsmittel auf koordinierte Programme schafft Monopole, lässt eine Heerschar von Mitarbeitern in abhängiger Stellung von wenigen Professoren arbeiten und schränkt das Potential an Vielfalt und Kreativität außerhalb der herrschenden Lehre empfindlich ein. An der extrem starken Konzentration der gesamten DFG-Bewilligungen auf koordinierte Programme in Medizin, Bio-, Natur- und Ingenieurwissenschaften kann man auf einen Blick das spezifische Strukturdefizit der Forschung in Deutschland erkennen. Sie leidet unter zu starker Monopolbildung und unter ihrer oligarchischen Organisation. Vielfalt und Kreativität als Innovationspotential können sich nur bei einer breiteren Streuung von DFG-Bewilligungen im Verhältnis zu koordinierten DFG-Programmen entfalten.

Zwei weitere Struktureffekte werden durch die Streudiagramme in Abteilung A-II sichtbar. Die durchschnittliche Zahl von Mitarbeitern pro Professor übt nur bis zur Ausstattung mit vier bis sechs Mitarbeitern einen Input steigernden Effekt aus. Das unterstützt die in Kap. 3 formulierte Annahme, dass bei der Mitarbeiterzahl ab einer bestimmten Größenordnung der Grenznutzen aus jeder weiteren Stelle spürbar sinkt. Bei den AvH-Gastwissenschaftlern ist ein deutlicher Vorsprung der Traditionsuniversitäten, bei den DFG-Bewilligungen zusätzlich ein Effekt großer technischer Hochschulen zu beobachten.

Im Streudiagramm zu DAAD-Stipendiaten und -Graduierten ist zu erkennen, dass der DAAD weniger als die DFG und die AvH von Medizin, Bio-, Natur- und Ingenieurwissenschaften und ihren Maßstäben beherrscht wird, es für die Geistes- und Sozialwissenschaften einen größeren Spielraum gibt. Es sind zwar dieselben Effekte zu bemerken, aber deutlich schwächer als bei den DFG-Bewilligungen und AvH-Gastwissenschaftlern. Das Streudiagramm kommt in seinem Muster den Diagrammen für DFG-Bewilligungen im Bereich der Geistes- und Sozialwissenschaften sehr nahe.

In Bezug auf die Inputproduktivität wurde in Kap. 3 mit der Hypothese gearbeitet, dass sich die Größeneffekte nicht wie bei den absoluten Zahlen bzw. Summen linear zeigen, sondern kurvilinear in Form eines auf dem Kopf stehenden U. Dabei wird angenommen, dass Größeneffekte bis zu einer bestimmten Größenordnung ansteigen, sich die Steigungskurve jedoch abflacht und ab einer bestimmten Größenordnung wieder nach unten verläuft. Erklärt wird dieser Verlauf mit dem stark sinkenden Grenznutzen jeder zusätzlichen Faktoreinheit ab einer bestimmten Größenordnung. Die Streudiagramme geben diesen vermuteten Verlauf zwar nicht exakt wieder, andeutungsweise kommt er jedoch zum Vorschein (Abb. A-III).

Es fällt auf, dass die ersten Faktoreinheiten mit einer sehr breiten Streuung einhergehen, sich ab einer mittleren Größenordnung jedoch eine Zuspitzung auf einem mittleren Inputniveau zeigt, die dann in eine leichte Senkung übergeht, allerdings mit einer abnehmenden Zahl von Fällen und einer gewissen Streuung. Schaut man sich die nach oben streuenden Fälle bei niedrigen Faktoreinheiten genauer an, dann wird klar, dass es sich überwiegend um kleine technische oder stark auf Technik spezialisierte Universitäten plus die in den 1960er Jahren als Forschungsinstitution gegründete Universität Konstanz handelt. Nimmt man diese Ausnahmefälle aus dem Streudiagramm heraus, dann zeigt sich der vermutete Verlauf der Regressionskurve in Gestalt eines auf dem Kopf stehenden U deutlicher. Wir sehen demnach, dass Größe nur bis zu einer Zahl von etwa 2 500 hauptberuflichen Wissenschaftlern, einer Summe von etwa 400 Mio. Euro laufender Grundmittel, etwa fünf bis sechs Mitarbeitern pro

Professor, etwa einer Mio. Euro laufender Grundmittel pro Professor und etwa 100 DFG-Gutachter einer Universität mit einem Ansteigen der DFG-Bewilligungen pro Wissenschaftler positiv korreliert ist. Jenseits dieser Schwellen dreht der Effekt der weiteren Faktoreinheiten ins Negative.

Der Kampf um Drittmittel

Neidhardt hat in seiner Untersuchung des Begutachtungsverfahrens der DFG für den Zeitraum von 1974 bis 1979, anders als es sich hier für den Zeitraum 1999-2001 darstellt, keinen Nachweis für Kartell-, Monopol- und Oligarchiestrukturen gefunden. Dass der Selbstorganisation eine Tendenz zur Oligarchie und zur Prämierung des Mainstreams auf Kosten von Kreativität und tiefgreifenderem Wandel innewohnt, wird jedoch auch von Neidhardt (1988: 136) am Ende festgestellt. Was Neidhardts Untersuchung schon gezeigt hat, war die höchste Korrelation der Ablehnung von Anträgen mit der den Antragstellern von den Gutachtern zugeschriebenen Reputation. Lediglich 9,8 Prozent der Anträge von reputierten Antragstellern wurden abgelehnt, jedoch 76,2 Prozent von nicht reputierten Antragstellern (Neidhardt 1988: 109). Außerdem wurden nur 50,6 Prozent der Anträge ganz abgelehnt, die »überwiegend negativ« beurteilt wurden (Neidhardt 1988: 116). Zusammen mit der extrem niedrigen Ablehnungsquote von renommierten im Vergleich zu nicht renommierten Antragstellern ist das ein Hinweis darauf, dass die Position im wissenschaftlichen Machtfeld auch in Neidhardts Sample einen erheblichen Einfluss auf die Befürwortung bzw. Ablehnung von Forschungsanträgen ausgeübt hat.

Was sich im Vergleich zum Untersuchungszeitraum von 1974 bis 1979 inzwischen entscheidend verändert hat, ist die Ablehnungsquote. Sie ist heute weit höher als damals, weil im Zuge der Reduktion der Grundausstattung an den Universitäten, des Ausbaus der Drittmittelförderung und der zunehmenden Inthronisierung des Drittmittelinputs als Beweis für Forschungsreputation und als Kennziffer für die inter- sowie inneruniversitäre Mittelverteilung das Antragsvolumen das Drittmittelvolumen weit übersteigt. In Neidhardts (1988: 80) Sample von 1974-1979 wurden lediglich 18,9 Prozent der Anträge vollkommen abgelehnt, bei der Elektrotechnik nur 9,8 Prozent, bei der Psychologie dagegen 26,8 Prozent. Im Zeitraum 1995 bis 1997 lag die Ablehnungs-/Rückzugsquote insgesamt bei 38,7 Prozent mit weiter steigender Tendenz (DFG 1998: 23). Innerhalb von nur neun Jahren ist die Bewilligungsquote in der Einzelförderung zwischen 1995 und 2004 von 68,4 Prozent auf 46,3 Prozent gefallen, während die Ablehnungsquote von 27,6 Prozent auf 51,7 Prozent gestiegen ist. Die anderweitig erledigten Fälle sind von 4,0 Prozent auf 2,1 Prozent zurückgegangen (DFG 2006 f).

Zunehmend mussten vom Hauptausschuss Anträge abgelehnt werden, die das Begutachtungsverfahren überstanden hatten, weil die Finanzmittel nicht ausreichten. Das bedeutete auch eine gestiegene Machtposition des Hauptausschusses, in dem die ökonomisch-praktisch nützlichen Wissenschaften durch die stärkere Repräsentanz von Naturwissenschaften und politischer Praxis im Vergleich zu den Fachausschüssen im Vorteil sind. Inzwischen macht die DFG ihre Gutachter direkt auf die Finanzknappheit aufmerksam und motiviert dadurch stärker zur Ablehnung schon auf der Ebene der Fachbegutachtung. Hinzu kommt die Favorisierung der

Großstandorte durch den Ausbau der koordinierten Programme zu Lasten des Normalverfahrens. All das schafft einen schärferen Wettbewerb um die relativ knapp gewordenen DFG-Mittel. Unter dieser Bedingung werden die Größe eines Standorts, Ausschuss- und Gutachtermacht zu wesentlich bedeutsameren Einflussgrößen als in einer Situation geringerer Konkurrenz. Daraus ergibt sich, dass die Kartellbildung und die Monopolisierung der DFG-Mittel durch wenige Standorte heute offensichtlicher zu Tage tritt als noch in den 1970er Jahren. Die ungleiche Verteilung von DFG-Bewilligungen ergab sich damals noch mehr aus dem ungleichen Antragsverhalten, während heute neben diesem immer noch wirksamen Faktor die ungleiche Verteilung von Größe, Ausschuss- und Gutachtermacht erheblich an Bedeutung gewonnen hat.

Fazit: Die statistische Analyse zeigt starke Kartell- und Monopolstrukturen im akademischen Feld, die Drittmittel und Exzellenzzuschreibung an den Standorten im Zentrum der Macht akkumulieren, d. h. an Standorten mit viel sozialem (Personal) und ökonomischem Kapital (nützliches Wissen), das in symbolisches Kapital in Gestalt von Ausschuss- und Gutachtermacht umgesetzt wird.

6. Drittmittelinput und Publikationsoutput: Die zwei Welten der wissenschaftlichen Forschung

In diesem Kapitel wird der Zusammenhang zwischen Drittmitteleinnahmen und wissenschaftlichen Publikationen sowie wissenschaftlich basierten Patenten mittels statistischer

Verfahren untersucht. Dabei wird auf Daten des CHE-Forschungs-Rankings (Berghoff et al. 2005b) zurückgegriffen. Gegen die Verwendung von Drittmitteleinnahmen insgesamt und nicht nur DFG-Bewilligungssummen als Inputindikator im CHE-Forschungs-Ranking könnte eingewendet werden, dass nicht alle Drittmitteleinnahmen der Produktion wissenschaftlicher Publikationen dienen, sondern z. B. der Erstellung von nicht allgemein zugänglichen Gutachten. Das ist im Einzelfall durchaus richtig, kann aber hier bei der strukturellen Analyse vernachlässigt werden, weil eine äußerst hohe signifikante Korrelation von Spearmans R = 0,96 zwischen den DFG-Bewilligungssummen und den insgesamt eingeworbenen Drittmitteln der Hochschulen besteht (DFG 2003a: 35-36). Die Verwendung der Drittmitteleinnahmen insgesamt als Indikator für den Input an Forschungsgeldern als wissenschaftliches Kapital für Publikationen verzerrt demnach die Unterschiede zwischen den Hochschulen nicht.

Die verwendeten bibiliometrischen Daten beruhen natürlich auf einem Erhebungs- und Gewichtungsverfahren, das nicht per se Objektivität beanspruchen kann. Es zeigen sich auch bei diesen scheinbar objektiven Daten Unterschiede im Ergebnis in Abhängigkeit von Verfahren und Gewichtung (van Raan 1996, 2005; Weingart 2003, 2004; Liebeskind und Mayerhofer 2005: 456; Glaeser 2006). Es werden absolute Publikationswerte und relative Publikationswerte pro Professor eines Fachbereichs ermittelt. Die absoluten Publikationswerte beziehen sich jeweils auf ein Jahr, die relativen zum Teil auf drei Jahre. Die Publikationswerte ergeben sich aus den nach Publikationsart und Länge und in den geistes- und sozialwissenschaftlichen Fächern nach Autorenzahl gewichteten Publikationen der Professoren eines Fachbereichs. Es wurde eine Stichprobe erhoben, indem nur die für ein Fach einschlägigen Literaturdatenbanken ausgewertet wurden. Dadurch ergibt sich eine gewisse Verzerrung zu Gunsten von eher sichtbaren und zu Ungunsten von weniger sichtbaren Publikationen. Wenn man die Sichtbarkeit als Zeichen für die fachliche Relevanz nimmt, ist die Verzerrung tolerierbar. Die Erhebung bezieht sich aus Gründen des Arbeitsaufwandes bei der Erhebung und Identifikation der Daten nur auf Professoren und nicht auf wissenschaftliche Mitarbeiter. Seit 2006 werden neben den Professoren selbstständig arbeitende Nachwuchswissenschaftler einbezogen (Berghoff et al. 2006). Das gilt noch nicht für die hier zugrunde liegenden Daten aus dem CHE-Forschung-Ranking 2005.

Die Gewichtung der Publikationen nach Art und Länge stellt sich zumindest in Fächern, in denen Monographien eine wichtige Rolle spielen, als inadäquat dar. So werden in der Soziologie Punkte nach Textlänge vergeben: bis fünf Seiten ein Punkt, sechs bis zehn Seiten zwei Punkte, elf bis 20 Seiten drei Punkte, 21-100 Seiten vier Punkte, über 100 Seiten pauschal sieben Punkte. Aufsätze in »Kernzeitschriften« der Soziologie – nach Expertenurteil definiert – erhalten die doppelte Punktzahl. Wegen der Deckelung der Punktzahl nach oben bedeutet das, dass für einen einzigen Aufsatz von 21 Seiten in einer Fachzeitschrift acht Punkte vergeben werden, für eine Monographie von 350 Seiten oder gar ein Opus magnum von 600 Seiten aber nur sieben Punkte. Auf Arbeitsmonate umgerechnet heißt das, dass die Investition von 36 Monaten und noch weit mehr Monaten Arbeitszeit in eine Monographie weniger Punkte erbringt als drei Monate Arbeit an einem Fachzeitschriftenaufsatz. Eine solche Bewertungsskala setzt für ein Fach wie die Soziologie sicherlich die falschen Anreize. Wegen dieser problematischen Seite der

CHE-Erhebung sollen die Daten nur als eine Annäherung an die Realität verstanden und auch gar nicht als Instrument zur Erarbeitung eines »objektiveren« Rankings benutzt werden, sondern als Nachweis für das Auseinanderklaffen von Drittmittelinput und Publikationsoutput. Die Diskrepanz zwischen der Welt des Drittmittelinputs pro Wissenschaftler und der Welt des Publikationsoutputs pro Professor ist so groß, dass sie von anderen bibliometrischen Verfahren und Gewichtungen wohl nicht zum Verschwinden gebracht werden dürfte.

Solange überhaupt bibliometrisch gemessen wird, ist das breitere und weniger gewichtende Verfahren des CHE offener für Pluralität und Kreativität und dementsprechend sogar dem ohnehin nicht steuerbaren Prozess der Wissensgenerierung näher als ein selektives, stark nach dem *impact* oder »Rang« eines Publikationsorgans gewichtenden Verfahren, wie es gerne von Ökonomen gefordert und praktiziert wird (Ursprung 2003; Steininger und Süßmuth 2004). Es soll allerdings nicht geleugnet werden, dass auch damit die Realität von Forschungsleistungen konstruiert und nicht einfach widergespiegelt wird. Es spricht deshalb alles dafür, Wissenschaft und Forschung ohne politische Steuerung allein einem wissenschaftlichen Markt zu überlassen, aus dem sich Erkenntnisfortschritt spontan und ungesteuert ergibt. Eine solchermaßen von politischer Bevormundung befreite Wissenschaft braucht überhaupt keine szientometrische Konstruktion von Realität zu Diensten einer Forschungspolitik, die mit statistischen Artefakten ausgerüstet genau das Gegenteil von dem erreicht, was sie sich erhofft. Alle ohnehin an ihrem Rationalitätsanspruch scheiternde Bibliometrie ist bei einer marktgesteuerten Form des wissenschaftlichen Arbeitens überflüssig. Das im Gedächtnis behaltend, soll es im

Folgenden nicht darum gehen, in den Streit darüber einzugreifen, mit welcher bibliometrischen Methode welcher Fachbereich zur Spitzengruppe gehört oder nicht. Das ist nicht das Thema. Vielmehr geht es um die viel elementarere Frage, ob es eine positive Korrelation zwischen dem Input an Drittmitteln und dem auf breiter Literaturbasis vom CHE ermittelten Publikationsoutput gibt. Nach den absoluten Zahlen sind dabei vor allem die relativen Zahlen pro Kopf bedeutsam. Dabei kann sogar angenommen werden, dass die breite und nicht nach Qualität gewichtete Literaturbasis des CHE Publikationen aus der Drittmittelforschung eher erfasst als eine selektivere und gewichtete Literaturbasis, weil gerade die Drittmittelforschung für weniger selektive Publikationsformen bis hin zu grauer Literatur besonders geeignet ist. Die CHE-Zahlen zum Publikationsoutput dürften deshalb die drittmittelstarken Fachbereiche nicht systematisch benachteiligen. Eher ist sogar ein Vorteil für sie anzunehmen. Deshalb sind die CHE-Daten für eine kritische Prüfung der Effekte von Drittmitteleinwerbung durchaus geeignet. Wahrscheinlich würden selektivere bibliometrische Verfahren eher zu schlechteren Ergebnissen für die Drittmittelforschung führen, weil die Publikation in hochrangigen Fachzeitschriften einen Aufwand der Bearbeitung, Revision und Neubearbeitung eines Textes verlangt, der so zeitraubend ist, dass keine Zeit für das Antrags-Berichts-Verfahren der Drittmittelforschung verfügbar bleibt. Wenden wir uns also mit den genannten Vorbehalten den Ergebnissen zu.

Forschungsgelder und Publikationen:
Zwei separate Welten

In Bezug auf den Forschungsoutput in Gestalt von Publikationen (gewichtet nach Art der Publikationen, jedoch nicht nach Zahl der Professoren) kann zunächst festgestellt werden, dass es in der bivariaten Analyse nach Fächern variierende signifikant positive Effekte der absolut, nicht nach der Zahl der Wissenschaftler gewichteten verfügbaren Forschungsgelder in Gestalt eingeworbener Drittmittel gibt. Das ist nicht weiter überraschend, weil eine größere Zahl forschender Personen normalerweise auch eine größere Zahl von Publikationen hervorbringen sollte. Die Korrelation ist am höchsten in der Physik, was vermutlich durch die größere Standardisierung der wissenschaftlichen Forschung in diesem Fach zu erklären ist. Das heißt, es herrschen verbindliche Standards für Forschungsanträge und Publikationen, und es besteht ein enger Zusammenhang zwischen den Standards. Die Korrelationskoeffizienten sind niedriger für Chemie und Biologie und nochmals niedriger für die Soziologie, deutlich niedriger für die Geschichte. Das lässt auf eine entsprechend geringere Standardisierung von Forschungsanträgen und Publikationen und eine größere Diskrepanz zwischen den Standards für Drittmittelforschung und den Standards für Publikationen schließen. Dieser Eindruck wird durch die Betrachtung der Streudiagramme verstärkt, und zwar schon bei den absoluten Werten. Bei den relativen Werten der Forschungsgelder pro Wissenschaftler und der Publikationen pro Professor gilt dies noch mehr. Wir beschränken uns dabei auf Physik, Chemie, Biologie, Maschinenbau, Soziologie, Geschichte und Volkswirtschaftslehre. Bei den anderen Fächern sieht es überwiegend noch schlechter aus. Wegen der jeweiligen Verfügbarkeit der CHE-Daten müssen Forschungsgelder pro Wissenschaftler und Publikationen pro Professor gerechnet werden. Besser wäre es, auf beiden Seiten dieselbe Rechnungseinheit zu verwenden. Vor allem enthält die Berechnung der Publikationen pro Professor noch eine Verzerrung zu Gunsten der Professoren und ihrer Fachbereiche, die mit Hilfe von höheren Drittmitteleinnahmen bessere Chancen der Publikation durch die Zuarbeit einer größeren Zahl von Mitarbeitern haben, unabhängig davon, ob sie diesen Vorteil in Ko-Autorenschaft oder Alleinautorschaft ummünzen. Auch die Streudiagramme für die relativen Werte verzerren demgemäß immer noch zu Gunsten der Wirkung von Drittmitteleinnahmen (siehe Abb. A-IV und V im Anhang).

Zunächst scheint es also einen positiven, wenn auch nur schwachen Zusammenhang zwischen dem Drittmittelinput und dem Publikationsoutput zu geben. Deshalb hält Stefan Hornborstel (2001b) den Drittmittelinput für einen zumindest für einige Fächer verlässlichen Indikator der Forschungsleistungen eines Fachbereichs. Interpretiert man jedoch den Zusammenhang im Lichte der in den vorausgegangenen Analysen zu Tage geförderten Machtkonzentration im wissenschaftlichen Feld, dann ist die positive Korrelation zwischen absolutem Drittmittelinput und absolutem Publikationsoutput nichts anderes als ein Nachweis, dass ein Machtvorsprung in der Einwerbung von Drittmitteln auch in einen Vorsprung bei den absoluten Publikationszahlen umgemunzt werden kann. Mehr Mitarbeiter beschreiben mehr Papier als weniger Mitarbeiter. Das erklärt sich von selbst. Die andere Seite dieser Medaille ist jedoch die Tatsache, dass es sich dabei ganz überwiegend um Forschungsberichte von Mitarbeitern handelt, denen die notwendige Unabhängigkeit fehlt, um für Innovation im System zu sorgen. Die hohe Konzentration von Drittmitteln in wenigen Händen vermehrt diesen Typus der Routineforschung und Publikation. Eine breitere Streuung der Forschungsmittel wäre mit flacheren oder besser gar keinen Hierarchien verbunden und würde Kreativität und Innovation fördern. Die Identifizierung einer »Spitze« des Drittmittel- und Publikationsaufkommens zeigt demgemäß nicht die Stärke, sondern eine besondere Schwäche von Wissenschaft und Forschung in Deutschland an. Einen ersten Hinweis auf diese Schwäche vermittelt die Tatsache der extrem breiten Streuung der Punkte in den Streudiagrammen in allen Fächern, insbesondere aber in den Geistes- und Sozialwissenschaften. Das beweist, dass alles möglich ist, insbesondere auch hohe Drittmitteleinnahmen mit nur mittlerem oder sogar niedrigem Publikationsoutput und geringe Drittmitteleinnahmen mit mittlerem oder sogar hohem Publikationsoutput. In den Geistes- und Sozialwissenschaften ist sogar zu erkennen, wie offensichtlich hohe Drittmitteleinnahmen durch Sonderforschungsbereiche an einzelnen Standorten den Publikationsoutput eher behindern als befördern, wahrscheinlich weil die Forscher in der zur Freude ihrer Universitätsleitung geschaffenen Antrags-Berichts-Koordinationsmaschinerie von Sonderforschungsbereichen ersticken. Hier sprechen die Ergebnisse dafür, dass umfangreiche Drittmittelforschung mittels koordinierter Programme in den Geistes- und Sozialwissenschaften die genuinen Qualitätskriterien der Fächer verletzt und ganze Fachkulturen zerstört, also auf keinen Fall als Maßstab für große Forschungsleistungen gelten kann.

Noch wesentlich schlechter für den Effekt von Drittmitteleinnahmen sieht es bei den relativen Werten aus. Dabei müsste eigentlich sogar noch herausgerechnet werden, dass hohe absolute Drittmitteleinnahmen weitgehend automatisch auch die relativen Drittmitteleinnahmen pro Wissenschaftler und die absoluten Publikationszahlen erhöhen. Davon müsste auch der einzelne Professor profitieren, weil sich für ihn die Gelegenheitsstruktur verbessert, durch Zuarbeit von Mitarbeitern allein oder mit den Mitarbeitern publizieren zu können. Das ist aber selbst ohne Herausrechnen dieser besseren Gelegenheitsstruktur im CHE-Forschungs-Ranking nur in vier von dreizehn Fächern festzustellen. In neun Fächern zeigt sich überhaupt keine signifikante Korrelation zwischen dem Drittmittelinput pro Wissenschaftler und dem Publikationsoutput pro Professor. Drittmitteleinwerbung und Publizieren sind in diesen Fächern offensichtlich zwei völlig voneinander getrennte Welten. Selbst in den Fächern, in denen überhaupt ein, wenn auch bis auf ein Fach nur schwacher signifikant positiver Zusammenhang zu erkennen ist, beweist die breite Streuung der Punkte im entsprechenden Streudiagramm, dass alles möglich ist. Die Einwerbung von Drittmitteln ist demgemäß von außerordentlich untergeordneter Bedeutung. Dagegen haben andere, in der Fixierung auf Drittmitteleinnahmen überhaupt nicht in den Blick genommene Faktoren ein viel größeres Gewicht, nicht zuletzt die weitgehend zufällige Verteilung besonders produktiver einzelner Wissenschaftler auf die Standorte und die mehr oder weniger starke Förderung der Selbstständigkeit junger Forscher.

Betrachten wir die im Anhang enthaltenen Streudiagramme nach eigenen Berechnungen mit Hilfe der CHE-Daten aus dem Forschungs-Ranking 2005, dann bestätigt sich der Eindruck, dass Drittmitteleinwerbung und Publikationsoutput zwei weitgehend getrennte Welten mit einem nur sehr schmalen Überschneidungsbereich bilden.

Bei der Physik ist bei den absoluten Werten eine steiler verlaufende Regressionsgerade und eine geringere Streuung der Punkte um die Regressionsgerade sowie eine größere erklärte Varianz (R^2 = 0,56) als bei den anderen Disziplinen zu verzeichnen. Allerdings ist unverkennbar, dass es sogar in der Physik eine Reihe von Ausreißern gibt, das heißt Fachbereiche mit überdurchschnittlichem Drittmitteleinkommen, aber keinem in gleichem Maße überdurchschnittlichem Publikationsaufkommen und umgekehrt. Bei den relativen Werten der Forschungsgelder pro Wissenschaftler und der Publikationen pro Professor ist die Steigung der Regressionsgeraden sehr flach, die Korrelation sogar insignifikant, die erklärte Varianz ist nahezu bei null (R^2 = 0,02). In der Chemie ist die Steigung der Regressionsgeraden bei den absoluten Werten deutlich geringer ausgeprägt, es finden sich noch größere Ausreißer als bei der Physik, die erklärte Varianz ist niedriger (R^2 = 0,33). Bei den relativen Werten ist die Steigung der Regressionsgeraden sehr flach, die erklärte Varianz ist nahezu bei null (R^2 = 0,06). In der Biologie verläuft die Regressionsgerade bei den absoluten Werten wieder steiler, es finden sich aber mehr starke Ausreißer mit hohem Drittmittelinput und niedrigem Publikationsoutput, die erklärte Varianz ist nochmals leicht niedriger (R^2 = 0,32). Das kann daran liegen, dass das Fach durch eine stürmische Entwicklung mit noch nicht fixierten Standards und durch den Einfluss von Verwertungsinteressen auf Kosten von wissenschaftlichen Publikationen gekennzeichnet ist. Bei den relativen Werten ist ebenfalls eine steile Regressionsgerade gegeben, die erklärte Varianz ist aber niedriger (R^2 = 0,27).

Beim Maschinenbau ist eine recht steile Regressionsgerade zu erkennen, die aber lediglich durch einen Standort nach oben gezogen wird. Bis auf einen weiteren Standort bewegen sich alle anderen Standorte in einer geringen Spannbreite der Drittmitteleinwerbung, die mit einer viel größeren Spannbreite der Patente einhergeht. Das R^2 der erklärten Varianz erreicht den Wert von 0,53. Bei den relativen Werten sinkt das R^2 auf den niedrigen Wert von 0,25. Es ist eine große Streuung festzustellen, die deutlich macht, dass es eine große Variationsbreite der Kombination von Drittmitteln pro Wissenschaftler und Patenten pro Professor gibt.

In der Soziologie und noch mehr in der Geschichte ist die Steigung der Regressionsgeraden bei den absoluten Werten geringer als in der Physik und der Biologie (in der Geschichte auch geringer als in der Chemie) ausgeformt, die Streuung um die Gerade ist außerordentlich groß, die erklärte Varianz ist in der Geschichte geringer als in der Soziologie (R^2 = 0,37 und 0,25). Bei den relativen Werten ist in der Soziologie keine Steigung der Regressionsgeraden festzustellen, bei der Geschichte nur eine schwache Steigung. Die Korrelation ist bei der Soziologie nicht signifikant, die erklärte Varianz in der Soziologie null (R^2 = 0,00), in der Geschichte kaum größer (R^2 = 0,11). In der Volkswirtschaftslehre sehen wir schon bei den absoluten Werten eine relativ flache Regressionsgerade und eine erklärte Varianz von R^2 = 0,27. Bei den relativen Werten ist keine Steigung der Regressionsgeraden gegeben, die Korrelation ist nicht signifikant, das R^2 fällt auf null (R^2 = 0,00).

Es gibt insbesondere in den Geistes- und Sozialwissenschaften praktisch alles, Fachbereiche mit wenig Forschungsmitteln und hoher Publikationsquote, Fachbereiche mit viel Forschungsmitteln und niedriger Publikationsquote, Fachbereiche mit wenig Forschungsmitteln und wenig Publikationen und Fachbereiche mit viel Forschungsmitteln und vielen Publikationen. Das beweist nachdrücklich, dass in den Geistes- und Sozialwissenschaften die Standards für Drittmittelforschung und die Standards für Publikationen weit auseinanderklaffen, es überhaupt für beides nicht in dem Maße fixierte Standards gibt wie insbesondere in der Physik (vgl. Hornbostel 2005). Verallgemeinert man die Standardisierung der Physik zum Modell für alle Disziplinen, dann kann dieses Ergebnis als Beweis für einen mangelnden »Reifegrad« der Geistes- und Sozialwissenschaften gewertet werden. Allerdings ist die Innovationsquote in der Physik im Vergleich zur Chemie und Biologie entsprechend niedriger. Bewegung findet am ehesten im Grenzbereich der Physik zu den anderen Fächern statt. Das höhere Maß der Standardisierung hängt in der Physik natürlich auch mit der größeren Ausschöpfung der Erkenntnismöglichkeiten in der langen Geschichte dieses Faches zusammen.

Auf die Geistes- und Sozialwissenschaften übertragen, würde das Modell der Physik die vorhandene Vielfalt auf Kosten der Kreativität und des Erkenntnisreichtums künstlich unterdrücken. Das wäre z. B. der Fall, wenn das Rational-Choice-Paradigma alle anderen Richtungen verdrängen würde. Die Volkswirtschaftslehre hat diesen Weg damit bezahlt, dass sich ihre theoretischen Modelle immer weiter von der empirischen Realität des Wirtschaftens entfernt haben und zwischen Theorie und praktischen Empfehlungen eine riesige Lücke klafft, die mit Ideologie statt Wissen überbrückt werden muss. Ob man für mehr Markt oder für weniger Markt eintreten soll, die Volkswirtschaftslehre hat dafür keine Antwort. Wenn sich Volkswirte zu der einen oder anderen Position bekennen, dann nicht aufgrund von volkswirtschaftlichem Modellwissen, sondern aufgrund von ideologischen Vorurteilen. Die Entwicklung der Volkswirtschaftslehre kann deshalb kein Modell für geistes- und sozialwissen-schaftliche Disziplinen sein, die nicht darauf verzichten wollen, sich mit der historischen Wirklichkeit zu beschäftigen und sich in diesem Sinn als Wirklichkeitswissenschaften verstehen. Die große Streuung des Zusammenhangs zwischen Drittmitteleinwerbung und Publikationsaufkommen beweist, dass die Geistes- und Sozialwissenschaften mit der Forcierung von Drittmittelforschung nach dem Modell der Medizin, Bio-, Natur- und Ingenieurwissenschaften inadäquaten Maßstäben unterworfen werden, die sie in eine Sackgasse der Trivialforschung auf Kosten ihrer Vielfalt und Kreativität hineinzwingen.

Nach diesem ernüchternden Ergebnis betrachten wir die hier einbezogenen Fächer im Einzelnen und ziehen aus diesen Betrachtungen die sich aufdrängenden Schlussfolgerungen in Bezug auf die Effizienz und Effektivität der Forschungsförderung durch Drittmittel. Im Text wurde argumentiert, dass der Input an Drittmitteln nicht zwangsläufig zu einem proportionalen Output in Gestalt von Publikationen führt, routinemäßige Drittmittelforschung sogar häufig in den Teufelskreis eines reinen Beschäftigungsprogramms für Projektmitarbeiter ohne Karriereaussichten führt. Ein solches Programm macht Professoren zu reinen Forschungsmanagern und lässt ihre eigene Kreativität verkümmern sowie diejenige der Mitarbeiter nicht zur Entfaltung kommen. Die Forschung erstickt dann in der Tat im Würgegriff der Oligarchie. Dieses Argument wird durch den Vergleich von Drittmitteleinnahmen und Publikationen pro Fachbereich anhand von Zahlen des CHE bestätigt. Wir müssen uns dabei auf die Datenbasis des CHE verlassen, über die man – wie über jeden derartigen Versuch – durchaus diskutieren kann. Der Vergleich bezieht die Fächer Physik, Chemie, Biologie, Volkswirtschaftslehre, Soziologie und Geschichte ein. Das sind drei zentrale Fächer der Naturwissenschaften und drei zentrale Fächer der Geistes- und Sozialwissenschaften. Wir können dabei Forschungsmittel als ökonomisches Kapital und Publikationen als kulturelles Kapital des Wissenschaftsbetriebes interpretieren. Hinzu kommt als ingenieurwissenschaftliches Fach der Maschinenbau, bei dem an die Stelle der Publikationen wissenschaftlich basierte Patente treten. Im CHE-Ranking werden Drittmittel (Forschungsgelder) pro Wissenschaftler eines Fachbereichs gerechnet, die Publikationen werden mit einem Punktesystem nach Art, Länge und Autorenzahl gewichtet und nur auf die Professoren eines Fachbereichs bezogen.

Physik: In der Physik finden wir nur zwei der zehn publikationsstärksten Fachbereiche unter den zehn Drittmittelzentren. Während die akquirierten Drittmittel zwischen der horrenden Summe von 296 Tausend Euro und der bescheidenen Summe von 20 Tausend Euro pro Wissenschaftler variieren, schrumpft die Variationsbreite bei den Publikationen pro Professor auf den Abstand zwischen dem Punktwert 30,8 und dem Punktwert 4,4 zusammen. Dabei handelt es sich sogar um zwei Ausreißer. Fast alle übrigen Fachbereiche bewegen sich in dem relativ engen Korridor zwischen zehn und 20 Punkten, der ganz überwiegende Teil bei etwa 15 Punkten. Bei den Zitationen liegen fast alle im Bereich von drei bis vier Zitationen pro Publikation. Man sieht auch hier, dass die monopolartige Verteilung der Drittmittel sehr weit von der Realität der Forschungsleistungen in Gestalt von Publikationen abweicht (Abb. A-V.1).

Chemie: Von den zehn drittmittelstärksten Fachbereichen in der Chemie, die zwischen 60 und 76 Tausend Euro Drittmittel pro Wissenschaftler zur Verfügung haben, schaffen es lediglich drei unter die zehn publikationsstärksten Fachbereiche mit einer Publikationsquote pro Professor, die mit zwei Ausnahmen von 29,1 und 30,5 zwischen 19,5 und 23,3 liegt. Sechs der zehn publikationsstärksten Fachbereiche erreichen nur eine relativ niedrige Drittmittelquote zwischen 18 und 42 Tausend Euro pro Wissenschaftler. Insgesamt 44 von 53 Fachbereichen – die ganz überwiegend zwischen 30 und 50 Tausend Euro Drittmittel pro Wissenschaftler zur Verfügung haben – schaffen nicht den Sprung über die Hürde einer Publikationsquote von 20, davon 25 noch nicht einmal den Sprung über die Quote von 15. Es drängt sich hier der Eindruck auf, dass das System der Drittmittelforschung in Bezug auf den Publikationsoutput kontraproduktiv wirkt. Das liegt vermutlich einerseits an der zeitraubenden Antrags-Berichts-Maschinerie, andererseits an der von der Drittmittelforschung forcierten oligarchischen Struktur, die den Betrieb in die Bahnen der Routineforschung von unselbstständigen Projektmitarbeitern lenkt, aus der nichts publikationswürdiges Neues hervorgeht (Abb. A-V.2).

Biologie: In der Biologie stoßen wir auf den Ausnahmefall einer Übereinstimmung von sieben Fachbereichen unter den zehn ersten Standorten, sowohl bei den Drittmitteln als auch bei den Publikationswerten. Trotzdem ist aber auch in diesem Fach eine außerordentlich breite Streuung derart festzustellen, dass es etliche Fachbereiche mit höherem Drittmittelaufkommen und niedrigeren Publikationswerten gibt und umgekehrt. Wieder können wir eine größere Ungleichheit in der Verfügung über Drittmittel als in den Publikationswerten beobachten, 168 Tausend Euro zu 16 Tausend Euro vs. 12,7 zu 1,7, wobei sich nahezu alle Publikationswerte in dem engen Korridor zwischen fünf und zehn befinden. Das heißt, dass die ungleiche Verteilungsstruktur der Drittmittel durch die Verteilung der Publikationswerte nicht bestätigt wird (Abb. A-V.3).

Soziologie: In der Soziologie zeigt sich ein deutliches Missverhältnis zwischen Drittmitteln und Publikationen. Nur drei der zehn drittmittelstärksten Fachbereiche sind unter den zehn publikationsstärksten Fachbereichen zu finden, umgekehrt erzielen alle übrigen sieben publikationsstärksten Fachbereiche nur durchschnittliche oder unterdurchschnittliche Drittmittelquoten. Den Sprung über die respektable Summe von 20 Tausend Euro Drittmittel pro Wissenschaftler schaffen 35 von 61 Fachbereichen, den Sprung über die Hürde einer Publikationsquote pro Professor von mindestens 15 aber nur 14, den Sprung über die Quote von mindestens 18 nur elf. Wieder ist zu erkennen, dass das System der Drittmittelforschung zu massiven Fehlallokationen führt. Bei einer derart großen Diskrepanz zwischen den drittmittelstärksten und den publikationsstärksten Fachbereichen kann nur der Schluss gezogen werden, dass das Drittmittelsystem kreative, zu Publikationen führende Forschung nicht fördert, sondern massiv behindert. Es ist offensichtlich nicht schwer, eine ordentliche Drittmittelquote zu erreichen, aber anscheinend gerade deshalb umso schwerer, eine gute Publikationsquote zu erzielen (Abb. A-V.4).

Geschichte: In der Geschichte gehören sechs der zehn drittmittelstärksten nicht zu den zehn publikationsstärksten Fachbereichen. Es gibt einige Fachbereiche mit sehr hohen Drittmitteleinnahmen, aber nur durchschnittlichen oder sogar nur unterdurchschnittlichen Publikationswerten. Es fällt z. B. auf, dass – wie schon insgesamt für die anderen Fächer festgestellt – sehr drittmittelstarke Universitäten ihre Drittmitteleinnahmen nicht in mehr als nur durchschnittliche Publikationswerte umsetzen können. Das zeigt, dass sich an manchen Fachbereichen ein sich selbst tragendes DFG-konformes Antrags-Berichts-System entwickeln kann, das maßgeblich vom Beschäftigungsinteresse der Projektmitarbeiter getragen, aber nicht in kreative Publikationsleistungen umgesetzt wird (Abb. A-V.5).

Volkswirtschaftslehre: In der Volkswirtschaftslehre stoßen wir auf das Ergebnis, dass es lediglich zwei der zehn drittmittelstärksten Fachbereiche unter die zehn publikationsstärksten Fachbereiche schaffen. Bei der Volkswirtschaftslehre fallen Extremfälle in beiden Richtungen auf. Es gibt Fachbereiche mit sehr hohen Drittmitteleinnahmen, aber sehr niedrigen Publikationswerten, umgekehrt erzielen Fachbereiche mit sehr niedrigen Drittmitteleinnahmen sehr hohe Publikationswerte. In der offiziellen DFG-Rhetorik wird die Volkswirtschaftslehre als DFG- bzw. drittmittelfern eingestuft, als ob es sich dabei um ein Manko des Faches handelte, das es zu verbessern gilt. Der Vergleich zwischen Drittmitteleinnahmen und Publikationen beweist jedoch, dass das Manko weniger beim Fach als beim System der Verteilung von Forschungsmitteln durch die DFG liegt. Es ist in diesem Fach offensichtlich für effiziente Forschung nicht förderlich, sondern eher hinderlich. Legt man selektivere Publikationsindizes zugrunde, dann tauchen auch nur drei der drittmittelstärksten Fachbereiche in der Spitzengruppe der publikationsstärksten Fachbereiche auf (Ursprung 2003) (Abb. A-V.6).

Maschinenbau: Im Fach Maschinenbau können Drittmittel pro Wissenschaftler und Patente pro Professor miteinander verglichen werden. In dieser Disziplin finden wir fünf der größten Drittmittelkonsumenten unter den ersten elf Fachbereichen (zweimal Platz zehn) mit den höchsten Patentquoten. Die Rangplätze liegen z. T. deutlich auseinander

(z. B. 2:8, 8:1, 4:10). Es fällt auf, dass die Breite der Streuung zwischen den Fachbereichen bei der Patentquote pro Professor größer ausgeprägt ist als bei den Drittmitteleinnahmen. Während die Drittmittel von 30,7 bis 251,9 Tausend Euro pro Wissenschaftler reichen, variieren die Patentquoten zwischen 0,3 und 4,0. Von den 30 Fachbereichen bewegen sich allerdings nicht weniger als 19 in dem relativ engen Korridor zwischen 0,8 und 2,5 Patenten pro Professor, nur fünf gelangen mit 2,6 bis einmal 4,0 darüber hinaus, nur sechs liegen mit 0,7 bis 0,3 darunter. Das heißt, dass die Unterschiede in den nachweislichen Erfindungsleistungen in der breiten Mitte relativ gering sind. Für ein Absetzen einer Spitze vom Rest der Standorte gibt es keine Anhaltspunkte. Nicht weniger als fünf Fachbereiche schaffen es in der Patentquote unter die ersten zehn Standorte, ohne zu den ersten zehn Drittmittelkonsumenten zu gehören, sogar mit Drittmitteleinnahmen, die zwischen 52,3 und 74,1 bzw. einmal 95,2 Tausend Euro pro Wissenschaftler sehr weit von den fünf Spitzenwerten zwischen 172,9 und 251,9 Tausend Euro pro Wissenschaftler entfernt sind. Vier davon haben mit Beträgen zwischen 52,3 und 74,1 Tausend Euro auch noch einen großen Abstand zum zehntbesten Wert von 107,0 Tausend Euro. Umgekehrt haben vier von den fünf nicht unter den elf patentstärksten Fachbereichen zu findenden drittmittelstärksten Fachbereichen nur eine Patentquote zwischen 1,7 und 0,6. Die drei größten Drittmittelkonsumenten unterscheiden sich in den Patentquoten nicht von mindestens weiteren acht kleineren Standorten. Auch in dieser Disziplin erweist sich die Inanspruchnahme von Exzellenz durch einzelne Großstandorte als leere Rhetorik ohne Realitätsgehalt (Abb. A-V.10).

Zu einem ähnlichen Ergebnis für den Maschinenbau kommt die Auswertung von Publikationen absolut und relativ pro

Professor. Die Unterschiede in den absoluten Zahlen sind viel größer als die Unterschiede in relativen Zahlen. Die absoluten Zahlen korrelieren stark mit der Zahl der Professoren. Während die Publikationswerte absolut von drei bis 525 variieren, reicht die Zahl der Professoren eines Fachbereichs von zwölf bis 67. Die Varianzbreite bei den Publikationen pro Professor bewegt sich jedoch nur zwischen 0,2 und 18,4. Von 32 Fachbereichen liegen 20 relativ eng beieinander mit Publikationswerten zwischen 3,2 und 9,7 pro Professor. Lediglich zwei Fachbereiche erzielen höhere Werte (11,2 und 18,4). Sieben Fachbereiche liegen zwischen 1,3 und 2,6, drei zwischen 0,2 und 1,0 (Kosmützky, Winterhager, Schwechheimer und Weingart 2003). Lediglich vier der drittmittelstärksten Fachbereiche finden sich unter den zehn publikationsstärksten Fachbereichen pro Professor.

Über die hier im Einzelnen betrachteten Fächer hinaus, zeigt sich auch bei den anderen Fächern das ernüchternde Ergebnis der geringen Korrelation zwischen Drittmitteleinnahmen und Publikationen bzw. Patenten pro Kopf. Wo andere Daten als die weniger selektiven CHE-Publikationswerte verfügbar sind, ändert sich an diesem Ergebnis nichts, so etwa bei der Volkswirtschaftslehre (Ursprung 2003) und beim Maschinenbau (Kosmützky, Winterhager, Schwechheimer und Weingart 2003). Dasselbe gilt für die Betriebswirtschaftslehre. Nach einer Analyse der international sichtbaren Zitationen im Science Citation Index (SCI) und im Social Science Citation Index sind sechs der zehn drittmittelstärksten Fachbereiche nicht unter den ersten zehn sichtbarsten zu finden (Dyckhoff, Thieme und Schmitz 2005).

Die in den ersten sechs Listen der hier im Einzelnen untersuchten Fächer insgesamt 60 zu vergebenden Plätze der jeweils ersten zehn publikationsstärksten Fachbereiche in den Publikationen pro Professor werden von nicht weniger als 41 Universitäten eingenommen. Dagegen konzentrieren sich die zehn ersten Plätze in den absoluten Summen der DFG-Bewilligungen in dem entsprechenden Fächerspektrum auf nur 20 Universitäten. Nur etwa die Hälfte davon taucht in den jeweiligen Listen der zehn publikationsstärksten Fachbereiche überhaupt auf. In den Physik/Chemie-Listen fehlen sechs von zehn, in der Biologieliste vier von zehn, in den VWL/Soziologie/Geschichte-Listen ebenfalls vier von zehn. Die Publikationsliste Physik verzeichnet nicht weniger als sieben von zehn Fachbereichen, die nicht zu den zehn größten Drittmittelzentren gehören, in der Liste Chemie sind es ebenfalls sieben, in der Liste Biologie fünf, in der Liste VWL sogar alle zehn, in der Liste Soziologie sieben, in der Liste Geschichte ebenfalls sieben (Tab. 6-1 und 6-2). Zählt man die Maschinenbauliste hinzu, dann teilen sich 47 Universitäten 70 Plätze. Die Zahl der größten Drittmittelkonsumenten erhöht sich auf 26. In der Maschinenbauliste fehlen vier der zehn größten ingenieurwissenschaftlichen Drittmittelkonsumenten. Bezieht man auch die relativen DFG-Bewilligungssummen in die Betrachtung mit ein, dann fällt auf, dass einzelne, besonders stark in DFG-Ausschüssen vertretene Universitäten ihre Spitzenposition in den DFG-Bewilligungen pro Professor in den Publikationen pro Professor nicht bestätigen können. Das Ergebnis lässt eine eklatante Legitimitätslücke der Verteilung von Forschungsmitteln erkennen, wenn Maßstäbe der Leistungsgerechtigkeit angelegt werden. Zugleich ist eine erhebliche Ineffizienz der Mittelverteilung zu konstatieren.

Wie man an den Streudiagrammen erkennen kann (Abb. A-V.1-13), ragen bei allen 13 Fächern nicht mehr als vier bis sechs Fachbereiche aus dem breiten Mittelfeld heraus. Von

Tab. 6-1: Die zehn publikations- bzw. patentstärksten Fachbereiche in sieben wissenschaftlichen Disziplinen (Publikationen/Patente pro Professor)

	Naturwissenschaften				Geistes- und Sozialwissenschaften		
	Physik	Chemie	Biologie	Maschinenbau	VWL	Soziologie	Geschichte
1	Paderborn	Würzburg	*TU München*	*Darmstadt*	Würzburg	*U München*	Erl.-Nürnberg
2	Würzburg	Stuttgart	*Tübingen*	Bayreuth	Bayreuth	*HU Berlin*	Passau
3	Gießen	*FU Berlin*	Bayreuth	*Stuttgart*	Leipzig	Mainz	*Frankfurt/M.*
4	Jena	*Karlsruhe*	*Würzburg*	Chemnitz	Erfurt	*Köln*	*Tübingen*
5	*Karlsruhe*	Göttingen	Osnabrück	Paderborn	Regensburg	Bochum	Augsburg
6	HU Berlin	*TU München*	Bielefeld	Dortmund	Bremen	Heidelberg	*Freiburg*
7	Leipzig	Dortmund	Konstanz	*Erl.-Nürnberg*	Münster	Leipzig	Potsdam
8	Magdeburg	Chemnitz	*HU Berlin*	*Dresden*	Mannheim	Darmstadt	*Köln*
9	*TU München*	Braunschweig	Regensburg	Freiberg	Marburg	Dresden	Bayreuth
10	*TU Berlin*	Marburg	*Erl.-Nürnberg*	Braunschweig *U Hannover*	*UBW Hamburg*	Bamberg	Trier

Quelle: Nach CHE-Forschungs-Ranking 2005. Kursiv gesetzt sind die Fachbereiche, die zu den Universitäten mit den zehn höchsten absoluten DFG-Bewilligungssummen 1999-2001 in den Naturwissenschaften, Biologie/Medizin, Geistes- und Sozialwissenschaften und Maschinenbau gehören.

Tab. 6-2: Die zehn Universitäten mit den höchsten absoluten DFG-Bewilligungssummen in Naturwissenschaften, Biologie/Medizin, Geistes-/Sozialwissenschaften und Maschinenbau

	Naturwissenschaften	Biologie/ Medizin	Maschinenbau	Geistes- und Sozialwissenschaften
1	*Karlsruhe*	*U München*	TH Aachen	*Tübingen*
2	*TU München*	Würzburg	*Stuttgart*	*Frankfurt/M.*
3	Bonn	Heidelberg	Karlsruhe	*U München*
4	Heidelberg	*HU Berlin*	TU München	*HU Berlin*
5	Tübingen	Freiburg	*U Hannover*	FU Berlin
6	Münster	*Tübingen*	*Erl.-Nürnberg*	*Köln*
7	*TU Berlin*	*TU München*	*Darmstadt*	Konstanz
8	*FU Berlin*	Göttingen	TU Berlin	Bonn
9	Bochum	Köln	*Dresden*	Hamburg
10	U München	Erlangen-Nürnberg	*Dortmund*	*Freiburg*

Quelle: DFG-Förder-Ranking 2003. Kursiv sind die Universitäten gesetzt, die auch in den Listen der zehn stärksten Fachbereiche in den Publikationen/ Patenten pro Professor vorkommen.

einer Spitzengruppe ist deshalb in Wahrheit nur bei diesen vier bis sechs Fachbereichen zu sprechen. Wie schon bei den Zehnerlisten ist jedoch auch bei dreizehn Listen der ersten fünf oder sechs Fachbereiche eine sehr breite Streuung der Standorte festzustellen (Tab. 6-3). Nicht weniger als 38 Universitäten teilen sich die ersten fünf Plätze, nicht weniger als 47 Universitäten die ersten sechs Plätze in dreizehn Fächern. Zu den hier schon untersuchten Fächern kommen dabei noch die Fächer Anglistik/Amerikanistik, Betriebswirtschaftslehre, Psychologie, Erziehungswissenschaft, Pharmazie sowie Elektro- und Informationstechnik hinzu. Lediglich ein Standort schafft es fünfmal unter die ersten fünf (Würzburg), nur

Tab. 6-3: Die sechs publikationsstärksten Fachbereiche in dreizehn wissenschaftlichen Disziplinen (Publikationen pro Professor)

Physik	Chemie	Biologie	Pharmazie	Maschinenbau
Paderborn	Würzburg	TU München	FU Berlin	Darmstadt
Würzburg	Stuttgart	Tübingen	Saarbrücken	Bayreuth
Gießen	FU Berlin	Bayreuth	U München	Stuttgart
Jena	Karlsruhe	Würzburg	Tübingen	Chemnitz
Karlsruhe	Göttingen	Osnabrück	Frankfurt/M.	Paderborn
HU Berlin	TU München	Bielefeld	Kiel	Dortmund

Elektro-/Informationstechnik	Psychologie	VWL	BWL
Erlangen-Nürnberg	Düsseldorf	Würzburg	WHU Koblenz
Duisburg-Essen	Konstanz	Bayreuth	Witten-Herdecke
Ilmenau	Jena	Leipzig	Stuttgart
Paderborn	Würzburg	Erfurt	U München
Ulm	Dresden	Regensburg	FU Berlin
Kaiserslautern	Bochum	Bremen	Augsburg

Soziologie	Erziehungswissenschaften	Anglistik/Amerikanistik	Geschichte
U München	Tübingen	Gießen	Erlangen-Nürnberg
HU Berlin	Dortmund	Bamberg	Passau
Köln	Münster	Freiburg	Frankfurt/M.
Mainz	HU Berlin	Duisburg-Essen	Tübingen
Heidelberg	Jena	Leipzig	Augsburg
Bochum	Trier	Siegen	Freiburg

fünf dreimal. Auch die 21 in den Publikationslisten erfassten Gewinner der ersten Runde der Exzellenzinitiative ragen nicht gegenüber anderen Hochschulen heraus. Sie unterscheiden sich nicht durch vermehrtes Auftauchen auf den ersten fünf, sechs oder zehn Plätzen. Einige sind gar nicht platziert, die meisten nur ein- oder zweimal, das heißt nicht mehr als die 28 bzw. 30 Hochschulen, die ebenfalls auf den ersten zehn Plätzen von sieben Fächern bzw. auf den ersten sechs Plätzen in dreizehn Fächern rangieren, aber nicht in den Genuss der Exzellenzgelder gelangt sind. Dieses Ergebnis zeigt die Wirksamkeit symbolischer Macht in Gestalt der Mitgliedschaft von Hochschulen in den zentralen Wissenschaftsorganisationen, die zu einer Verteilung von Forschungsgeldern in Abweichung von der Verteilung der Forschungsleistungen führt. Ein gutes Beispiel für die Wirksamkeit symbolischer Macht sind Universitäten, die ihre hohe Mitgliederzahl in den DFG-Ausschüssen und ihre hohen DFG-Bewilligungssummen pro Professor und pro Wissenschaftler nicht in dementsprechend hohen Publikationsoutput pro Professor umsetzen können, wenn man die CHE-Publikationswerte als Maßstab verwendet.

Betrachten wir die Streudiagramme zu den Gesamtpublikationenswerten der Universitäten, die sich aus den aufsummierten Publikationswerten (bzw. Patentwerten) ihrer einzelnen Fachbereiche ergeben, dann erkennen wir die aufgrund unserer bisherigen Analyse zu erwartenden Zusammenhänge (Abb. VI.1-2). Die absoluten Publikationswerte im Durchschnitt pro Fach korrelieren wie zu erwarten positiv und signifikant mit dem verfügbaren sozialen Kapital (hauptberuflich tätiges wissenschaftliches Personal, DFG-Bewilligungen in Mio. Euro) und symbolischen Kapital (Mitglieder in DFG-Ausschüssen und DFG-Gutachter). Die Korrelation ist jedoch nicht so hoch und die erklärte Varianz nicht so groß wie bei den Drittmitteln und DFG-Bewilligungen als abhängigen Variablen. Das zeigt, dass der Erfolg bei Antragsverfahren etwas mehr auf den Einsatz von Kapital (Netzwerke, zentrale Position im Akteursfeld, Reputation) angewiesen ist als der Erfolg bei Publikationen. Wendet man sich den Publikationen (bzw. Patenten) pro Professor im Durchschnitt aller Fachbereiche einer Universität zu, dann wird die schon bei den einzelnen Fächern festgestellte große Diskrepanz zwischen dem Input an sozialem und symbolischem Kapital und der Produktivität im Publikations- bzw. Patentoutput erkennbar. Das gilt schon für die Korrelation absoluter Input/relativer Output und erst recht für die Korrelation relativer Input/relativer Output. Der geringe Unterschied in den Ergebnissen beim Input pro Professor und beim Input pro Wissenschaftler bestätigt unsere Vermutung, dass die Kombination des Inputs pro Wissenschaftler mit dem Output pro Professor keine gravierende Verzerrung zur Folge hat. Die ganzen Abgründe der auf den Drittmittelinput fixierten Forschungsförderung zeigen sich schließlich darin, dass die DFG-Bewilligungssumme pro Professor sogar signifikant negativ ($R^2 = 0{,}20$) mit den erzielten Publikationen eines Professors pro Mitarbeiter korreliert ist, und zwar selbst dann, wenn eine überdurchschnittliche Mitarbeiterzahl proportional nach unten und eine unterdurchschnittliche Mitarbeiterzahl proportional nach oben korrigiert wird (Abb. A-VI.2i).

Forschungsgelder und Publikationen:
Legitimitäts- und Effizienzlücken der Mittelverteilung

Multiple Regressionen geben uns Auskunft darüber, wie weit die in der bivariaten Regression ermittelten Zusammenhänge zwischen Variablen auch im Kontext einer größeren Zahl von Einflussfaktoren bestätigt werden. Diesem Zweck dienen die in den Modellen eins bis sieben durchgeführten OLS-Regressionen, deren Ergebnisse in Tabelle A-I wiedergegeben sind (Tab. A-I). In den Modellen wird der Zusammenhang einer Reihe von Variablen mit den (1) absoluten und (2) relativen DFG-Bewilligungssummen pro Wissenschaftler, den (3) absoluten und (4) relativen DFG-Bewilligungssummen pro Wissenschaftler in den Geistes- und Sozialwissenschaften und den (5) absoluten und (6) relativen Publikationswerten pro Professor bzw. (7) eines Professors pro Mitarbeiter (laut CHE-Erhebung von Publikationswerten) geschätzt. Die Fallzahl bei den DFG-Bewilligungen liegt bei 75 bis 79, bei den Publikationswerten bei 64. Die erklärte Varianz (Korr. R^2) ist bei den absoluten Bewilligungssummen höher als bei den relativen, bei der Summe aller Fächer höher als bei den Geistes- und Sozialwissenschaften, bis auf den Vergleich »relative DFG-Bewilligungen in Geistes-/Sozialwissenschaften vs. Publikationen eines Professors pro Mitarbeiter« bei den eingeworbenen Forschungsgeldern höher als bei den Publikationen, bei den absoluten Publikationswerten höher als bei den relativen. Das beweist, dass die Praxis der Zuschreibung von Exzellenz aufgrund des Inputs von Forschungsgeldern statt des Outputs an Publikationen und aufgrund von absoluten statt relativen Werten systematisch zu Gunsten der westdeutschen Traditionsuniversitäten und technischen Hochschulen mit hohem, ineffizientem Personaleinsatz verzerrt und einen Mythos kreiert, der einem Realitätstest nicht standhält.

Die multiplen Regressionen zeigen, dass die meisten der bivariat ermittelten Zusammenhänge auch im Kontext einer größeren Zahl von Einflussfaktoren bestehen bleiben. Die *Zahl des hauptberuflich tätigen wissenschaftlichen Personals* kann als soziales Kapital interpretiert werden. Es ist wie vermutet signifikant positiv mit der absoluten Höhe der DFG-Bewilligungssumme eines Standorts korreliert. Mit dem Personalbestand wachsen die Chancen der Einwerbung von Drittmitteln. Das ist nicht weiter überraschend. Interessanterweise ist der Personalbestand aber signifikant negativ mit der Bewilligungssumme pro Wissenschaftler korreliert. Das bestätigt die Hypothese und das im Einzelvergleich in Kap. 3 ermittelte Faktum, dass jenseits einer mittleren Standortgröße der Grenznutzen jeder weiteren Personalstelle deutlich sinkt. Das spricht gegen die von der Exzellenzinitiative forcierte Politik der Förderung von Großprojekten und der Konzentration von Forschungsmitteln auf Universitäten und Fachbereiche, die sich von anderen Standorten durch großformatige Forschung mit umfangreichen Grund- und Drittmitteln in Gestalt von großen Forschungszentren unterscheiden. Die Regressionsanalyse beweist die Ineffizienz dieser Politik. Bei den DFG-Bewilligungen in den Geistes- und Sozialwissenschaften ist ein negativer, aber nicht signifikanter Zusammenhang mit dem Personalbestand zu erkennen. Daraus kann immerhin abgeleitet werden, dass die Standortgröße in diesen Disziplinen noch nicht einmal für die absoluten DFG-Bewilligungssummen ausschlaggebend ist. Ob sie florieren oder nicht, liegt offensichtlich nicht an der Standortgröße.

Der *prozentuale Anteil des wissenschaftlichen medizinischen, bio-, natur- und ingenieurwissenschaftlichen Personals* (verstanden als ökonomisches Kapital) am gesamten Personal steht nicht in einem signifikanten Zusammenhang mit der absoluten DFG-Bewilligungssumme. Das liegt ganz einfach daran, dass die Volluniversitäten mit sehr hohem Personalbestand die höchsten Bewilligungssummen einwerben, ihr Personal sich aber nicht zu 100 Prozent aus diesen Disziplinen zusammensetzt. Dagegen gehen die kleineren technischen Hochschulen mit 100 Prozent Personal dieser Disziplinen in die Rechnung ein, erreichen aber bei weitem nicht die absoluten Bewilligungssummen der Volluniversitäten. Dagegen ist die Korrelation mit den Bewilligungssummen pro Wissenschaftler signifikant positiv. Das bestätigt einmal mehr die höhere Drittmittelintensität dieser Disziplinen und ist nicht weiter überraschend. Die technischen Universitäten machen offensichtlich auch die signifikant negative Korrelation dieser Variable mit den absoluten und relativen Bewilligungssummen in den Geistes- und Sozialwissenschaften aus. Das schließt allerdings nicht aus, dass in Einzelfällen, wo Geistes- und Sozialwissenschaften vorhanden und in naturwissenschaftlich-technische Sonderforschungsbereiche eingebunden sind, die entsprechenden Bewilligungssummen besonders hoch liegen können. Sowohl mit den absoluten als auch mit beiden relativen Publikationswerten (bzw. Patentwerten in den Fächern Maschinenbau/Verfahrenstechnik und Elektro-/Informationstechnik) steht die Variable in einem signifikant negativen Zusammenhang. Die Erklärung für die niedrigen absoluten Publikations-/Patentwerte könnten die kleinen technischen Hochschulen sein, die nur relativ niedrige absolute Publikationswerte (Patentwerte) erreichen können. An der signifikant negativen Korrelation der beiden relativen Publikationswerte mit der Variablen ist zu erkennen, dass in diesen Disziplinen Publikationen mit höherem Personaleinsatz sowohl an Professoren als auch an Mitarbeitern produziert werden als in den Geistes- und Sozialwissenschaften.

Die *durchschnittliche Mitarbeiterzahl pro Professor* (verstanden als soziales Kapital) steht nur mit den relativen Bewilligungssummen pro Wissenschaftler in den Geistes- und Sozialwissenschaften und den relativen Publikationswerten pro Professor im Durchschnitt aller Disziplinen in einem signifikant positiven Zusammenhang. Dieses Ergebnis gibt einen Hinweis auf den abnehmenden Grenznutzen der Ausstattung von Professoren mit Mitarbeitern, bezogen auf die Gesamtleistung. Es profitieren nur die Professoren, aber nicht die gesamte Einheit. Zumindest die Publikationswerte lassen sich so deuten. Das wird durch die signifikant negative Korrelation der Variable mit den Publikationen eines Professors pro Mitarbeiter bestätigt (an den oberen und unteren Enden von zehn bis fünf und drei bis zwei Mitarbeitern pro Professor zur Mitte vier hin korrigiert). Auffälligerweise schlägt die signifikant positive in eine signifikant negative Korrelation um, wenn die Publikationswerte pro Professor nach der verfügbaren Zahl der Mitarbeiter relativiert werden. Man kann hier die Schattenseite der Forschung in oligarchischen Strukturen sehen.

Die *Traditionsuniversitäten in Westdeutschland und Berlin* verfügen über hohe traditionelle Reputation und in diesem Sinn über hohes soziales Kapital. Das bringt sie offensichtlich in einen signifikant positiven Zusammenhang mit den absoluten Bewilligungssummen und den absoluten Publikationswerten, aber nicht mit den relativen Bewilligungssummen, den absoluten und relativen Bewilligungssummen in den Geistes- und Sozialwissenschaften und den relativen Publikationswerten. Ihren absoluten Erfolg bei den Bewilligungssummen und Publikationswerten setzen sie offenbar nicht effizient in Bewilligungssummen pro Wissenschaftler und Publikationswerte pro Professor sowie eines Professors pro Mitarbeiter um. Sie halten im Hinblick auf ihre Produktivität nicht, was ihr traditionell hohes soziales Kapital verspricht. Es zeigt sich auch, dass sie sich in Geistes- und Sozialwissenschaften nicht in besonderer Weise hervortun. Darin kommt indirekt zum Ausdruck, dass es die Neugründungen der 1970er Jahre waren, von denen wesentliche Impulse in diesen Disziplinen ausgegangen sind. Der Zuschnitt der Exzellenzinitiative auf den Ausbau naturwissenschaftlicher und technischer Großforschungszentren drängt jetzt insbesondere die Neugründungen mit größerem geistes- und sozialwissenschaftlichem Anteil an den Rand des von der Aufwertung des ökonomischen Kapitals und der Abwertung des kulturellen Kapitals beherrschten akademischen Feldes.

Die *laufenden Grundmittel pro Professor* (als soziales Kapital verstanden) zeigen durch die Bank keine signifikante Korrelation mit den abhängigen Variablen. Die Interpretation dieses Ergebnisses kann analog der Interpretation der Ergebnisse zu den Mitarbeitern pro Professor erfolgen. Es zeigt sich hier wieder, dass die Ausstattung von Professoren jenseits einer mittleren Größenordnung mit einem stark sinkenden Grenznutzen verbunden ist. Dieses Ergebnis ist ein weiterer Beweis dafür, dass sich die Exzellenzinitiative mit dem Programm der Konzentration von hohen zusätzlichen Drittmittelsummen auf wenige Großforschungszentren auf dem falschen Weg befindet. Sie investiert riesige Summen in Zentren, die nachweislich schon längst die Grenze der Effizienz überschritten haben. Damit verbunden ist die weitere Akzentuierung oligarchischer Strukturen, in denen sich keine wissenschaftliche Kreativität entfalten kann.

Die *Zahl der Mitglieder eines Standorts in DFG-Ausschüssen* repräsentiert symbolisches Kapital. Wir sehen bei dieser Variable durch die Bank einen positiven Zusammenhang mit den Bewilligungssummen und einen negativen Zusammenhang mit den Publikationswerten. Sieht man zunächst davon ab, dass es sich durchgehend nicht um signifikante Korrelationen handelt, dann verweisen die Vorzeichen doch erneut darauf, dass dieses symbolische Kapital zwar bei der Einwerbung von DFG-Mitteln hilft, aber nicht proportional in Publikationen umgesetzt wird, dementsprechend die Verteilung von Forschungsmitteln durch die DFG eine Legitimitätslücke aufweist. Allerdings sind die Korrelationen anders als bei der bivariaten Regression im Kontext der weiteren Einflussfaktoren der multiplen Regression nicht signifikant. Vermutlich sind Interaktionseffekte mit den anderen Variablen dafür verantwortlich. Infrage dafür kommt insbesondere die Interaktion mit Faktoren, die mit einer höheren Zahl von DFG-Ausschussmitgliedern korreliert sind, aber in keinem positiven Zusammenhang mit einer oder mehreren abhängigen Variablen stehen. Dazu gehören die Zahl des hauptberuflich tätigen wissenschaftlichen Personals, der Anteil des wissenschaftlichen medizinischen bio-, natur- und ingenieurwissenschaftlichen Personals am gesamten Personalstand, die durchschnittliche Zahl der Mitarbeiter pro Professor und die laufenden Grundmittel pro Professor.

Ein weiteres zentrales Element des symbolischen Kapitals ist die *Zahl der DFG-Gutachter* eines Standorts. Hier finden wir durchgehend einen signifikant positiven Zusammenhang mit den Bewilligungssummen, sowohl absolut als auch relativ. Der Zusammenhang ist allerdings bei den relativen Gesamtsummen schwächer als bei den absoluten (Modelle 1 und 2, 3 und 4), was wieder auf verminderte Effizienz der absolut drittmittelreichen Standorte hinweist. Bei den Geistes- und Sozialwissenschaften ist der Zusammenhang schwächer. Dieses Ergebnis lässt vermuten, dass die Mittelverteilung in diesen Disziplinen weniger durch das Matthäusprinzip der Akkumulation von Kapital durch Kapital bestimmt wird und etwas offener ist. Bei der insgesamt bescheideneren Größenordnung der Bewilligungssummen in diesen Disziplinen machen sich anscheinend weniger Effizienzprobleme der Überinvestition in Großforschungszentren bemerkbar als in den naturwissenschaftlichen und technischen Disziplinen. Keine signifikante Korrelation besteht zwischen der Gutachterzahl und den absoluten Publikationswerten. Wir sehen hier erneut die Legitimitätslücke einer mangelnden Deckung der Verteilung von symbolischem Kapital auf die Standorte durch korrespondierende Publikationswerte. Bei den relativen Publikationswerten pro Professor besteht ein schwach signifikanter positiver Zusammenhang auf dem Zehn-Prozent-Niveau, was durch Interaktion mit positiv korrelierten Variablen unterstützt sein kann. Insbesondere die signifikant positiv mit den relativen Publikationswerten pro Professor korrelierte durchschnittliche Zahl der Mitarbeiter pro Professor kommt dafür in Frage. Dann drückt das symbolische Kapital der Gutachterzahl eines Standorts aus, dass an diesem Standort eine bessere Ausstattung von Lehrstühlen mit Mitarbeitern zu einem höheren Publikationswert pro Professor führt, was dann nicht weiter überraschend ist. Offenbar belohnt dieses institutionelle Arrangement gut ausgestattete Professoren, während die Gesamtleistung der Standorte – gemessen in absoluten Publikationswerten – darunter leidet. Diese Vermutung wird dadurch bestätigt, dass die Korrelation der Variable mit dem Publikationswert eines Professors pro Mitarbeiter nicht signifikant ist.

Die eingeworbenen *DFG-Bewilligungssummen* repräsentieren das wissenschaftliche Kapital eines Standorts, absolut und relativ pro Professor. Wie zu erkennen ist, stehen beide Einflussgrößen in keinem signifikanten Zusammenhang mit den Publikationswerten, sowohl den absoluten als auch den relativen pro Professor und eines Professors pro Mitarbeiter. Es macht sich also auch im Kontext mehrerer Einflussgrößen in der multiplen Regression eine Legitimitätslücke in der Verteilung von DFG-Bewilligungssummen auf Standorte bemerkbar. Die Mittelverteilung wird nicht durch eine signifikant positive Korrelation mit den Publikationswerten (bzw. Patentwerten) in ihrer Legitimität nach Maßstäben der Leistungsgerechtigkeit und in ihrer Effizienz nach Maßstäben der ökonomischen Rationalität bestätigt. Die absoluten Bewilligungssummen finden wir sogar negativ mit den absoluten Publikationswerten korreliert, die relativen Bewilligungssummen negativ mit den relativen Publikationswerten pro Professor. Beide Male ist das Ergebnis aber nicht signifikant. Die Tatsache, dass kein signifikanter Zusammenhang besteht, weist aber deutlich genug auf die Legitimitätslücke der DFG-Mittelverteilung hin.

Fazit: Das hohe Maß des Drittmittelzuflusses nach der Verteilung symbolischer Macht im akademischen Feld führt offensichtlich zu ineffizienter Ressourcenallokation. Es fließen viel Mittel an Standorte, wo pro Kopf proportional dazu nicht mehr, oft sogar weniger als an anderen Standorten mit geringerem Mittelzufluss publiziert bzw. patentiert wird. Umgekehrt publizieren bzw. patentieren Standorte viel, obwohl sie nur eine geringe oder mittlere Menge an Drittmitteln zur Verfügung haben. Es kann auch sein, dass sie diese Leistung gerade deshalb erbringen, weil sie sich nicht der zeitraubenden Antrags-, Berichts- und Begutachtungsmaschinerie der Drittmittelforschung unterwerfen. Das Verfahren der Drittmittelverteilung offenbart demnach erhebliche Rationalitätsdefizite, die vermutlich insbesondere der Beherrschung durch Kartell- und Monopolstrukturen geschuldet sind.

III. Legitimationskämpfe:
zwischen Monopol und Wettbewerb

7. Die Rhetorik der Exzellenz

Die Konstruktion wissenschaftlicher Exzellenz und die Verteilung von Forschungsmitteln stützen sich nach der im akademischen Feld herrschenden Rationalitätskonstruktion auf herausragende Forschungsleistungen. Die entsprechende Legitimation der aktuellen Exzellenzkonstruktion und Mittelverteilung liefert eine Rhetorik der Exzellenz, die sich im Kielwasser des Globalisierungsdiskurses seit den 1990er Jahren im akademischen Feld ausgebreitet hat und inzwischen den Diskurs beherrscht. Die Exzellenzrhetorik wird durch eine Diskurskoalition mit dem Diskurs über die internationale Wettbewerbsfähigkeit des Wirtschaftsstandortes Deutschland unterstützt. Sie hat die seit Mitte der 1960er Jahre herrschende Rhetorik der Bildung als Bürgerrecht und der Studienreform abgelöst, die selbst die alte Rhetorik der Bildung durch Wissenschaft verdrängt hat. Das Problem dieser Rhetorik ist die große Abweichung der Realität von der beanspruchten Exzellenz und von der entsprechenden Leistungsgerechtigkeit der Verteilung von Forschungsmitteln. Das macht sie zu einer leeren Rhetorik ohne Realitätsgehalt und untergräbt ihre Glaubwürdigkeit.

Die alte Ordnung der Universitäten war durch das von Wilhelm von Humboldt begründete Paradigma der Integration von Forschung und Lehre, der Einsamkeit und Freiheit des Forschers und der Bildung durch Wissenschaft geprägt (Humboldt 1810/1996; Schelsky 1971; Ben-David 1971: Kap. 7;

McClelland 1980; Turner 1980, 1987; Schubring 1991; Gellert 1993; Stichweh 1994; Ruegg 2004). Die Traditionsuniversitäten waren die Verkörperung dieses Paradigmas. Dieses mit der Gründung der Berliner Universität im Jahre 1810 geschaffene Paradigma hat die universitäre Forschung und Lehre bis zur Machtergreifung der Nationalsozialisten im Jahre 1933 in Deutschland beherrscht. Es wurde nach dem Zweiten Weltkrieg wieder erneuert. Neben der universitären Forschung und Lehre hat sich eine zunehmend umfangreichere Forschung in Max-Planck-Instituten, Fraunhofer-Instituten und anderen außeruniversitären Forschungseinrichtungen entwickelt, die mehr und mehr Ressourcen zu Lasten der universitären Forschung an sich gezogen haben (vgl. Hohn und Schimank 1990; Winnes und Schimank 1999: 192 ff.). Die technischen Hochschulen wurden aus einer zweitrangigen Position in den Universitätsrang gehoben. Mit der stark gewachsenen wirtschaftlichen Bedeutung von technischen Innovationen sind sie zu Großzentren der von der Deutschen Forschungsgemeinschaft geförderten Forschung geworden und haben mit der gewachsenen forschungspolitischen Aufmerksamkeit für Drittmitteleinwerbung als Indikator für Forschungsleistungen inzwischen die Universitäten mit klassischem Fächerkanon fast schon in eine zweitrangige Position verdrängt. Von Herausforderern im Machtfeld der Wissenschaft sind sie zu Inhabern der zentralen Machtpositionen geworden. Das äußert sich schon darin, dass der Münchner TU-Präsident Wolfgang Hermann zu einer äußerst einflussreichen Person in der bayerischen und darüber hinaus bundesdeutschen Forschungspolitik geworden ist. In ähnlicher Weise haben die Max-Planck-Gesellschaft, die Fraunhofer-Gesellschaft, die Leibniz-Gemeinschaft und die Helmholtz-Gemeinschaft im Zuge der gewachsenen wirtschaftlichen Bedeutung von wissenschaftlich-technischer Innovation im internationalen Wettbewerb enorm an Macht und Einfluss im Feld der Forschungspolitik gewonnen. Die Traditionsuniversitäten sind demgemäß im Feld der Forschung und der Forschungspolitik von den technischen Universitäten und den außeruniversitären Forschungseinrichtungen in eine eher zweitrangige Stellung gedrängt worden. Das bedeutet eine Abkehr von Humboldts Prinzip der Integration von Forschung und Lehre. Während die USA dem Prinzip der Integration von Forschung und Lehre mit der Entwicklung forschungsstarker Universitäten im 20. Jahrhundert neue Energie gegeben und darauf ihre weltweit führende Position in der Wissenschaft gestützt haben, ist Deutschland zunehmend von diesem Weg abgekommen. Tendenziell werden die Universitäten – vor allem in den Geistes- und Sozialwissenschaften – vom Massenlehrbetrieb erdrückt, während die Forschung in außeruniversitären Einrichtungen ohne systematischen Anschluss an die Lehre bleibt. Dadurch mangelt es der Wissenschaft an der Verknüpfung von Innovation und Kontinuität in der systematischen Heranbildung des wissenschaftlichen Nachwuchses in engem Bezug zur Forschung. Es ist ein entscheidender Wettbewerbsnachteil des Wissenschaftsbetriebes in Deutschland im Vergleich zu den USA (Schimank 1995a; Schimank und Winnes 2000; Mittelstraß 1996; Jarausch 1997). Das wird inzwischen erkannt und zum Anlass für die Aufforderung zu enger Zusammenarbeit zwischen Universitäten und außeruniversitären Forschungseinrichtungen genommen, so vom Wissenschaftsrat (1988: 70 ff., 1996: 49) und von der Westdeutschen Rektorenkonferenz (WRK 1987: 20-22). Bis auf ganz wenige Einzelfälle hat sich jedoch bisher nichts geändert.

Die Traditionsuniversitäten sind jedoch nicht nur von den

technischen Universitäten und den außeruniversitären Forschungseinrichtungen in eine nachrangige Position abgedrängt worden. In den 1960er Jahren ist ihre alte Ordnung durch die Studentenbewegung und durch die einsetzende Politik der Bildungsexpansion mit Gründung neuer Hochschulen herausgefordert und mit dem studentischen Slogan »Unter den Talaren der Muff von tausend Jahren« begraben worden. Georg Picht (1965) hat die Bildungskatastrophe als Gefahr für den zukünftigen Wohlstand ausgerufen und damit die Unterstützung der Wirtschaftselite gefunden. Hier ist die Wurzel für das Verständnis von Bildung als Humankapital gelegt worden, das schließlich in den 1990er Jahren zur dominierenden Leitidee geworden ist. Ralf Dahrendorf (1965) hat zur gleichen Zeit mit der Parole »Bildung ist Bürgerrecht« die intellektuelle Elite und die Sozialdemokratie mobilisiert. Daraus ergab sich eine breite Unterstützung – eine »Große Diskurskoalition« – für die Öffnung von Sekundarbildung und Hochschulen für breite Schichten der Bevölkerung. Mit der doppelten Rhetorik von Bildungsnotstand und Bildung als Bürgerrecht wurde der massive Ausbau von Hochschulen, insbesondere Universitäten mit einer Vielzahl von Neugründungen vorangetrieben. Ab Anfang der 1980er Jahre wurden die Universitäten jedoch systematisch vernachlässigt. Mit den vorhandenen personellen und sachlichen Ressourcen mussten immer größere Massen an Studierenden ausgebildet werden. *Der Spiegel* hat in den 1980er Jahren damit angefangen, Studenten nach ihrer Zufriedenheit mit den Studienbedingungen zu befragen. Es wurden die ersten »Rankings« veröffentlicht, die für die Studierenden als Orientierungshilfe bei der Studienplatzwahl dienen sollten. Trotz ihrer gravierenden methodischen Mängel haben diese Rankings zunehmend Definitionsmacht erlangt (vgl. Balke, Stiensmeier-Pelster/Welzel 1991; Klostermeier 1994; Kriz 1995; Daniel 2000; Engel 2001; Bayer 2004; Liebeskind/Ludwig-Mayerhofer 2005).

Nachdem die Universitäten für breite Schichten geöffnet worden waren, konnte der Studienbetrieb nicht mehr nach dem Muster der traditionellen Universität mit großen Freiheitsgraden im Studium funktionieren. Eine hohe Abbrecherquote war die Folge. Das hat einer neuen Rhetorik zum Aufschwung verholfen. Eine nach altem Muster nicht mehr funktionierende Lehre musste den neuen Bedingungen des Massenbetriebs angepasst werden. »Studienreform« und »Lehrevaluation« bildeten die Kernbegriffe der neuen Rhetorik. Bei den entsprechenden »Rankings« des *Spiegels* schnitten auffallenderweise die kleinen neugegründeten Universitäten im Studentenurteil weit besser ab als die Traditionsuniversitäten, weil sie noch eine günstigere Betreuungsrelation hatten und aufgrund ihres Neuanfangs auch schneller mit Reformkonzepten arbeiten konnten. Mit der gegenwärtig im vollen Gange befindlichen, flächendeckenden Umstellung auf BA/MA-Studiengänge unter internationalem Anpassungsdruck im Rahmen des Bologna-Prozesses zur Schaffung eines einheitlichen europäischen Hochschulraums mündet dieser Reformprozess unter neuen Bedingungen in eine abschließende Phase ein (Tab. 7-1).

Die Neugründungen sind inzwischen z. T. überfüllter als die Traditionsuniversitäten, der Reformprozess hat alle Universitäten erfasst, so dass die Neugründungen ihren Wettbewerbsvorteil gegenüber den Traditionsuniversitäten an vielen Standorten wieder eingebüßt haben. Insbesondere die im Ausbau steckengebliebenen Neugründungen leiden jetzt unter schlechter personeller Ausstattung, die sie im Wettbewerb erheblich benachteiligt. In dieser Entwicklungsphase

Tab. 7-1: Drei Epochen von Bildung und Wissenschaft

Ideengeber	Wilhelm von Humboldt	Ralf Dahrendorf	Gary Becker
Epoche	Bildungsbürgerliche Epoche 1810-1965	Sozialdemokratische Epoche 1966-1982	Neoliberale Epoche seit 1983
Leitidee der Bildung	Bildung durch Wissenschaft	Bildung ist Bürgerrecht	Bildung als Humankapital
Forschung	Einheit von Forschung und Lehre	Trennung von Forschung und Lehre	Trennung von forschungsfernem Vorgraduiertenstudium und forschungsnahem Graduiertenstudium
Professorenrolle	Gelehrter	Hochschuldidaktiker vs. Forscher	Hochschullehrer und Forschungsmanager
Organisationseinheit	Lehrstuhl	Institut	Forschungszentrum
Klientel	Bildungsbürgertum	Breite Mittelschicht	Mittelschicht und Elite

der Universitäten hat der Globalisierungsdiskurs erneut einen Wandel der herrschenden Rhetorik herbeigeführt (vgl. Teichler 2003). Bildung ist jetzt dominant als Humankapital gefragt. Es ist die Rhetorik der Exzellenz, die jetzt die Forschung als wirtschaftlichen Innovationsfaktor im internationalen Wettbewerb in den Vordergrund schiebt: »Die Forschungspolitik der Bundesrepublik [...] will dazu beitragen, auf wesentlichen Technologiefeldern, denen im internationalen Wettbewerb Schlüsselcharakter zukommt, eine führende Position einzunehmen.« (BMFT und BMBW 1993: 15; siehe auch BMBF 1997; Rüttgers 1996a, 1996b, 1997)

Maßgeblich vom Wissenschaftsrat als Steuerungsinstanz

im Machtzentrum des akademischen Feldes getragen, hat sich in der Forschungspolitik das sogenannte Differenzierungsparadigma durchgesetzt. Es will Schluss mit der Gleichmacherei und der angeblich gleichen Forschungsstärke der Universitäten in Deutschland machen. Statt dessen soll auf die vertikale Differenzierung in forschungsstarke und forschungsschwächere, dafür mehr der Lehre verpflichtete Standorte und Disziplinen, wie auch innerhalb der Standorte in Forscher und Lehrer gesetzt werden. Die Legitimation für diesen Paradigmenwechsel liefert das Ziel der Positionierung im internationalen wirtschaftlichen, wissenschaftlichen und technologischen Wettbewerb. Deshalb sollen im nationalen Wettbewerb die Starken gestärkt und die Schwachen aus dem Ring genommen werden. Diese Wettbewerbsrhetorik klingt vordergründig durchaus plausibel, weil weder von den Sprechern noch von den Hörern wahrgenommen wird, dass sich hinter der Rhetorik von Exzellenz und Wettbewerb ein Aufbau von Monopolstrukturen vollzieht, der den Wettbewerb gerade einschränkt und langfristig die internationale Wettbewerbsfähigkeit von Wissenschaft und Forschung in Deutschland verringert. Die vordergründige Legitimität des neuen Paradigmas wird auch dadurch in Zweifel gezogen, dass dessen praktische Umsetzung dem Leitgedanken folgt, nur mehr Geld an die schon gut mit Finanzmitteln ausgestatteten Standorte ausschütten zu müssen, um international wieder zur Spitze aufschließen zu können. Dieser Leitgedanke unterliegt dem Irrtum, dass zu wenig Geld an zentralen Forschungsstandorten die Ursache für die gesunkene internationale Wettbewerbsfähigkeit von Wissenschaft und Forschung in Deutschland sei. In Wirklichkeit ist die Ursache jedoch gerade zu viel Geld an diesen Standorten, das dort in oligarchische, kreativitätsunterbindende Strukturen investiert wird. Noch mehr Geld in diese Strukturen fließen zu lassen vernichtet noch mehr Kreativität und senkt die internationale Wettbewerbsfähigkeit von Wissenschaft und Forschung in Deutschland weiter. Deren Defizit sind nicht zu wenig Finanzmittel, sondern die falschen, kreativitätsvernichtenden Strukturen. Das neue Differenzierungsparadigma prägt diese falschen Strukturen noch mehr aus.

Das neue Paradigma bringt den außeruniversitären Forschungseinrichtungen, den technischen Universitäten und den Traditionsuniversitäten mit umfassend ausgebauter Naturwissenschaft, Medizin und Technik einen enormen Machtzuwachs im Feld der Forschungspolitik, während insbesondere die Neugründungen mit geringem Anteil von Naturwissenschaft, Technik und Medizin an den Rand gedrängt werden (vgl. Schimank 1995b: 72-75; Winnes und Schimank 1999: 186-188). Waren es in den 1960er Jahren Intellektuelle und in den 1980er Jahren Pädagogen, von denen die jeweilige Rhetorik im öffentlichen Diskurs durchgesetzt wurde, so sind es heute insbesondere Unternehmensberater wie Roland Berger, die mit ihrer ökonomistischen Denkweise den Ton angeben.[1] Die Grundlage dafür hat die öko-

[1] Beispielsweise hat Bundeskanzler Gerhard Schröder am 15. 1. 04 zehn Führungskräfte aus Wissenschaft und Wirtschaft zu einem »Ideen-Gipfel« zu Forschung, Bildung und Innovation ins Kanzleramt geladen. Die Liste der Teilnehmer ist bezeichnend. Die sieben Vertreter der Wirtschaft waren: Unternehmensberater Roland Berger, Siemens-Chef Heinrich von Pierer, der Vorstandsvorsitzende der Deutschen Telekom, Kai-Uwe Ricke, Lufthansa-Chef Wolfgang Mayrhuber, der Vorstandsvorsitzende des Pharmakonzerns Schering Hubertus Erlen, Dietmar Harting als Vizepräsident des Bundesverbandes der Deutschen Industrie (BDI), BMW-Aufsichtsrat Joachim Milberg. Auch drei Vertreter der Wissenschaft waren geladen: der Präsident der Fraunhofer-Gesellschaft, Hans-Jörg Bullinger, der Präsident der Berliner Humboldt-Universität, Jürgen Mlynek, sowie die der Geschäftsführer des Deutschen Forschungszentrums für künstliche Intelligenz (DFKI), Wolfgang Wahlster (Quelle: http://www.stern.de/politik/deutschland/bildungspolitik-uni/518566.html?eid=518534).

nomische Theorie geliefert, die Bildung als Humankapital betrachtet. Den maßgeblichen Beitrag dazu leistete Gary S. Becker (1993). Die neue Rhetorik der Exzellenz setzt auf Elite, ein Wort, das im öffentlichen Diskurs der 1960er, 1970er und 1980er Jahre auf einhellige Ablehnung gestoßen wäre. Inzwischen hat der Begriff auf dem Rücken der Exzellenzrhetorik im Angesicht der Herausforderung des sinkenden Wohlstandes im globalen Wettbewerb und auf der Grundlage des Aufstiegs von Unternehmensberatern zu Definitionsmacht ausübenden Experten der Gesellschaftsreform eine erstaunliche Karriere gemacht. »Exzellenz« klingt offener als »Elite«. Prinzipiell kann jeder auf seinem Gebiet nach Exzellenz streben. Damit lassen sich in einer »Leistungsgesellschaft« alle gewinnen. Im Ergebnis müssen sich aber die Exzellenten von der Masse der Durchschnittlichen abheben. Damit ist das Tor zur Elite aufgestoßen. Die Brücke dazu bilden die »Exzellenz-Zentren«. In diesen Zentren sammelt sich die Elite. Der Begriff des »Leuchtturms« hilft weiter der Legitimation von Elite. Man braucht den Leuchtturm, um auf weite Ferne sichtbar zu sein und Schiffe über das Meer anzulocken. Vom Leuchtturm am Meeresufer profitieren auch die Hintersassen im Landesinneren, weil die vom Leuchtturm angelockten Schiffe Waren mitbringen und andere Waren mitnehmen. Der Leuchtturm ermöglicht den internationalen Handel als Quelle des Reichtums. In der Wissenschaft sollen solche Leuchttürme den Austausch von Wissen über den Ozean sicherstellen. Man denkt, dass ein Harvard-Professor – wenn er überhaupt den Blick über den Atlantik in die Alte Welt schweifen lässt – einen mit vereinten Kräften hochaufragend gebauten, weithin sichtbaren Leuchtturm braucht, um einen Ansprechpartner zu finden. Bildlich ist der Bericht der Deutschen Forschungsgemeinschaft zur Forschungsförderung schon darauf eingestellt, indem auf der Landkarte die von der DFG bewilligten Geldsummen der Standorte wie Eurostücke aufgetürmt werden (DFG 2003a: 52, Abb. 3-8). Je höher der Turm in den Himmel ragt, umso mehr ist er zum Leuchtturm geeignet, der den Blick von jenseits des Atlantiks auf sich ziehen kann. So stellt sich das inzwischen herrschende Verständnis von akademischer Elite dar. Dabei drückt die Landkarte in erster Linie das hohe Maß der Konzentration von großen Universitäten und außeruniversitären Forschungseinrichtungen auf wenige Standorte aus, ohne dass damit etwas über die Produktivität der Standorte pro Wissenschaftler gesagt wäre. Die höchste Konzentration von Universitäten und außeruniversitären Forschungseinrichtungen weisen München und Berlin auf. In München gesellen sich z. B. zur LMU und TU die Zentrale und nicht weniger als zwölf Institute der Max-Planck-Gesellschaft, die Zentrale der Fraunhofer-Gesellschaft und fünf ihrer Institute. Die MPG hat in Bayern außerhalb der Region München bis 2005 überhaupt kein Institut unterhalten. Erst neuerdings befindet sich in Erlangen ein Institut im Aufbau. In Berlin kommen zu drei Universitäten fünf Max-Planck-Institute und sieben Fraunhofer-Institute hinzu.

Die neue Leuchtturmpolitik erweist sich als rhetorische Falle. Mit dem Bild vom Leuchtturm wird ein Symbol aufgebaut, das der Realität des transatlantischen Wissensaustauschs nicht entspricht. Dieser Wissensaustausch ist ausschließlich die Sache von individuellen Forscherpersönlichkeiten und Forschergruppen und nicht von ganzen Standorten, und zwar von solchen Forschern, die besonders produktiv sind. Will man also den transatlantischen Wissensaustausch weiter voranbringen, dürfen nicht diffus Standorte unterstützt werden, vielmehr gilt es zielgenau die produktivsten Forscher unabhängig von ihrem Standort zu fördern. Wie eine genaue, auf den Einsatz an wissenschaftlichem Personal bezogene Analyse von DFG-Bewilligungen und Publikationen zeigt, finden sich eine Vielzahl besonders produktiver Forscher gerade nicht an den zu Leuchttürmen erkorenen Standorten (DFG 2003a: 178, Tab. A 3-15). Mit der neuen Leuchtturm-politik werden sie noch mehr als bisher unsichtbar gemacht, benachteiligt und in ihrer Forschungsleistung zu Gunsten der pauschalen Förderung von Standorten gebremst.

Es ergibt sich die Paradoxie, dass in einer Zeit, die mit der neuen Rhetorik der Exzellenz das Prinzip der Belohnung nach Leistung und nicht nach Herkunft in den Mittelpunkt der öffentlichen Aufmerksamkeit stellt, de facto Belohnung nach Askription (Herkunft/Standort) und nicht nach Leistung (ohne Ansehen von Herkunft/Standort) an Bedeutung gewinnt. Was als »exzellent« gilt, ergibt sich nicht aus einem offenen Wettbewerb mit gleichen Waffen unter Bedingungen der Chancengleichheit, sondern aus Zuschreibungen, die im Machtfeld Wissenschaft mittels Einsatz von akkumulierter Macht und mit Hilfe von politischer Steuerung durchgesetzt werden – auf Kosten von Wettbewerb, Vielfalt, Kreativität, Produktivität und internationaler Wettbewerbsfähigkeit des Forschungsstandorts Deutschland.

Eine der Realität gerecht werdende bildliche Darstellung der Forschungslandschaft dürfte nicht wie der DFG-Bericht absolutes Drittmittelaufkommen (besser wäre: Publikationsaufkommen) zu Leuchttürmen der Quantität von Forschung aufschichten, sondern müsste die Unterschiede der Forschungs*produktivität* wiedergeben. Es würde sich zeigen, dass die Unterschiede zwischen den Standorten insgesamt geringer werden, dagegen die Unterschiede innerhalb der Standorte größer, es also gerade keine Konzentration von herausgehobener Forschungsproduktivität auf wenige Standorte gibt. Dagegen tun sich Standorte hervor, die bei der bildlichen Darstellung von absoluten Summen im mittleren oder hinteren Feld verschwinden (siehe Abb. 3-1 in Kap. 3). Die verfälschende, aber Realität als *soziale Tatsache* konstruierende Darstellung der Forschungslandschaft durch den DFG-Bericht bewirkt sogar systematisch, dass tatsächliche Leuchttürme besonders produktiver Forschung nicht erkannt und von Leuchttürmen der Quantität an den Rand gedrängt werden. Das gilt für besonders produktive mittlere und kleinere Standorte, noch mehr aber für die einzelnen Forscher und Forschergruppen an mittleren und kleineren Standorten, auf die es ankommt. Sie werden von der auf Quantität ausgerichteten Realitätskonstruktion unsichtbar gemacht und dadurch in ihrer Arbeit behindert, zu Lasten der internationalen Sichtbarkeit der besonders produktiven Leuchttürme. Als Mitglieder von Universitäten, die durch eine verzerrende, allein an Quantität orientierte Realitätsdarstellung ins zweite oder dritte Glied verbannt werden, unterliegen sie einer negativen Stigmatisierung, die ihre internationale Kooperationsfähigkeit untergräbt.

Auch die Begriffe »Cluster« und »Exzellenzcluster« sind fester Bestandteil der Exzellenzrhetorik, die einen Wortnebel erzeugt, hinter dem die realen Verhältnisse nicht mehr sichtbar werden. Bezogen auf das entscheidende Kriterium der Forschungsproduktivität hält aber auch die schon zum Selbstläufer gewordene Clusterpolitik einer harten Prüfung an der Realität nicht stand. Clusterbildung wird als Königsweg zu höheren Forschungsleistungen erklärt, ohne dass genau geprüft wird, ob die dahinterstehenden Annahmen über optimale strukturelle Voraussetzungen von Forschungsleistungen auch durch die Realität bestätigt werden. Wenn aber

Standorte wie München und Berlin bei einer Fokussierung der Forschungsproduktivität von der Spitze in absoluten Zahlen ins Mittelfeld der Forschung zurückfallen, dann ist die hinter der Forcierung von Clusterbildung stehende Annahme infrage zu stellen. Es nützt der Forschungsproduktivität des Landes offensichtlich nichts, dass sich an wenigen Großstandorten überdimensioniert ausgestattete Universitäten, Max-Planck-Institute, Fraunhofer-Institute und weitere Großforschungseinrichtungen konzentrieren. Dieses Muster bewirkt gerade, dass der ineffizienten Überausstattung an wenigen Standorten eine ebenso ineffiziente Unterausstattung an vielen anderen Standorten gegenübersteht. Eine genaue Analyse der DFG-Bewilligungen bringt ans Tageslicht, dass sowohl Überausstattung als auch Unterausstattung hoch mit nur durchschnittlicher oder unterdurchschnittlicher Forschungsproduktivität korreliert ist (DFG 2003a: 178, Tab. A 3-15). Dazu kommt noch, dass durch die höchst ungleiche Verteilung von Ressourcen Wettbewerb und Vielfalt und damit Kreativität als unabdingbare Voraussetzung einer offenen Wissensevolution eingeschränkt werden. Die schon vorhandene Clusterbildung und erst recht ihre weitere Forcierung erweisen sich demgemäß als nachteilig für die Forschung und damit als ein Hemmnis für den Wissenschaftsstandort Deutschland. Es ist offensichtlich so, dass Clusterbildung jenseits eines durchschnittlichen Niveaus mit einem mit jeder weiteren Ausstattungseinheit rapide sinkenden Grenznutzen verbunden ist. Dagegen ist der Grenznutzen jeder weiteren Ausstattungseinheit an unterausgestatteten Standorten besonders hoch.

Zusätzlich muss berücksichtigt werden, dass Clusterbildung als Wettbewerbsstrategie nicht ohne weiteres von der Wirtschaft auf die Wissenschaft übertragen werden kann.

Die realen Netzwerke der Wissenschaft streuen weit über Standorte, im Zuge der Internationalisierung weltweit aus. Der Forscher agiert nahezu ausschließlich in einem standortübergreifenden Netzwerk. Die Organisation wissenschaftlicher Arbeit ist in keiner Weise an Standortnähe gebunden, da die Kosten der standortunabhängigen Kooperation nahezu bei null liegen. Dem einzelnen Forscher oder der einzelnen Forschergruppe bringt die massive Ansammlung von Forschungsinstitutionen, mit denen er inhaltlich nichts zu tun hat, an seinem Standort keinen Mehrwert. Seine Kooperationspartner sind über die ganze Welt verstreut. Clusterbildung ist nur dort sinnvoll, wo wirkliche Kooperation am Ort möglich ist. Das sind in der Regel aber nur eng beieinanderliegende Fachgebiete. Ein solches Cluster ist in der Regel schnell erreicht. Man benötigt dazu keine massenhafte Ansammlung von Institutionen, zwischen denen de facto überhaupt kein Zusammenhang besteht. Einen Effekt erzielt Clusterbildung in der Regel nur dort, wo es um die Kooperation von Wissenschaft und Wirtschaft geht, aus der Impulse für wirtschaftliche Innovationen hervorgehen können. Aber auch da hilft nicht die planlose Ansammlung einer Vielzahl von Forschungsinstitutionen an einem Ort, sondern nur die gezielte Zusammenarbeit, für die Mittel nach Bedarf eingesetzt werden müssen. Diese Mittel fehlen aber gerade dann, wenn sie planlos für die Konzentration beliebiger Forschungseinrichtungen an wenigen Standorten verbraucht werden. Anstelle von überdimensionalen Clustern an wenigen Standorten und Einöde in der großen Fläche, kommt es auf die relativ gleichmäßige Verteilung mittlerer Cluster über das ganze Land an. Beim üblich gewordenen Blick über den Atlantik wird im übrigen systematisch übersehen, dass ein Großteil der amerikanischen Spitzenforschung außerhalb von Clustern an kleinen Standorten wie Madison in Wisconsin, Tucson in Arizona, Ithaca in New York, Ann Arbor in Michigan oder Fairfax in Virginia erbracht wird, während Cluster wie Boston, Stanford oder Chapel Hill eher die Ausnahme bilden.

Die von der Exzellenzrhetorik in den Universitäten verbreitete Sprache ersetzt die kritische Reflexion durch die Schlagworte der Managementideologie einer nahezu zur absoluten Herrschaft gelangten Beratungsindustrie. »Zielvereinbarung«, »Drittmittel«, »Leuchtturm«, »Exzellenzcluster«, »Alleinstellungsmerkmal«, »Interdisziplinarität«, »Synergie« und »Evaluierung« sind zu nicht mehr hinterfragten Selbstläufern geworden (vgl. Reichertz 2005). Kritische Stimmen geißeln dieses System als eine neue Art des »Kulturbolschewismus« und der »Tonnenideologie« sowjetischer Machart, die das Erfüllen von quantitativen Kennziffern zum Selbstzweck werden lässt (Seel 2006; Menninghaus 2006).

Es drängt sich die Frage auf, weshalb es möglich ist, dass die Politik in einem so hohen Maß von einer selbstbezüglichen Rhetorik beherrscht wird, die der Realität einen Schleier überzieht, hinter dem sie nicht mehr sichtbar wird. Die Ursache dafür ist in der Entgrenzung der Handlungsräume und in der Beschleunigung des kulturellen Wandels in der Mediengesellschaft zu lokalisieren. Jede historisch gewachsene soziale Praxis verliert in diesem Kontext ihre selbstevidente Legitimation durch die Bindung an das immer schon so Gewesene. Alles wird infrage gestellt und muss sich jetzt in der medialen Kommunikation rechtfertigen. Damit ist aber die verdinglichende Symbiose von Sprache und Realität aufgebrochen, die den historisch gewachsenen Strukturen ihre Stabilität gegeben hat. Diese Symbiose stellte sicher, dass Sprecher und Hörer wussten, worüber gesprochen wird. Sobald diese Symbiose – wie in unserer Gegenwart – aufbricht, treten Sprache und Wirklichkeit weit auseinander. Mittels Sprache wird jetzt eine Realität konstruiert, die so noch nicht existiert, weil sie immer noch von der Vergangenheit geprägt wird, und von der man nicht weiß, ob sie jemals so zustande kommen wird (vgl. Soeffner 1992: 157-176). Ohne direkten Zugriff auf die Realität verselbstständigt sich die Sprache und gehorcht nur noch den Gesetzen einer um sich selbst kreisenden Kommunikation, in der Worte durch Worte bestätigt werden, die wieder durch Worte bekräftigt werden, ohne dass die realen Verhältnisse als Prüfstein für das Gesagte dienen können (vgl. Giesen 1991: 83-144). So entsteht ein sprachlicher Nebel, hinter dem die Realität weder für die Sprecher noch für die Hörer erkennbar wird.

Als Konsequenz der Erfassung der Hochschulen durch die mediale Massenkommunikation kann auch gedeutet werden, dass die Universitätspräsidenten zu Public Relations-Chefs eines Unternehmens werden. Sie sind hauptsächlich damit beschäftigt, eine »Marke« zu kreieren und in der Öffentlichkeit hochzuloben (Maasen und Weingart 2006). Universitätsnamen werden mit Blick auf das MIT (Massachusetts Institute of Technology) zu Labels wie TUM (TU München) und KIT (Karlsruhe Institute of Technology) umgewandelt, um als Vorgriff auf eine weit in der Ferne liegende Zukunft schon die Zugehörigkeit zu einer imaginären »Weltliga« zu beanspruchen (Horstkotte 2006; Finetti und Schultz 2006). Die Universitätspräsidenten müssen sich zunehmend einer Public-Relations-Sprache bedienen, die bis vor kurzem noch gegen die guten Sitten der akademischen Welt verstoßen hätte (vgl. Reichertz 2005). Je mehr sie durch Interviews und weitere Öffentlichkeitsarbeit – dazu gehören inzwischen auch die Hochglanz-Magazine der Universitäten und Wissenschaftsorganisationen – in den Strudel der medialen Kommunikation hineingerissen werden, umso mehr müssen sie sich mit den gerade aktuellen Leitbegriffen der öffentlichen Kommunikation darstellen. Der inflationäre Gebrauch dieser Begriffe führt jedoch in rasendem Tempo zu ihrer totalen Entleerung zu Worthülsen ohne realen Gehalt (Münch 1991, 1995). Das ist mit den Leitbegriffen »Elite«, »Exzellenz«, »Leuchtturm« und »Wettbewerb« schon geschehen. So viel Exzellenz, wie inzwischen beansprucht wird, kann es gar nicht geben, weil das dem ursprünglichen Gehalt des Begriffs widersprechen würde. Ohne Chancengleichheit hat der Begriff des Wettbewerbs keinen Wert. Die öffentliche Kommunikation bewegt sich dementsprechend in einem selbstbezüglichen Kreislauf der völligen Leere. Sie wird zu einer Art Orgie, an der sich alle berauschen (Baudrillard 1992). Der Effekt ist der völlige Verlust des Bezuges zu einer Realität außerhalb des Kreislaufs. Das böse Erwachen kommt nach der Orgie. Dann kann niemand mehr die Begriffe verwenden, ohne sich dem Verdacht auszusetzen, Rauschmittel zu verteilen. Die Glaubwürdigkeit ist zunächst einmal dahin. Sie muss dann nach den Gesetzen der in sich geschlossenen öffentlichen Kommunikation auf der Welle des nächsten Konjunkturaufschwungs mit neuen Leitbegriffen wiedergewonnen werden, allerdings zwangsläufig nach denselben Gesetzmäßigkeiten, die schon zur Entleerung der aktuellen Leitbegriffe geführt haben. Im Griff der medialen Massenkommunikation ist auch im akademischen Feld wahrhaftiges Reden auf Dauer nicht mehr möglich.

Wie ist der beschriebene Paradigmenwechsel der Forschungspolitik zu erklären? Als erster Ansatz der Erklärung ist an den funktionalen Anpassungsdruck an den internationalen wirtschaftlichen Wettbewerb zu denken, der sich im Zuge der ökonomischen Globalisierung seit den 1980er Jahren deutlich erhöht hat und als solcher im öffentlichen Diskurs seit den 1990er Jahren zur dominanten Perspektive geworden ist. Diese wachsende Dominanz des Globalisierungsdiskurses ist maßgeblich durch eine Machtverschiebung in der Ausübung von öffentlicher Definitionsmacht weg von den Intellektuellen, den Parteien und den Verbänden und hin zu internationalen Unternehmensberatungen unterstützt worden, die über die Unternehmen hinaus auch Eingang in Politik und Verbände gefunden haben. Unternehmensberater sprechen die Sprache der Effizienz, der Effektivität, des Wettbewerbs, der Exzellenz und der Elite. In einer auf Wohlstandssteigerung und Leistungsgerechtigkeit ausgerichteten Gesellschaft erscheint es nur legitim, alle gesellschaftlichen Bereiche der Leistungsmessung und einem »Business re-engineering« zu unterwerfen, um Ineffizienzen und Privilegien zu beseitigen. Die nun dominante Rhetorik der Exzellenz hat schließlich auch das akademische Feld erfasst. Die Universitäten konnten dem legitimen Anliegen der leistungsbemessenen Mittelverteilung kein legitimes Strukturmodell entgegenstellen. Die Kritik an der neuen Forschungspolitik setzt sich durch die Bank dem Verdacht aus, an alten Privilegien in einer vor dem Wettbewerb geschützten Zone festhalten zu wollen. Deshalb war aller Widerstand von vornherein zum Scheitern verurteilt. Diese Konstellation hat jedoch auf dem Wege der pfadabhängigen Entwicklung von schon vorhandenen Monopolstrukturen hinter dem Rücken der Akteure dazu geführt, dass Strukturen zunehmend verfestigt werden, die den Wettbewerb nicht fördern, sondern sogar einschränken, wodurch das Ziel der Steigerung von Wettbewerb und Wettbewerbsfähigkeit von Wissenschaft und Forschung in Deutschland verfehlt wird. Es ist also das Zusammenwirken von (1) funktionalem Anpassungsdruck, (2) Machtverschiebungen im öffentlichen Diskurs und (3) pfadabhängiger Entwicklung, das die wachsende Dominanz, Diffusion und Durchsetzung der Exzellenzrhetorik im akademischen Feld erklärt.

Fazit: Angesichts des hohen Maßes der illegitimen Aneignung von Forschungsmitteln nach dem Maßstab des auf relativen Drittmittelinput bezogenen relativen Publikationsoutputs im von Kartell- und Monopolstrukturen beherrschten akademischen Feld fragt man sich, warum sich dagegen keine Opposition regt. Die Erklärung dafür bietet die Entkopplung der realen Praxis der Mittelverteilung nach Maßgabe des kartell- und monopolartig verteilten symbolischen Kapitals von der öffentlichen Darstellung von Exzellenz in Förder- und Forschungs-Rankings, die Machtzentren als Exzellenzzentren auszeichnen, ohne dass näher beleuchtet wird, durch welche Leistungen sie sich von anderen Standorten unterscheiden. Der Rationalitätsmythos einer nichtrationalen Praxis bleibt unbefleckt und dient als Legitimationsbasis eben dieser Praxis. Durch die Abkopplung der Exzellenzrhetorik von der realen Welt der Forschungsleistungen im öffentlichen Diskurs werden hinter dem Rücken der Akteure Kartell-, Monopol- und Oligarchiestrukturen im Namen eines Wettbewerbs erzeugt, der unter zunehmend ungleichen Bedingungen stattfindet. Der Effekt ist die sinkende internationale Wettbewerbsfähigkeit von Wissenschaft und Forschung in Deutschland und die weitere Schließung der Evolution des Wissens mit verringerter Vielfalt, Kreativität und Innovation.

8. Homologe Strukturen:
Kartell, Monopol und Oligarchie

Die so weit durchgeführte Analyse der politischen Konstruktion von Exzellenz im Machtfeld der Wissenschaft hat drei große, in einem Homologieverhältnis zueinander stehende, das heißt einander ähnliche und sich gegenseitig stützende Strukturen zum Vorschein gebracht: Kartell und Monopolstrukturen auf der Makroebene, denen auf der Meso- und Mikroebene des Forschungsbetriebes oligarchische Strukturen korrespondieren. Diese drei großen Strukturen beherrschen die Konstruktion wissenschaftlicher Exzellenz und die Verteilung von Forschungsmitteln im akademischen Feld. Sie entwickeln und verfestigen sich im Fahrwasser der Exzellenzrhetorik und finden ihre Legitimation durch die Strategie der Konstruktion von »Leuchttürmen«. Diese Entwicklung wird von den Großstandorten der Forschung getragen, die eine Diskurskoalition mit Trägern der Metropolbildung eingegangen sind.

Das Kartell der Macht

Die Organisation von Wissenschaft und Forschung hat sich in Deutschland seit den 1970er Jahren hinter dem Rücken der Akteure zunehmend in die Richtung einer latent kartellartigen Struktur entwickelt. Damit verbindet sich eine stark gewachsene Vormachtstellung von Universitätsstandorten mit umfangreichen Investitionen in Naturwissenschaft, Technik und Medizin und von außeruniversitären Forschungseinrichtungen. Mit dem Ausbau außeruniversitärer Forschungs-

einrichtungen wurde ein der Universitätsforschung entge-
gengesetzter Entwicklungspfad verstärkt, der bis ins 19. Jahrhundert zurückreicht. Er wurde mit der Gründung technischer Hochschulen begonnen. Ein weiterer Meilenstein
war die Gründung der Kaiser-Wilhelm-Gesellschaft im Jahre 1911, aus der 1948 die Max-Planck-Gesellschaft hervorgegangen ist. Einen richtigen Entwicklungsschub hat die
außeruniversitäre Forschung seit den 1950er Jahren bekommen. Inzwischen hat sie annähernd den Umfang der Universitätsforschung erreicht (Pfetsch 1974; Osietzki 1984; Hohn
und Schimank 1990; Brocke 1990a, 1990b; Ritter 1992)
(Abb. 8-1).

Gegenüber den außeruniversitären Forschungseinrichtungen haben die Universitäten im Durchschnitt an Forschungskapazität verloren, was allerdings an den Großstandorten
von Naturwissenschaft, Technik und Medizin durch überproportionalen Drittmittelzuwachs kompensiert wurde. Die
Basis dieser Entwicklung wurde durch Machtverschiebungen im Machtfeld der Forschungspolitik geschaffen. Das fö-
derale System einer dezentralisierten Organisation der Forschung wurde durch Institutionenbildung zunehmend von
einem Geflecht zentraler Akteure überlagert. Einen wesentlichen Anteil an dieser Entwicklung hatten die Schaffung
des Wissenschaftsrates als zentrales Beratungsorgan im Jahre
1957 und die Einrichtung des Bundesministeriums für Forschung und Technologie (zwischendurch: Bildung und Wissenschaft, heute: Bildung und Forschung) im Jahre 1969
(Stamm 1981: 202-219; Hohn und Schimank 1990: 363-366;
Stucke 1993; Benz 1996; Braun 1997: 209-234; Winnes und
Schimank 1999). Der Wissenschaftsrat hat sich schleichend
und fast unbemerkt von einem Beratungsgremium zu einer
zentralen Steuerungsinstanz entwickelt, die nicht nur unver-

Abb. 8-1: Öffentliche Forschungsausgaben in Deutschland nach Einrichtungen 1999

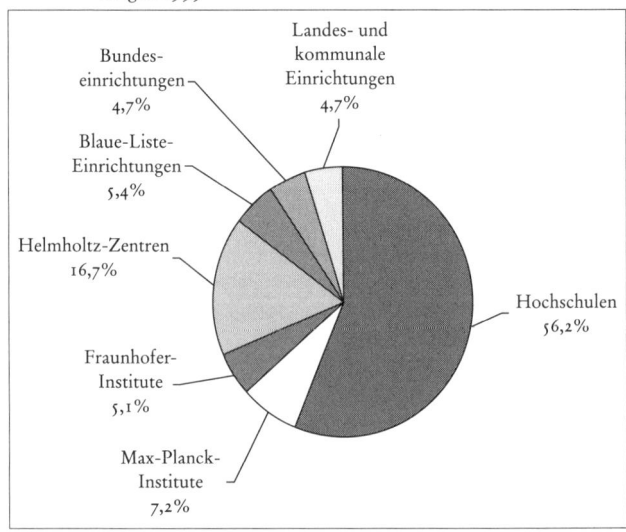

Quelle: Wissenschaftsrat 2002: 62, Grafik 13.

bindliche Empfehlungen ausspricht, sondern unmittelbar die Forschungspolitik bestimmt. Spätestens die Exzellenzinitiative von Bund und Ländern hat bewiesen, in welchem Umfang der Wissenschaftsrat reale Macht ausübt und weit über die legitime Kompetenz eines Beratungsorgans hinausgreift. Der Wissenschaftsrat ist der maßgebliche Träger des neuen »Differenzierungsparadigmas«, mit dessen Hilfe das akademische Feld so umgepflügt wird, dass am Ende aus einer vielfältigen und breit differenzierten Forschungslandschaft unverrückbare Monopolstrukturen hervorgehen. Die langfristig kontraproduktiven Konsequenzen dieser Monopolbildungsstrategie zeigen, wie gefährlich es ist, die Evolution des Wissens einer zentralen Steuerungsinstanz zu überantworten, deren Irrtümer die Weichen für eine nicht mehr rückgängig zu machende Entwicklung stellen. Wenn diesen Konsequenzen entgegengewirkt werden soll, müsste der Wissenschaftsrat wieder auf die Rolle eines reinen Beratungsgremiums zurückgestuft werden, dem außerdem zwecks Erhöhung des Reflexionsniveaus andere wissenschaftliche Vereinigungen als kritische Gegeninstanzen gegenübertreten müssten.

Die Zentralisierung der Macht im akademischen Feld wurde zusätzlich zur Etablierung des Wissenschaftsrates als zentrale Steuerungsinstanz durch den Ausbau von Großforschungszentren des Bundes und von Instituten der Blauen Liste in gemeinsamer Regie von Bund und Ländern forciert. Die Max-Planck-Gesellschaft (MPG), die Fraunhofer-Gesellschaft (FhG) und die Deutsche Forschungsgemeinschaft (DFG) sind durch ihre bundesweite Organisation maßgebliche Stützen dieser Entwicklung gewesen. Die Zusammenfassung von außeruniversitären Großforschungseinrichtungen in einer Arbeitsgemeinschaft, inzwischen in der Helmholtz-Gemeinschaft und in der Leibniz-Gemeinschaft, unterstützt diesen Prozess ebenfalls. Korrespondierend zu dieser Entwicklung haben die Bund-Länder-Kommission für Bildungsplanung und Forschungsförderung, die Kultusministerkonferenz und die Hochschulrektorenkonferenz an Bedeutung gewonnen.

Für die Universitäten war diese Entwicklung mit einem erheblichen Machtverlust verbunden, weil sich das Feld der Zielsetzung und Ressourcenverteilung auf die nationale Ebene verlagert hat und demgemäß ihr direkter Einfluss auf Länderebene empfindlich entwertet wurde. Am Machtfeld der nationalen Ebene sind sie nur noch mittelbar durch die Hochschulrektorenkonferenz beteiligt, die auf dieser Ebene in Fragen der Forschungspolitik einer übermächtigen Koalition der außeruniversitären Forschungseinrichtungen mit dem Bundesministerium für Bildung und Forschung (BMBF) gegenübersteht. Diese Koalition hat zunächst den Planungseifer der sozialliberalen Regierung in den 1970er Jahren in den Ausbau von außeruniversitären Großforschungseinrichtungen mit politischem Auftrag umgesetzt, der nach dem Ende der Planungseuphorie in den 1990er Jahren von der Rhetorik des Standortwettbewerbs weiter gestützt wurde (Schimank 1996). Technologische Innovationen sollen durch konzentrierten Ressourceneinsatz gefördert werden (Grupp 1995). Mit dazu beigetragen hat die zunehmende Kompensation der Finanzschwächen der Länder durch den Bund, der seine Mittel wegen der föderalen Aufgabenteilung nur den außeruniversitären Forschungseinrichtungen und der DFG zufließen lassen konnte. Am meisten hat von dieser Entwicklung die Fraunhofer-Gesellschaft profitiert (Winnes und Schimank 1999: 68-69, 209 ff.), während die Max-Planck-Gesellschaft aufgrund ihrer Verpflichtung auf die Grundlagenforschung einen geringeren Anteil daran hatte (Winnes und Schimank 1999: 68-69, 204-214). Betrachtet man den Zeitraum von 1995 bis 1999, dann hat die MPG jedoch um 25 Prozent zugelegt, die FhG um 20 Prozent, Helmholtz um 9,5 Prozent, die Blaue Liste um 0,0 Prozent, die Bundesforschungsanstalten haben ihre Forschungsmittel um 8,3 Prozent gesteigert, die Hochschulen um 7,6 Prozent (Wissenschaftsrat 2002: 63). Staatliche Steuerung zielt auf verwertbare Ergebnisse, die bei der Grundlagenforschung nicht direkt auf der Hand liegen (vgl. Mayntz 1991, 1992). Die übrigen Großforschungseinrichtungen wurden unter stärkeren Druck gesetzt, ihre Nützlichkeit auch tatsächlich zu beweisen. Zu diesem Zweck müssen sie sich inzwischen regelmäßiger Evaluation unterziehen

Tab. 8-1: Ausgaben für Forschung und Entwicklung 1965-2003 (Mio. EUR)

	Verhältnis uiversitär/ außer- universitär	Univer- sitäten	Gesamt außer- universitär	MPG	FhG	HZ	BLI	BFA
1965	1,79	740	414	80	10	252	22	49
1975	1,56	2344	1500	307	57	813	108	214
1985	1,33	3721	2787	471	224	1448	233	411
1990	1,37	5028	3657	598	386	1913	302	457
1995	1,47	7351	4992	817	664	2144	766	613
1999	1,49	7913	5309	1021	644	2348	766	664
2003	1,57	9189	5866	1106	1047	2339	773	602

Quelle: Winnes und Schimank 1999: 65, Tab. 2.1, für 1965-1999; Wissen-schaftsrat 2002: 63, Tab. 25, für 1995 und 1999; Statistisches Bundesamt 2005b, 2005c.

MPG = Max-Planck-Gesellschaft
FhG = Fraunhofer-Gesellschaft
HZ = Helmholtz-Zentren
BLI = Blaue-Liste-Einrichtungen
BFA = Bundesforschungsanstalten

(Mayntz 1994; Röbbecke und Simon 2001; Wissenschaftsrat 2001). Dabei tritt das Spannungsverhältnis ihres politisch-praktischen Auftrags zu den Qualitätskriterien wissenschaft-licher Forschung offen zu Tage. Ihre praxisorientierte Arbeit lässt sich schlecht in hochrangige wissenschaftliche Publi-kationen umsetzen.

Vor diesem Hintergrund der Machtverschiebung zu Guns-ten der außeruniversitären Forschungseinrichtungen wird es erklärbar, warum seit Mitte der 1960er Jahre die außeruni-versitären Forschungsmittel stärker gewachsen sind als die universitären. Einen Anteil daran hat auch die Tatsache, dass der zunehmend in Anspruch genommene Bund nur der DFG und außeruniversitären Forschungsreinrichtungen Mittel zuweisen kann. Im Vergleich zum Wert 100 für 1965 beträgt der Wachstumswert 1965-1975 für die Universitäten 317, für die außeruniversitären Forschungseinrichtungen 362. Für 1975 bis 1990 stehen der Wert 214 für die Universitäten, der Wert 244 für die außeruniversitären Einrichtungen zu Buche (Tab. 8-1). Die Realität sieht für die Universitäten noch schlechter aus, weil sie einen wachsenden Teil ihrer Mittel für die Lehre verwenden mussten (Winnes und Schimank 1999: 64). Außerdem muss noch die ungleiche Verteilung der Mittel auf die Universitäten berücksichtigt werden, die es den Standorten mit Zugang zum Kartell ermöglicht, mit den außeruniversitären Einrichtungen mitzuhalten, während die davon ausgeschlossenen Universitäten weiter abgehängt werden. Das ist vor allem bei den leichten Zugewinnen der Universitäten in den letzten Jahren zu beachten.

Monopolstrukturen der Wissenschaft

Die Exzellenzinitiative ist eine Veranstaltung, durch die es einem jetzt schon bestehenden Kartell von dominanten Forschungsinstitutionen mit starker personeller Verflechtung in den zentralen Wissenschaftsorganisationen gelingt, ein auf Dauer gestelltes Forschungsmonopol zu errichten (Hartmann 2006). Um den innersten Kern der zehn durch die Exzellenzinitiative geweihten »Spitzenuniversitäten« und der Max-Planck-Gesellschaft gruppiert sich ein erweiterter Kreis von weiteren etwa zehn Universitäten. Diese erweiterte Gruppe vereinnahmt etwa zwei Drittel aller Forschungsgelder der DFG. Nicht nur die DFG ist fest in der Hand dieses Machtzentrums. Alle zentralen Institutionen des akademischen Feldes werden von diesem Machtzentrum beherrscht. Geht man die Mitgliederlisten des Wissenschaftsrates, der wissenschaftlichen Kommission des Wissenschaftsrates und der verschiedenen Akademien der Wissenschaft durch, dann beanspruchen die Traditionsuniversitäten im Machtzentrum des akademischen Feldes 60 bis 90 Prozent aller Mitgliedschaften. Die zehn 2006 amtierenden wissenschaftlichen Mitglieder des Wissenschaftsrates kommen aus Aachen, Erlangen-Nürnberg, Freiburg, Gießen, Hamburg, Jena, Karlsruhe, Konstanz, München und Tübingen. Bei der wissenschaftlichen Kommission gesellen sich die Standorte Heidelberg, Berlin, Göttingen, Frankfurt a. M., Kiel, Dortmund, Zürich, Wiesbaden und die Max-Planck-Gesellschaft hinzu. In der Nordrhein-Westfälischen Akademie der Wissenschaften dominieren nahezu uneingeschränkt Aachen, Bonn, Köln und Münster. Die vielen nordrhein-westfälischen Neugründungen sind fast überhaupt nicht vertreten. In der geisteswissenschaftlichen Klasse verfügen Bonn, Köln und Münster über 89 Prozent der ordentlichen Mitglieder. In der naturwissenschaftlich-medizinischen Klasse stellen Aachen, Bonn, Köln, Münster und die Max-Planck-Gesellschaft 67 Prozent der ordentlichen Mitglieder. In der ingenieurwissenschaftlichen Klasse kommen Aachen, Bonn, Köln, Münster und die Max-Planck-Gesellschaft auf 61 Prozent der ordentlichen Mitglieder. Den Rekord hält die Universität Bonn mit nicht weniger als 49 – das sind 26 Prozent – von insgesamt 188 ordentlichen Mitgliedern (Tab. 8-2).

In den anderen Akademien sieht es jedoch nicht viel anders aus. Die Berlin-Brandenburgische Akademie wird von Berlin und darüber hinaus von traditionellen Standorten beherrscht. In den Göttinger, Heidelberger, Mainzer und Leipziger Akademien dominieren die lokalen Universitäten, ergänzt um weitere Traditionsuniversitäten. Die Bayerische Akademie der

Tab. 8-2: Institutionelle Herkunft der ordentlichen Mitglieder der Nordrhein-Westfälischen Akademie der Wissenschaften (Februar 2006), DFG-Ausschussmitgliedschaften, DFG-Mittel und Publikationen

Institution	Geistesw. Klasse	Naturw. Klasse	Ing. u. wirt.w. Klasse	Summe	Wiss. Personal	Symb. Kapital	DFG-Mittel absolut	DFG-Mittel relativ	Publik. absolut	Publik. relativ
U Bonn	31	14	4	49	3133	52	81,6	26,1	78,07	12,96
U Köln	21	7	4	32	3195	36	73,8	23,1	71,01	13,77
U Münster	15	10	3	28	3699	39	69,0	18,6	85,54	14,74
TH Aachen	–	5	15	20	3930	45	119,2	30,3	56,10	12,25
U Bochum	3	5	8	16	2354	29	72,9	31,0	63,39	13,85
MPG	–	10	2	12	–	–	–	–	–	–
U Düsseldorf	1	6	1	8	2115	25	43,7	20,7	45,36	14,44
FZ Jülich	–	3	1	4	–	–	–	–	–	–
U Bielefeld	1	2	–	3	1394	16	42,3	30,3	55,35	12,19
U Dortmund	–	1	2	3	1523	19	42,6	28,0	50,21	14,11
U Paderborn	1	–	2	3	988	2	17,5	17,7	35,84	12,90
U Wuppertal	2	–	1	3	946	6	10,0	10,6	35,35	9,13
U Essen	–	2	–	2	1886	12	28,9	15,3	54,67	12,33
U Siegen	–	2	–	2	706	7	10,8	15,3	34,57	9,17

Institution	Geistesw. Klasse	Naturw. Klasse	Ing. u. wirt.w. Klasse	Summe	Wiss. Personal	Symb. Kapital	DFG-Mittel absolut	DFG-Mittel relativ	Publik. absolut	Publik. relativ
U Duisburg	–	–	–	–	891	2	21,0	23,6	54,86	15,52
FU Hagen	–	–	–	–	418	1	–	–	–	–
Sonstige	–	1	3	4	–	–	–	–	–	–

DFG-Mittel absolut in Mio. €; DFG-Mittel relativ in Tausend € pro Wissenschaftler, Publikationen relativ pro Professor.
Quelle: Mitgliederstatistik der Nordrhein-Westfälischen Akademie der Wissenschaften laut Homepage am 19. 2. 2006; DFG 2003a: 178, Tab. A3-15; Berghoff et al. 2005b; DFG 1998, 2002, 2005b; eigene Berechnungen. Relative Summen pro Professor. Symbolisches Kapital: DFG-Ausschussmitgliedschaften 1998, 2002, 2005 mit doppeltem Gewicht zentraler Ausschüsse (Präsidium, Senat, Bewilligungsausschüsse Sonderforschungsbereiche und Graduiertenkollegs, Auswahlausschuss Heinz-Maier-Leibnitz-Preis), Fachausschüsse bzw. -kollegien einfach gewichtet. Publikationen als Punktwerte laut CHE-Erhebung. Näheres dazu in Abb. 3-1.

Wissenschaften ist nahezu eine Münchner Lokalvereinigung, die um ein paar Kollegen aus Würzburg und Erlangen erweitert wurde. Durch ihre lokale Einseitigkeit fehlt es den Akademien an Weltoffenheit, ohne die sich Wissenschaft nicht entfalten kann. Spätestens in der Gegenwart der globalen Wissenschaft sind sie nicht mehr zeitgemäß organisiert.

Im Unterschied zu der wesentlich begrenzteren und regional konzentrierten Mitgliedschaft der anderen Akademien, hat die Leopoldina immerhin etwa 1200 Mitglieder, die sich breiter auf Institutionen in Deutschland, Österreich und der Schweiz verteilen. Deshalb eignet sich die Mitgliederliste der Leopoldina am besten für die Ermittlung der Verteilung der Mitglieder auf unterschiedliche Forschungseinrichtungen. Die Liste gibt den Wohnort der Mitglieder an. Daraus resultieren kleine Unschärfen der Zuordnung, die sich jedoch innerhalb nicht systematisch verzerrender Grenzen halten. Daraus ergibt sich allerdings, dass im Falle der Großstädte mit mehreren Universitäten und außeruniversitären Forschungseinrichtungen die Mitglieder in einer Einheit zusammenzufassen sind. Das gilt insbesondere für Berlin, München, Hamburg und Hannover, in Grenzen auch für Heidelberg, Karlsruhe und Stuttgart. Auf der Seite der Drittmittel und Publikationen müssen die entsprechenden Zahlenwerte addiert werden.

Die Deutsche Akademie der Naturforscher Leopoldina zu Halle ist eine Organisation der deutschsprachigen Traditionsuniversitäten in Deutschland, Österreich und der Schweiz mit besonderer Rücksichtnahme auf ihre Lokalisierung in Halle und intensiver Verflechtung mit denjenigen Standorten, an denen weitere Akademien ihren Sitz haben: Berlin, Göttingen, Heidelberg, Leipzig, München und Mainz, ergänzt um Wien und Zürich. Allein diese Standorte bringen es zusammen auf 393 von etwa 1200 Mitgliedern. Daneben sind die Traditionsuniversitäten Bonn, Freiburg, Tübingen, Würzburg sowie Jena und Frankfurt a. M. mit mindestens 19 Mitgliedern sichtbar. Alle Neugründungen der 1970er Jahre sind praktisch nicht existent. Der Neugründung Konstanz aus den 1960er Jahren ist es jedoch – wie auch in der DFG – gelungen, in der Leopoldina mit immerhin elf Mitgliedern Fuß zu fassen. Die Mitglieder des Präsidiums der Leopoldina kommen aus Halle (3), Berlin (2), Freiburg, Heidelberg, Marburg, München, Würzburg, Wien und Zürich, die Senatoren aus Berlin (4), München (4), Marburg (2), Karlsruhe, Göttingen, Bayreuth, Wien, Leipzig, Darmstadt, Jena, Bonn, Würzburg, Bern, Heidelberg, Rostock, Tübingen, Halle, Dresden, Konstanz, Mannheim, Köln, Graz und Zürich. Ein Vergleich der Mitgliedschaften in den Akademien, in ihren Vorständen, in den Ausschüssen der DFG und des Wissenschaftsrates sowie in den für spezifische Zwecke eingerichteten ministeriellen Kommissionen offenbart einen außerordentlich hohen Verflechtungsgrad in Gestalt von Mehrfachmitgliedschaften und Ämterhäufung.

Das hohe Maß der Konzentration von Mitgliedschaften und Ämtern in den Akademien, in der DFG und im Wissenschaftsrat erweckt vordergründig den Eindruck, dass darin auch eine korrespondierende Konzentration besonders leistungsfähiger Forscher auf wenige Standorte zum Ausdruck kommt. Die neue Rhetorik der Exzellenz und das »Differenzierungsparadigma« des Wissenschaftsrates setzen diesen Eindruck auch in der Öffentlichkeit fest. Die Presse nimmt den Ball auf und spielt ihn mit dem neuen Motto weiter, dass Schluss mit der »Gleichheitsfiktion« sein müsse und es nun gelte, Exzellenz zu belohnen und zu fördern (Mogge-Stubbe 2006). Die hohe Konzentration von sozialem Kapital in Gestalt von Akademiemitgliedschaften auf wenige Standorte wird jedoch nicht durch dieselbe Konzentration von Forschungsleistungen legitimiert, wenn man den Maßstab der Produktivität im Einwerben von Drittmitteln und im Publikationsoutput pro eingesetztem Personal zugrunde legt (Tab. 8-3).

An fast allen zentralen Institutionen des akademischen Feldes ist offensichtlich die Welle der Neugründungen der 1970er Jahre vorbeigegangen, ohne irgendwelche Spuren zu hinterlassen. Alles was mit dem Jahr 1968 verbunden war, hat hier nicht stattgefunden. Diese nahezu vollständige Kontinuität in der institutionellen Herkunft der Mitglieder musste sich zwangsläufig auch in einer geringen programmatischen Erneuerung auswirken. Die mangelnde Fähigkeit der deutschen Wissenschaft, sich durch grundlegende Reformen auf den verschärften internationalen Wettbewerb einzustellen, findet in diesem strukturellen Konservatismus eine maßgebliche Erklärung. Zu erklären ist dieses hohe Maß der sozialen Vererbung von Mitgliedschaften innerhalb eines kleinen Kreises von Traditionsuniversitäten durch das vorherrschende Verfahren der Rekrutierung neuer Mitglieder mittels Kooptation. Da die alten Mitglieder über die Aufnahme der neuen entscheiden, ist der Entwicklungspfad ganz auf Kontinuität in der institutionellen Herkunft der Mitglieder eingestellt.

Das Ergebnis der Rekrutierungspraxis beweist die Wirksamkeit des Strukturkonservatismus, der dem Kooptationsverfahren inhärent ist. Die Mitglieder werden auf Lebenszeit berufen. Lediglich das Wahlrecht (teilweise nur das passive) ist jenseits des Alters von 68 (teilweise auch 70) Jahren nicht mehr gegeben. Die Erneuerung der Mitgliedschaft braucht bei diesem Verfahren Jahrzehnte und verbleibt auch dann noch innerhalb derselben Bahnen der institutionellen Herkunft. Die Akademien verstehen sich dementsprechend selbst als Honoratiorenvereinigungen. Jüngere und weibliche Wissenschaftler sind kaum vorzufinden. Die Berlin-Brandenburgische Akademie und die Akademie der Naturforscher Leopoldina haben dieses Problem erkannt und haben deshalb zusammen die Junge Akademie eingerichtet. Sie haben damit der Verjüngung des akademischen Feldes einen wichtigen Anstoß gegeben.

Der personellen Altersstruktur der Akademien entspricht auch die Struktur der Disziplinen. Jüngere Disziplinen sind nur schwach vertreten. Auch in dieser Hinsicht hebt sich allerdings die Berlin-Brandenburgische Akademie als Quelle der Erneuerung von den anderen Akademien ab. In ihrer Mehrzahl wirken die Akademien aber aufgrund ihrer Alters- und Disziplinenstruktur konservierend auf das akademische Feld. Sie berufen ihre Mitglieder erst im höheren Alter, bestätigen dadurch das schon etablierte Wissen und wirken als zusätzliche Konsekrationsinstanzen dieses Wissens. Da die Mitglieder der Akademien den Pool bilden, aus dem Kommissionen des Wissenschaftsrates, der DFG und der Wissenschaftsministerien zusammengesetzt werden, üben die Akademien in ihrer konservierenden Art einen erheblichen Einfluss auf die institutionelle und programmatische Entwicklung der Wissenschaft und auf die Ressourcenverteilung aus. Sie tragen maßgeblich zur Bildung und Stabilisierung von Forschungsmonopolen im akademischen Feld bei. Für die Entwicklung der Wissenschaft ist diese Monopolstruktur jedoch kontraproduktiv. Sie unterbindet die Offenheit des Wettbewerbs und die Vielfalt als Quellen der Beschleunigung des wissenschaftlichen Fortschritts. Es mangelt an Kreativität und Offenheit der Wissensevolution. Insgesamt wird

Tab. 8-3: Die Verteilung von sozialem, symbolischem und wissenschaftlichem Kapital sowie Input- und Outputproduktivität auf Standorte

Standort	soziales Kapital	symbol. Kapital		wiss. Kapital		Exzellenz-gelder	Produktivität Input		Produktivität Output	
		a)	b)	1999-2001	2002-2004		1999-2001	2002-2004	a)	b)
München	103	44	19	237,3	230,1	382,5	25,6	26,3	17,87	3,02
Berlin	63	39	19	235,3	261,7	15	24,1	30,0	14,58	3,09
Zürich	45	–		–	–	–	–	–	–	
Heidelberg	43	17	11	94,2	105,1	37,5	27,7	34,0	13,00	2,24
Halle	38	12	1	34,6	41,3	–	13,9	18,4	10,09	2,10
Wien	36	–		–	–	–	–	–	–	
Bonn	35	26	7	81,6	81,9	37,5	26,1	29,5	12,96	2,59
Würzburg	30	13	7	90,3	104,7	5	35,8	44,4	19,89	3,68
Freiburg	28	19	9	85,2	91,1	5	26,5	31,3	15,21	2,72
Göttingen	27	14	7	74,0	85,1	32,5	24,9	32,7	13,80	2,76
Leipzig	24	3	–	40,6	38,4	–	15,5	15,6	13,40	2,98
Tübingen	19	17	8	100,2	99,7	–	28,8	34,5	17,95	3,20
Frankfurt a.M.	19	15	8	69,4	66,5	32,5	26,3	25,3	12,88	3,14
Jena	19	11	1	41,5	46,8	–	16,5	21,7	14,70	2,83

Standort	soziales Kapital	symbol. Kapital		wiss. Kapital		Exzellenz-gelder	Produktivität Input		Produktivität Output	
		a)	b)	1999-2001	2002-2004		1999-2001	2002-2004	a)	b)
Hamburg	16	15	4	94,0	86,2	–	27,6	23,0	10,74	2,98
Dresden	16	19	1	57,2	66,5	37,5	15,6	18,6	15,08	3,14
Köln	15	18	6	73,8	70,7	–	23,1	24,5	13,77	3,28
Erlangen-Nürnberg	14	11	2	95,4	100,3	5	28,6		16,75	3,28
Mainz	14	13	3	61,2	69,2	–	19,7	26,3	12,86	2,47
Münster	13	11	6	69,0	73,5	–	18,6	22,3	14,74	3,20
Kiel	13	13	5	38,4	41,0	32,5	16,2	18,1	10,12	2,30
Stuttgart	12	18	5	106,0	95,2	–	34,8		13,26	2,16
Konstanz	11	14	5	43,2	43,7	32,5	48,1		12,31	2,62
Karlsruhe	10	16	3	87,0	100,5	142,5	40,8		14,20	2,58
Düsseldorf	10	10	3	43,7	49,0	–	20,7	25,3	14,44	2,45
Marburg	9	11	9	58,0	50,3	–	26,7	25,4	14,57	3,04
Gießen	9	11	–	45,3	50,4	37,5	20,2	25,0	16,75	3,64
Hannover	8	13	1	99,2	101,6	37,5	22,6	28,2	11,11	2,27
Saarbrücken	8	5	7	38,5	39,3	–	20,1	21,5	11,74	2,26
Mannheim	8	1	–	13,3	14,2	5	18,6	23,9	16,33	3,47

Standort	soziales Kapital	symbol. Kapital a)	symbol. Kapital b)	wiss. Kapital 1999-2001	wiss. Kapital 2002-2004	Exzellenz-gelder	Produktivität Input 1999-2001	Produktivität Input 2002-2004	Produktivität Output a)	Produktivität Output b)
Basel	8	–		–	–	–	–		–	
Bern	8	–		–	–	–	–		–	
Graz	6	–		–	–	–	–		–	
Aachen	5	18	6	119,2	126,2	70	30,3	34,2	12,25	1,86
Bochum	5	14	5	72,9	73,3	5	31,0	32,4	13,85	3,15
Dortmund	5	7	–	42,6	45,8	–	28,0	31,7	14,11	3,53
Regensburg	5	6	2	34,4	40,0	–	19,2	23,3	14,78	3,02
Bielefeld	5	5	6	42,3	40,0	–	30,3	33,2	12,19	2,77
Ulm	5	3	2	37,8	44,5	–	20,4	25,8	16,38	2,37
Greifswald	4	2	–	11,2	9,1	–	9,4	7,7	9,90	2,25
Lübeck	4	4	–	10,6	14,1	–	11,0	15,2	–	
Potsdam	4	1	2	16,2	23,2	–	16,1	23,7	12,76	3,19
Duisburg-Essen	3	7	3	49,9	49,7	–	15,3	19,1	13,61	3,19
Braunschweig	3	7	2	41,0	45,9	–	26,9	32,3	12,38	2,21
Magdeburg	3	5	2	26,4	21,4	–	17,1	13,5	12,81	2,33
Weimar	3	1	–	4,7	4,9	–	10,9	12,3	–	

Standort	soziales Kapital	symbol. Kapital		wiss. Kapital		Exzellenz-gelder	Produktivität Input		Produktivität Output	
		a)	b)	1999-2001	2002-2004		1999-2001	2002-2004	a)	b)
Erfurt	3	1	–	0,7	1,9	–	8,2	7,1	16,85	6,02
Lausanne	3	–	–			–	–	–	–	
Darmstadt	2	11	2	53,5	53,8	–	30,7	33,5	12,73	2,65
Bayreuth	2	8	3	28,1	30,0	–	30,0	37,4	16,62	3,87
Freiberg	2	7	2	26,1	12,9	–	41,2	24,0	11,90	2,83
Bremen	2	3	1	43,7	67,1	5	25,5	37,5	12,10	3,03
Rostock	2	3	–	14,0	14,6	–	7,9	8,8	9,38	2,08
Augsburg	2	–	2	12,9	12,9	–	19,9	19,8	15,82	3,96
Genf	2	–	–	–	–	–	–	–	–	
Innsbruck	2	–	–	–	–	–	–	–	–	
Kaiserslautern	1	5	–	30,5	26,0	–	32,0	30,7	13,33	2,90
Ilmenau	1	4	–	7,7	10,9	–	12,4	17,6	13,87	2,95
Trier	1	3	–	14,7	11,0	–	21,8	19,9	13,33	3,33
Bamberg	1	2	1	3,4	6,9	–	8,6	17,9	13,47	4,35
Chemnitz	1	1	–	25,8	24,4	–	28,7	32,7	11,18	2,73
Salzburg	1	–	–			–	–	–	–	

Standort	soziales Kapital	symbol. Kapital		wiss. Kapital		Exzellenz-gelder	Produktivität Input		Produktivität Output	
		a)	b)	1999–2001	2002–2004		1999–2001	2002–2004	a)	b)
St. Gallen	1	–	–	–	–	–	–	–	–	
Wuppertal	–	4	1	10,0	7,1	–	10,6	9,2	9,13	2,77
Osnabrück	–	3	1	13,8	14,6	–	20,2	25,9	11,88	3,49
Paderborn	–	1	3	17,5	23,6	–	17,7	26,4	12,90	3,68
Clausthal	–	2		15,8	13,5	–	35,8	34,6	–	
Kassel	–	2		9,4	10,5	–	10,0	10,9	8,96	2,56
Passau	–	2	–	2,9	0,7	–	8,3	2,2	13,95	4,10
Siegen	–	1	1	10,8	10,7	–	15,3	15,7	9,17	2,96
Oldenburg	–	–	1	14,6	14,2	–	18,9	22,2	9,54	2,51
Cottbus	–	–	1	4,3	6,3	–	7,2	11,3	–	
Frankfurt/O.	–	–	–	2,0	1,6	–	9,1	8,8	–	
Koblenz-Landau	–	–	–	1,7	1,2	–	4,5	3,4	–	
Hagen	–	–	–	1,6	1,8	–	3,7	4,2	–	
Witten-Herdecke	–	–	–	1,6	2,2	–	–	12,8	–	
Lüneburg	–	–	–	0,9	0,9	–	3,7	2,2	–	
Eichstätt	–	–	–	0,7	1,2	–	2,3	4,0	11,90	4,40

Standort	soziales Kapital	symbol. Kapital		wiss. Kapital		Exzellenz-gelder	Produktivität Input		Produktivität Output	
		a)	b)	1999-2001	2002-2004		1999-2001	2002-2004	a)	b)
Hildesheim	–	–	–	0,5	–	–	2,2	–	–	
Fribourg	–	–	–	–	–	–	–	–	–	
Linz	–	–	–	–	–	–	–	–	–	

Soziales Kapital: Mitglieder in der Deutschen Akademie der Naturforscher Leopoldina zu Halle.

Symbolisches Kapital: a) Mitglieder in Ausschüssen der DFG 1998 (Präsidium, Senat, Bewilligungsausschüsse Sonderforschungsbereiche und Graduiertenkollegs, Auswahlausschuss Heinz-Maier-Leibniz-Preis, Leibniz-Preis, Fachausschüsse); b) Leibniz-Preisträger der DFG.

Wissenschaftliches Kapital: DFG-Bewilligungssumme in Mio. € 1999-2001, 2002-2004.

Exzellenzgelder: Zuweisungen der Exzellenzinitiative im Oktober 2006 in Tausend € für 5 Jahre.

Produktivität Input: DFG-Bewilligungssumme pro Wissenschaftler in Tausend € 1999-2001, 2002-2004.

Produktivität Output: a) durchschnittlicher Publikationswert pro Professor, b) eines Professors pro Mitarbeiter für bis zu 13 Fächer laut CHE-Erhebung, Mitarbeiterzahl wie folgt korrigiert: 10-3, 9-2,5, 8-2, 7-1,5, 6-1, 5-0,5, 4±0, 3+0,5, 2+1. Siehe Abb. 3-1. Beim Standort München wurden LMU, TU und UBW zusammengefasst, beim Standort Berlin FU, HU und TU, beim Standort Hamburg U, TU und UBW, beim Standort Stuttgart U Stuttgart und U Hohenheim, beim Standort Hannover U, MedHo und TiHo. Der Publikationswert bezieht sich bei Hamburg und Hannover nur auf die Universität. Beim Standort Bremen wurden 2006 U und IUB bei den Bewilligungssummen zusammengefasst. Der Publikationswert bezieht sich nur auf die U Bremen.

Quellen: DFG 2003a: 178; 2006c: 154-155, 176-177; Berghoff et al. 2005b; Homepage der Deutschen Akademie der Naturforscher Leopoldina, Mitgliederliste, abgerufen am 22. 2. 2006 (Stand 24. 11. 2005); Homepage der DFG, abgerufen am 19. 10. 2006, eigene Berechnungen.

dadurch die internationale Wettbewerbsfähigkeit von Wissenschaft und Forschung in Deutschland behindert.

Im Gegensatz dazu stellt sich die Organisation der Wissenschaft in den USA als wesentlich offener und wettbewerbsintensiver dar. Dort wird grundsätzlich auf eine hohe Erneuerungsrate in der Mitgliedschaft und in den Leitungsgremien sowohl in den wissenschaftlichen Vereinigungen als auch in den Universitätsfakultäten geachtet. In den Fakultäten ergibt sich schon durch die *junior faculty* eine regelmäßige Erneuerung, in den wissenschaftlichen Vereinigungen durch die viel breitere und offenere, weltweite Rekrutierung von Mitgliedern. Die New York Academy of Sciences ist deshalb kein reiner Honoratiorenklub, sondern eine professionell geführte, weltweit einflussreiche Wissenschaftsvereinigung. Es ist leichter, Mitglied der New York Academy of Sciences als Mitglied einer deutschen Akademie zu werden, zumal die Mitglieder anders als bei den beitragsfreien deutschen Akademien mit ihren Mitgliedsbeiträgen einen wesentlichen Teil zum Budget der Akademie beisteuern. Dadurch ist die Akademie weltoffener, dynamischer, innovativer und weltweit einflussreicher.

Europäisierung und Globalisierung sind trotz aller Pfadabhängigkeit der Entwicklung von Institutionen starke Kräfte des Wandels. Nicht zu leugnen ist die Tatsache, dass ihre durchaus richtige Thematisierung als Ursachen der Verschärfung von Wettbewerb enormen Druck auf den Wandel von nationalen Institutionen ausübt. Praktisch alle Institutionen stehen auf dem Prüfstand der Wettbewerbsfähigkeit. Welche Strategien sich als erfolgreich herausstellen, lässt sich in der Regel nicht mit Sicherheit voraussagen. Zu viele Faktoren wirken zusammen, um Reformen von Nebenfolgen zu verschonen, die als noch schlimmerer Schaden empfunden werden als der Schaden, der Anlass der Reformen war. Schon wegen dieser hohen Unsicherheit über den Ausgang von Reformen entscheidet über den Erfolg von Reformvorschlägen maßgeblich, welche Rhetorik sich im Kampf um die mediale Konstruktion der Realität durchsetzt. Bleibt eine genauere Prüfung der Rhetorik aus, kann es leicht passieren, dass mit Reformmaßnahmen irreparabler Schaden angerichtet wird, ohne dass sich der erhoffte Nutzen einstellt (vgl. Hood et al. 2004; Derlien 2004). Dieses Schicksal könnte die Universitäten in Deutschland treffen, wenn sich die neue Rhetorik der Förderung von Konzentrationsprozessen in der Tat durchsetzen sollte. Sie spricht zwar von Wettbewerb und Exzellenz, die es zu fördern gälte, in Wirklichkeit läuft sie jedoch auf die Schaffung privilegierter Bildungs- und Forschungsmonopole hinaus. Statt für den internationalen Wettbewerb gestärkt zu werden, ist die Folge für die Universitäten in Deutschland gerade die weitere Verringerung der Wettbewerbsfähigkeit. Die politisch gesteuerte Konzentration auf nur zehn Spitzenuniversitäten und auf wenige Universitäten verteilte 30 Spitzenfachbereiche scheint auf den ersten Blick bundesweit eine in sich wettbewerbsintensive Oligopolstruktur zu schaffen. Man könnte behaupten, dass dann zwischen zehn Standorten ein besonders intensiver Wettbewerb stattfindet, der sich positiv auf deren Sichtbarkeit und Wettbewerbsfähigkeit auswirkt.[1] Der Wettbewerb wäre zwar intensiver als im zentralistischen System Frankreichs, aber bei weitem nicht so intensiv wie in den USA, wo nach der Shanghai-Liste der 500 sichtbarsten Universitäten der Welt nicht weniger als 170 Universitäten miteinander konkurrieren (SJTU 2004; vgl. kritisch van Raan 2005). Im Vergleich

---

1 Von diesen Standorten wird gerne als »i-Tüpfelchen« oder »Leuchttürmen« gesprochen (vgl. Spiegel online am 11. 6. 05 und am 23. 6. 05)

zur gegenwärtigen Situation in Deutschland ergäbe sich die Fixierung einer seit längerem schleichenden Konzentration von Forschungsmitteln auf wenige Großstandorte und Disziplinen, nämlich Naturwissenschaften, Technik und Medizin. Zwischen zehn überausgestatteten und nach der Quote von Drittmitteln und der Quote von Publikationen pro Wissenschaftler nachweislich weniger forschungsproduktiven Standorten im Vergleich zu vielen mittleren Standorten wird weniger Konkurrenz stattfinden als zwischen 60 gleich gut ausgestatteten mittelgroßen und spezialisierten kleineren Standorten. Mit diesen zehn Großstandorten wird ein noch größeres als das ohnehin gegebene Maß der Konzentration von Macht in allen entscheidenden Organen der Forschungsorganisation geschaffen, so dass die Aufteilung des Großteils von Forschungsressourcen unter den privilegierten Standorten, unabhängig von ihrer tatsächlichen Forschungsproduktivität, und die systematische Exklusion der nicht privilegierten Standorte auf Dauer die Konsequenz sein werden. Eine kleine privilegierte Gruppe beherrscht dann endgültig den Forschungsbetrieb, mit der Folge der Einengung von Ideen, Forschungsansätzen und methodischen Vorgehensweisen auf ein schmales Spektrum. Jede Innovation außerhalb dieser Gruppe hat schon wegen der zweitrangigen Herkunft verringerte Chancen der Durchsetzung. Unter diesen Bedingungen ist »Exzellenz« ein Klubgut, das den Klubmitgliedern exklusiv zur Verfügung steht. Der Nutzen eines Klubgutes für die Mitglieder besteht in seiner Exklusivität. Sein Besitz verschafft den Klubmitgliedern Wettbewerbsvorteile gegenüber potentiellen Konkurrenten. Die Klubmitglieder werden deshalb gerade ihren exklusiven Besitz nutzen, um sich potentielle Konkurrenten vom Leib zu halten. Mit der Zeit entsteht deshalb eine Selbstreproduktion von

Exklusivität durch den Einsatz von Exklusivität. Das Klubgut der Exzellenz wird dann als symbolisches Kapital eingesetzt, um »Exzellenz« zu definieren, die Spielregeln ihrer Zuweisung zu bestimmen und die Machtpositionen in Auswahlverfahren von Exzellenzwettbewerben zu besetzen. Exzellenz geht dann nicht aus einem offenen Wettbewerb hervor, vielmehr reproduziert der Wettbewerb die vorher schon vorhandene Zuweisung von Exzellenz.

Die Gruppe der privilegierten Standorte wirkt wie ein kooperierendes Bollwerk gegen jede von außen kommende wissenschaftliche Neuerung, und sie entzieht schon von vornherein durch ihre Privilegierung den nichtprivilegierten Standorten die zur kritischen Masse erforderlichen Ressourcen. Das Resultat ist demnach viel weniger eine oligopolistische Konkurrenz und viel mehr eine Wettbewerb einschränkende Monopolstruktur mit einer durch personelle Verflechtung kartellartig geschlossenen herrschenden Gruppe in privilegierter Position, die über die erforderliche Macht verfügt, um potentielle Konkurrenten vom Spiel auszuschließen. Deshalb kann die neue Forschungspolitik nicht als Oligopolbildung zur Intensivierung des Wettbewerbs von Spitzenstandorten bezeichnet werden. Diese offizielle Sprachregelung verbirgt, was hinter den Kulissen scheinbarer Wettbewerbspolitik geschieht. Was tatsächlich stattfindet, ist Monopolbildung im Machtfeld der Wissenschaft. Deshalb ist es gerechtfertigt, nicht von der Bildung oligopolistischer Strukturen, sondern von der Bildung monopolistischer Strukturen zu sprechen. Das schon vorhandene Kartell besteht aus einer Gruppe von 16 Großuniversitäten und technischen Hochschulen mit Traditionsbonus und der Max-Planck-Gesellschaft, die in der Deutschen Forschungsgemeinschaft (DFG) das Wort führen und den größten Teil der Forschungsgelder in Anspruch nehmen. Von einem Kartell ist hier in dem Sinne zu sprechen, dass über die DFG eine hochgradige personelle Verflechtung gegeben ist. Ein Monopol besteht in der Hinsicht, dass diese Gruppe die Hälfte der Mitglieder in den Ausschüssen der DFG stellt und gut die Hälfte der DFG-Forschungsmittel vereinnahmt.

Die Monopolstruktur der Forschung in Deutschland manifestiert sich in Verbindung mit den Mitgliedschaften in den zentralen Wissenschaftsorganisationen in der Verteilung der DFG-Bewilligungen im Zeitraum von 1991 bis 2004. Es ist eine kleine Gruppe von Universitäten, die neben der Max-Planck-Gesellschaft großteils über koordinierte Programme einen großen Teil der DFG-Forschungsmittel monopolisiert hat. Die ersten zehn Universitäten haben 1999-2001 32 Prozent, die ersten siebzehn Universitäten schon 50 Prozent der DFG-Bewilligungen vereinnahmt (DFG 2003a: 39). Im Berichtszeitraum 2002 bis 2004 haben die ersten 20 Universitäten 56 Prozent der DFG-Mittel an sich gezogen (DFG 2006e: 116). Im Zeitraum von 1991 bis 2004 ist eine hohe Stabilität dieser Monopolstruktur zu beobachten.

Einen weiteren deutlichen Eindruck von der monopolartigen Struktur der Forschung in Deutschland vermitteln die im DFG-Förder-Ranking dargestellten Kernnetzwerke der koordinierten Programme. Sie stellen dar, in welch hohem Maß Forschungsmittel von einer kleinen Gruppe von Universitäten monopolisiert werden. Dabei fällt auf, dass die Monopolstruktur am deutlichsten bei den Ingenieurwissenschaften zu beobachten ist, es folgen Biologie/Medizin, schon etwas weniger akzentuiert die Naturwissenschaften, dann schließlich am wenigsten ausgeprägt, aber dennoch sichtbar die Geistes- und Sozialwissenschaften (DFG 2003a: 67-70, Abb. 4-5, 4-6, 4-7 und 4-8).

Die Netzwerke bringen deutlich die kartellartige Verflechtung der Großstandorte über die koordinierten Programme der DFG zum Ausdruck, die sich in der Monopolisierung eines Großteils der Sitze in den DFG-Ausschüssen spiegelt. Die extrem hohe Konzentration der DFG-Forschungsmittel auf eine kleine Gruppe von Standorten gibt die real viel breitere Streuung von Forschungsleistungen, gemessen in DFG-Bewilligungen pro Wissenschaftler, nicht wieder. Sie bringt eine erhebliche Verzerrung der Realität von Forschungsleistungen zum Ausdruck. Legt man DFG-Bewilligungen pro Wissenschaftler und Publikationen pro Wissenschaftler als Maßstab zugrunde, dann ist zunächst festzustellen, dass die Kombination dieser beiden Messeinheiten sehr breit gestreut ist – in den Geistes- und Sozialwissenschaften mehr als in den Naturwissenschaften. Und es gilt, dass auch die Kombination der absoluten DFG-Bewilligungssummen und der relativen DFG-Bewilligungssummen pro Wissenschaftler sehr breit variiert. Das beweist, dass die hohe Konzentration von Forschungsmitteln auf wenige Standorte die real viel breitere Streuung von Forschungsleistungen verzerrt und ein falsches Bild der Forschungsleistungen in Deutschland zeichnet. Zu erklären ist diese Abweichung der monopolartigen Konzentration von Forschungsressourcen von der realen Streuung von Forschungsleistungen durch die Dominanz von Fächern und Großstandorten in den Entscheidungs- und Gutachterausschüssen in der deutschen Wissenschaftsorganisation. Eine besondere Bedeutung kommt dabei dem Übergewicht der koordinierten Programme der DFG zu, die eine Sogwirkung hin zu den naturwissenschaftlich-technischen Disziplinen und zu den Großstandorten erzeugen.

Man kann feststellen, dass mit dem Wachstum der Drittmittelforschung und der außeruniversitären Forschungsinstitute bei gleichzeitigem Abbau der Grundausstattung der Universitäten trotz steigender Überlast der Lehre seit Mitte der 1980er Jahre die pluralistische Wettbewerbsstruktur des föderalen Systems von Wissenschaft und Forschung in Deutschland schleichend hinter dem Rücken der Akteure von einer Monopolstruktur überlagert worden ist. Das haben Schimank (1994, 1995a) sowie Winnes und Schimank (1999) schon Mitte bis Ende der 1990er Jahre beobachtet. Inzwischen hat sich dieser Trend noch verstärkt. Die Exzellenzinitiative von Bund- und Ländern setzt ihm die Krone der öffentlichen Rechtfertigung im Namen der Exzellenzförderung auf. Der zunächst latente Trend wird dadurch in eine symbolische Ordnung eingebettet, deren Kern in dem Rationalitätsmythos der Förderung von Exzellenz zu sehen ist. Da die weniger rationale Alltagspraxis der Exzellenzkonstruktion von der öffentlichen Darstellung von Exzellenz mangels Beobachtbarkeit entkoppelt ist, kann der Rationalitätsmythos relativ unbefleckt seinen Dienst der Legitimation eines tiefgreifenden Strukturwandels von Wissenschaft und Forschung in Deutschland versehen. Dieser Strukturwandel impliziert erhebliche Einbußen an Wettbewerb, Vielfalt, Kreativität sowie offener Wissensevolution und damit auch an internationaler Wettbewerbsfähigkeit. Die politische Absicht, durch den Abbau der universitären Grundausstattung und die Umschichtung der frei gewordenen Ressourcen in die Drittmittelforschung sowie in den Ausbau der außeruniversitären Forschung Exzellenz zu fördern, läuft insofern ins Leere, als dadurch gleichzeitig Monopolstrukturen geschaffen wurden, die systematisch den Wettbewerb als strukturelle Voraussetzung der Erzeugung von Exzellenz untergraben. Gleichzeitig werden Forscher unter ungleichen Bedingungen in einen »ruinösen Wettbewerb« geschickt, der sie zu professionellen Mittelbeschaffern für Mitarbeiter in abhängiger Stellung macht und sie selbst aus der eigentlichen Forschungsarbeit herauszieht (Schimank 1994: 21-27).

Der Forschungsbetrieb wird in Deutschland von einem Machtzentrum beherrscht, das aus vier in Austauschbeziehungen miteinander verflochtenen Komponenten besteht, die jeweils eine spezifische Funktion erfüllen. Die Akademien bilden einen Rekrutierungspool für Führungs-, Konsekrations- und Forschungspositionen und gewährleisten die Integration des ganzen Betriebs mit Hilfe des sozialen Kapitals von Netzwerken. Die DFG dient als Konsekrationsinstanz für die Legitimation von Forschung, Führung und Netzwerken mit Hilfe des symbolischen Kapitals von Gutachtergremien. Das Kartell kapitalkräftiger Standorte organisiert den Markt durch Monopolbildung und oligarchische Strukturen und schränkt dadurch den Wettbewerb ein. Das monopolartig organisierte wissenschaftliche Kapital bzw. Forschungskapital in Gestalt von Drittmitteln als wissenschaftliche Spezifikation von ökonomischem Kapital wird eingesetzt, um Konsekrationsakte der DFG, Führungsentscheidungen des Wissenschaftsrates und Netzwerke der Akademien auf der Linie des herrschenden wissenschaftlichen Wissens zu halten. Solange die darin verborgene Herrschaft nicht erkannt wird, wirkt das wissenschaftliche Wissen als unumstrittene Doxa. Wird die Herrschaft als solche erkannt, dann wird das herrschende wissenschaftliche Wissen zur Orthodoxie, die sich gegen häretische Strömungen verteidigen muss (Bourdieu 1992). Die vierte Kraft im Bunde – der Wissenschaftsrat – hat sich von einem Beratungsorgan zu einer Steuerungsinstanz im Machtzentrum des akademischen Feldes entwickelt, die maßgeblichen Einfluss auf die Forschungspolitik auf der Ebene des Bundes und der Koordination der Länder ausübt. Die Exzellenzinitiative von Bund und Ländern ist in erster Linie vom Wissenschaftsrat gestaltet worden. Der Rat erfüllt im Machtzentrum die Funktion der Zielsetzung, verfügt über das politische Kapital von Entscheidungsmacht mittels direktem Zugang zur ministeriellen Politik und versorgt die Akademien, die DFG und die kapitalkräftigen Standorte mit dem politischen Kapital von Führungspositionen in zentralen Ausschüssen, mit deren Hilfe entscheidender Einfluss auf die Entwicklung der Organisation von Forschung im akademischen Feld ausgeübt werden kann (Abb. 8-2).

Wissenschaft im Schatten der Oligarchie

Oligarchie ist die meso- und mikrostrukturelle Repräsentation der Makrostruktur von Kartell und Monopol (vgl. Clark 1983: 140; Winnes und Schimank 1999: 184-192; Braun 2001). Den Akteuren ist das kaum bewusst. Ein Bericht in der *Süddeutschen Zeitung* vom 20. Mai 2005 über die erfolgreiche Berufung eines auf dem Gebiet der Entwicklung kleinster Glasfasern international renommierten britischen Physikers an die Universität Erlangen-Nürnberg gibt Aufschluss über das auch im Wissenschaftsjournalismus dominierende Denken über die Voraussetzungen erfolgreicher Forschung (Burtscheid 2005a). Die Berufung wird als ein Erfolg gefeiert, der beweise, dass es Erlangen mit dem Forschungsstandort München aufnehmen könne. Laut Bericht war es die außergewöhnlich großzügige Ausstattung, die den Forscher aus Großbritannien nach Deutschland gelockt hat. Das von der Max-Planck-Gesellschaft in Verbindung mit der Universität neu gegründete Institut mit mehr als 100 Mitarbeitern soll

Abb. 8-2: Das Machtzentrum des akademischen Feldes

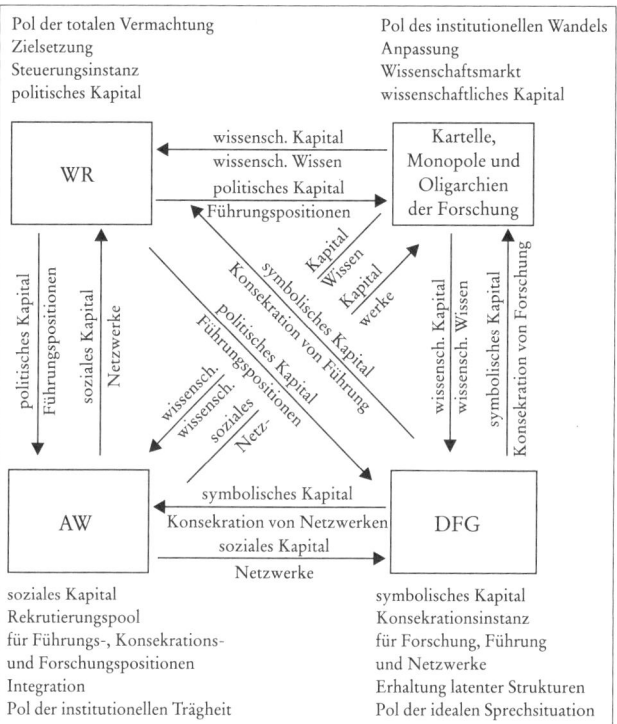

AW = Akademien der Wissenschaft, DFG = Deutsche Forschungsgemein-
schaft, WR = Wissenschaftsrat
Politisches Kapital: als legitim geltende Führungspositionen
Soziales Kapital: als legitim geltende soziale Netzwerke
Symbolisches Kapital: als legitim geltende Kompetenz zur Evaluation von
Forschung
Wissenschaftliches Kapital: als legitim geltendes wissenschaftliches Wissen

von drei Direktoren geleitet werden. Der neuberufene Physiker erklärte, dass er weder in Großbritannien noch in den USA über so viele fest zugeteilte Mitarbeiter verfügen könnte, was ihn von der Einwerbung von Drittmitteln entlaste. Seine Kollegen in Großbritannien und in den USA könnten nicht unter so komfortablen Bedingungen forschen. Das sei das entscheidende Motiv für seinen Wechsel nach Erlangen gewesen. Die Umstände, denen diese erfolgreiche Berufung zu verdanken ist, verweisen indessen gerade auf den Strukturnachteil des Wissenschaftsbetriebs in Deutschland im Vergleich zu den USA. Die Berufung eines einzelnen Institutsdirektors geht auf Kosten der unabhängigen Forschung eines großen Stabs von Nachwuchswissenschaftlern. Diese Schattenseite der üppigen Ausstattung von Institutsdirektoren gibt es im amerikanischen Wissenschaftsbetrieb nicht. Sie ist der Grund dafür, dass eine Vielzahl von Nachwuchswissenschaftlern auf der Suche nach Karrierechancen aus Deutschland in die USA abwandern und dort für jene Vielfalt und Kreativität sorgen, die dem Wissenschaftsbetrieb in Deutschland im Vergleich zu den USA fehlen. Der international renommierte Institutsdirektor aus Großbritannien kann die Kreativität von zehn bis 15 unabhängig forschenden Wissenschaftlern nicht ersetzen. Im Vergleich mit einem amerikanischen, weit weniger hierarchisch strukturierten Department oder Forschungszentrum wird sein Institut zwangsläufig weniger kreativ sein und mehr Routineforschung von Mitarbeitern unter seiner Leitung im Rahmen seines Forschungsansatzes betreiben.[1]

---

1 Dies bestätigt die Antwort des Chemie-Nobelpreisträgers Harold Kroto am 28. 6. 05 in der Süddeutschen Zeitung auf die Frage, welche Bedingungen exzellente Forschung braucht: »Meiner Meinung nach ist dafür absolut entscheidend, daß man jungen, vielversprechenden Forschern die Freiheit gibt, zu tun, was sie selbst für wichtig halten. [...] Die großen Durchbrüche

Hinter dem gefeierten Erfolg verbirgt sich die dunkle Seite des Wissenschaftsbetriebes in Deutschland, die maßgeblich für dessen Wettbewerbsnachteile im Vergleich zu den USA verantwortlich ist. Interessanterweise beginnt ein zusammen mit dem Bericht veröffentlichtes Interview mit dem Forscher mit einem Hinweis auf die vielen Nachwuchswissenschaftler, die von Deutschland in die USA auswandern, und mit der Frage, was ihn gegen diesen Trend nach Deutschland führe (Burtscheid 2005 b). Die Antwort des Forschers gibt unmittelbar die Erklärung dafür. Es ist die üppige Ausstattung seines Instituts mit Mitarbeitern in abhängiger Stellung, die ihn nach Deutschland lockt und gleichzeitig viele kreative Nachwuchswissenschaftler auf der Suche nach besseren Karrierechancen in die USA drängt. Erfolg und Misserfolg sind hier zwei Seiten einer Medaille.

Auch die jüngst erfolgte Vergabe des Physik-Nobelpreises an den an der LMU München und am Max-Planck-Institut für Quantenoptik in Garching forschenden Physiker Theodor Hänsch (2005 zusammen mit den Amerikanern Roy Glauber und John Hall) beweist die Misere des deutschen Wissenschaftssystems. Der Physiker ist 1970 im Alter von 28 Jahren in die USA ausgewandert, um 16 Jahre an der Stanford University zu arbeiten, bevor er 1986 im Alter von 44 Jahren nach Deutschland zurückkehrte. Für den jungen Forscher gab es im oligarchischen System keinen Platz, für den gereiften Forscher auf einer gut ausgestatteten Direktorenstelle des Max-Planck-Instituts sehr wohl. Als junger Forscher hat er zur überwältigenden Innovationskraft des amerikanischen Wissenschaftssystems beigetragen, als gereifter Forscher wirkt er jedoch mit seinem großen Institut als

werden in der Regel von Forschern erzielt, die ihrer ganz persönlichen Leidenschaft für eine Fragestellung folgen.«

strukturelle Barriere für die Karriere vieler junger Forscher, die deshalb wieder in die USA auswandern müssen, wenn sie unabhängig forschen und zum Erfolg kommen wollen. Damit fehlt dem System in Deutschland jedoch das Kreativitätspotential junger unabhängiger Forscher. Auch die Auszeichnung mehrerer deutscher Wissenschaftler mit dem Nobelpreis in den beiden letzten Jahrzehnten bestätigt diese These. Sie arbeiten nach ihrer Ausbildung in Deutschland nahezu ausschließlich in den USA (Rubner 2005; Illinger und Görl 2005; Stirn 2005). Wenn der Präsident der Max-Planck-Gesellschaft den Erfolg seines Münchner Institutsdirektors auch als Beweis dafür wertet, dass die MPG Rahmenbedingungen schaffe, die Spitzenforschung überhaupt erst ermögliche (Phoenix 2006), macht er damit gute Public Relations für seine Organisation, trägt aber auch dazu bei, dass die strukturellen Schwächen des Systems systematisch ignoriert werden. Es ist gerade kein langfristig tragfähiger Ansatz, die strukturelle Schwäche des deutschen Wissenschaftssystems dadurch auszugleichen, dass gestandene Forscher durch für sie attraktive Lehrstühle oder Institutsdirektorenposten aus den USA zurückgelockt werden (siehe Rubner 2005), weil mit diesem System gerade das Auswandern junger dynamischer Forscher in die USA weiter befördert wird, die angesichts der oligarchischen Institutsstrukturen in Deutschland keine Karrierechancen und Entfaltungsmöglichkeiten haben.

Die Institute in Deutschland arbeiten mit einem Verhältnis von bis zu 100 Mitarbeitern auf drei Direktoren. Das heißt im Extremfall, dass von den 100 Mitarbeitern in etwa 30 Jahren nur drei zum Institutsdirektor aufsteigen können. Nehmen wir ein Institut, in dem sich drei Direktoren nur 60 Mitarbeiter teilen und jeder Direktor nur 25 Jahre in seiner Position verbringt, dann können immer noch von nicht weniger als

60 Mitarbeitern in 25 Jahren nur drei Institutsdirektor werden. (Das ist nur strukturell gedacht und soll nicht heißen, dass die Mitarbeiter innerhalb desselben Instituts zur Position eines Direktors aufsteigen.) Die Realität des Wissenschaftsbetriebs in Deutschland bewegt sich etwa zwischen den beiden genannten Eckpunkten. In den Vereinigten Staaten finden wir das Gegenstück zu dieser in Deutschland vorherrschenden Forschungsoligarchie (Parsons und Platt 1990; Mayer 2005). Dort besteht ein komplettes Department nur aus gleichberechtigten und selbstständig forschenden Professoren. Es teilt sich in eine *junior* und eine *senior faculty*, zwischen denen keine Unterschiede in den Rechten bestehen. So stehen z. B. 25 *seniors* insgesamt 15 *juniors* gegenüber. Das gibt mit dem natürlichen Alterungsprozess den *juniors*, die sich bewähren, Chancen, in der absehbaren Zeit von etwa sechs Jahren in die Position eines Seniorprofessors mit Festanstellung aufzusteigen. Alle 40 Mitglieder des Departments forschen gleichberechtigt in einem Kooperationszusammenhang, der häufig interdisziplinär in einem Forschungszentrum gebündelt ist. Mitarbeiter für Forschungsprojekte werden aus den Doktoranden im Graduiertenstudium rekrutiert. Nach der Promotion treten jedoch alle Nachwuchswissenschaftler, die im akademischen Bereich Karriere machen, unmittelbar aus jeglicher Abhängigkeit heraus und werden gegebenenfalls nach einer Postdoktorandenphase als *assistant professor* in der Regel an einer anderen Universität gleichberechtigtes Mitglied der dortigen Fakultät, das heißt etwa im Alter von 32-35 Jahren. Das Promotionsalter liegt wie in Deutschland bei durchschnittlich 33 Jahren (Janson, Schomburg und Teichler 2006: 49-51). Dieses System sorgt sowohl für berechenbare Karrieren für Nachwuchswissenschaftler als auch für ein hohes Maß der Vielfalt

und Kreativität als Voraussetzung für Innovation und offene Wissensevolution. Die gefeierte Berufung des britischen Physikers an die Universität Erlangen-Nürnberg entfernt den Wissenschaftsbetrieb in Deutschland einen Schritt weiter von diesen in den USA gegebenen strukturellen Bedingungen erfolgreicher Forschung, das heißt strukturell gesehen ist sie ein systembedingter Misserfolg.

In Deutschland erfolgt der Sprung in die Fakultätsränge erst mit durchschnittlich 40 Jahren, dann aber bislang auf eine unbefristete Professur. (Einzelne Bundesländer haben allerdings inzwischen noch eine fünfjährige »Bewährungszeit« für die Erstberufenen eingeführt). Diesen Karriereschritt erreichen die amerikanischen Wissenschaftler auch nicht früher. Und es wird darüber geklagt, dass seit den 1970er Jahren der Anteil der Nachwuchswissenschaftler, die innerhalb von drei Jahren nach der Promotion eine Fakultätsposition erreicht haben, bis 1997 von etwa 74 Prozent auf etwa 41 Prozent gesunken ist, während der Anteil der Postdoktorandenstellen von etwa 13 Prozent auf etwa 41 Prozent zugenommen hat. Bis 2003 hat sich die Situation wieder leicht zu Gunsten der Fakultätspositionen verändert (Janson, Schomburg und Teichler 2006: 67). Wie in Deutschland kommen in den USA inzwischen drei ernsthafte Kandidaten auf eine unbefristete Professur (Janson, Schomburg und Teichler 2006: 73). Diese Entwicklung ist hauptsächlich dem enormen Ausbau von Postdoktorandenstellen für ausländische Nachwuchswissenschaftler zuzuschreiben und sollte nicht zu dem voreiligen Schluss führen, dass sich die Karrierechancen für Nachwuchswissenschaftler in Deutschland im Vergleich zu den USA inzwischen nicht schlechter darstellen. Nach wie vor besteht der entscheidende Unterschied darin, dass die selbstverantwortliche Forschung in den USA viel früher als in

Deutschland beginnt, nämlich schon in der Doktoranden-phase, an die sich gegebenenfalls eine *postdoc*-Phase und schließlich eine Fakultätsposition als Assistant Professor an-schließen. Darüber hinaus ist spätestens mit dem Sprung auf eine *tenure track*-Position als *assistant professor* die Karriere planbar, während das in Deutschland erst etwa fünf bis sieben Jahre später mit der Berufung auf eine unbefristete Professur erreicht wird.

Nach einer Berechnung der DFG (2003a: 25; 2006e: 18) waren an den 79 bzw. 84 einbezogenen Hochschulen 1999-2001 bzw. 2002-2004 im Durchschnitt lediglich 15,9 Prozent bzw. 17,2 Prozent des wissenschaftlichen Personals Professoren. In den Geistes- und Sozialwissenschaften bewegt sich die Zahl zwischen einem Viertel und einem Drittel, in den Ingenieurwissenschaften jedoch nur zwischen elf und 18 Prozent, in der Medizin liegt sie sogar nur bei acht Prozent (DFG 2003a: 24). Laut Statistik der National Science Foundation (2004: Kap. 5, 23-24) hatten von allen promovierten Beschäftigten im akademischen System der Vereinigten Staaten 2001 insgesamt 56 Prozent eine *full-time senior faculty position*, 21 Prozent *eine full-time junior faculty position*. Die restlichen 23 Prozent teilten sich auf *andere full-time positions, postdocs* und *part-time positions* auf; 63 Prozent haben ihre *faculty position* vier bis sieben Jahre nach der Promotion erreicht. Unterhalb der Promotion gibt es nur Doktoranden auf dem Qualifizierungsweg. An diesem im Vergleich zu Deutschland völlig anderen Bild wird beklagt, dass der Anteil der Fakultätspositionen in den 1970er Jahren noch bei 85 Prozent lag und dass sich die Übergangs-raten von Promovierten in Fakultätspositionen verringert haben. Von den Promovierten des Jahres 1993 waren 1995 insgesamt 41,6 Prozent in einer *postdoc*-Position, 12,1 Prozent in einer *tenure track*-Fakultätsposition, 21,1 Prozent Beschäftigte in anderen Bildungseinrichtungen, 16,6 Prozent Beschäftigte in der Privatwirtschaft, 6,9 Prozent Beschäftigte in Regierungs- oder Nichtregierungsorganisationen, 1,6 Prozent Arbeitslose (National Science Foundation 1998: 1).

An diesem Vergleich mit den Vereinigten Staaten ist die oligarchische Struktur der Forschung in Deutschland unmittelbar zu erkennen. Sie ist in den außeruniversitären Forschungseinrichtungen, das heißt in den Instituten der Max-Planck-Gesellschaft, der Helmholtz-Gemeinschaft, der Leibniz-Gemeinschaft und der Fraunhofer-Gesellschaft sogar noch ausgeprägter. Es besteht im Vergleich zu den führenden Forschungseinrichtungen in den Vereinigten Staaten ein krasses Missverhältnis zwischen der Zahl der Professoren und der Zahl der Mitarbeiter, zwischen selbstständig und unselbstständig arbeitenden Wissenschaftlern. Wenn an einem gut ausgestatteten Fachbereich einer deutschen Universität auf einen Professor im Durchschnitt sechs bis neun Mitarbeiter kommen, dann handelt es sich dabei um mindestens vier bis sieben Mitarbeiter zu viel, an deren Stelle vier bis sieben selbstständig forschende und lehrende Professoren mit einem Schlag die Kapazitätsprobleme des Lehrbetriebs lösen würden. Das Hindernis für in Forschung *und* Lehre bessere Universitäten in Deutschland ist dementsprechend in erster Linie nicht mangelndes Geld, sondern die längst zur schweren Hypothek gewordene Oligarchie, die Kreativität im Keime erstickt und künstlich Betreuungsprobleme schafft, die es bei einer Ersetzung der Oligarchie durch eine Fakultät von gleichberechtigten und selbstständig forschenden und lehrenden jüngeren und älteren Professoren nicht gäbe. In einem solchen System wäre für jene kontinuierliche Erneuerung der Fakultät durch neu eintretende und aufsteigende junge Forscher gesorgt, die es in der deutschen Wissenschaftsoligarchie nicht gibt. Sie hält statt dessen Heerscharen von potentiell kreativen jungen Wissenschaftlern in abhängiger, in der Regel prekärer Stellung ohne realistische Chance, in absehbarer Zeit auf eine Professorenstelle zu gelangen. Wer in diesem System nicht den Mut zur Auswanderung in die USA findet, resigniert, betreibt Routineforschung unter Anleitung eines Institutsdirektors oder verlässt realistischerweise den akademischen Betrieb in die privatwirtschaftliche Praxis.

Dass man mit den USA schon längst nicht mehr mithalten kann – was sich an der Spitze des Eisbergs in der im Vergleich zu den USA verschwindend geringen Zahl von Nobelpreisen zeigt –, ist zwar auf der einen Seite der Hegemonialstellung der USA im internationalen Machtfeld der Wissenschaft zu verdanken. Es ist aber auf der anderen Seite maßgeblich auch eine Konsequenz der Forschungsoligarchie, die den Wissenschaftsbetrieb in Deutschland von den Universitätsinstituten über die Max-Planck-Institute, Fraunhofer-Institute und Großforschungsinstitute bis in die Akademien, die Stiftungen, den Wissenschaftsrat, die Hochschulrektorenkonferenz und die DFG hinein fest in der Hand hat. Es handelt sich dabei in der Tat um eine Herrschaft der älteren Herren. Die Akademien der Wissenschaft sind vergreiste Klubs von Honoratioren, die über Jahrzehnte den Wissenschaftsbetrieb beherrschen und Innovationen blockieren. Über 60 Prozent der DFG-Gutachter sind älter als 50 Jahre, in den Ingenieurwissenschaften sind es sogar annähernd 70 Prozent, dagegen sind insgesamt weniger als zehn Prozent, bei den Ingenieuren lediglich fünf Prozent unter 41 Jahren (DFG 2003a: 79). Nicht mehr als sieben Prozent der Gutachter sind Frauen, bei den

Ingenieuren nur 2,9 Prozent, bei den Naturwissenschaftlern nur 2,1 Prozent, in Biologie/Medizin 7,9 Prozent, in den Geistes- und Sozialwissenschaften auch nicht mehr als 12,7 Prozent. Dabei stellen Frauen insgesamt 25,6 Prozent des wissenschaftlichen Personals und 10,5 Prozent der Professorenschaft (DFG 2003a: 80).

Obwohl auch in den USA über die Überalterung des akademischen Systems geklagt wird, sind 2001 immerhin acht Prozent der Beschäftigten unter 35 Jahre, knapp 30 Prozent zwischen 36 und 44 Jahren, ca. 30 Prozent zwischen 45 und 54 Jahren, 25 Prozent zwischen 55 und 64 Jahren und 4 Prozent über 65 Jahre. Zwischen 1975 und 2001 hat sich der Anteil von Frauen von 8,8 Prozent auf 28,1 Prozent erhöht (National Science Foundation 2004: Kap. 5, 25-26).

Nehmen wir als Beispiel die Organisation der Physik an einer amerikanischen und an einer deutschen Universität. Die Homepage des Departments of Physics an der Harvard University weist z. B. eine Fakultät bestehend aus 40 Professoren aus. Darüber hinaus gibt es keine feststehende Struktur, etwa die Aufteilung in Institute und Lehrstühle. Statt dessen findet man bei jedem einzelnen Professor eine *research group* bzw. Forschungsgruppe. Diese kann interdisziplinärer Art sein. Einer der Physikprofessoren betreibt z. B. mit einem Professor des Departments für Molekular- und Zellbiologie und einem Professor der Abteilung für Ingenieurwissenschaften eine »Nanopore Group«, an der vier Postdoktoranden und sechs Doktoranden sowie drei *staff*-Mitglieder beteiligt sind. Es ist offensichtlich, dass es sich dabei um eine auf freier Kooperation basierende Forschungsgruppe handelt, die bei Bedarf aufgelöst und durch eine andere ersetzt werden kann. In ihr kooperieren drei Professoren mit einer begrenzten Zahl von *postdocs* und *docs* für eine befristete

Zeit, die *postdocs* und *docs* arbeiten nur für eine begrenzte Dauer in der Gruppe mit. Diese Organisation von Forschung zeichnet sich durch folgende Merkmale aus:

- Gleichberechtigung aller 40 Professoren
- Freie Zusammenarbeit von Forschungsgruppen nach Interesse und Bedarf
- Flexibler Aufbau und Abbau von Forschungsgruppen
- Begrenzte Zahl von Mitarbeitern in Forschungsgruppen
- Befristete Mitarbeit von *postdocs* und *docs* an Forschungsprojekten

Vergleichen wir mit diesem amerikanischen Organisationsmodell die Physik an der Universität Erlangen-Nürnberg, dann fällt als erstes ihre Aufteilung in sieben Institute mit durchschnittlich drei Lehrstühlen auf. Diese Lehrstühle bestehen wiederum aus einem Lehrstuhlinhaber, ein bis zwei weiteren Professoren und einem relativ festen Mitarbeiterstab jedes einzelnen Professors. Betrachten wir z. B. den Lehrstuhl für Experimentalphysik am Physikalischen Institut: Er wird von einem Lehrstuhlinhaber geleitet, der über acht Mitarbeiter verfügt. Von diesen acht Mitarbeitern sind fünf promoviert und teilweise schon in höherem Alter. An dem Lehrstuhl ist ein weiterer Professor mit fünf Mitarbeitern tätig. Diese Organisation der Physik ist durch folgende Merkmale gekennzeichnet:

- Die Grundstruktur bilden nicht gleichberechtigte Professoren, die nach Bedarf in freier Kooperation mit einer begrenzten und befristet tätigen Zahl von Mitarbeitern Forschungsgruppen bilden, sondern eine feste Hierarchie von Organisationseinheiten: Institute → Lehrstühle → Lehrstuhlinhaber, Professoren → feste Mitarbeiter.
- Es ist ganz offensichtlich, dass hier die Forschung in hierarchische, starre und disziplinär eingeschränkte Strukturen

mit einer relativ hohen Zahl von Mitarbeiten in dauerhaft abhängiger Stellung eingezwängt wird.

- Interdisziplinäre Zusammenarbeit, Kreativität und Innovationen können sich im Rahmen einer solchen Forschungsoligarchie weit weniger gut entfalten als in dem personenbezogenen, flexiblen Arrangement an der Harvard University.

In diesem Zusammenhang ist es eine interessante Entwicklung, dass die LMU München inzwischen dazu übergegangen ist, die amerikanische Departmentstruktur nachzubilden. Nach dem Gesetz der Pfadabhängigkeit von Innovationen ist allerdings zu erwarten, dass es sich dabei zunächst noch weitgehend um ein Etikett handelt, das über die bisherigen hierarchischen Strukturen geklebt wird. Auf den ersten Blick zeigt die Homepage des Physik-Departments an der LMU wie an der Harvard University nicht Institute und Lehrstühle, sondern eine Liste von Professoren. Schaut man allerdings tiefer in die Strukturen hinter der Namensliste hinein, dann tauchen die alten Organisationseinheiten wieder auf, nämlich Institute, Lehrstühle, Professoren und feste Mitarbeiterstäbe der einzelnen Professoren. So kann sich ein Lehrstuhl aus dem Lehrstuhlinhaber, zwei weiteren Professoren, zehn promovierten wissenschaftlichen Assistenten, zehn diplomierten Mitarbeitern und 20 Diplomanden zusammensetzen. Die ganze Forschungsarbeit wird demnach von einer Heerschar von Mitarbeitern in abhängiger Stellung in disziplinärer Einschränkung auf ein Forschungsgebiet unter der Leitung eines Lehrstuhlinhabers durchgeführt. Hinter der Fassade des Departments kommen die alten hierarchischen, starren und disziplinär eingeschränkten Strukturen zum Vorschein. Kreativität und Interdisziplinarität können sich in diesem Kontext weit weniger gut entfalten als im amerikanischen Kontext der flexiblen Organisation von Forschungsgruppen durch eine Vielzahl gleichberechtigter Forscher.

Vergleichen wir die Organisation von Forschung und Lehre in den Geistes- und Sozialwissenschaften diesseits und jenseits des Atlantiks, dann zeigen sich auch in diesen Disziplinen gravierende Unterschiede. Ein Department of Sociology besteht dort in der Regel aus 20-30, manchmal auch 40 und noch mehr Professoren. Im besten Fall herrscht ein ausgewogenes Verhältnis zwischen *seniors* und *juniors*. Alle haben die gleichen Rechte zur selbstständigen Forschung und Lehre. Keiner bzw. keine verfügt über fest zugewiesene Mitarbeiter. Lediglich für große Einführungsvorlesungen im Undergraduatestudium gibt es nach Bedarf Mittel für *teaching assistants*, für besondere Forschungsprojekte Mittel für *research assistants*. Dabei handelt es sich jedoch um reguläre *graduate students*, die wie Hilfskräfte an deutschen Universitäten für wöchentlich fünf bis zehn Stunden bezahlt werden. Mehr Unterstützung für Professoren gibt es nicht. Einige der Professoren partizipieren eventuell an einem *research center* zu einem Spezialthema wie etwa Migration oder Gender Studies. Auch in diesen Zentren gibt es keinen großen Stab an zugewiesenen Mitarbeitern. Sie werden im Wesentlichen von der Arbeit der beteiligten Professoren getragen, die für ein bestimmtes Projekt eventuell Mittel für die Beschäftigung eines *graduate student* als *research assistant* im begrenzten Umfang von fünf bis zehn Stunden in der Woche bekommen. Drittmittelprojekte in größerem Umfang sind in den Geistes- und Sozialwissenschaften nicht üblich. Niemand käme auf die Idee, die Qualität der Forschungsarbeit eines Professors nach dem Volumen der eingeworbenen Drittmittel zu beurteilen (siehe dazu Antoni 2006). Alles was zählt, sind Publikationen. Diese Publikationen werden in der Regel auch nicht mit einem Stab von Mitarbeitern in abhängiger Stellung erarbeitet, sondern entweder in Alleinautorschaft oder in Kooperation mit anderen gleichrangigen Kollegen, die in der Regel an anderen Universitäten tätig sind. Gerade Letzteres geschieht recht häufig als arbeitsteilige Kooperation. In diesem System wird Forschung dementsprechend praktisch ausschließlich von selbstständig arbeitenden jüngeren und älteren Wissenschaftlern betrieben. Es beinhaltet eine hohe Zahl selbstständiger Forscher und damit einhergehend ein hohes Maß des Wettbewerbs sowie die freie Kooperation zwischen gleichberechtigten Forschern. Das fördert Vielfalt und Kreativität. Typischerweise ermittelt ein internationaler Vergleich von Verfahren der Forschungsevaluation in den USA ganz anders als in Europa allein die Evaluation von Programmen des Promotionsstudiums mit Fokus auf dem Studienprogramm und auf Publikationen der beteiligten Professoren (Daniel 2001: 28-29).

An einem Institut für Soziologie an einer deutschen Universität gibt es selten mehr als fünf Professoren, davon drei bis vier Lehrstuhlinhaber mit zwei bis drei Mitarbeitern. Die Mitarbeiter tragen ein erhebliches Maß der Lehre und der Betreuung der Studierenden mit. Sie arbeiten unter Anleitung des Lehrstuhlinhabers und werden nicht selten 40 und mehr Jahre alt, bis sie auf selbstständigen Beinen stehen. Sowohl die übermäßige Belastung durch Lehre und Studentenbetreuung als auch die Arbeit unter Anleitung gibt ihnen viel weniger Chancen als amerikanischen Nachwuchswissenschaftlern, sich frühzeitig durch Publikationen auf dem Wissenschaftsmarkt bekannt zu machen und sich zu behaupten. Man kann sogar sagen, dass sie durch die stark gewachsene Lehrbelastung systematisch verschlissen werden und kaum die Möglichkeit haben, jenes Maß an Fachpublikationen zu erreichen, das ihnen überhaupt eine Chance für eine akademische Karriere eröffnet. Die fachkulturell kontraproduktive Politik, Forschungsleistung durch Drittmitteleinwerbung zu dokumentieren, bringt sie zusätzlich in die Situation, einen Großteil ihrer Zeit mit Forschungsanträgen und -berichten zu verbringen. Aus einem solchen Milieu können keine kreativen Forscherpersönlichkeiten hervorgehen. Vielmehr werden die Nachwuchskräfte von dieser Betreuungs- und Antragsmaschinerie regelrecht verheizt. Dazu kommen die geringen Aufstiegschancen wegen des krassen Missverhältnisses zwischen Professoren- und Mitarbeiterstellen. Karriereehrgeiz wird wegen Aussichtslosigkeit im Keime erstickt. Was bleibt, sind Lebensläufe in totaler Unsicherheit. Wer Karriere machen will, wendet sich frühzeitig ab. Zurück bleiben Mitarbeiter, die sich im Fahrwasser fabrikmäßiger Routineforschung nach DFG-Standard ohne Aussicht auf Aufstieg von Projekt zu Projekt hangeln (vgl. Schimank 1995a: 123-175; Winnes und Schimank 1999: 175).

In einem solchen Milieu gibt es keinen Wettbewerb um Positionen, weil die Positionen für die meisten gar nicht erreichbar sind, folglich keinen Wettbewerb um Publikationen und folglich keine Vielfalt, keine Kreativität und keine offene und beschleunigte Evolution des Wissens. Was vorherrscht, ist Routineforschung mit Unterstützung der DFG. Die strukturellen Ursachen dieses Desasters sind die oligarchische Personalstruktur der deutschen Universitäten und die zunehmend forcierte Messung von Forschungsleistungen anhand der Drittmitteleinwerbung. Mit der Unterdrückung von Vielfalt, Kreativität und Wettbewerb zwischen einer Vielzahl unabhängiger und gleichrangiger Forscher durch die Unterstützung oligarchischer Strukturen produziert das DFG-Fördersystem auch systematisch Verantwortungslosigkeit gegenüber der Masse an Projektmitarbeitern, die in einem System gefangen gehalten werden, das ihnen keine Karrierechancen eröffnet. Die fehlgeleitete Leistungsbemessung von Professoren anhand ihrer Drittmitteleinwerbung und in der Regel nicht nach ihrem ganz persönlichen Publikationsoutput belohnt den Forschungsmanager, der sich eine Vielzahl von Forschungssklaven hält, und bestraft den originären Forscher, der sich auf seine eigene Publikationstätigkeit konzentriert und sich nicht der beruflichen Irreleitung von Projektmitarbeitern schuldig macht.

Aus dieser insbesondere für die Entwicklung der Geistes- und Sozialwissenschaften schwierigen Situation wird man nur durch eine Kehrtwende herauskommen. Erstens wären alle Lehrstühle abzuschaffen, dafür aber angemessene Departments mit Senior- und Juniorprofessoren in einem ausgewogenen Verhältnis von etwa 20 *seniors* und zehn *juniors* einzurichten. Zweitens müsste auf Drittmitteleinwerbung als Indikator für Forschungsleistungen ganz verzichtet werden. Statt dessen dürften allein Publikationen zählen. Das freiwerdende Budget der DFG wäre für die Einrichtung von Juniorprofessuren zu verwenden. Ein Department mit 20 bis 30 gleichberechtigten Professoren hätte mit einer nach Forschungsleistungen variierenden Lehrverpflichtung zwischen vier und sechs Stunden in der Woche weder zu wenig Lehrkapazität noch zu wenig Forschungskapazität. Beide Seiten kämen voll zur Geltung. Der entsprechende Umbau könnte kostenneutral erfolgen.

Es ist daran zu erkennen, dass die Behebung der Lehr- und Forschungsdefizite an den deutschen Universitäten nicht mehr Geld erfordert, sondern eine grundsätzliche Strukturreform. Mehr Geld in die alten Strukturen zu leiten würde weder die Lehre verbessern, noch würde es die Forschung voranbringen. Das größte Hindernis für die Steigerung der Lehr- und Forschungsleistungen ist die akademische Oligarchie, die durch die Verteilung von Drittmitteln noch zusätzlich akzentuiert und zementiert wird, weil die Drittmittel dort hinfließen, wo die Oligarchie am ausgeprägtesten ist, und weil sie insgesamt Forschung in abhängiger Stellung unter Anleitung von Lehrstuhlinhabern forciert und damit gerade Forschung einer größeren Zahl von miteinander konkurrierenden und kooperierenden selbstständigen und gleichberechtigten Forschern unterbindet.

Zwischen der inneruniversitären Oligarchie und der hohen Machtkonzentration im interuniversitären Machtfeld der Wissenschaft besteht ein Verhältnis der Homologie. Beide Strukturen stützen einander gegenseitig. Über der inneruniversitären Oligarchie der Lehrstuhlinhaber und Institutsdirektoren thronen das interuniversitäre Machtkartell und die Oligarchie der Forschungsfunktionäre und der Repräsentanten der massenhaft Drittmittel verschlingenden Großstandorte und Disziplinen in den zentralen Gremien der Forschungsförderung und Forschungspolitik. Ein elementarer Baustein dieser akademischen Oligarchie sind die Institute der Max-Planck-Gesellschaft, der Helmholtz-Gemeinschaft, der Leibniz-Gemeinschaft und der Fraunhofer-Gesellschaft. Sie treiben die in den Universitäten angelegte Oligarchie der Lehrstuhlinhaber noch auf die Spitze. In diesen Instituten forschen 50, 100 und mehr Wissenschaftler in abhängiger Stellung unter Anleitung von zwei, drei oder vier Direktoren. Am Max-Planck-Institut für Physik in München werden zum Beispiel nicht weniger als 276 Mitarbeiter von sechs Direktoren dirigiert. Das Max-Planck-Institut für Plasmaphysik in Garching beschäftigt 1 112 Mitarbeiter (Stand Ende 2004), davon 249 Wissenschaftler, 73 Nachwuchswissenschaftler und 38 Gastwissenschaftler. Es hat ein Direktorium mit 15 Mitgliedern, neun Forschungsgruppenleiter und nur einen Nachwuchsgruppenleiter. Auf ein Direktoriumsmitglied kommen demnach 74 Mitarbeiter. Das Plasma Science and Fusion Center am Massachusetts Institute of Technology (MIT) in Cambridge, USA, hat dagegen einen *faculty and senior staff* mit 19 Mitgliedern und einen *scientific and engineering staff* von 67 Mitgliedern. Auf einen *senior* kommen nur 3,5 Mitglieder des *scientific and engineering staff*. Das sind große Unterschiede. Die Max-Planck-Gesellschaft hat 265 wissenschaftliche Mitglieder (Direktoren) und beschäftigt mehr als 12 000 Mitarbeiter und 9 100 Doktoranden, Postdoktoranden, Gastwissenschaftler und studentische Hilfskräfte. Im Durchschnitt regiert demnach ein Direktor über 45 Mitarbeiter und 34 Doktoranden, Postdoktoranden, Gastwissenschaftler und studentische Hilfskräfte. Dagegen gibt es lediglich 56 Nachwuchsgruppen in der ganzen Gesellschaft. Das heißt, dass im Durchschnitt noch nicht einmal alle 80 Institute eine Nachwuchsgruppe haben. Gut 90 Prozent dieser Mitarbeiter haben keinerlei Aufstiegschance und verbringen ihr Forscherleben in Abhängigkeit von ihren Direktoren. Es bedarf keiner großen Phantasie, um sich vorstellen zu können, dass in einem solchen Milieu Wettbewerb, Produktivität, Vielfalt und Kreativität keine Chance haben.

Die Protagonisten preisen dieses System als einzigartig in der Welt. Dieser Einzigartigkeit korrespondiert exakt die kontinuierlich gesunkene Wettbewerbsfähigkeit des deutschen Wissenschaftsbetriebs im Vergleich zu den USA in dem Maße, in dem der Ausbau der Max-Planck-Institute vorangeschritten ist. In den USA gibt es in der Tat nichts Vergleichbares. Das macht indessen gerade den strukturellen Vorteil der USA aus. Dieser Nachteil des Wissenschaftsbetriebs in Deutschland kann nur dadurch beseitigt werden, dass die Institute der Max-Planck-Gesellschaft, der Helmholtz-Gemeinschaft, der Leibniz-Gemeinschaft und der Fraunhofer-Gesellschaft mit den Universitäten verkoppelt und umstrukturiert werden. Die zaghaften Schritte der Zusammenarbeit mit den Universitäten beheben den Strukturfehler der außeruniversitären Forschungseinrichtungen noch nicht. Sie sind Reaktionen auf die zunehmende Kritik an dem System, setzen dessen Struktur aber nur unter veränderten Bedingungen fort. Es ändert sich nichts an der Oligarchie. Die frei werdenden Mittel aus der Umstrukturierung der Großforschungseinrichtungen wären statt dessen in die Universitäten zu integrieren, so dass in den Universitäten Departments mit einer genügend großen Zahl gleichberechtigter Professoren geschaffen werden können. Das würde jeden Engpass an Lehr- und Forschungskapazität ohne einen Cent mehr Forschungsgelder beseitigen. Die außeruniversitären Forschungseinrichtungen nehmen den Universitäten nicht nur Forschungsmittel weg, um sie in oligarchischen Strukturen kontraproduktiv zu verbrauchen, sondern auch Lehrkapazität in großem Umfang.

Es war einmal die große Innovation der Humboldt'schen Universitätsreform, Forschung und Lehre eng zu verknüpfen. Dadurch wurde Kontinuität durch lehrendes Forschen und Innovation durch forschendes Lernen zugleich gesichert, eine einmalige institutionelle Erfindung, die den deutschen Universitäten im 19. Jahrhundert bis annähernd in die Mitte des 20. Jahrhunderts hinein eine weltweit führende Position beschert hat (Ben-David 1971: 108-138; Münch 1984/1992: 248-255). Dieses Modell haben die amerikanischen Universitäten mit dem Graduiertenstudium (Promotionsstudium) in die Gegenwart getragen und mit der *junior faculty* und der entsprechend frühen Selbstständigkeit der Nachwuchswissenschaftler noch verbessert (Ben-David 1971: 139-168; Münch 1984/1992: 255-259). Das deutsche Universitätssystem hat demgegenüber seinen institutionellen Vorteil verspielt (Münch 1984/1992: 188-198; Lenhardt 2005; Mayer 2005). Durch die Auslagerung der Forschung in Großforschungseinrichtungen und durch die Degradierung der Universitäten zu Massenlehranstalten ist die Integration von Forschung und Lehre verlorengegangen. Durch die Beibehaltung und den weiteren Ausbau oligarchischer Strukturen werden die Karrieren von Nachwuchswissenschaftlern systematisch blockiert. Statt einer großen Zahl selbstständiger Forscher wie in den USA arbeiten Heerscharen von Mitarbeitern in abhängiger Stellung in den besten Jahren ihres Forscherlebens unter der Anleitung von Lehrstuhlinhabern und Institutsdirektoren. Die Produktivität und Kreativität junger Wissenschaftler wird in diesem Milieu im Keime erstickt. Während ihre amerikanischen Kollegen längst selbstständig forschen, publizieren und kooperieren, dürfen sie unter Anleitung ihres Herrn (in aller Regel ist es ein Herr) Drittmittelanträge und -berichte schreiben und gegebenenfalls ihre Ergebnisse mit ihrem Herren publizieren. Das sind die tieferen Ursachen der verlorengegangenen Wettbewerbsfähigkeit des Wissenschaftsbetriebs in Deutschland im Vergleich zu den USA.

Ein systematisch erzeugtes Nebenprodukt dieses Systems ist die breite Ausschließung von Frauen. Im internationalen Vergleich gehört Deutschland im Hinblick auf den Frauenanteil an Professorenstellen zusammen mit Österreich, der Schweiz und den Niederlanden weit abgeschlagen zur Schlussgruppe (Tab. 8-4). Angesichts der Aussichtslosigkeit des Aufstiegs machen viele erst gar nicht den Versuch einer akademischen Karriere (vgl. Hasenjürgen 1996; Krais 2000; Fuchs,

Tab. 8-4: Anteil von Frauen in Professorenstellen (in Prozent)

Land	Jahr	Voll-professuren	Assoziierte Professuren	Assistenz-professuren
Türkei	1996/7	21,5	30,7	28,6
Portugal	1997	17,0	36,0	44,0
Frankreich	1997/8	13,8	34,2	30,9
Spanien	1995/6	13,2	24,9	
Norwegen	1997	11,7	27,7	37,6
Schweden	1997/8	11,0	22,0	45,0
Italien	1997	11,0	27,0	40,0
Vereinigtes	1996/7	8,5	18,4	33,3
Königreich				32,0
Dänemark	1997	7,0	19,0	
Österreich	1999	6,0	7,0	12,0
Deutschland	1998	5,9	11,3	23,8
Schweiz	1996	5,7	19,2	25,6
Niederlande	1998	5,0	7,0	20,0
Australien	1997	14,0	23,0	40,7
USA	1998	13,8	30,0	43,1

Quelle: DFG 2006c

Stebut und Allmendinger 2001; Löther 2006). Ein junger Biologe, der in die USA ausgewandert ist und an der University of California in Riverside als Associate Professor arbeitet, bringt es auf den Punkt: »Die Bedingungen sind gut, aber die Perspektiven sind schlecht ... Und wenn wir uns beklagen, dass zu wenige Frauen bis zur Professur gelangen, dann liegt das nicht in erster Linie an den Berufungskommissionen, sondern in den gefühlten Perspektiven, die für Frauen noch schlechter sind als für Männer und die schon viele, gerade besonders gute, dazu bewegt, von vornherein diesen Weg nicht beschreiten zu wollen.« (Galizia 2005). Zur Oligarchie gehört zwangsläufig auch das Patriarchat in der Wissenschaft.

Die von Bund und Ländern seit Mitte der 1980er Jahre systematisch betriebene Umschichtung von Finanzmitteln von der Grundausstattung der Universitäten zu den Drittmitteln und zu den außeruniversitären Forschungseinrichtungen hat zu einer vollkommenen Schieflage in der Rekrutierung des wissenschaftlichen Nachwuchses geführt (Statistisches Bundesamt 2005a). Die Bewältigung immer größerer Studentenmassen und die damit einhergehende Einforderung von immer umfangreicherer und zeitaufwändigerer pädagogischer und didaktischer Betreuung von zunehmend weniger qualifizierten und mehr mit Praktika als mit dem Studium beschäftigten Studierenden hat ihnen wie auch den Professoren eine Lehrbelastung aufgezwungen, die sie in der Konkurrenz mit den Nachwuchskräften in den außeruniversitären Instituten ins Hintertreffen bringt. Wenn sich 50 bis 100 Bewerber auf die Ausschreibung einer Professorenstelle melden, kann man sich denken, welche Ansprüche erfüllt werden müssen, um überhaupt eine Chance zu haben, zum Vorstellungsvortrag eingeladen zu werden. Dabei zählt nichts anderes als Publikationen und Forschungsaufenthalte an renommierten Institutionen des Auslands. Die Stunden, die sie in Kursen zur hochschuldidaktischen Ertüchtigung, in der Betreuung der Studierenden und mit dem Verfassen der Drittmittelanträge ihrer Herren verbracht haben, können sie dabei vergessen. Das wird noch nicht einmal registriert, ja sogar direkt als Schwäche, nämlich als Provinzialität gewertet. Ganz anders sieht es für ihre Konkurrenten aus den außeruniversitären Instituten aus. Ohne Lehrbelastung und auch weitgehend vom Kampf um Drittmittel befreit, können sie sich ihrer Forschung und ihren Publikationen widmen und bei den Ausschreibungen von Professorenstellen mit ganz anderer Forschungserfahrung und ganz anderen Publikationslisten aufwarten als ihre benachteiligten Konkurrenten von den Universitäten.

Es entsteht die paradoxe Situation, dass Nachwuchskräfte,

die den universitären Lehrbetrieb in- und auswendig kennen, von Nachwuchskräften aus dem Feld geschlagen werden, die fast keine Ahnung davon haben. Ihre gelegentlich absolvierten Lehraufträge sind weit von der üblichen Betreuungsarbeit entfernt. Es werden dann Wissenschaftler auf Professorenstellen berufen, die keine Lehrerfahrung haben und auch nie gelernt haben, Lehrbetrieb und Forschung so zu koordinieren, dass beides optimiert werden kann. Sie erleben dann im Alter von 40 bis 45 Jahren einen Schock, von dem sie sich in der Regel nicht mehr erholen. Die lehrerfahrenen Mitarbeiter an den Lehrstühlen werden aus dem Universitätsbetrieb in Tätigkeitsbereiche verdrängt – wenn sie überhaupt noch eine Anstellung finden –, in denen sie mit ihrer Lehrerfahrung nichts anfangen können (vgl. Enders und Schimank 2001: 168-172).

Auch diese verkehrte Welt ist eine Konsequenz der Strategie, den Universitäten mit immer weniger Grundmitteln immer mehr Lehrbelastung aufzubürden und gleichzeitig die Drittmittelforschung und die außeruniversitären Forschungsinstitute auszubauen. Sie führt zu einer systematischen Fehlallokation langjährig erworbener Qualifikationen. Sie ist die verborgen gehaltene irrationale Seite der öffentlich gepriesenen Förderung von Exzellenz durch Drittmittelforschung und außeruniversitäre Forschung. Hinter der Formalstruktur eines Rationalitätsmythos verbirgt sich die davon entkoppelte Aktivitätsstruktur einer vollkommen irrationalen Praxis.

Es ist erstaunlich, dass es nicht schon längst den großen Aufstand des akademischen Mittelbaus gegen eine Politik gibt, die Generationen von Nachwuchswissenschaftlern auf dem Altar eines Rationalitätsmythos opfert, hinter dessen Fassade sich die blanke Irrationalität verbirgt. Diese Ruhe in einer Situation, die eigentlich den großen Aufstand erwarten lässt, ist nur dadurch zu erklären, dass die irrationale Seite dieser Praxis durch verzerrte öffentliche Darstellung im Verborgenen gehalten wird. Die Verantwortung dafür trägt die Oligarchie der Professoren, Institutsdirektoren und Forschungsfunktionäre, die eine Welt für die beste aller möglichen Welten hält, die sie in ihre Position gebracht hat. Sie tragen schwer an einer Verantwortung, der sie aufgrund der inneren Widersprüche des Systems nicht gerecht werden können. Sie erfüllen ihre Pflicht in großer Verantwortung, können jedoch nicht über den Horizont der ihnen geläufigen Welt hinausschauen.

Diesem Dilemma kann nur durch eine vollständige Umstellung des Systems entgangen werden, die sowohl die Trennung von universitärer und außeruniversitärer Forschung als auch die oligarchischen Strukturen des Systems aufhebt. In einem von einer ausreichenden Zahl unabhängig forschender und lehrender *juniors* und *seniors* gestalteten universitären Department nach amerikanischem Muster können alle Forschung und Lehre in der Balance halten, die eine Optimierung beider Tätigkeiten zulässt. In einem solchen System muss man nicht erfahrene Lehrer in die Wüste schicken, um unerfahrene Lehrer auf Professorenstellen zu berufen. Forscher können diejenige Lehrerfahrung sammeln, die sie zur Ausübung des Professorenberufs benötigen. Lehrer können so viel forschen, dass sie auf dem Forschungsmarkt konkurrenzfähig sind.

Der strukturelle Nachteil der Organisation von Forschung und Lehre in Deutschland im Vergleich zu den USA wird unmittelbar ersichtlich, wenn wir den Anteil universitärer und außeruniversitärer Einrichtungen an den Forschungsinstitutionen betrachten. Die weltweite »Champions-League der

Forschungsinstitutionen« des CEST-Instituts in der Schweiz verzeichnet in Deutschland 47 Universitäten und 23 außeruniversitäre Forschungseinrichtungen, in Frankreich 24 und 17, in Großbritannien 51 und 18, in Schweden zehn und drei, in den Niederlanden zwölf und neun, in Kanada 32 und 17 und in den USA 215 und 57. Nach den Niederlanden und Frankreich und etwa gleichauf mit Kanada weist Deutschland den größten Anteil außeruniversitärer Forschungseinrichtungen auf. Besonders auffällig ist der deutliche Unterschied zu den weltweit führenden Vereinigten Staaten (Da Pozzo et al. 2001: 47).

Fazit: Wissenschaft und Forschung werden in Deutschland von Kartell-, Monopol- und Oligarchiestrukturen beherrscht und in ihrer Entfaltung gehemmt. Sie unterdrücken Wettbewerb, Vielfalt, Kreativität und offene Wissensevolution zu Lasten der internationalen Wettbewerbsfähigkeit. Diese Strukturen haben sich insbesondere im Zuge des Abbaus der Grundausstattung der Universitäten und des Ausbaus der Drittmittelforschung und der außeruniversitären Forschung herausgebildet und legen sich wie ein lähmendes Netz über die historisch durch den Föderalismus ausgeprägten Strukturen. Sie machen Wissenschaft und Forschung in Deutschland international nicht wettbewerbsfähiger, vielmehr tragen sie die maßgebliche Verantwortung für ihre gesunkene internationale Wettbewerbsfähigkeit. Diese Strukturen werden von einer Diskursfraktion im akademischen Feld getragen, die aus einer Koalition von Bundesministerium für Bildung und Forschung, Bund-Länder-Kommission für Bildungsplanung und Forschungsförderung, Wissenschaftsrat, Deutscher Forschungsgemeinschaft, Max-Planck-Gesellschaft, Wissenschaftsgemeinschaft Gottfried Wilhelm

Leibniz, Helmholtz-Gemeinschaft und universitären Großstandorten entstanden ist.

Der Legitimation von Kartell-, Monopol- und Oligarchiestrukturen durch ihre Etikettierung als »Leuchttürme« steht
diametral eine Strategie gegenüber, für die eine legitime Zuweisung von Exzellenz nur aus einem offenen Wettbewerb
hervorgehen und sich nur auf Personen, aber nicht auf Standorte beziehen kann. Trägergruppen dieser Diskursfraktion
sind die mittleren und kleineren Standorte der Forschung,
die sich mit örtlichen Formationen der Gegengewichtsbildung gegen Metropolen zu einer Diskurskoalition verbinden
können.

Der Homologie von Kartell, Monopol und Oligarchie kon-
trär entgegengesetzt ist die Homologie von offenem Wettbewerb, Vielfalt der Forschungseinrichtungen und kreativitäts-
fördernder Selbstständigkeit einer Vielzahl gleichrangiger
Forscher. Während die Homologie von Kartell, Monopol
und Oligarchie für die gesunkene internationale Wettbewerbsfähigkeit von Wissenschaft und Forschung in Deutschland
verantwortlich zu machen ist, stützt sich die führende Position von Wissenschaft und Forschung in den USA exakt
auf die konträre Homologie von offenem Wettbewerb, Vielfalt und selbstständiger Kreativität einer Vielzahl gleichrangiger Forscher. In globaler Hinsicht verlangt die offene
Evolution des Wissens die Ergänzung der amerikanischen
Wissenschaft und Forschung durch die globale Erweiterung
dieses Grundmusters der amerikanischen Struktur. Ohne
diese Ergänzung stehen Wissenschaft und Forschung zunehmend fester unter einer amerikanischen Hegemonie, die global die Offenheit der Evolution des wissenschaftlichen Wissens einschränkt.

Die Wirklichkeit der Forschungspolitik sieht gegenwärtig jedoch ganz anders aus. So hat Bayern wie andere Bundesländer auch den Universitäten inzwischen einen festen Globalhaushalt zugeteilt und die Aushandlung der Gehälter bei Neuberufungen den Universitätsleitungen überlassen. Diese schöne Steigerung »universitärer Autonomie« hat jedoch zur Folge, dass die kleineren Standorte bei Neuberufungen sehr schnell an die Decke der Finanzierbarkeit stoßen. Auf diese Weise wird die Monopolstellung der Großstandorte erst recht auf Dauer fixiert. Von einem Wettbewerb um Forscher auf der Basis von Chancengleichheit kann bei diesem System keine Rede sein.

Die Forschungspolitik in Deutschland ist darauf angelegt, sowohl die internationale Wettbewerbsfähigkeit von Wissenschaft und Forschung in Deutschland weiter zu verringern als auch der globalen Offenheit der Evolution des wissenschaftlichen Wissens zu Gunsten der Festigung der amerikanischen Hegemonie entgegenzuarbeiten. Die Exzellenzinitiative von Bund und Ländern bringt einige wenige »Spitzenuniversitäten« in eine Monopolstellung, die sie dauerhaft dem nationalen Wettbewerb entzieht, in der Hoffnung sie könnten sich international besser positionieren. Spitze sind aber immer nur einzelne Forscher. Die Wahrscheinlichkeit, dass man eine große Masse durchschnittlicher und unterdurchschnittlicher Wissenschaftler mit dem falschen Etikett »Spitze« versieht, ist umso größer, je größer die als »Spitze« definierte Einheit ist. Dazu kommen die o. g. leistungsmindernden strukturellen Effekte. Auch das Konzept der Förderung einzelner Fachbereiche unterliegt dem strukturellen Effekt des sinkenden Grenznutzens von Investitionen in Großstandorte, was ja besonders geförderte Fachbereiche auch sind.

Der Blick auf die im globalen Wettbewerb besonders erfolgreichen USA zeigt Folgendes: Dort sorgt eine genügend große Zahl von exzellenten Standorten für Wettbewerb. Neben der Unabhängigkeit von staatlicher Kontrolle und dem Bezug zur Praxis nennt der *Economist* (2005: 6) den scharfen Wettbewerb als Ursache für den weltweiten Erfolg der amerikanischen Forschungsuniversitäten. Ohne darauf zielende Strukturreformen werden die deutschen Universitäten ihren Rückstand gegenüber den amerikanischen Forschungsuniversitäten nicht aufholen können, wie der *Economist* feststellt (2005: 9-10) (vgl. auch Stucke 2001).

Schlussbetrachtung

Die wesentlichen Ergebnisse der Untersuchung können in den folgenden 14 Punkten zusammengefasst werden:

Dispositive der Macht

(1) Exzellenzzuschreibung durch Ranking-Verfahren richtet sich in erster Linie nach absoluten Erfolgen eines Standorts, z. B. im Zuschlag bei Ausschreibungen, in der Drittmitteleinwerbung und in der Zahl sichtbarer Publikationen, dagegen nur nachrangig nach relativen Erfolgen pro eingesetzten Ressourcen an Sachmitteln und Personal.

Machtverteilung und Ressourcenzufluss im akademischen Feld

(2) Absolute Erfolge in Ausschreibungen, Drittmitteleinwerbung und Publikationszahlen werden durch die Verfügbarkeit von symbolischem Kapital (Ausschusssitze, Gutachtertätigkeit in Forschungsorganisationen) bestimmt.

(3) Die Verfügbarkeit von symbolischem Kapital richtet sich nach dem Umfang von vorhandenem sozialem Kapital (Personal, Sachmittel, Netzwerke, Präsenz im Mainstream der Forschung), ökonomischem Kapital (ökonomisch verwertbares Wissen) und kulturellem Kapital (zweckfreies reines Wissen, Bildungswissen).

(4) Die Verschärfung des internationalen Standortwettbewerbs in entgrenzten Handlungsräumen und beschleu-

nigter kultureller Wandel führen bei gleichzeitiger Finanzknappheit des Staates in der staatlich geförderten Forschung zur Konzentration von Ausschreibungserfolgen und Drittmittelinput auf schon dominante Standorte mit umfangreichem sozialem, ökonomischem und dadurch geprägtem symbolischem Kapital.

(5) Die Konzentration von Ausschreibungserfolgen und Drittmitteln auf dominante Standorte erfolgt in der politischen Absicht der Erhöhung von wissenschaftlicher Qualität und ökonomisch-praktischem Nutzen der Forschung; die stattfindenden Konzentrationsprozesse werden als Auszeichnung von Exzellenz legitimiert.

(6) Die Konzentration von Ausschreibungserfolgen und Drittmittelinput auf dominante Standorte schafft in einem stark hierarchisch organisierten Wissenschaftssystem auf der interorganisationalen Ebene Kartelle (geschlossene Netzwerke der Zuschreibung von symbolischem Kapital und der Ressourcenverteilung) und Monopole (privilegierte Besitzer von symbolischem Kapital und Nutzer von Forschungsmitteln), auf der organisationalen Ebene der nationalen Forschungsorganisation und der Forschung in universitären und außeruniversitären Forschungseinrichtungen Oligarchien (Forschung vieler abhängiger Mitarbeiter unter Anleitung weniger Professoren).

(7) Kartelle, Monopole und Oligarchien ziehen in einem sich selbst verstärkenden Prozess zunehmend mehr Ausschreibungserfolge und Drittmittel und damit auch Publikationen in absoluten Zahlen an sich und vermehren damit ihr symbolisches Kapital, während die ehemaligen Konkurrenten zunehmend ärmer an symbolischem Kapital und Forschungsmitteln werden.

(8) Mit der Kartell-, Monopol- und Oligarchiebildung wächst die Herrschaft der dominierenden Lehrmeinung über das Außergewöhnliche und Neue; Vielfalt, Kreativität und Innovation nehmen ab, die Diskrepanz zwischen absoluter und relativer Performanz (Drittmittel, Publikationen) und zwischen relativem Drittmittelinput und relativem Publikationsoutput pro eingesetztem Personal wird größer.

(9) Mit der Herrschaft einer dominierenden Lehrmeinung, mit verringerter Vielfalt, Kreativität und Innovation und mit wachsender Diskrepanz zwischen relativem Drittmittelinput und relativem Publikationsoutput sinken die internationalen Erfolge (*impact*, Preise).

(10) Im transnationalisierten System von Wissenschaft und Forschung bildet sich eine Hegemonie desjenigen nationalen Systems (USA) heraus, das das größte Volumen, die größte Dichte von Netzwerken und den größtmöglichen Wettbewerb zwischen der größtmöglichen Zahl von Konkurrenten beherbergt, so dass von Kartellen, Monopolen und Oligarchien geprägte nationale Wissenschaftssysteme erst recht den Anschluss verlieren.

(11) Die Legitimation der Konzentration von Forschungsmitteln auf dominante Standorte erweist sich mit zunehmender Diskrepanz zwischen Drittmittelinput und Publikationsoutput als leere Rhetorik und verliert ihre Glaubwürdigkeit und bindende Kraft.

(12) Die Konstruktion von Exzellenz mittels Verfahren der Zuweisung von Forschungsmitteln aufgrund von *peer review* verbreitet sich als Rationalitätsmythos, der dadurch am Leben gehalten wird, dass die weniger ratio-

nale alltägliche Praxis des *peer review* von der öffentlichen Darstellung seiner Rationalität entkoppelt wird, weitgehend unbeobachtet bleibt und damit den Rationalitätsmythos nicht beflecken kann (vgl. Meyer und Rowan 1977).

(13) Wird der Rationalitätsmythos durch weitere Kartell-, Monopol- und Oligarchiebildung gestützt, dann vergrößert sich die Kluft zwischen Mythos und Realität (Monopolstrategie).

(14) Werden Kartelle, Monopole und Oligarchien abgebaut und gezielt einzelne Forscher statt pauschal Standorte gefördert, dann verringert sich die Kluft zwischen Mythos und Realität (Wettbewerbsstrategie).

Was wir beobachten können, ist ein Strukturwandel des akademischen Feldes von historischer Tragweite, der die Ebenen der Machtverteilung der Akteure im Feld (Akteurskonstellation), der institutionellen Verfahren der Ressourcenzuweisung und Exzellenzkonstruktion und der Leitideen von Wissenschaft und Forschung erfasst (Tab. S-1).

Wir können den beobachteten Strukturwandel mit Hilfe der am Ende der Einleitung formulierten Hypothesen erklären.

Hypothesen 1a) und 1b): Der verschärfte internationale Wettbewerb ist nach Hypothese 1a) die treibende Kraft des Wandels, der die universitären und außeruniversitären Großstandorte und die naturwissenschaftlichen sowie technischen Disziplinen in eine Vorrangstellung bringt und mit dieser veränderten Akteurskonstellation auf die Ebenen der institutionellen Verfahren und Leitideen ausgreift. Die vorhandenen föderal-pluralistischen Institutionen wirken nach Hypothese 1b) hemmend auf diesen Wandel, die zentralen

Tab. S-1: Leitideen, Institutionen und Akteurskonstellationen der Ressourcenzuweisung und Exzellenzkonstruktion im wissenschaftlichen Feld

	Klassische Epoche des nationalen Feldes bis 1965	Sozialdemokratische Epoche des nationalen Feldes 1966-1982	Neoliberale Epoche des internationalisierten Feldes seit 1983
Leitideen	Bildung durch Wissenschaft Integration von Forschung und Lehre Einsamkeit und Freiheit	Bildung ist Bürgerrecht	Exzellenz Elite Leuchtturm Wettbewerb Bildung als Humankapital
Institutionelle Verfahren der Ressourcenzuweisung und Exzellenzkonstruktion			
Makroebene	Ressourcenverteilung nach Tradition	Flächendeckend gleiche Ressourcenverteilung	Organisierter Wettbewerb
Mesoebene	Kollegialität	Kollegialität und Demokratie	Leistungsbemessene Mittelverteilung
Mikroebene	Gleiche Grundausstattung der Lehrstühle	Grundausstattung nach Bedarf	Konzentration von Ressourcen zur Profilbildung
Akteurskonstellation			
Makroebene	Förderaler Pluralismus	Föderaler Pluralismus und zentrale Forschungseinrichtungen	Differenzierung in Zentrum, Semiperipherie und Peripherie
Mesoebene	Breites Spektrum gleichrangiger Forschung von Disziplinen	Koexistenz von Gleichrangigkeit und Differenzierung nach Prioritäten	Differenzierung in Kerngeschäft und Randbetrieb
Mikroebene	Gleichrangige Einzelforschung	Koexistenz von Einzelforschung und Forschungszentren	Differenzierung in Forschungszentren und marginalisierte Einzelforschung

Institutionen der Forschungsorganisation auf Bundesebene dagegen fördernd.

Hypothesen 2a) und 2b): Die mit der Zentralisierung der Forschungsorganisation einhergehende kartellartige Machtkonzentration befördert nach Hypothese 2a) mit Hilfe von Verfahren der Ressourcenverteilung als Dispositiven der Macht die Herausbildung von Monopolen und oligarchischen Strukturen: Die verbleibenden Institutionen des föderalen Pluralismus wirken nach Hypothese 2b) diesem Strukturwandel entgegen.

Hypothesen 3a) und 3b): Da sich Monopol- und Oligarchiestrukturen und nicht regulierter Wettbewerb in einem offenen Markt entwickeln, entsteht nach Hypothese 3a) eine deutliche Diskrepanz zwischen der Rationalitätskonstruktion der Formalstruktur und der nichtrationalen Praxis in Gestalt einer Kluft zwischen dem Input an Forschungsmitteln und dem Output an Publikationen bzw. Patenten pro eingesetztem Personal. Dagegen fehlen die Voraussetzungen des offenen Wettbewerbs, um nach Hypothese 3b) die Diskrepanz zwischen Formal- und Aktivitätsstruktur in engeren Grenzen zu halten.

Der gesamte untersuchte Zusammenhang stellt sich wie folgt dar: Die Wirtschaft ist im Kontext der ökonomischen Globalisierung mit verschärftem internationalem Wettbewerb um die technologische Spitzenstellung konfrontiert. Daraus entsteht wachsende Nachfrage nach technologischen Innovationen. Die Politik sieht sich herausgefordert, diese zu fördern. Da wissenschaftliche Erkenntnisse als Quelle von Innovationen betrachtet werden, steigen die politischen Erwartungen an den Erkenntnisfortschritt. Angesichts der Rückständigkeit Deutschlands in der Entwicklung und Vermarktung von Spitzentechnologien im Vergleich zu anderen OECD-Ländern, insbesondere im Vergleich zu den USA, wird auch die Wissenschaft als eine Ursache für dieses Defizit identifiziert. Deshalb werden seit Mitte der 1980er Jahre die Anstrengungen der politischen Förderung des wissenschaftlichen und technischen Fortschritts verstärkt. In dieser Zeit findet eine entscheidende Weichenstellung für die weitere Entwicklung des akademischen Feldes statt, die einen Pfadwechsel impliziert. Bis zu diesem Zeitpunkt war die Machtverteilung im Feld durch eine föderal-pluralistische Grundstruktur geprägt. Diese Grundstruktur wurde durch die neue politische Forschungsförderung, durch die wachsende Herausbildung kartellartiger und monopolistischer Strukturen überlagert. Als »historischen Sündenfall« für diesen Pfadwechsel kann man den Ausbau der Drittmittelforschung und der außeruniversitären Forschung bei gleichzeitig sinkendem Anteil der Grundmittel an den Gesamtmitteln der Universitäten in einer Zeit stark steigender Studentenzahlen dingfest machen. Dadurch wurde die Kapazität zur Drittmitteleinwerbung zum entscheidenden Erfolgsfaktor der universitären Forschung, und zwar sowohl im Hinblick auf die Fähigkeit zur Durchführung von Forschung trotz steigender Lehrbelastung als auch im Hinblick auf die Zuschreibung von Exzellenz. Der ganze Prozess wird durch die Konjunktur der Exzellenzrhetorik forciert.

Der durch den verschärften internationalen Wettbewerb ausgelöste funktionale Anpassungsdruck wurde von der Politik auf das akademische Feld übertragen. Dort ist dieser Druck an sich auf einen föderal-pluralistischen Entwicklungspfad gestoßen, der einen offeneren Wettbewerb um die Zuschreibung von Exzellenz ermöglicht hätte. Dieser historische Entwicklungspfad ist jedoch durch die Zentralisierung der Forschungspolitik durch die kartellartige Koalition von Bundesministerium für Bildung und Forschung, Wissenschaftsrat, Bund-Länder-Kommission für Bildungsplanung und Forschungsförderung, Deutscher Forschungsgemeinschaft, Max-Planck-Gesellschaft, Fraunhofer-Gesellschaft, Helmholtz-Gemeinschaft und Wissenschaftsgemeinschaft Gottfried Wilhelm Leibniz zunehmend verschüttet worden. Unterstützt wurde dieser Pfadwechsel durch die politische Konstruktion von Finanzknappheit, die anscheinend keinen anderen Weg zuließ, als von der flächendeckenden Bereitstellung von Grundausstattung ohne Erfolgsgarantie und -kontrolle auf die selektive Forschungsförderung durch die darauf spezialisierten zentralen Institutionen umzuschwenken.

Im weiteren Verlauf hat diese Weichenstellung dazu geführt, dass sich die Gewichte zu Gunsten des ökonomischen Kapitals von Naturwissenschaft, Medizin und Technik und zu Ungunsten des kulturellen Kapitals von Geistes- und Sozialwissenschaften, zu Gunsten des umfangreichen sozialen Kapitals der Großstandorte und Traditionsuniversitäten und zu Ungunsten des geringeren sozialen Kapitals der kleineren Standorte und der Neugründungen verlagert haben. Diese Machtverschiebung ist die strukturelle Ursache für einen sich fortlaufend selbst verstärkenden Prozess der Herausbildung von kartell- und monopolartigen Strukturen. Durch diese Machtverschiebung wird der Verlauf und Ausgang der symbolischen Kämpfe im diskursiven Feld determiniert. Anstelle von Markt, reguliertem Wettbewerb, Offenheit und Pluralität wird die Verteilung von symbolischem Kapital durch den Monopolmechanismus der Akkumulation von Macht durch Macht, das Matthäus-Prinzip und Herdenverhalten bestimmt. Das führt zu einer kartellartigen Verteilung von symbolischem Kapital, die in der hohen Konzentration von DFG-Ausschussmitgliedern und DFG-Gutachtern auf wenige Institutionen zum Ausdruck kommt. Dieser Mitte der 1980er Jahre initiierte Pfadwechsel hat Schritt für Schritt nach dem Gesetz der Pfadabhängigkeit von Entwicklung zur Herausbildung kartell- und monopolartiger Strukturen und zur Akzentuierung oligarchischer Strukturen geführt.

Aus der ungleichen Verteilung von symbolischer Macht ergibt sich eine entsprechend ungleiche Verteilung von DFG-Bewilligungen auf die Standorte. Dabei wirken die koordinierten Programme der DFG als maßgebliches Dispositiv der Macht, mit dessen Hilfe der Großteil der DFG-Mittel an wenige Großstandorte fließt. Im Windschatten der DFG-Mittelverteilung verteilen sich auch andere Ressourcen, wie weitere Drittmittel, Alexander-von-Humboldt-Stiftung-Gastwissenschaftler und DAAD-Stipendiaten, ungleich auf die Standorte. Die Konzentration von symbolischem Kapital bei den Drittmittel akkumulierenden Großstandorten bewirkt auch eine Dominanz von Drittmittelinput, absoluten Zahlen, standardisierten Kennziffern und Zugang zu Publikationsmonopolen als Dispositive der Macht in der Zuschreibung von wissenschaftlicher Exzellenz, die sich überwiegend nach diesen Kriterien richtet.

Die strukturelle Folge dieses Wirkungszusammenhangs ist die sich fortlaufend selbst verstärkende Prägung des akademischen Feldes durch kartell- und monopolartige Strukturen auf der Makroebene, die auf der Meso- und Mikroebene die im deutschen Wissenschaftssystem schon traditionell vorhandene Tendenz zu oligarchischen Strukturen verstärken. Diese Strukturen prämieren Routineforschung und standardisiertes Wissen mit dem Effekt der Schließung der Wissensevolution und der Verringerung der internationalen Wettbewerbsfähigkeit von Wissenschaft und Forschung in Deutschland. Die Rationalitätskonstruktion von wissenschaftlicher Exzellenz als Formalstruktur erweist sich als Rationalitätsmythos, von dem die Aktivitätsstruktur der tatsächlichen wissenschaftlichen Leistungen weit abweicht. Diese Diskrepanz zwischen Mythos und Realität zeigt sich im Missverhältnis zwischen Drittmittelinput und Publikations- bzw. Patentoutput. Dieses Missverhältnis verweist auf Legitimitätslücken und Ineffizienzen der Verteilung von Forschungsmitteln auf Standorte, wenn Maßstäbe der Leistungsgerechtigkeit und der ökonomischen Rationalität zugrunde gelegt werden. Die noch weitgehende Unsichtbarkeit dieser Kluft zwischen Mythos und Realität ist auf die systematische Entkopplung der nichtrationalen Aktivitätsstruktur von der rationalen Formalstruktur durch die Fixierung der Exzellenzkonstruktion auf den Drittmittelinput und auf absolute Zahlen zurückzuführen. Auf der Strecke bleiben dabei Wettbewerb, Pluralität, Kreativität und die Offenheit der Wissensevolution.

Der gesamte Prozess wird durch den funktionalen Anpassungsdruck des verschärften internationalen Wettbewerbs getrieben, durch das Spannungsverhältnis der zwei übereinandergelagerten Entwicklungspfade von föderalem Pluralismus und bundeseinheitlichem Zentralismus geformt und durch eine grundlegende Machtverschiebung im akademischen Feld und die dadurch zur Dominanz gelangende Strategie der »Leuchtturmpolitik« in die Richtung des Aufbaus von Kartell-, Monopol- und Oligarchiestrukturen gelenkt. Aus diesem Entwicklungspfad könnte nur eine Strategie herausführen, die gezielt auf regulierten Wettbewerb, auf Kriterienvielfalt, Methodenvielfalt, Publikationsvielfalt und relative Zahlen setzt und die kartellartigen, monopolistischen und oligarchischen Strukturen konsequent beseitigt. Der

Wettbewerb bedarf dabei der Regulierung durch eine unabhängige Agentur, die dauerhaft für Chancengleichheit sorgt und monopol- sowie kartellartige Strukturen unterbindet. Dazu würde gehören, dass die DFG durch eine größere Zahl konkurrierender Förderorganisationen ersetzt wird, da die Zentralität der DFG im akademischen Feld als Hauptkristallisationspunkt für den Aufbau eines latenten Machtkartells wirkt (Abb. S-1).

Was tun? Wilhelm von Humboldts Erben stehen vor der großen Herausforderung einer grundlegenden Reform, wenn das System von Wissenschaft und Forschung in Deutschland wieder jene internationale Wettbewerbsfähigkeit erreichen soll, die es auf der Grundlage der Humboldt'schen Prinzipien im 19. Jahrhundert gewonnen und bis ins 20. Jahrhundert hinein gehalten hatte (vgl. Krücken 2001; Schimank und Winnes 2001; Mayer 2003). Das wird nur mit Hilfe von grundlegenden Strukturreformen gelingen, die (1) Forschung und Lehre zum Zweck der Heranbildung des wissenschaftlichen Nachwuchses in einem geregelten Graduiertenstudium wieder integrieren, (2) die Auslagerung der Forschung aus den Universitäten wieder zurücknehmen und (3) die Fesselung von Wettbewerb, Vielfalt und Kreativität durch kartellartige, monopolistische und oligarchische Strukturen aufheben. Das sagen die Ergebnisse der hier vorgelegten Untersuchung zur Exzellenzkonstruktion im akademischen Feld.

Die Ergebnisse der Untersuchung bestätigen die Defizite der Organisation von Wissenschaft und Forschung in Deutschland, die 1999 von einer internationalen Expertenkommission anlässlich der Evaluation der DFG und der Max-Planck-Gesellschaft (MPG) festgestellt wurden (Krull 1999). In dem Bericht werden zu starre, hierarchische, in Instituten verfestigte Strukturen, die mangelnde Verknüpfung von univer-

Abb. S-1: Die Konstruktion wissenschaftlicher Exzellenz zwischen Monopol und Wettbewerb

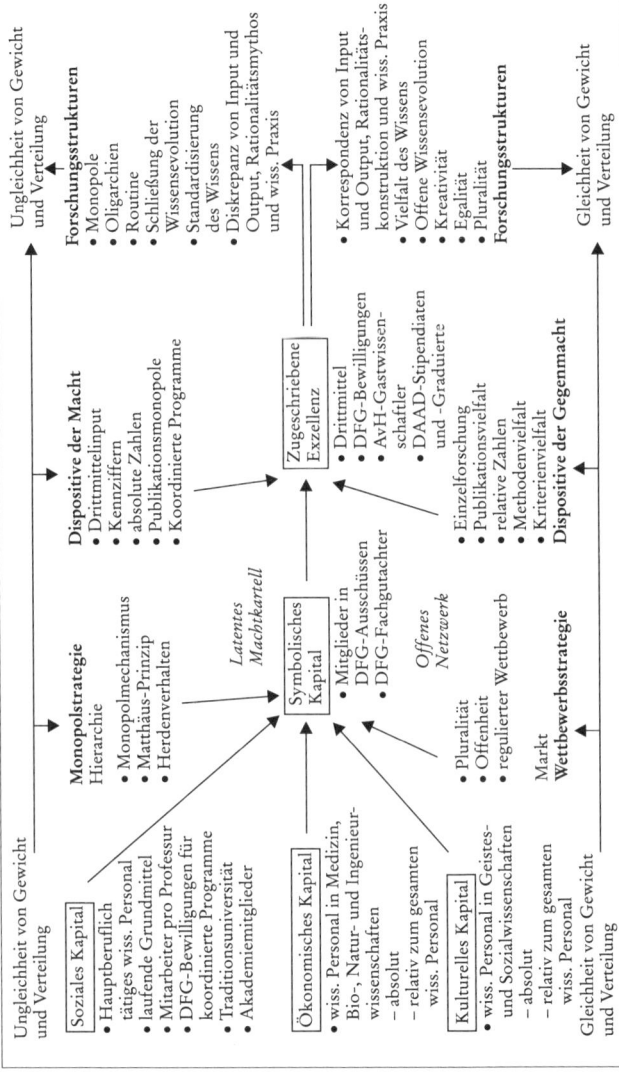

sitärer und außeruniversitärer Forschung und die nicht gegebene Unabhängigkeit junger Forscher zwecks Entfaltung von Wettbewerb, Vielfalt, Kreativität und offener Wissensevolution als Schwachpunkte genannt. Die relativierende Reaktion der Präsidenten von DFG und MPG auf den Kommissionsbericht (Krull 1999: 78-109) kann nicht darüber hinwegtäuschen, dass es sich dabei um gravierende Strukturprobleme handelt, deren Lösung nicht weniger als einen Systemwechsel verlangt. Die Strukturprobleme und der dadurch verursache Mangel an internationaler Wettbewerbsfähigkeit von Wissenschaft und Forschung in Deutschland sind nämlich noch viel gravierender, als es in dem Bericht der internationalen Expertenkommission festgestellt wurde (Mayer 2006b). Das ist der hier vorgelegten Untersuchung zu entnehmen.

So wie die Exzellenzinitiative von Bund und Ländern zur Förderung von Wissenschaft und Forschung an den deutschen Hochschulen angelegt ist, wird sie den erforderlichen Strukturwandel gerade nicht zustande bringen, sondern im Gegenteil die Strukturprobleme noch verschärfen. Das Exzellenzprogramm von Bund und Ländern verspricht eine große Erneuerung der Wissenschaft in Deutschland, die verlorenes Terrain im internationalen Wettbewerb wieder gutmachen soll. Die Ergebnisse der hier vorgelegten Untersuchung bringen jedoch eine andere Realität jenseits der Exzellenzrhetorik zum Vorschein. Die Exzellenzinitiative wird eine Struktur weiter stärken, die für die gesunkene Innovationskraft und internationale Wettbewerbsfähigkeit der Forschung in Deutschland verantwortlich gemacht werden muss. Sie verstärkt die schon vorhandene Kartellbildung, Monopolstruktur und oligarchische Organisation der wissenschaftlichen Forschung zu einer Zeit, in der es darauf ankäme, diese Vielfalt, Kreativität, Innovation, Wettbewerb und Wettbewerbsfähigkeit einschränkenden Strukturen aufzubrechen. Das monopolartig und oligarchisch organisierte System macht gestandene Forscher zu Forschungsfunktionären oder Forschungsmanagern und hält die breite Masse der aktiven Forscher als Sklaven. Wettbewerb, Vielfalt, Kreativität und Innovation werden auf diese Weise flächendeckend unterdrückt. Zwischen der Verteilung von Forschungsressourcen und der Verteilung tatsächlicher Forschungsleistungen auf Standorte in Gestalt von Publikationen und Patenten klafft eine große Lücke, die das herrschende Verfahren der Forschungsförderung infrage stellt. Die Struktur des Verfahrens erweist sich als Hindernis für kreative Forschung. Aus diesem Ergebnis der Untersuchung kann nur der Schluss gezogen werden, dass die Organisation wissenschaftlicher Forschung in Deutschland einer grundlegenden Reform bedarf, die von einem anderen Denken geleitet wird als die aktuelle Exzellenzinitiative. Gefordert ist nicht weniger als die Beseitigung von Kartellstrukturen, Monopolen und Oligarchie. An die Stelle der Förderung von Standorten und oligarchischen Strukturen müsste die Förderung der individuellen Forscherpersönlichkeit, die Eingliederung der außeruniversitären Forschungseinrichtungen in die Universitäten und die Organisation von Forschung und Lehre durch selbstständige Wissenschaftler, vom Juniorprofessor bis zum Seniorprofessor, ohne große Mitarbeiterstäbe treten.

Um den Anschluss der universitären Lehre an die beschleunigte Entwicklung des wissenschaftlichen Wissens zu gewährleisten, bedarf es eines festen Platzes für die Forschung im Universitätsbetrieb. Durch die Förderung von Promotionen und die Einrichtung von Graduiertenkollegs müsste ein Gegenpol gegen die zu starke Belastung durch die grundständigen Studiengänge geschaffen werden. Nur durch die Förderung von Promotionen und Graduiertenkollegs wird es möglich sein, Forschung und Lehre wieder zu integrieren und dem kontraproduktiven Trend der Verlagerung der Forschung von den Universitäten zu den außeruniversitären Großforschungsinstitutionen entgegenzuwirken. Mit der Trennung von Forschung und Lehre wird der Nährboden der zukünftigen Forschung ausgetrocknet, der nur dann gerettet werden kann, wenn Forschung und Lehre an der Universität wieder stärker integriert werden. In einer so reformierten Universität gelangt man wieder zu dem einfachen Prinzip zurück, dass die besten Forscher auch die besten Lehrer sind, was im Massenlehrbetrieb nicht mehr möglich ist.

Wie wenig die Auslagerung von Forschung aus den Universitäten in Großforschungsinstitute bringt, zeigt sich im Blick auf die Publikationserfolge der geleisteten Forschungsarbeit. So findet man beispielsweise in einer Liste, die Aufsatzpublikationen in den zehn bedeutendsten internationalen Zeitschriften in den Wirtschaftswissenschaften (acht davon aus Nordamerika, zwei aus Europa) ermittelt, unter 198 Universitäten und Wirtschaftsforschungsinstituten zwar 19 deutsche Universitäten, aber nur ein einziges Großforschungszentrum, das Wissenschaftszentrum für Sozialforschung in Berlin. Dieses Forschungszentrum ist noch nicht einmal ein wirtschaftswissenschaftliches Forschungsinstitut im engeren Sinn. Von diesen Instituten taucht überhaupt keines in dieser Liste auf, ein Zeugnis von jahrzehntelang falsch angelegter Bildungs- und Forschungspolitik (Kalaitzidakis et al. 1999).

Die Forschungspolitik in Deutschland steht vor einem Scheideweg. Sie kann der Herausforderung des internationalen Wettbewerbs auf dem traditionellen Entwicklungspfad von Vielfalt, Wettbewerb und Kreativität begegnen oder eine längst vorhandene Tendenz fortsetzen und die Fixierung einer Monopolstruktur privilegierter Großstandorte bzw. -fachbereiche endgültig vollziehen. Damit würde sich die Forschungslandschaft weiter weg von der pluralistischen und wettbewerbsintensiven Struktur der amerikanischen Wissenschaft bewegen und sich der hierarchischen Struktur der französischen Wissenschaft mit weniger internem Wettbewerb annähern. Die Entwicklung der Wissenschaft in Frankreich im Vergleich zu den USA gibt keinen Hinweis darauf, dass diese Strategie die internationale Wettbewerbsfähigkeit eines nationalen Wissenschaftsbetriebes fördert. Erfolgversprechender ist dagegen eine Strategie, die individuelle Forscherpersönlichkeiten und Forschergruppen, Vielfalt, Kreativität und Produktivität fördert und nicht diffus Standorte und Quantität. Die Strategie der monopolartigen Förderung von Standorten beinhaltet eine politische Konstruktion von Exzellenz, mit der die Schließung des Wettbewerbs und die Verarmung des Kreativitätspotentials der Wissenschaft einhergehen. Sie ist nicht durch die allgemein geteilten Standards der *legitimen* Zuschreibung von Exzellenz in einem offenen Wettbewerb gedeckt. In diesem Sinne handelt es sich um illegitime Ausübung von Macht. Der Wissenschaftsbetrieb hat sich durch die monopolartige Struktur der Drittmittelverteilung schon weit in diese Richtung entwickelt. Gerade dieser Prozess hat die gesunkene Wettbewerbsfähigkeit der Forschung in Deutschland im Vergleich zu den USA maßgeblich mit verursacht. Das wird schon durch das Missverhältnis zwischen Drittmitteleinnahmen und Publikationen bewiesen. Die neue, auf die Förderung von Standorten zielende Exzellenzinitiative von Bund und Ländern wird die schon vorhandene Monopolstruktur noch weiter festschreiben, statt sie aufzulösen. Das Ergebnis wird deshalb entgegen aller Absicht gerade eine weitere Verringerung der internationalen Wettbewerbsfähigkeit der Forschung in Deutschland sein. Die Alternative zu diesem kontraproduktiven Konzept ist die Förderung der individuellen Forscherpersönlichkeit, vom Nachwuchswissenschaftler bis zum reifen Gelehrten. Die Strategie der Förderung von Personen statt Standorten zielt auf eine breite Ausschöpfung des Kreativitätspotentials der Wissenschaft und auf eine Exzellenz, die aus dem offenen Wettbewerb hervorgeht.

Eine Analyse der durchschnittlichen international sichtbaren Zitationen laut Science Citation Index und Social Science Citation Index pro Jahr für den Zeitraum 1993 bis 2002 im Fach Betriebswirtschaftslehre zeigt drei Forscher mit durchschnittlich 44,4, 20,2 und 15,0 anteilig nach Zahl der Autoren zugerechneten Zitationen, 14 Forscher liegen zwischen acht und drei anteiligen Zitationen, 18 zwischen drei und einer, 13 Forscher zwischen einer und 0,5. Von diesen Zitationen entfallen 64,2 und 29,9 auf je einen Fachbereich, es folgen 15 Fachbereiche mit drei bis neun Zitationen, neun Fachbereiche mit eins bis unter drei und neun Fachbereiche mit 0,2 bis unter einer (Dyckhoff, Thieme und Schmitz 2005). An dieser Zitationsanalyse ist zu erkennen, dass es auf der einen Seite eine Konzentration hoher Zitationsraten auf nur drei Personen und nur zwei Institutionen gibt, dann aber ein breites oberes, mittleres und unteres Mittelfeld folgt. An der relativ breiten Verteilung ist zu erkennen, dass jenseits der Konzentration auf nur zwei Fachbereiche eine relativ breite Streuung von in der Forschungsliteratur zitierten Personen auf verschiedene Standorte besteht. Das heißt, dass es an einer größeren Zahl von Standorten einzelne besonders sichtbare Forscher gibt, deren Forschungspotential nicht genügend gefördert wird, wenn statt individueller Forscher ganze Fachbereiche privilegiert werden, obwohl nur ein kleiner Teil der Mitglieder ganz vorne an der Forschungsfront steht.

Die tatsächliche Forschungsleistung einer Universität bzw. eines Fachbereichs kann sich immer nur aus der Leistung der an ihnen tätigen Forscher ergeben, die in ihrem Forschungsfeld mehr oder weniger Reputation erreichen. Die Forscher, und nicht die Institutionen, sind die entscheidenden Akteure des wissenschaftlichen Wettbewerbs (vgl. Teichler 2005a: 338-339). Die Universitäten bzw. Fachbereiche konkurrieren jedoch untereinander um die besten Forscher. Dabei kann ein Rekrutierungserfolg weitere Rekrutierungserfolge nach sich ziehen. Auf diese Weise können Institutionen durch erfolgreiche Rekrutierungspolitik Reputation akkumulieren. In einem offenen Markt kann diese Reputation aber nur so lange erhalten bleiben, wie sie durch die Forschungsleistungen der tätigen Wissenschaftler bestätigt wird. So funktioniert der Wettbewerb im amerikanischen System. Während die Wissenschaftler untereinander um Erfolge konkurrieren, stehen sich die Institutionen in einem Wettbewerb um die erfolgreichsten Forscher gegenüber. Von deren Erfolgen in Publikationen und in der Hervorbringung von erfolgreichem wissenschaftlichem Nachwuchs profitieren auch die Institutionen. Sie bringen einer Institution Reputation, die sie in Finanzmittel und in die Rekrutierung neuer erfolgreicher Forscher umsetzen kann. Auf diese Weise kann eine Universität über einen langen Zeitraum Reputation akkumulieren, die als Kapitalstock für die weitere Erhaltung von Reputation dient. Das führt auch in einem Marktsystem zu Tendenzen der Konzentration von symbolischem Kapital auf eine begrenzte Zahl von Institutionen. Den damit verbundenen Tendenzen der Monopolbildung und der Schließung der Wissensevolution und der umgekehrten Übertragung von institutioneller Reputation auf nur durchschnittliche Wissenschaftler kann nur dadurch wirksam begegnet werden, dass eine genügend große Zahl von untereinander konkurrierenden Wissenschaftlern einer genügend großen Zahl von untereinander um Wissenschaftler konkurrierenden Institutionen gegenübersteht und so für ausreichende Herausforderung der etablierten Wissenschaftler und Institutionen und damit für Offenheit sorgt. Diese Voraussetzungen eines offenen Wettbewerbs werden durch die vorgängige und auf Dauer fixierte Privilegierung einzelner Institutionen gerade nicht erfüllt.

Bei einem offenen Wettbewerb werden herausragende Forscher dazu beitragen, dass sich ihr jeweiliger Standort in einem bestimmten Fachgebiet gegenüber Standorten, wo weniger faszinierende Forschung betrieben wird, heraushebt und internationale Strahlkraft bekommt. In einem offenen Wettbewerb ist diese Position eines Fachbereichs aber nicht für immer garantiert. Eine falsch angelegte Berufungspolitik kann die Situation recht schnell wieder ändern. In einem offenen Wettbewerb ist das aber kein Schaden für den Wissenschaftsstandort Deutschland, weil dann andere Standorte die Chance haben, sich durch klügere Berufungspolitik an die Spitze zu setzen. Die Heraushebung von Fachbereichen und ganzen Universitäten kennt jedoch diesen schnellen Ausgleich von Schwächen an einem Standort durch neu auftretende Stärken an anderen Standorten nicht. Mit der Heraushebung von Institutionen statt Forschern fördert man Fassaden statt Personen auf die Gefahr hin, dass sich hinter den Fassaden Mediokrität versteckt, während wirkliche Genialität an nicht privilegierten Standorten ins hintere Glied verbannt wird. Daran ändert die gutgemeinte Absicht, im Abstand von fünf Jahren neue Auswahlrunden abzuhalten, nicht viel. Weil jeweils Institutionen und nicht Personen an den Auswahlrunden teilnehmen, ist die Wahrscheinlichkeit groß, dass sich wie bisher schon bei den koordinierten Programmen der DFG ganz überwiegend immer wieder die gleichen Institutionen unabhängig von den dort gerade tätigen Forschern durchsetzen (vgl. Hartmann 2006). Außerdem zwingt dieses Verfahren kreative Forscherpersönlichkeiten dazu, sich an ihrem Standort mit Kollegen zusammenzutun, statt die Energien mit viel größerer Effektivität in überlokale, letztlich internationale Kooperationen zu stecken. Die Politik der Förderung von Institutionen statt Personen prämiert den Provinzialismus in einer Zeit, in der Spitzenforschung längst kosmopolitisch organisiert ist.

Die DFG-Forschungsförderung, die überwiegend mit koordinierten Programmen Großforschungseinrichtungen schafft, wirkt kontraproduktiv. Sie verlagert die Aktivitäten von Wissenschaft und Forschung in Deutschland auf die Seite der Akquirierung umfangreicher Drittmittel zur Beschäftigung von Forschungssklaven durch Forschungsmanager. Auf der Strecke bleibt dabei die kreative Forscherpersönlichkeit und die Entfaltung der Forschung in Publikationen. Der Publikationsmarkt als genuines Feld der Generierung von Erkenntnisfortschritt wird in erheblichem Maße durch einen Wettlauf um Drittmittelinput ersetzt. Dass dieses System die internationale Wettbewerbsfähigkeit der Wissenschaft und Forschung in Deutschland untergräbt, ist nicht weiter erstaunlich. Die Exzellenzinitiative von Bund und Ländern zur Förderung von Wissenschaft und Forschung an den deutschen Hochschulen setzt diesem System die Krone auf.

Die Exzellenzinitiative funktioniert nach der archaischen Geschenklogik des Potlatsch, nach der es dem Mächtigen zusteht, seine Macht durch besonders verschwenderische Geschenke zu demonstrieren (Mauss 1968). Die machtvollen Hochschulen im akademischen Feld können Millionen Euro für »Exzellenzcluster« und »Centers for Advanced Studies« einsetzen, mit denen sie ihre Macht im System nach außen darstellen dürfen. In welchem Verhältnis die verbrauchten Millionen zum erzielten Ertrag stehen und welche Einbußen das ganze Hochschulsystem hinnehmen muss, weil das Geld an anderen Stellen fehlt, spielt in der Logik des Potlatsch keine Rolle. Exzellenzzentren verschaffen sich mit dem symbolischen Kapital der Exzellenzkür und der üppigen Ausstattung weiteres symbolisches Kapital, das hohe Zinserträge einspielt. Diese Funktion erfüllt z. B. die Einrichtung internationaler Beiräte. Mit den Exzellenzgeldern können Geschenke verteilt werden, die von den Beschenkten durch Ehrerbietung, Anerkennung und Dankbarkeit erwidert werden müssen. Aus China rekrutierte fleißige Mitarbeiter schreiben im Kontext eines reichen Instituts Aufsätze, bei denen andere Mitarbeiter und immer auch der Lehrstuhlinhaber als Mitautoren erscheinen. Gastwissenschaftler zitieren die Publikationen des Instituts und preisen es als eines der führenden in ihrem Fachgebiet. Die ärmeren Institute müssen respektvoll den internationalen Beirat und die Liste der Publikationen des reichen Instituts anerkennen. Die Geldverschwendung an einem reichen Institut dient demnach in erster Linie der Reputationssteigerung dieses Instituts, die gleichzeitig eine Reputationsminderung der ärmeren Institute impliziert.

Das Programm der Exzellenzinitiative entspricht dem globalen Trend zur Anhäufung von Reichtum an der Spitze bei gleichzeitig mäßigen Lebensbedingungen in der Mitte und großer Armut am unteren Ende der Weltgesellschaft. Wie im Wirtschaftmanagement und im Fußball wird man nach dem Modell des FC Chelsea in Zukunft versuchen, mit Millionenbeträgen Spitzenforscher an die eigene Universität zu locken. Man wird auf diesem globalen Markt bald keinen Spitzenforscher mehr unter zwei Mio. Euro Jahresgehalt plus zwei Mio. Euro Ausstattung für Forschungssklaven bekommen, obwohl Spitzenwissenschaftler über Jahrhunderte auch für vergleichsweise wenig Geld nur für die Ehre gearbeitet haben (Williams 1997). Kein »Spitzenforscher« ist dieses Geld wert, wenn berechnet wird, wie minimal sein Anteil am wissenschaftlichen Fortschritt tatsächlich ist, der letztlich durch eine unendliche Zahl von Forschern getragen wird. Das gilt erst recht, wenn in Rechnung gestellt wird, wie viele Wissenschaftler durch die damit einhergehende Degradierung zu Sachbearbeitern an der eigenen Entfaltung gehindert werden und wie viel Geld dort entzogen wird, wo großer Bedarf herrscht.

Der Logik des Potlatsch folgt auch der Traum, einzelne Universitäten in reiche Stiftungshochschulen umzuwandeln (Finetti und Schultz 2006). Eine Stiftungshochschule benötigt eine große Zahl von reichen Personen und privatwirtschaftlichen Unternehmen, die anstelle von Steuergeldern an den Staat zur Beförderung des Gemeinwohls lieber Stiftungsgelder an ebenbürtige Partner der »Weltliga« überweisen, in deren Glanz sie sich zwecks Reputationssteigerung sonnen können. Um das nötige Milliardenvermögen anhäufen zu können, muss den Stiftern und Alumnis auch genügend Mitsprache bei der Rekrutierung der Studierenden eingeräumt werden. So ist gewährleistet, dass die Reichen unter sich bleiben und den Elitestatus auf Dauer als Klubgut sichern können (vgl. Lenhardt 2005).

Das Milliardenvermögen einer Stiftungshochschule muss mit der Verarmung des Staates und seiner Bildungseinrichtungen und mit der Erzeugung vieler Armutszentren in der

Gesellschaft bezahlt werden. In den Vereinigten Staaten, die stets als Referenz herangezogen werden, ist der Reichtum von Harvard bei gleichzeitiger Armut vieler öffentlicher Bildungseinrichtungen ein ohne große Legitimitätsnöte hingenommener Normalzustand. In Europa haben solche Verhältnisse bisher als nicht legitim gegolten.

An diesem Beispiel kann beobachtet werden, wie die Globalisierung durchaus pfadabhängig und Hybride bildend die europäischen Gesellschaftsstrukturen dem dominanten amerikanischen Konkurrenten annähert. Der Hybrid des Reichtums besteht z. B. darin, dass dem reichen Institutsdirektor in Deutschland reichhaltig fleißige Forschungssklaven aus aller Welt zur Anreicherung seiner Publikationsliste zur Verfügung stehen, während sich der Professor in den USA auf einem organisationsinternen und -externen Markt auf gleicher Augenhöhe mit Kollegen und Postdoktoranden zusammentun und auch einen substantiellen Beitrag leisten muss, wenn er seine Publikationsliste erweitern will. Das ist der Grund, warum der im Kap. 8 erwähnte britische Physiker sagen konnte, dass er weder in Großbritannien noch in Amerika so paradiesische Zustände wie in Erlangen geboten bekäme.

Der über zwei Jahrzehnte nach den Prinzipien des zur Ideologie gewordenen *new public management* betriebene Ausbau der Drittmittelforschung und der außeruniversitären Forschungseinrichtungen hat der Lehre an den Universitäten in großem Stil Personalressourcen entzogen und auf ein Forschungskartell konzentriert. Wie die Daten zeigen, ist das ohne großen Erfolg in der Forschung geschehen. Gleichzeitig haben sich die Bedingungen der Lehre an den Hochschulen fortschreitend verschlechtert (Schimank 1995). Das heißt, den Universitäten wurde in diesen zwei Jahrzehnten durch die Ressourcenumschichtung großflächig das Wasser in Forschung und Lehre abgegraben, um ihnen dann die Mitteilung zu machen, sie seien international nicht mehr konkurrenzfähig, weshalb jetzt noch mehr Forschungsressourcen auf eine kleine, zur Elite gekürte Gruppe von Universitäten konzentriert werden müssten, die dann allein den Standort Deutschland international vertreten sollen. Ein lange andauerndes Zerstörungswerk wird auf diese Weise endgültig besiegelt. Es ist eine Art der »ursprünglichen Akkumulation«, die als Belohnung der »Leistungselite« legitimiert wird, sich de facto aber als »Expropriation« der Machtlosen durch die Mächtigen vollzieht (Marx 1867/1970: 741-791). Dieser Akt wird indessen weithin als nicht legitim betrachtet, weil sich die Gewinner des Auswahlprozesses gegenüber den Verlierern nur durch die vorausgegangene ursprüngliche Akkumulation von Forschungsressourcen, aber nicht durch höhere Produktivität im Input von Forschungsmitteln und im Output an Publikationen bzw. Patenten pro eingesetztem Personal unterscheiden und weil in der Wissenschaft, anders als in der Wirtschaft, allein die über viele Hochschulen verstreuten individuellen Forscherpersönlichkeiten und nicht die Hochschulen als Kollektivorganisationen die Träger des wissenschaftlichen Fortschritts sind.

Die Grund- und Hauptschulen befinden sich nach dem Bericht der OECD (2006) erst recht in einem Zustand, der sich in den letzten zwei Jahrzehnten zunehmend verschlechtert hat. Die Exzellenzinitiative ist ein Teil dieser politischen Erzeugung von wenigen Reichen zum Selbstzweck bei gleichzeitiger öffentlicher und privater Verarmung der Gesellschaft. Das ist die neue Realität einer postmodernen Privilegiengesellschaft. In der traditionalen Ständegesellschaft war das Privileg im Rahmen der Ständeordnung legitim und immer auch mit Verpflichtungen für das Ganze der Gesellschaft verbunden, in der modernen Gesellschaft wurde es als illegitim aus dem Wertekanon verbannt, in der Postmoderne taucht es ohne korrespondierende Verpflichtungen für das Ganze wieder auf, und zwar als Ergebnis des Zusammenwirkens der Akkumulation von symbolischem Kapital mit einer medialen Realitätskonstruktion ohne Bodenhaftung.

Wenn die Verliererhochschulen des Exzellenzwettbewerbs als Trostpflaster Ressourcen zum Ausbau ihrer Lehrkapazität erhalten, wird den Forschungssklaven noch eine Heerschar neuer Lehrsklaven zur Seite gestellt, die wieder ohne jegliche Karriereaussichten mit drastisch erhöhtem Lehrdeputat den Professoren den Rücken für das Management der Einwerbung von Lehr- und Forschungsmitteln freihalten müssen. Die Wiederentdeckung der Lehre wird die oligarchischen Strukturen des Systems auch mit Hilfe der durch Studiengebühren eingenommenen Millionen Euro weiter verstärken. Der entsprechende Ressourceneinsatz geht erneut auf Kosten der verfügbaren Mittel für die Grund- und Hauptschulen. In der öffentlichen Kommunikation kann dann weiter über das Entstehen einer neuen Unterschicht geklagt werden.

Nach dem Willen der maßgeblichen Akteure im Feld ist die Exzellenzinitiative nur die Vorstufe zu einer Entwicklung, die ausgewählte Universitäten in Deutschland in die Lage versetzen soll, sich im nächsten Schritt in dem nach demselben Muster ablaufenden Monopolbildungsprozess auf europäischer Ebene im Zuge der EU-Forschungsrahmenprogramme als europäische »Elitehochschulen« zu etablieren. Ernst-Ludwig Winnacker (2006), der designierte Generalsekretär des Europäischen Forschungsrates (ERC), spricht das ganz unmissverständlich aus. Das Ergebnis der Exzellenzinitiative konnte deshalb auch nicht überraschen. Es liegt ganz in der Logik der Kapitalakkumulation. Am Ende dieses Prozesses steht eine geschlossene Liga nach dem Muster der amerikanischen Baseball-Ligen, in der es keine Absteiger und keine Aufsteiger gibt, damit aber auch nur noch ein außerordentlich eingeschränktes Potential für Innovationen. Die Vielfalt der europäischen Wissenschaftskulturen wird auf diesem Weg der Durchsetzung einer zentral beherrschten Monokultur geopfert. Die segmentäre Differenzierung in Kulturen wird durch die Differenzierung in Zentrum und Peripherie abgelöst. Dieser »Tonnenideologie« (Menninghaus 2006) liegt der fundamentale Irrtum zugrunde, dass die Anhäufung von Reichtum an wenigen Standorten die Voraussetzung für die Förderung des Erkenntnisfortschrittes sei. Das Geheimnis der amerikanischen Erfolge in der Wissenschaft ist jedoch neben der hegemonialen Stellung der USA in der Welt nicht der Reichtum von Harvard, Yale oder Stanford, sondern das riesige Kreativitätspotential von Tausenden junger, unabhängig forschender Assistenzprofessoren, die sich breit über das ganze Land auf eine Vielzahl von Hochschulen verteilen. Die wachsende ungleiche Verteilung von Forschungsressourcen ist inzwischen auch in den Vereinigten Staaten eine Ursache für abnehmende Kreativität und Innovationskraft und deshalb gerade kein Vorbild für ein europäisches und darüber hinaus globales Feld der Wissenschaft, das Kreativität und Innovationen fördern und die Wissensevolution offenhalten soll. Eine empirische Untersuchung hat sich mit der Frage beschäftigt, durch welche Faktoren die Rangfolge der in regelmäßigen Abständen vom National Research Council (NRC) durch Befragung von Professoren ermittelten Reputation der Soziologie-Departments an den amerikanischen Universitäten zu erklären ist. Das überraschende Ergebnis war, dass soziales Kapital in Gestalt der Platzierung von Absolventen in den Top-20-Departments und der Rekrutierung der Departmentmitglieder aus den Top-20-Departments 84% der Varianz erklärt und die Faktoren der Publikationen, Zitationen, Drittmittel, Publikationen in den ersten sieben Fachzeitschriften sowie der publizierten, in *Contemporary Sociology* besprochenen Monographien pro Departmentmitglied die erklärte Varianz nur um weitere 4% erhöhen. Ersatzweise erbringt die Größe eines Departments dasselbe Ergebnis wie der Faktor soziales Kapital. Die Top-20-Departments erhalten ihren herausgehobenen Status demnach weit weniger durch herausragende Forschungsleistungen als durch soziale Schließung, indem sie 88% ihrer Mitglieder aus ihrer eigenen Gruppe rekrutieren. Das bedeutet, dass der akademische »Markt« von einer Statushierarchie überlagert wird, die sich durch soziale Schließung und Pflege eines exklusiven Lebensstils reproduziert. Die Studie weist denselben Zusammenhang auch für die Politikwissenschaft und die Geschichte nach (Burris 2004; vgl. Weber 1922/1976: 534-539; Wagner 2007).

Die Exzellenzinitiative wird von drei großen Irrtümern geleitet. Sie verspricht sich von folgenden drei Maßnahmen eine Steigerung der Forschungsleistungen in Deutschland:

1. mehr Geld für die Forschung,
2. größere Konzentration auf wenige Standorte und Disziplinen,
3. mehr Forschungsevaluation durch *peer review*.

Die Ergebnisse unserer Untersuchung zeigen jedoch, dass diese Maßnahmen zu kontraproduktiven Effekten führen:

1. Es mangelt nicht an Geld, vielmehr wird das ausreichend vorhandene Geld leistungshemmend investiert.

2. Die Konzentration der Forschungsgelder auf wenige Standorte und Disziplinen baut die vorhandenen Kartell-, Monopol- und Oligarchiestrukturen noch weiter aus und verringert die Innovationskraft der Forschung.
3. Die flächendeckende Institutionalisierung der Forschungsevaluation durch zentralisierte *peer review*-Verfahren fördert standardisierte Normalwissenschaft auf Kosten von Vielfalt, Kreativität, Innovation und offener Wissensevolution.

Um die Forschungsleistungen am Standort Deutschland zu steigern, sind ganz andere Maßnahmen erforderlich, die nicht nur von Wettbewerb reden, ohne dass Wettbewerb praktiziert wird, sondern durchgehend offenen Wettbewerb unter den Bedingungen der Chancengleichheit und Fairness sicherstellen:

1. An die Stelle der Erzeugung monopolartiger Strukturen müsste der von einer unabhängigen Regulierungsagentur im Hinblick auf Chancengleichheit und Offenheit *regulierte Wettbewerb* treten. Dazu bedarf es der Entflechtung des Machtzentrums im akademischen Feld, das vom Wissenschaftsrat, der DFG, den Akademien und den kartellartig organisierten Traditionsstandorten gebildet wird. Alle diese Institutionen benötigen eine Erneuerung durch Öffnung, Wettbewerb und größere Vielfalt. Mitgliedschaften und Ämter sind breiter auf Standorte zu streuen, Amtszeiten ohne Wiederwahl kurz zu halten.
2. Der Wettbewerb bedarf sowohl auf der Seite der Nachfrage nach Forschungsmitteln als auch auf der Seite des Angebots an Forschungsmitteln einer ausreichenden Vielfalt. Das bedeutet auf der Nachfrageseite den Rückbau der Kon-

zentration von Forschungsmitteln auf Großstandorte und die Befähigung einer größeren Zahl von Standorten und individuellen Forschern, unabhängig von ihrem Standort, am Markt teilzunehmen. Dazu müssten Marktzutrittsbarrieren, wie z. B. unzureichende Grundausstattung und Favorisierung von Großforschungsprogrammen, beseitigt werden. Auf der Angebotsseite ist die zentrale Stellung der DFG zu korrigieren, weil diese Stellung als Kristallisationspunkt eines latenten Machtkartells wirkt. Ein Weg dazu ist die Aufteilung der DFG in eine größere Zahl von Förderinstitutionen und die Verlagerung von Bundes- und Landesmitteln von der DFG weg und hin zu schon vorhandenen, aber in ihrem Fördervolumen und in ihrer Aktivität noch am Rande des Fördersystems agierenden Einrichtungen.

3. Anstelle von Großforschungsprojekten mit einer Vielzahl von Mitarbeitern in abhängiger Stellung ist selbstständig arbeitender wissenschaftlicher Nachwuchs, insbesondere in Graduiertenkollegs, zu fördern. Auch die Einzelforschungsförderung in Gestalt von Projektmitarbeiterstellen ist zu Gunsten der Förderung von selbstverantwortlich arbeitenden Nachwuchsforschern zurückzustellen.

4. Die Fachbereiche an den Universitäten sind durch Einrichtung einer kompletten *junior faculty* in der Mitgliederzahl zu verdoppeln (durchschnittlich 20 *seniors* und zehn *juniors*). Bei einem durchschnittlichen Lehrdeputat von sechs statt neun Semesterwochenstunden wären *seniors* und *juniors* befähigt, selbst kreativ zu forschen, ohne in großem Stil Projektmitarbeiter in abhängiger Stellung forschen lassen zu müssen und selbst zu bloßem Management verdammt zu werden.

5. Die oligarchischen Strukturen von Instituten und Lehrstühlen sind zu beseitigen und durch Departments zu ersetzen, die sich aus einer kritischen Masse gleichberechtigter *seniors* und *juniors* zusammensetzen. Da sich eine weit größere Zahl von Professoren die Arbeit teilt, reicht es aus, eine begrenzte Zahl von Hilfskräften temporär für spezifische Lehr- und Forschungsaufgaben zuzuweisen. Die Dominanz oligarchischer Verhältnisse mit Heerscharen von Mitarbeitern in abhängiger Stellung zu Lasten wissenschaftlicher Kreativität wird so gebrochen.

6. Die reguläre Einführung des Promotionsstudiums in Graduiertenkollegs der profilbildenden Fächer einer Universität ermöglicht es, wieder zu jener Integration von Forschung und Lehre zu gelangen, die im 19. Jahrhundert den weltweiten Ruhm der deutschen Universitäten begründet hat.

7. Statt anhand der eingeworbenen Drittmittel ist Forschungsleistung allein anhand des Outputs an wissenschaftlichen Publikationen bzw. Patenten pro eingesetztem Personal zu messen, und zwar fächerspezifisch nicht allein nach dem standardisierten Format von Fachzeitschriften, sondern nach dem fächerspezifischen Qualitätsprofil, das heißt in den Geistes- und Sozialwissenschaften insbesondere mit einer deutlich größeren Gewichtung von Monographien.

8. Alle Mitarbeiterstellen an den Universitäten sind in *tenure track*-Juniorprofessuren umzuwandeln.

9. Die außeruniversitären Forschungseinrichtungen gilt es weitgehend abzubauen, die frei gewordenen Personalressourcen in Professorenstellen an den Universitäten umzudefinieren.

10. Die Ressourcen der DFG sind auf die Hälfte zu kürzen, die frei gewordenen Mittel in Juniorprofessuren umzusetzen.

Dieses Zehn-Punkte-Programm entwirft keine Utopie, es entspricht vielmehr der Realität im international führenden Forschungsland USA. Das Programm wäre eine Exzellenzinitiative, die ihren Namen verdient. Mit diesen Reformmaßnahmen ließen sich ohne finanziellen Mehraufwand alle Kapazitätsprobleme der Universitäten in Forschung und Lehre beseitigen. Es ergäbe sich die erforderliche Zahl von gut 60 konkurrenzfähigen Universitäten. Der Wettbewerb würde von unten, von den Juniorprofessuren her, intensiviert. Auf diesem Wege entstünden größere Spielräume für Vielfalt, Kreativität und offene Wissensevolution. Der wettbewerbsintensivere deutsche Wissenschaftsmarkt würde statt institutioneller Fassaden eine größere Zahl international wettbewerbsfähiger Forscher hervorbringen. Auf ein Überwachungssystem mit Kennziffernsteuerung könnte aufgrund der Selbstorganisation des offenen, allein im Hinblick auf die Erhaltung von Wettbewerb regulierten Marktes ganz verzichtet werden. Die überlasteten Kontrolleure könnten sich wieder der eigenen Forschung widmen. Die Evaluationsgesellschaft ist auf dem Wege zu einer neuen Form der totalen Überwachung durch Kennziffernsteuerung. Evaluation wird zum Selbstzweck. Es wird nicht mehr geprüft und reflektiert, ob sie zu Verbesserungen führt und welche unerwünschten Nebenfolgen sie zeitigt. Man kann hier von einer neuen Entwicklungsstufe der Gouvernementalität sprechen (Foucault 2004). Evaluation scheint die Legitimität zu haben, zur Verbesserung von erwünschten Leistungen beizutragen. Tatsächlich definiert sie selbst die zu prüfenden Leistungen oft unreflektiert in standardisierter Form. Sie zerstört die berufsethischen Grundlagen des verantwortlichen Handelns nach bestem Wissen und Gewissen und ersetzt es durch die stupide Erfüllung weniger Kennziffern, die nie die Vielfalt der tatsächlich erwünschten Leistungen widerspiegeln können. Evaluationsverfahren unterwerfen die handelnden Personen einer unkontrollierten, nicht legitimen Macht, die nicht zur Verantwortung für die von ihr erzeugten Wirkungen gezogen werden kann. Die Politik entzieht sich durch den flächendeckenden Einsatz von Evaluationsverfahren vielfach der Durchführung von längst erforderlichen, als zu teuer empfundenen Reformen. Statt neue Lehrer einzustellen, um bessere Lernbedingungen zu schaffen, werden z. B. die Schulen auf Jahre hinaus Evaluationen unterworfen und dadurch von der eigentlichen Arbeit abgehalten, ohne dass sich irgendwelche positiven Effekte abzeichneten.

Der Weg, auf dem Wissenschaft und Forschung in Deutschland wieder größere internationale Wettbewerbsfähigkeit gewinnen können, ist eine Forschungspolitik, die Wettbewerb, Vielfalt und Kreativität fördert. Im Kern geht es um eine Strategie, die nicht Standorte und Quantität ohne Prüfung des Ressourceneinsatzes prämiert, sondern Personen und Produktivität. Exzellenz bildet sich an vielen Standorten. Sie wird mit dieser Strategie zielgenau gefördert. Es handelt sich dabei um Exzellenz, die aus einem offenen, weniger vermachteten und verzerrten Wettbewerb hervorgeht und aus einem reichhaltigeren Potential der Kreativität schöpft. Dagegen ist eine durch die Monopolstrategie geschaffene Exzellenz in hohem Maße politisch konstruiert. Sie verdankt sich maßgeblich der Monopolbildung und der Schließung des Wettbewerbs im Machtfeld der Wissenschaft und schöpft aus einem ärmeren Potential der Kreativität.

Ein auf Dezentralisierung, Vielfalt, Kreativität, Wettbewerb und offene Wissensevolution ausgerichtetes Konzept liegt exakt auf der Linie aktueller Empfehlungen für die EU-Forschungsförderung. Nach diesen Empfehlungen ist die Zeit der staatlich geförderten Großforschungsprogramme mit umfassender Infrastruktur zu Ende (Larédo 2003; Heraud 2004). Diese Großforschungsprogramme sind für die neuen Herausforderungen in Wissenschaft und Technologie zu schwerfällig. Entdeckungen und Erfindungen werden schneller generiert und umgesetzt, wenn Anbieter und Nachfrager in kleineren Einheiten dezentral agieren und über einen Markt der Entdeckungen und Erfindungen zueinander finden. Das gilt beim heutigen Niveau der wissenschaftlichen und technologischen Entwicklung mehr als je zuvor. Kartell- und Monopolstrukturen und oligarchische Formen der Organisation zwängen Wissenschaft und Forschung in ein Korsett. Eine Forschungspolitik, die solche Strukturen stärkt, ist nicht auf der Höhe der Zeit und verpasst die dynamisch voranschreitende internationale Entwicklung. Sie schafft eine akademische Elite, die den Beweis ihrer Legitimität schuldig bleiben muss.

Woher sollen die Kräfte kommen, die den tiefgreifenden Systemwandel herbeiführen, den die hier durchgeführte Untersuchung nahelegt? Ein solcher Kurswechsel käme einer Revolution gleich, doch Revolutionen finden in der Weltgeschichte nicht allzu oft statt. Vor allem benötigen sie ein revolutionäres Subjekt. Es ist indessen gar nicht so schwer, ein solches Subjekt auszumachen. Es ist die Masse der Nachwuchswissenschaftler, die in dem oligarchischen System ohne Zukunftsaussichten ausgebeutet werden. Dem Aufstand könnten sich die Rektoren derjenigen Hochschulen anschließen, die sich mit dem Höhepunkt der Exzellenzinitiative von den kapitalkräftigen Akteuren im Machtzentrum des akademischen Feldes systematisch an den Rand gedrängt sehen. Von entscheidender Bedeutung wäre dabei, der Dauerbesetzung des Machtzentrums im akademischen Feld (Wissenschaftsrat und DFG) durch immer dieselbe Gruppe von Hochschulen ein Ende zu setzen. Der Druck, den die Politik der zunehmenden Belastung der Universitäten durch Lehre, Bewerbungs- und Evaluationsorgien bei gleichzeitiger Umschichtung von Ressourcen in die Drittmittelforschung und in die außeruniversitäre Forschung auf den akademischen Mittelbau und die Professoren ausübt, könnte dazu führen, dass sich ein Mittelbau ohne Zukunft mit entnervten Professoren vereinigt und den Aufstand wagt, der den Weg in eine neue akademische Welt weist.

Anhang

Hinweise zu den Streudiagrammen

Die in diesem Anhang verwendeten Daten sind in den Abbildungen A I bis A III dem DFG-Förder-Ranking entnommen (DFG 2003a; 2006e), in den Abbildungen A IV und A V dem CHE-Forschungs-Ranking (Berghoff et al. 2005b). Die Abbildungen A VI und die Tabelle A I beruhen auf beiden Datenquellen. Außerdem wurde zur Ermittlung der DFG-Ausschussmitglieder auf den DFG-Jahresbericht 1997 (DFG 1998) zurückgegriffen. Die Daten zum hauptberuflich tätigen wissenschaftlichen Personal wurden im

DFG-Förder-Ranking vom Statistischen Bundesamt übernommen, das sich in der Definition nach dem Hochschulrahmengesetz richtet. Die Daten zu den Mitarbeitern pro Professor wurden aus den Angaben im DFG-Förder-Ranking errechnet. Dabei handelt es sich um hauptberuflich tätiges wissenschaftliches Personal ohne Professoren in Vollzeitäquivalenzen. Zwischen etatmäßigen Mitarbeitern und Mitarbeitern aus Drittmitteln wird nicht unterschieden. Letztere sind mit eingerechnet, soweit sie als hauptberuflich tätig registriert sind. Die DFG-Ausschussmitglieder beziehen sich auf die Jahre 1997 bis 2000, alle Daten des DFG-Förder-Rankings beziehen sich auf die Jahre 1999 bis 2001. Die ermittelten DFG-Ausschussmitglieder sind demnach mindestens für die DFG-Mittelzuweisungen 1999 und 2000, teilweise aber auch 2001 verantwortlich. Ein Teil der Zuweisungen am Ende der erfassten Periode fällt jedoch in die Zuständigkeit der ab 2000 neu tätigen Ausschussmitglieder. Die nicht vollständige Deckung der erfassten Perioden dürfte jedoch nicht zu einer systematischen Verzerrung der Ergebnisse geführt haben, zumal die Korrelation der Mitgliederzahl von Universitäten in DFG-Ausschüssen zwischen 1998 und 2002 bzw. 2005 sehr hoch ist. Die Daten des CHE-Forschungs-Rankings beziehen sich auf die Jahre 2003 bis 2005. Sie beziehen sich jeweils auf einen davorliegenden Erfahrungszeitraum von drei Jahren. Die Daten zur Exzellenzinitiative wurden am 19. 10. 2006 von der Homepage der DFG abgerufen. Zu Publikationen im Durchschnitt pro Fach, pro Professor und eines Professors pro Mitarbeiter siehe Abb. 3-1 im Text.

Streudiagramme Abb. A I: Das akademische Feld

I.1: abhängige Variable: Hauptberuflich tätiges wiss. Personal

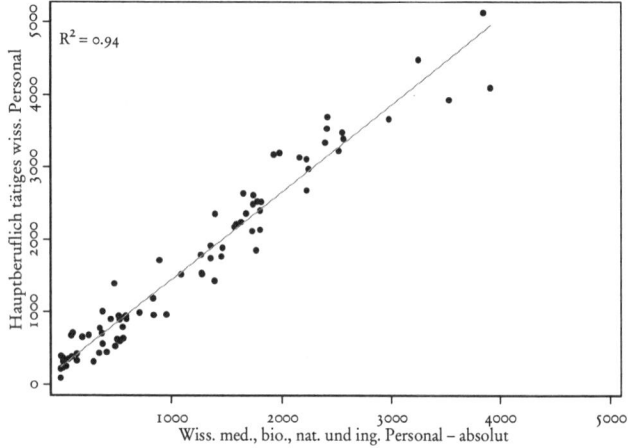

Eigene Berechnungen

I.2: abhängige Variable: Mitglieder in DFG-Ausschüssen – 1998

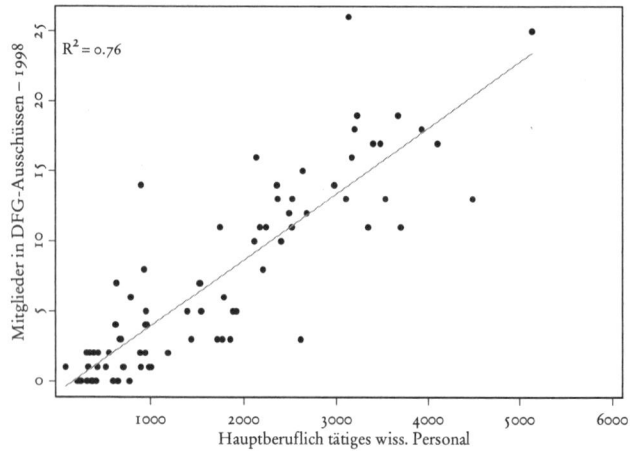

Eigene Berechnungen

I.3: abhängige Variable: Mitglieder in DFG-Ausschüssen – 2002

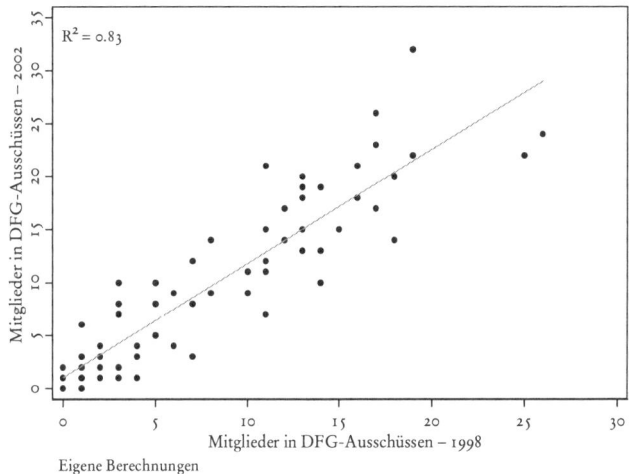

Eigene Berechnungen

I.4: abhängige Variable: Mitglieder in DFG-Ausschüssen – 2005

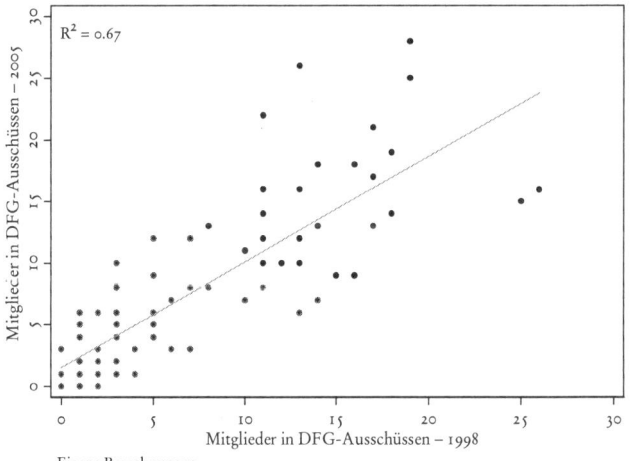

Eigene Berechnungen

I.5a: abhängige Variable: DFG-Gutachter

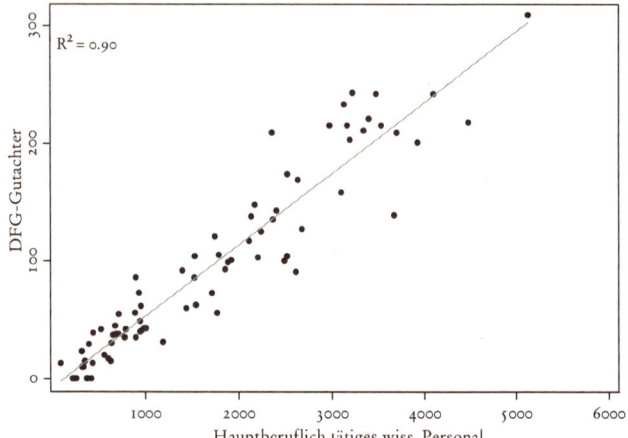

Eigene Berechnungen

I.5b: abhängige Variable: DFG-Gutachter

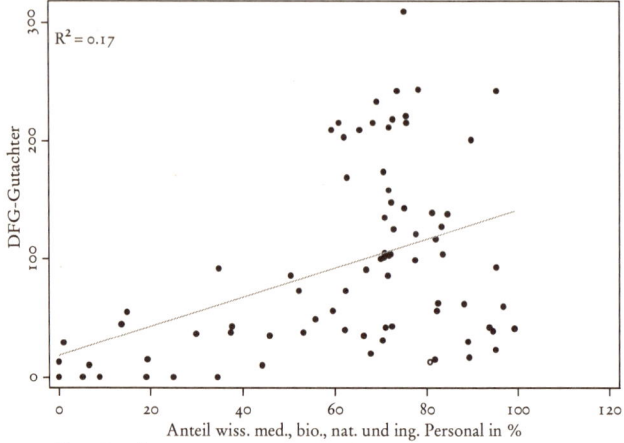

Eigene Berechnungen

1.5c: abhängige Variable: DFG-Gutachter

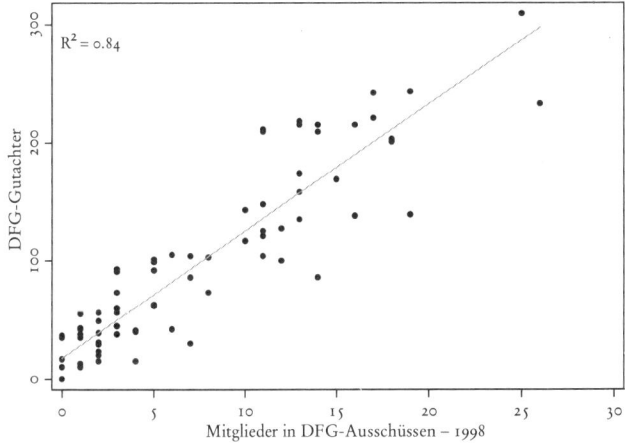

Eigene Berechnungen

1.5d: abhängige Variable: DFG-Gutachter

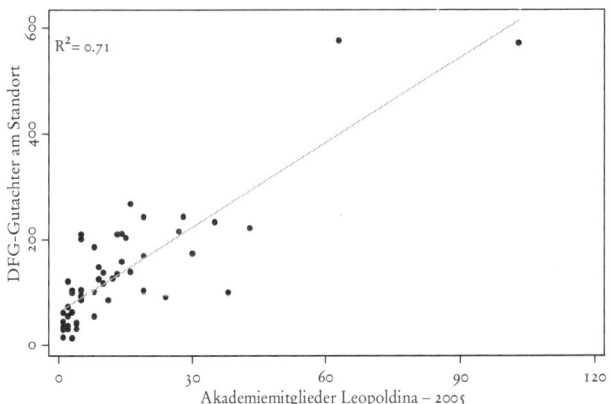

Eigene Berechnungen.
Beim Standort München wurden LMU, TU und UBW zusammengefasst,
beim Standort Berlin FU, HU und TU, beim Standort Hamburg U, TU und UBW,
beim Standort Hannover U, MedHo und TiHo.
Ohne die zwei Standorte München und Berlin beträgt $R^2 = 0.41$.

Streudiagramme Abb. A II: Effekte von sozialem, ökonomischem und symbolischem Kapital

II.1a: abhängige Variable: DFG-Bewilligungen

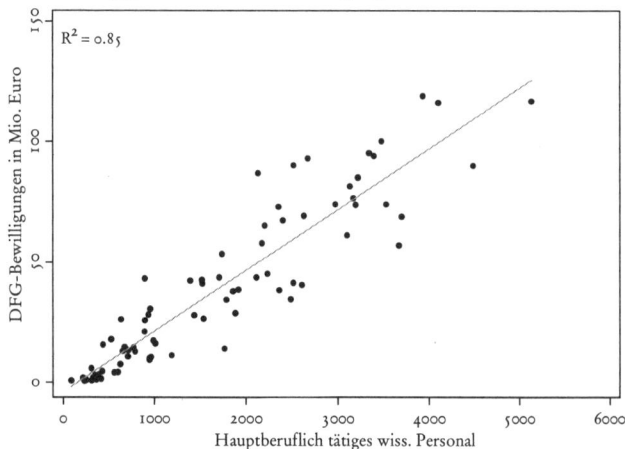

Eigene Berechnungen

II.1b: abhängige Variable: DFG-Bewilligungen

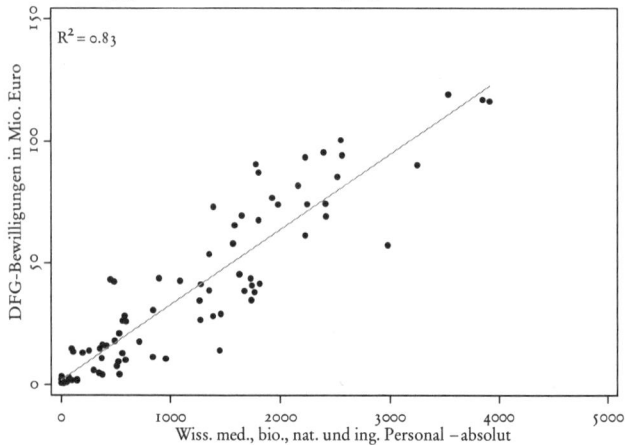

Eigene Berechnungen

II.1c: abhängige Variable: DFG-Bewilligungen

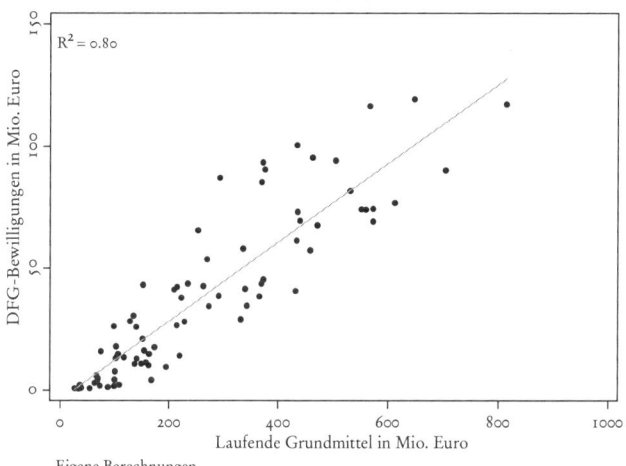

Eigene Berechnungen

II.1d: abhängige Variable: DFG-Bewilligungen

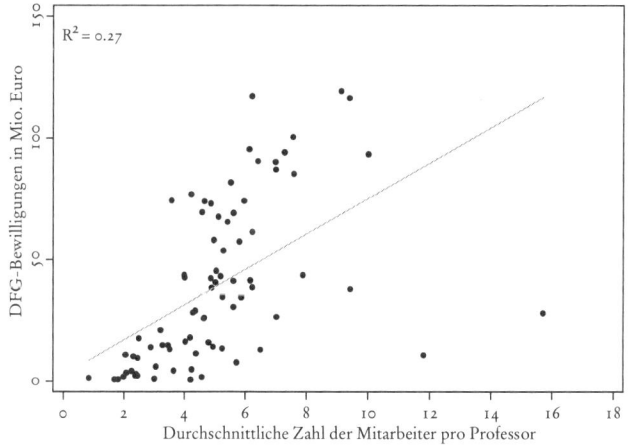

Eigene Berechnungen

II.1e: abhängige Variable: DFG-Bewilligungen

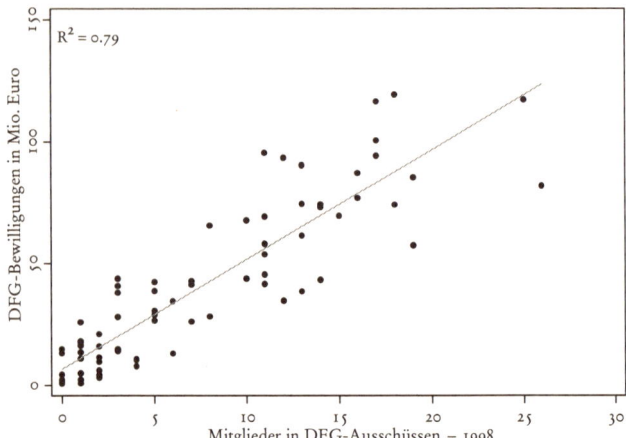

Eigene Berechnungen

II.1f: abhängige Variable: DFG-Bewilligungen

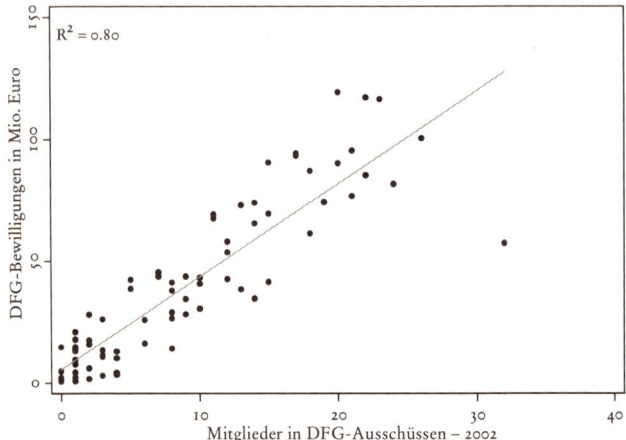

Eigene Berechnungen

II.1g: abhängige Variable: DFG-Bewilligungen

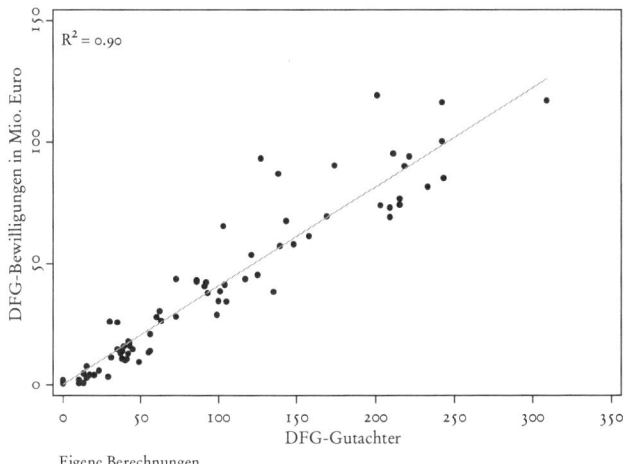

Eigene Berechnungen

II.1h: abhängige Variable: DFG-Bewilligungen

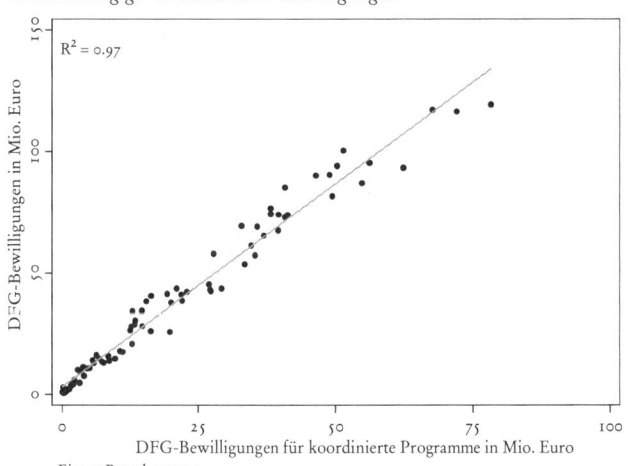

Eigene Berechnungen

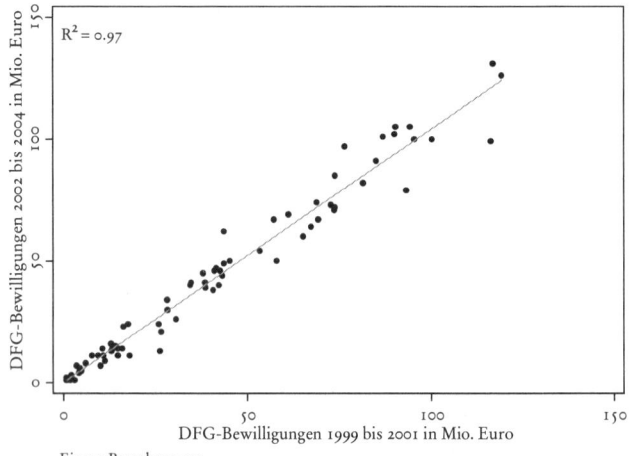

II.1i: abhängige Variable: DFG-Bewilligungen 2002-2004

Eigene Berechnungen

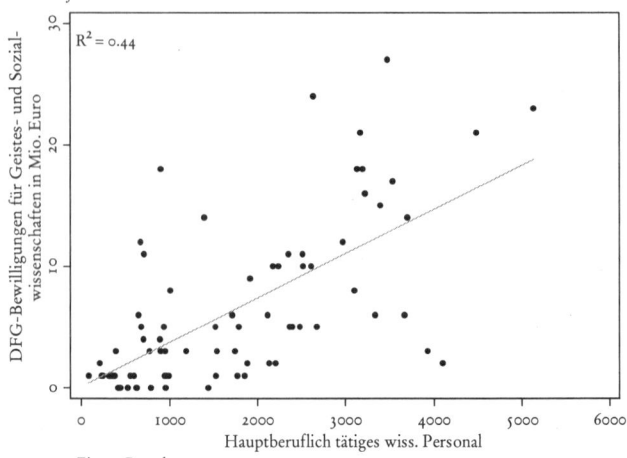

II.2a: abhängige Variable: DFG-Bewilligungen für Geistes- und Sozialwissenschaften

Eigene Berechnungen

II.2b: abhängige Variable: DFG-Bewilligungen für Geistes- und Sozialwissenschaften

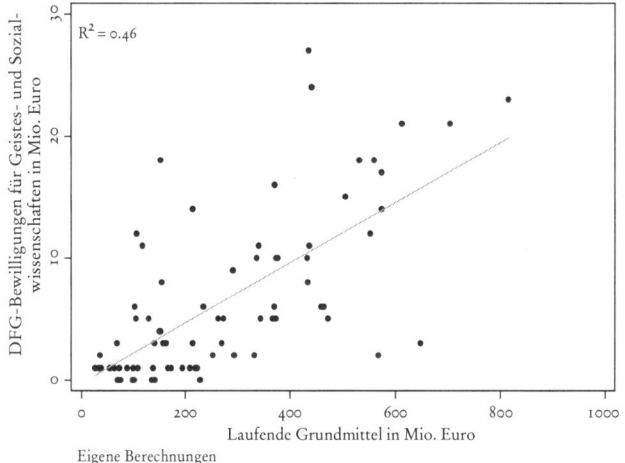

Eigene Berechnungen

II.2c: abhängige Variable: DFG-Bewilligungen für Geistes- und Sozialwissenschaften

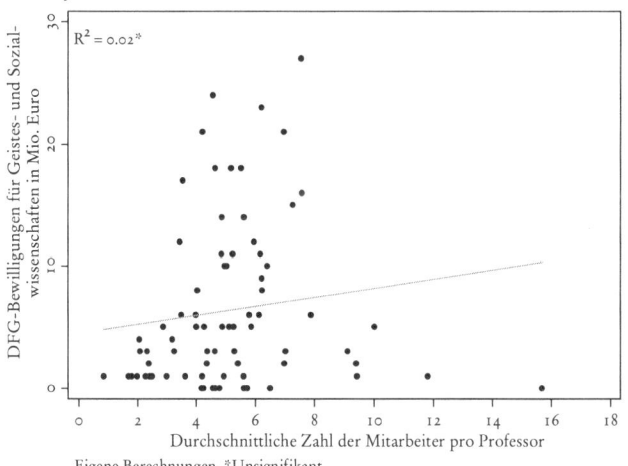

Eigene Berechnungen. *Unsignifikant

II.2d: abhängige Variable: DFG-Bewilligungen für Geistes- und Sozialwissenschaften

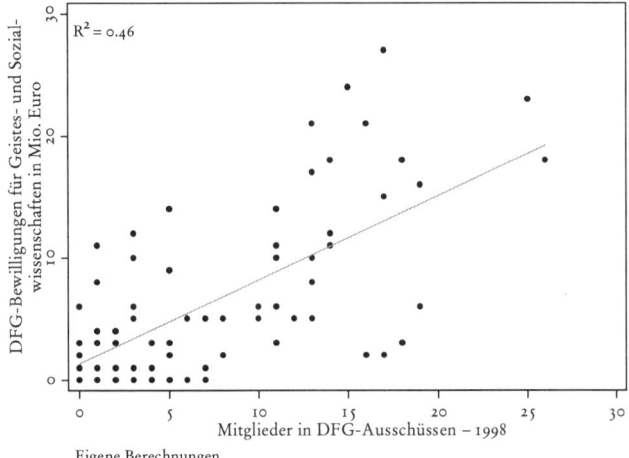

Eigene Berechnungen

II.2e: abhängige Variable: DFG-Bewilligungen für Geistes- und Sozialwissenschaften

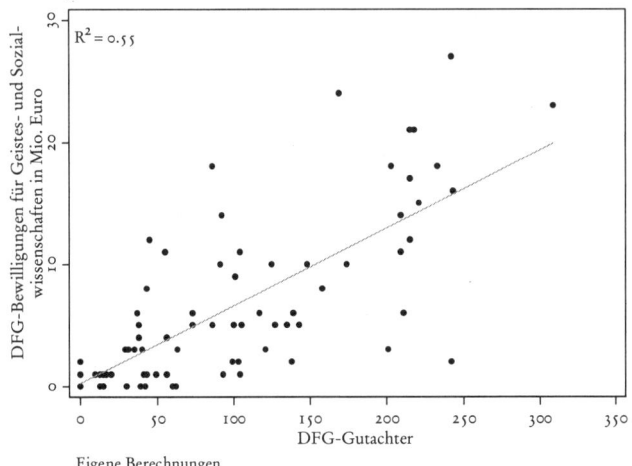

Eigene Berechnungen

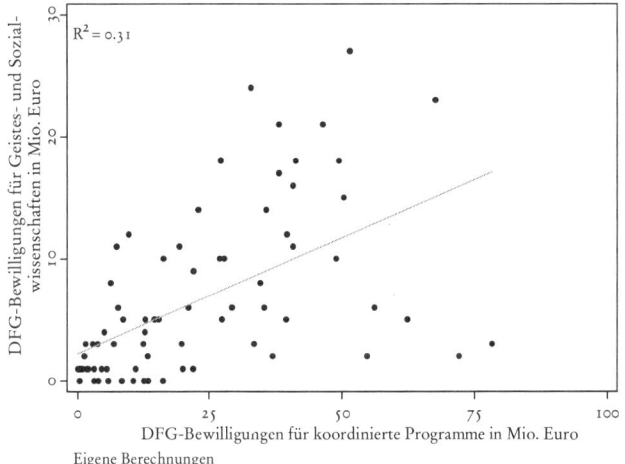

II.2f: abhängige Variable: DFG-Bewilligungen für Geistes- und Sozialwissenschaften

Eigene Berechnungen

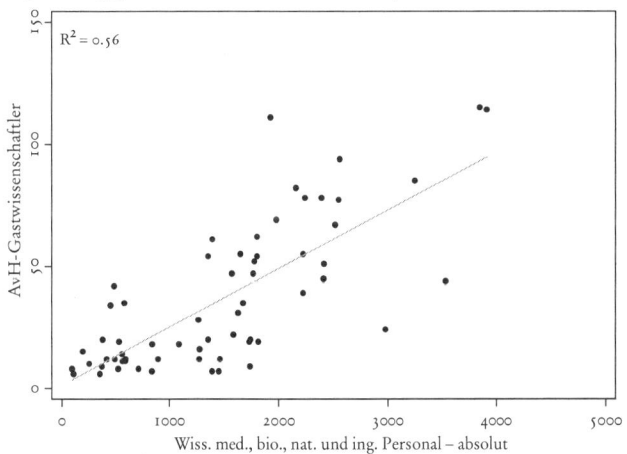

II.3: abhängige Variable: AvH-Gastwissenschaftler

Eigene Berechnungen

423

II.4: abhängige Variable: DAAD-Stipendiaten und Graduierte

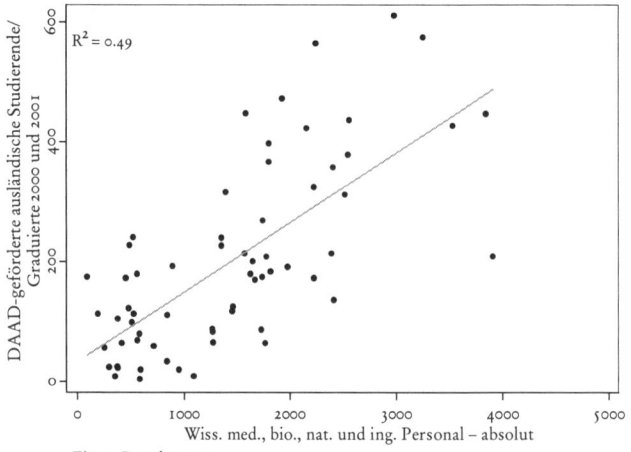

Eigene Berechnungen

Streudiagramme Abb. A III: Inputproduktivität

III.1: abhängige Variable: DFG-Bewilligungen pro Wissenschaftler

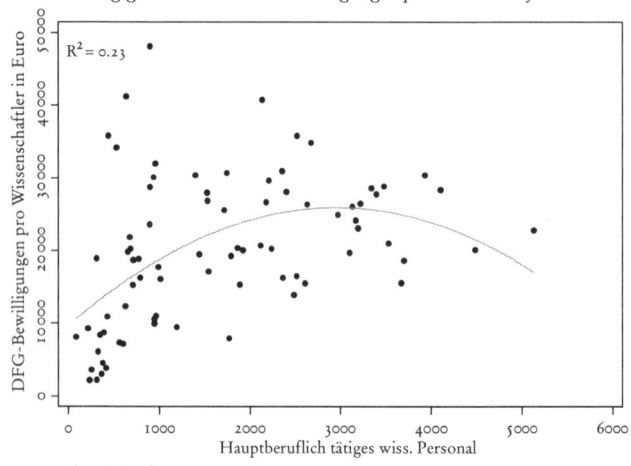

Eigene Berechnungen

III.2: abhängige Variable: DFG-Bewilligungen pro Wissenschaftler

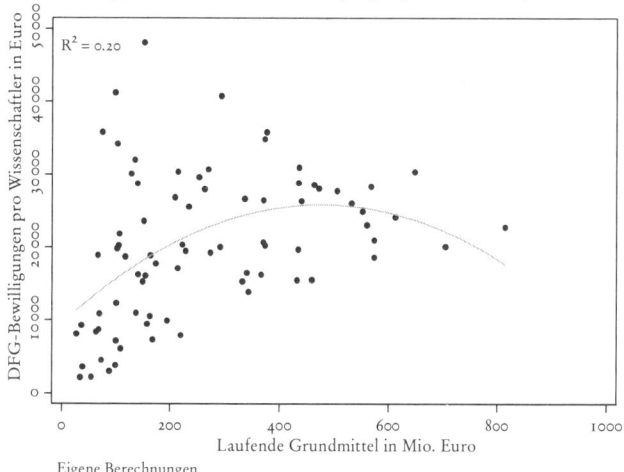

Eigene Berechnungen

III.3: abhängige Variable: DFG-Bewilligungen pro Wissenschaftler

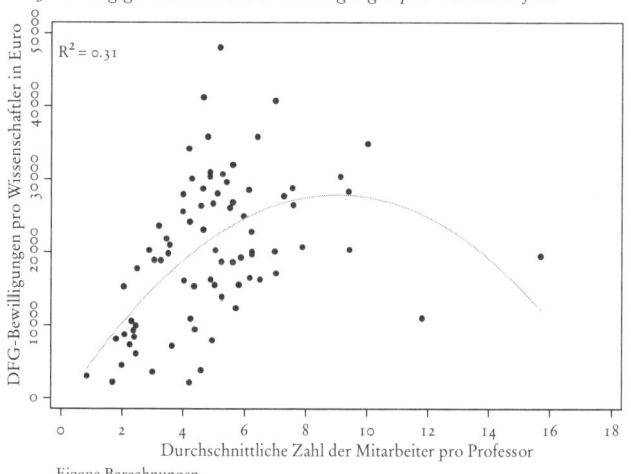

Eigene Berechnungen

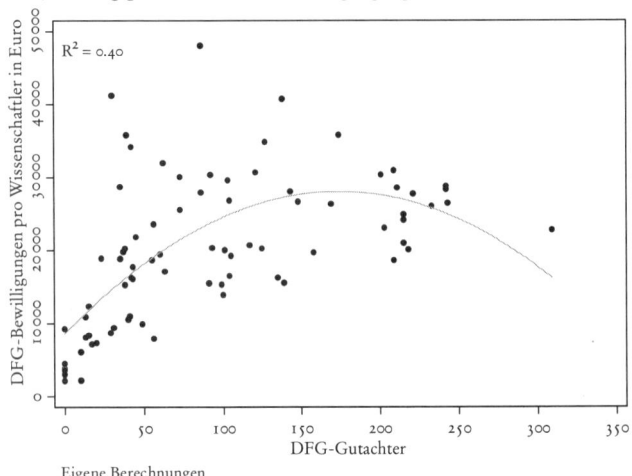

III.4: abhängige Variable: DFG-Bewilligungen pro Wissenschaftler

Eigene Berechnungen

Streudiagramme Abb. A IV: Forschungsgelder und Publikationen

IV.1: Physik (2003)

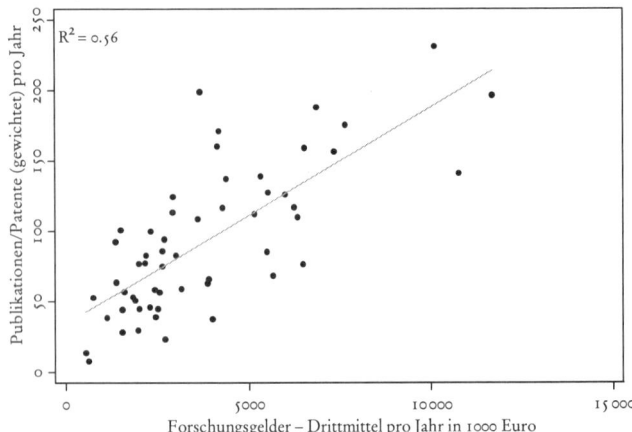

Eigene Berechnungen. Forschungsgelder: Uni Heidelberg 2000/2001; Uni Göttingen 1999/2000; FU Berlin 2002; Uni Augsburg 2000/2001.

IV.2: Chemie (2003)

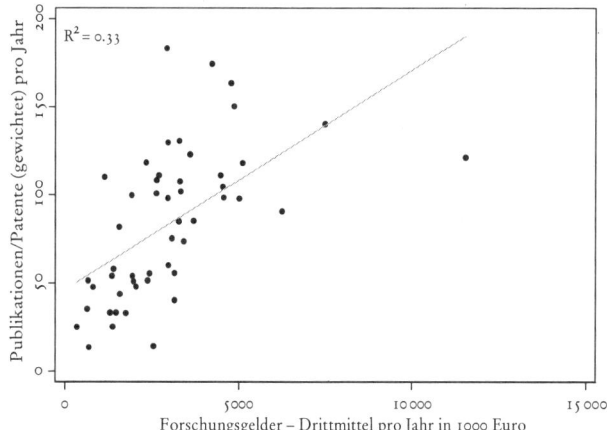

Eigene Berechnungen. Forschungsgelder: Uni Göttingen 2001; Uni Bremen und
Uni Heidelberg 2000/2001.

IV.3: Biologie (2003)

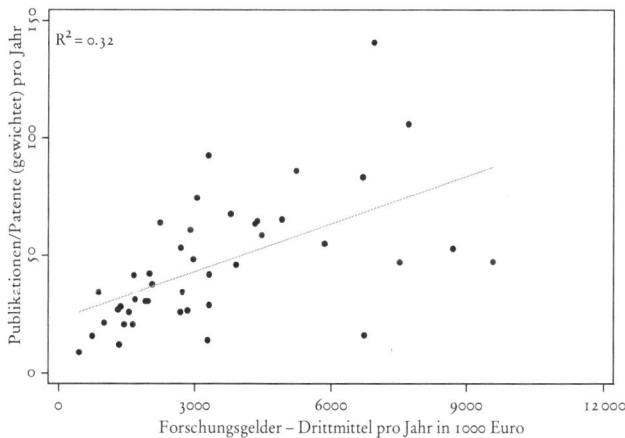

Eigene Berechnungen. Forschungsgelder: Uni Bremen 2001; Uni Halle-Wittenberg und
Uni Heidelberg 2000/2001; Publikationen: Uni Heidelberg ohne ZMBH.

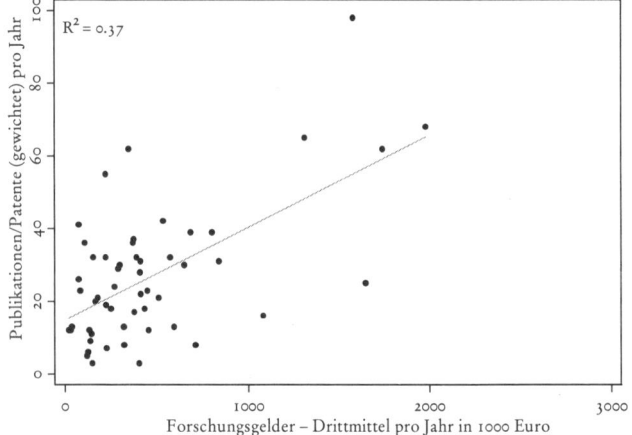

IV.4: Soziologie/Sozialwissenschaften (2005)

$R^2 = 0.37$

Publikationen/Patente (gewichtet) pro Jahr

Forschungsgelder – Drittmittel pro Jahr in 1000 Euro

Eigene Berechnungen

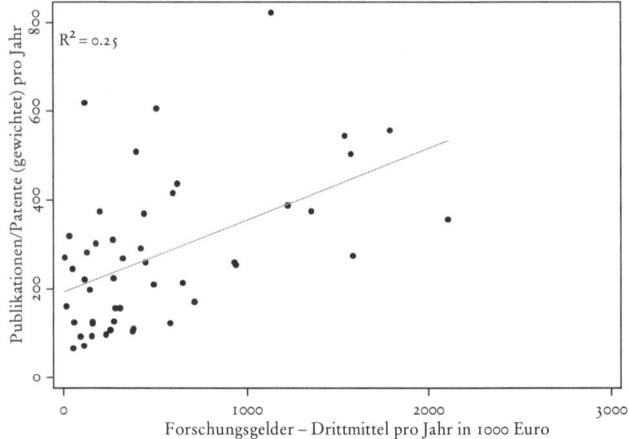

IV.5: Geschichte (2004)

$R^2 = 0.25$

Publikationen/Patente (gewichtet) pro Jahr

Forschungsgelder – Drittmittel pro Jahr in 1000 Euro

Eigene Berechnungen

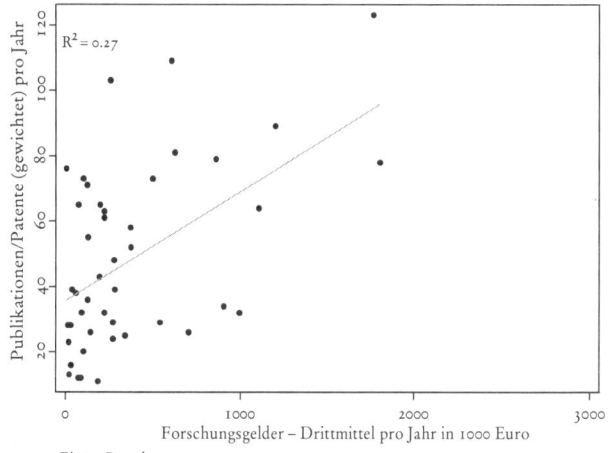

IV.6: Volkswirtschaftslehre (2005)

Eigene Berechnungen

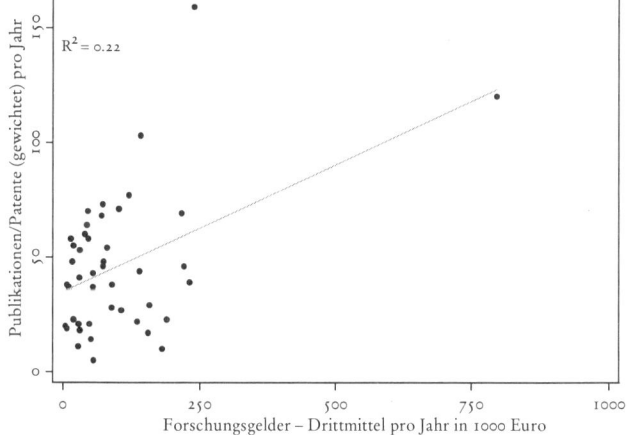

IV.7: Anglistik/Amerikanistik (2004)

Eigene Berechnungen

IV.8: Betriebswirtschaftslehre (2005)

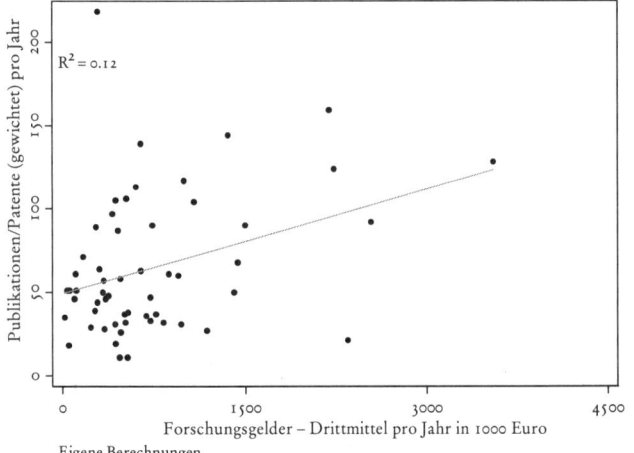

Eigene Berechnungen

IV.9: Elektro- und Informationstechnik (2004)

Eigene Berechnungen. *Unsignifikant

IV.10: Maschinenbau/Verfahrenstechnik (2004)

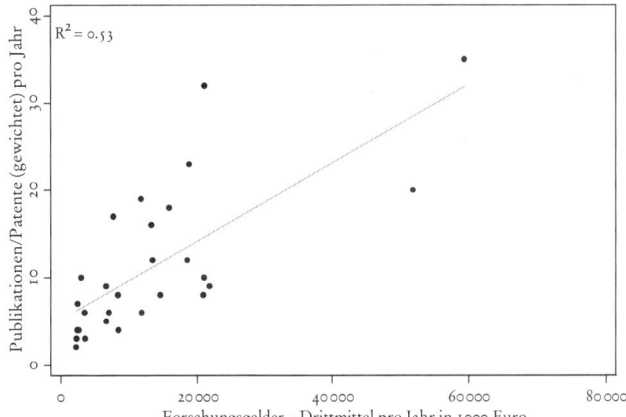

Eigene Berechnungen. Uni Dortmund = Fakultät Maschinenbau; Forschungsgelder:
TU Braunschweig 2000/2001; Patente: TU Bergak. Freiberg = Fakultät Maschinenbau,
Verfahrens- u. Energietechnik.

IV.11: Erziehungswissenschaft (2004)

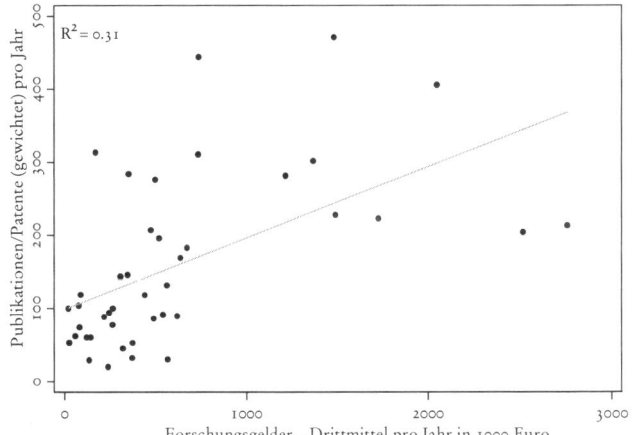

Eigene Berechnungen

IV.12: Pharmazie (2003)

Eigene Berechnungen. *Unsignifikant

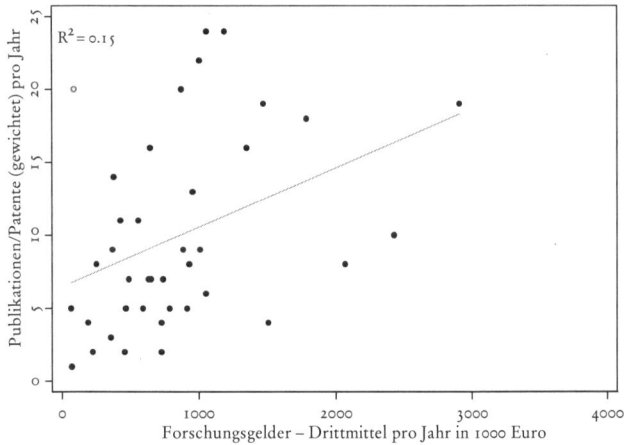

IV.13: Psychologie (2004)

Eigene Berechnungen

Streudiagramme Abb. A V: Forschungsgelder pro Wissenschaftler und
Publikationen pro Professor

V.1: Physik (2003)

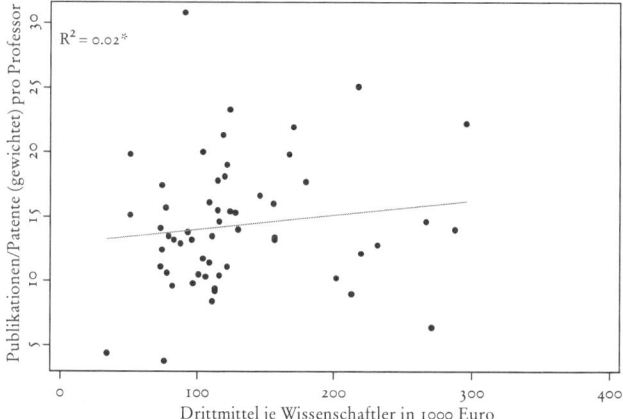

Eigene Berechnungen. Drittmittel: Uni Heidelberg und Uni Augsburg 2000/2001;
Uni Göttingen 1999/2000; FU Berlin 2002; *Unsignifikant

V.2: Chemie (2003)

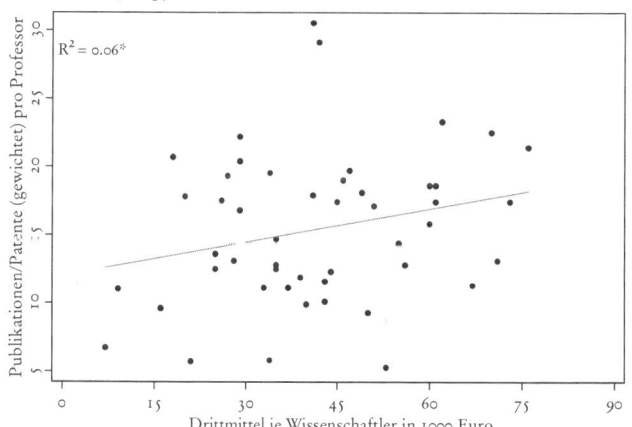

Eigene Berechnungen. Drittmittel: Uni Heidelberg und Uni Bremen 2000/2001;
Uni Göttingen 2001. *Unsignifikant

V.3: Biologie (2003)

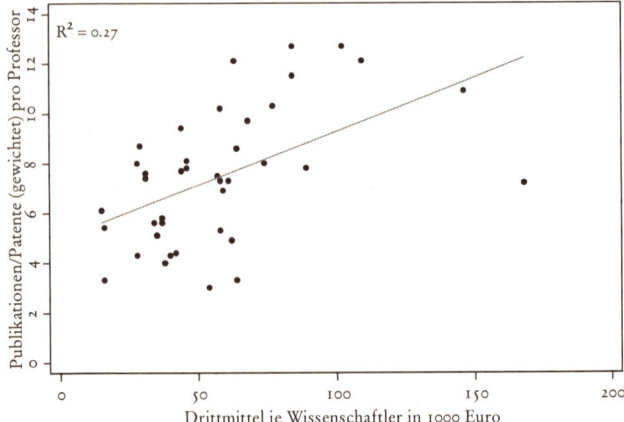

Eigene Berechnungen. Drittmittel: Uni Bremen 2001; Uni Halle-Wittenberg und
Uni Heidelberg 2000/2001; Publikationen: Uni Heidelberg ohne ZMBH.

V.4: Soziologie/Sozialwissenschaften (2005)

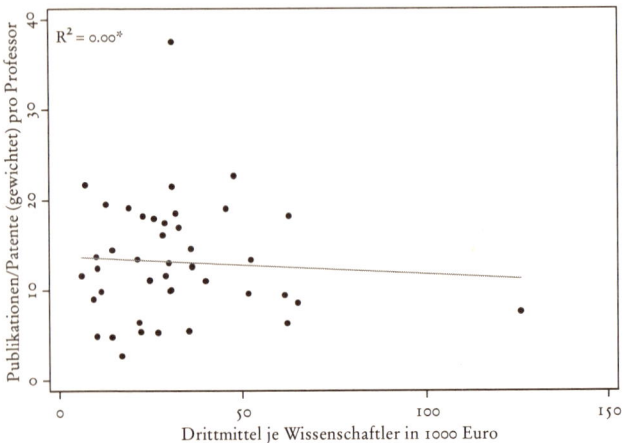

Eigene Berechnungen. *Unsignifikant

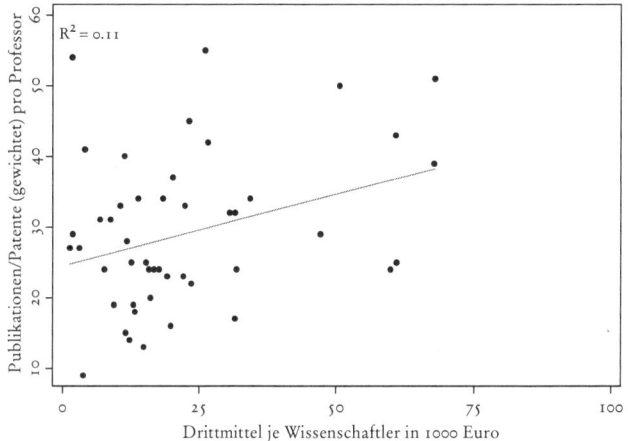

V.5: Geschichte (2004)

Eigene Berechnungen

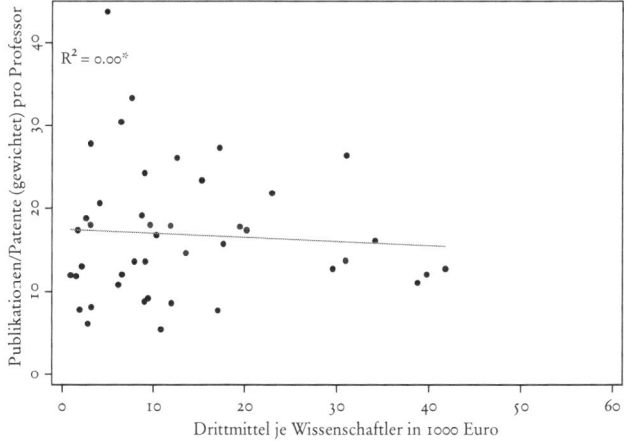

V.6: Volkswirtschaftslehre (2005)

Eigene Berechnungen. * Unsignifikant

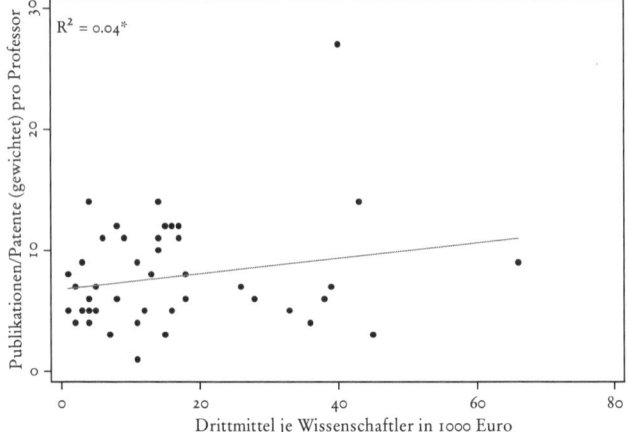

V.7: Anglistik/Amerikanistik (2004)

$R^2 = 0.04^*$

Publikationen/Patente (gewichtet) pro Professor

Drittmittel je Wissenschaftler in 1000 Euro

Eigene Berechnungen. *Unsignifikant

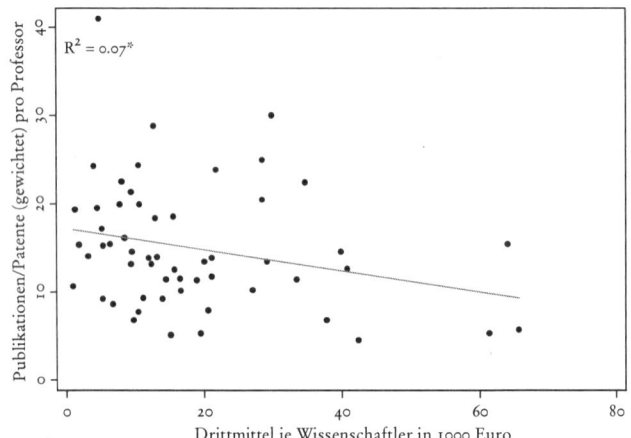

V.8: Betriebswirtschaftslehre (2005)

$R^2 = 0.07^*$

Publikationen/Patente (gewichtet) pro Professor

Drittmittel je Wissenschaftler in 1000 Euro

Eigene Berechnungen. *Unsignifikant

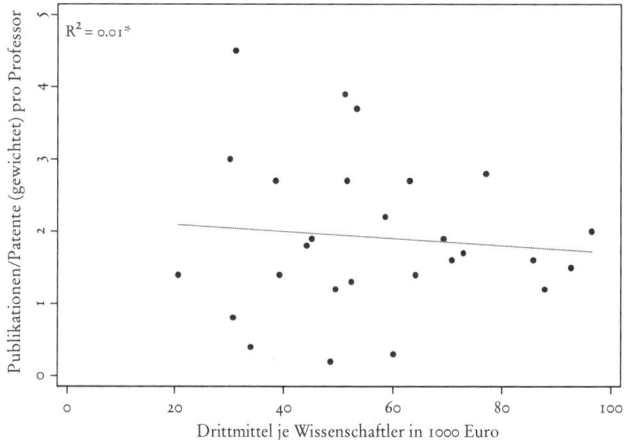

V.9: Elektro- und Informationstechnik (2004)

Eigene Berechnungen. *Unsignifikant

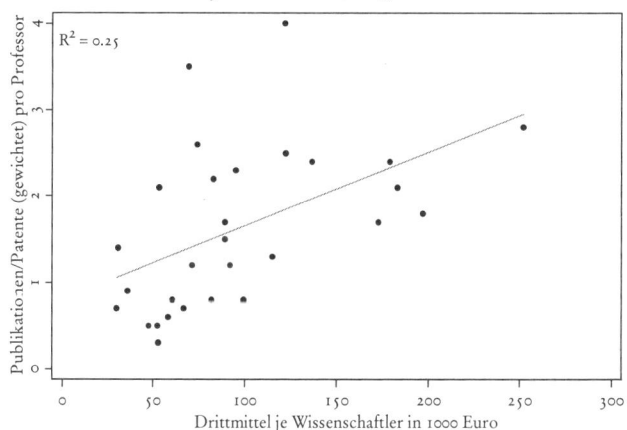

V.10: Maschinenbau/Verfahrenstechnik (2004)

Eigene Berechnungen. Uni Dortmund = Fakultät Maschinenbau; Forschungsgelder: TU Braunschweig 2000/2001; Patente: TU Bergak. Freiberg = Fakultät Maschinenbau, Verfahrens- u. Energietechnik.

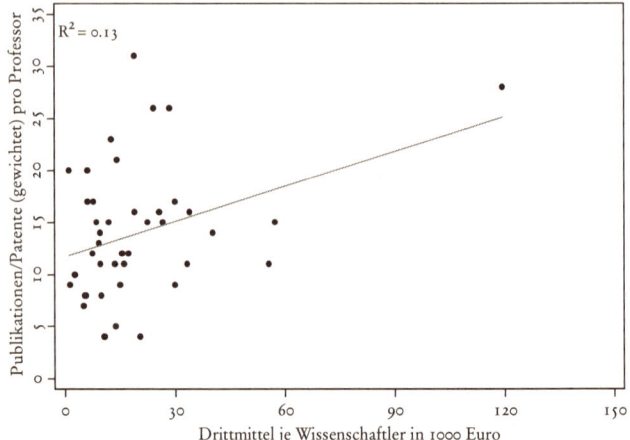

V.11: Erziehungswissenschaft (2004)

Eigene Berechnungen. Ohne Uni Duisburg-Essen ist der Zusammenhang unsignifikant.

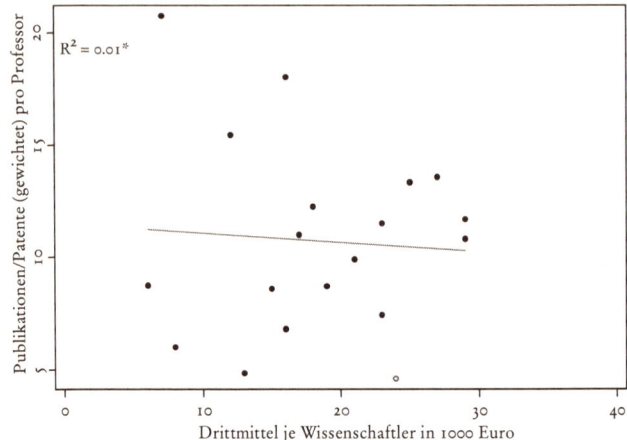

V.12: Pharmazie (2003)

Eigene Berechnungen. *Unsignifikant

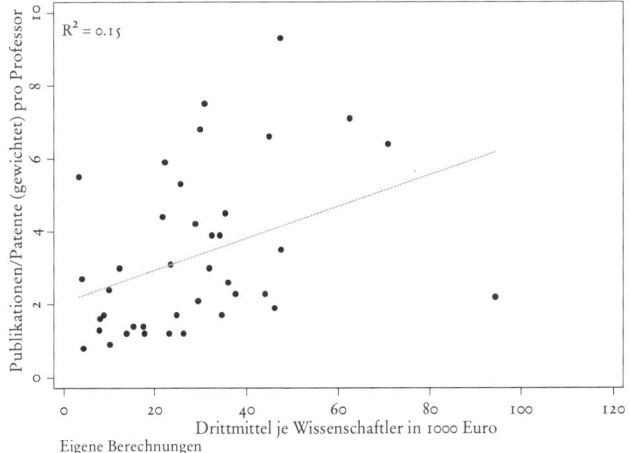

V.13: Psychologie (2004)

Eigene Berechnungen

Streudiagramme Abb. A VI: Wissenschaftliches Personal, Forschungsgelder und Publikationen von Universitäten

VI.1a: abhängige Variable: Publikationen im Durchschnitt pro Fach

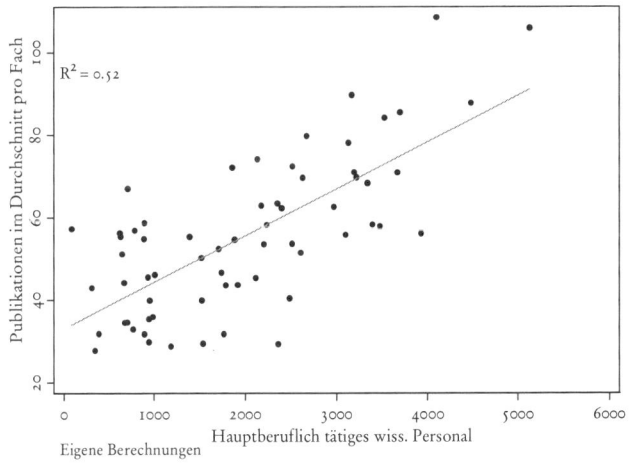

Eigene Berechnungen

VI.1b: abhängige Variable: Publikationen im Durchschnitt pro Fach

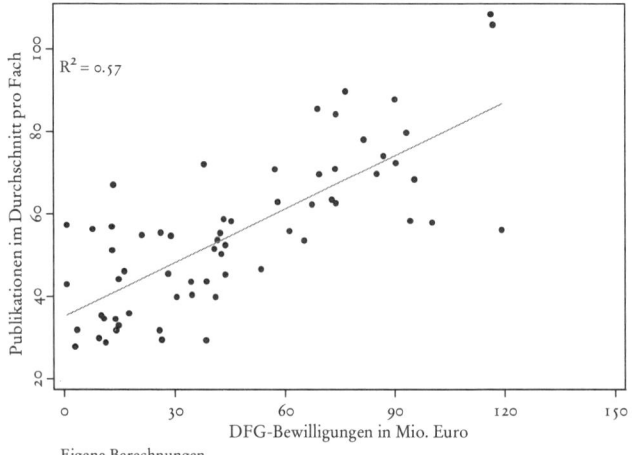

Eigene Berechnungen

VI.1c: abhängige Variable: Publikationen im Durchschnitt pro Fach

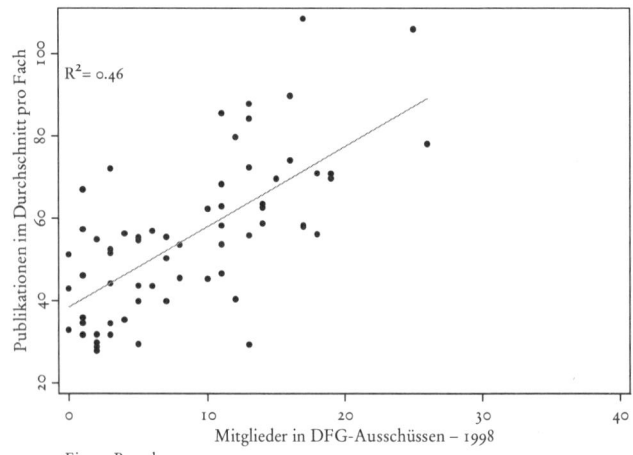

Eigene Berechnungen

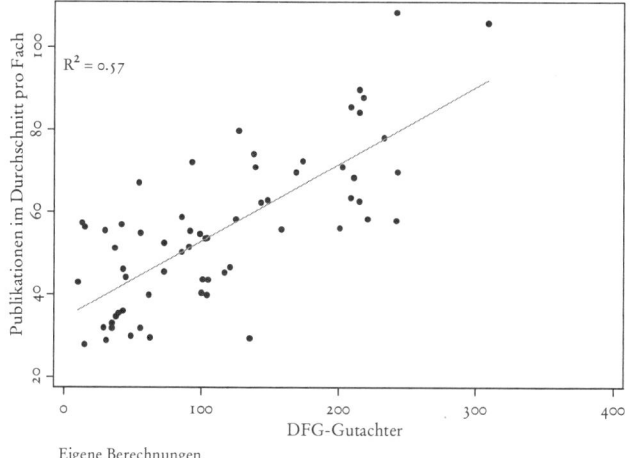

VI.1d: abhängige Variable: Publikationen im Durchschnitt pro Fach

Eigene Berechnungen

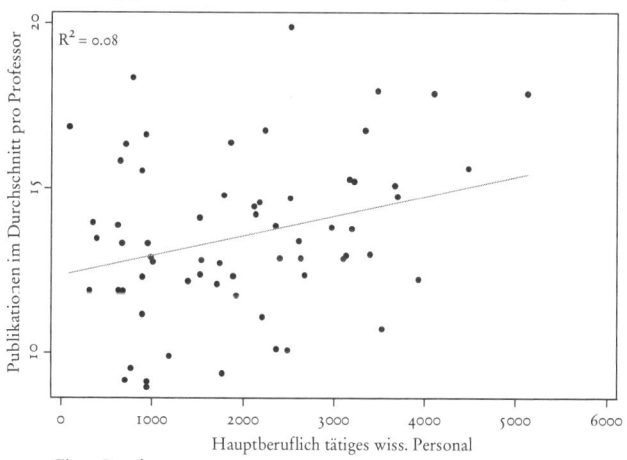

VI.2a: abhängige Variable: Publikationen im Durchschnitt pro Professor

Eigene Berechnungen

VI.2b: abhängige Variable: Publikationen im Durchschnitt pro Professor

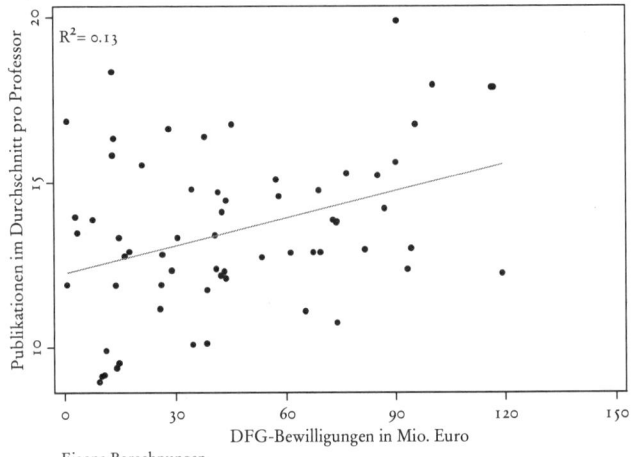

Eigene Berechnungen

VI.2c: abhängige Variable: Publikationen im Durchschnitt pro Professor

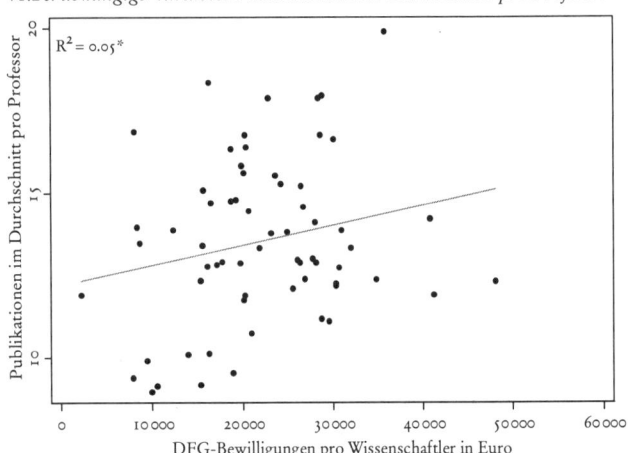

Eigene Berechnungen. * Unsignifikant

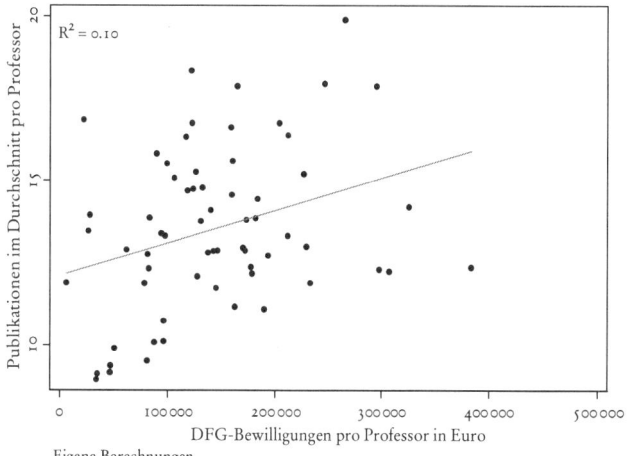

VI.2d: abhängige Variable: Publikationen im Durchschnitt pro Professor

Eigene Berechnungen

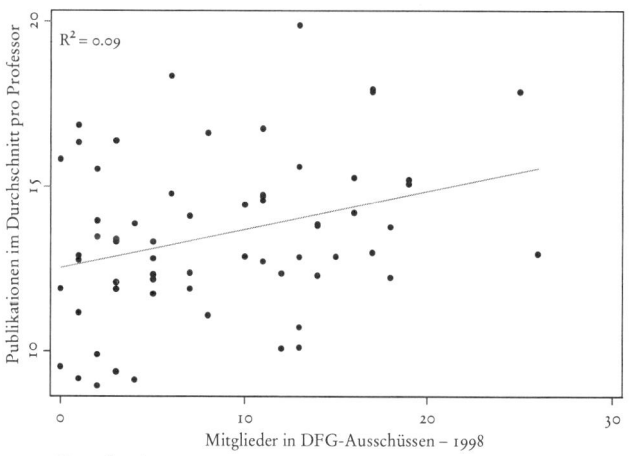

VI.2e: abhängige Variable: Publikationen im Durchschnitt pro Professor

Eigene Berechnungen

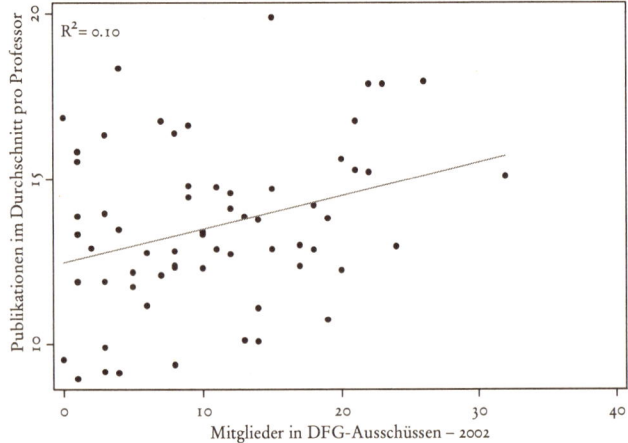

VI.2f: abhängige Variable: Publikationen im Durchschnitt pro Professor

Eigene Berechnungen

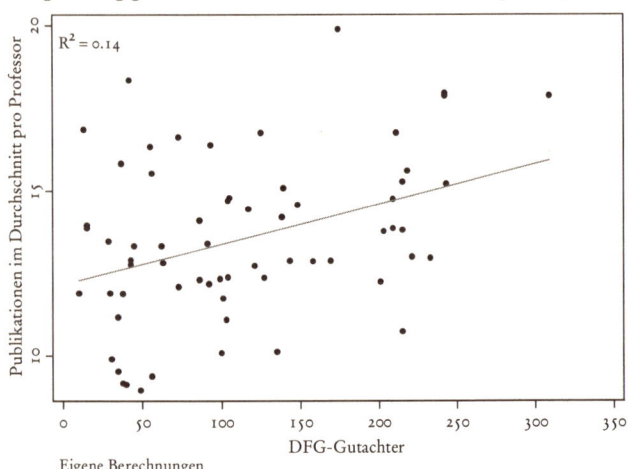

VI.2g: abhängige Variable: Publikationen im Durchschnitt pro Professor

Eigene Berechnungen

VI.2h: abhängige Variable: Publikationen im Durchschnitt pro Professor

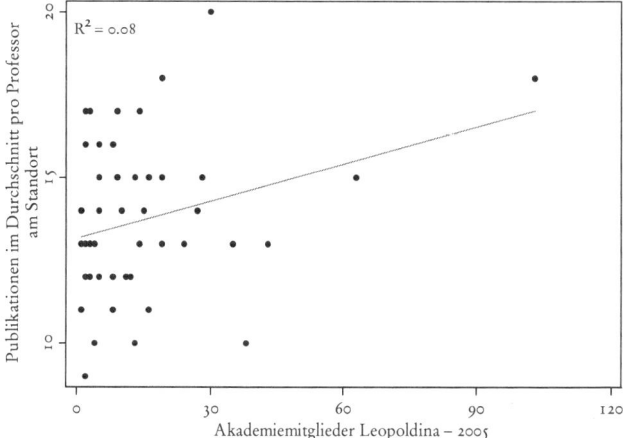

Eigene Berechnungen. Ohne München und Berlin beträgt R^2 = 0,01 (unsignifikant).

VI.2i: Publikationen im Durchschnitt eines Professors pro Mitarbeiter

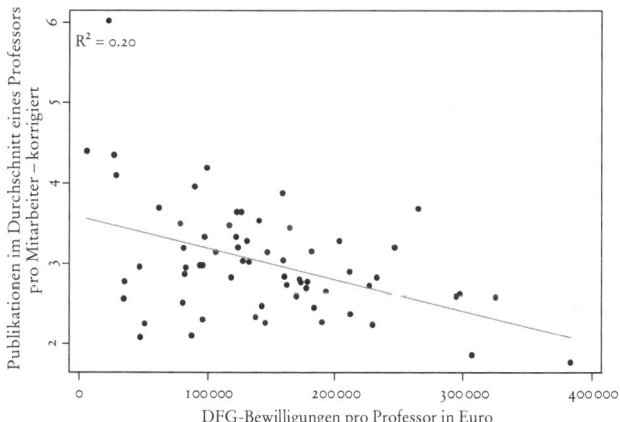

Eigene Berechnungen. Mitarbeiterzahl wie folgt korrigiert: 10–3, 9–2,5, 8–2, 7–1,5, 6–1, 5–0,5, 4±0, 3+0,5, 2+1.

Tab. A1: Multiple Regressionen zu Effekten von sozialem, ökonomischem, kulturellem und symbolischem Kapital

OLS-Regressionen mit robusten Standardfehlern:

Modelle:	-1-	-2-	-3-	-4-	-5-	-6-	-7-
	Abhängige Variablen						
	DFG-Bewilligungen in Mio. Euro	DFG-Bewilligungen pro Wissenschaftler in Euro	DFG-Bewilligungen in Geistes- und Sozialwissenschaften in Mio. Euro	DFG-Bewilligungen in Geistes- und Sozialwissenschaften pro Wissenschaftler in Euro	Publikationen im Durchschnitt pro Fach	Publikationen im Durchschnitt pro Professor	Publikationen eines Professors pro Mitarbeiter – korrigiert (PPM$_2$)
Unabhängige Variablen							
Hauptberuflich tätiges wiss. Personal	0.0092* (0.0055)	-6.6029** (3.2319)	-0.00146 (0.0019)	-3.8569 (3.3647)	—	—	—
Anteil wiss. med., bio., nat. und ing. Personal in %	0.032 (0.0314)	147.256*** (46.0278)	-0.0793*** (0.0194)	-103.43** (50.519)	-0.1852* (0.0994)	-0.0405** (0.0164)	-0.0160*** (0.0051)
Durchschnittliche Zahl der Mitarbeiter pro Professor	1.1475 (0.7948)	221.8003 (497.3652)	-0.1253 (0.0187)	1570.63** (765.33)	1.089 (1.982)	0.766*** (0.286)	-0.181* (0.0933)
Trad. Universitäten in Westdeutschland + Berlin (Dummyvariable)	13.1863** (5.4969)	2764.59 (3349.31)	2.051 (2.113)	2879.35 (3955.18)	8.119* (4.6073)	-0.4476 (0.961)	-0.0490 (0.2130)
Laufende Grundmittel pro Professor in 1000 Euro	-0.0302 (0.0381)	-26.0036 (22.775)	0.0079 (0.0154)	-7.330 (17.3026)	0.0433 (0.0308)	-0.0091 (0.0049)	0.0004 (0.0007)

OLS-Regressionen mit robusten Standardfehlern:

Modelle:	-1-	-2-	-3-	-4-	-5-	-6-	-7-
			Abhängige Variablen				
	DFG-Bewilligungen in Mio. Euro	DFG-Bewilligungen pro Wissenschaftler in Euro	DFG-Bewilligungen in Geistes- und Sozialwissenschaften in Mio. Euro	DFG-Bewilligungen in Geistes- und Sozialwissenschaften pro Wissenschaftler in Euro	Publikationen im Durchschnitt pro Fach	Publikationen Durchschnitt pro Professor	Publikationen eines Professors pro Mitarbeiter – korrigiert (PPM_2)
Mitglieder in DFG-Ausschüssen – 1998	0.3719 (0.432)	401.67 (367.30)	0.0803 (0.2044)	145.39 (404.62)	-0.0632 (0.5805)	-0.0236 (0.0952)	-0.0041 (0.0243)
DFG-Gutachter	0.277*** (0.0737)	154.59*** (44.324)	0.065** (0.0314)	100.89** (43.62)	0.0499 (0.1167)	0.0287* (0.0149)	0.0017 (0.0034)
DFG-Bewilligungen in Mio. Euro	—	—	—	~	-0.037 (0.289)	0.015 (0.042)	0.0008 (0.0087)
DFG-Bewilligungen pro Professor in 1000 Euro	—	—	—	—	0.049 (0.062)	-0.0066 (0.0089)	0.0002 (0.0020)
Universitäten	79	79	78	75	64	64	64
Korr. R^2	0.92	0.48	0.63	0.39	0.58	0.22	0.43

Anmerkungen: Robuste Standardfehler in Klammern, Konstante wird nicht dargestellt; Signifikanzlevel: * 10 %; ** 5 %; *** 1 %. Mitarbeiter pro Prof. wie in Abb. VI.2i.

Literaturverzeichnis

Abramowitz, S. I. et al. 1975: »Publish or Politic: Referee Bias in Manuscript Review«, in: *Journal of Applied Social Psychology* 5 (3), S. 187-200.

Adam, D. 2002: »The Counting House«, in: *Nature* 415, S. 726-729.

Adorno, Th. W. 1969: »Zur Logik der Sozialwissenschaften«, in: Th. W. Adorno et al. (Hg.): *Der Positivismusstreit in der deutschen Soziologie.* Neuwied und Berlin: Luchterhand, S. 125-143.

AG Manieren der Jungen Akademie der Wissenschaften 2006: »Wissenschaft als Norm(al)fabrik. Anmerkungen zur Wissenschaftsförderung in Deutschland«, in: *Forschung und Lehre* 13, S. 387.

Akerloff, G. A. 1970: »The Market for Lemons: Quality, Uncertainty and the Market Mechanism«, in: *Quarterly Journal of Economics* 84 (3), S. 488-500.

Albert, H. 1963: »Modell-Platonismus. Der neoklassische Stil des ökonomischen Denkens in kritischer Beleuchtung«, in: F. Karrenberg und H. Albert (Hg.): *Sozialwissenschaft und Gesellschaftsgestaltung. Festschrift für Gerhard Weisser.* Berlin: Duncker & Humblot, S. 45-76.

Albrecht, C. 2001: »Universität als repräsentative Kultur«, in: E. Stölting und U. Schimank (Hg.): *Die Krise der Universitäten.* Leviathan-Sonderheft 20. Wiesbaden: Westdeutscher Verlag, S. 64-80.

Alexander von Humboldt-Stiftung 2006: »Das Humboldt-Ranking«, in: *Humboldt Kosmos* 87, Juli 2006, S. 40-43.

Altrichter, H., M. Schratz und H. Pechar (Hg.) 1997: *Hochschulen auf dem Prüfstand.* Innsbruck: StudienVerlag.

Antoni, K. 2006: »Lasst die Universitäten endlich in Ruhe. Ein Brief aus Harvard«, in: *Forschung & Lehre* 13 (1), S. 20-22.

Aretz, H.-J. 1990: *Zwischen Kritik und Dogma. Der wissenschaftliche Diskurs.* Wiesbaden: Deutscher Universitätsverlag.

Armstrong, J. S. 1997: »Peer Review for Journals: Evidence on Quality Control, Fairness, and Innovation«, in: *Science and Engineering Ethics* 3 (1), S. 63-84.

Arthur, B. W. 1988: »Self-Reinforcing Mechanisms in Economics«, in: Ph. W. Anderson, K. J. Arrow und D. Pines (Hg.): *The Economy as an Evolving Complex System.* Reading, Mass.: Addison-Wesley, S. 9-31.

Arthur, B. W. 1997: »Beyond Rational Expectations. Indeterminacy in Economic and Financial Markets«, in: J. D. Probak und J. V. C. Nye

(Hg.): *Frontiers of the New Institutional Economics.* New York: Academic Press, S. 291 304.

Bach, M. 2004: *Jenseits des rationalen Handelns. Zur Soziologie Vilfredo Paretos.* Wiesbaden: VS Verlag für Sozialwissenschaften.

Backes-Gellner, U. und P. Moog (Hg.) 2004: *Ökonomie der Evaluation von Schulen und Hochschulen.* Berlin. Duncker & Humblot.

Balke, S., J. Stiensmeier-Pelster und A. Welzel 1991: »Auswirkungen der *Spiegel*-Rangliste westdeutscher Hochschulen auf die Wahl des Studienorts«, in: W.-D. Webler und H.-U. Otto (Hg.): *Der Ort der Lehre in der Hochschule. Lehrleistungen, Prestige und Hochschulwettbewerb.* Weinheim: Deutscher Studien-Verlag, S. 307-316.

Barthes, R. 1970: *Mythen des Alltags.* Frankfurt a. M.: Suhrkamp.

Baudrillard, J. 1992: *Transparenz des Bösen.* Berlin: Merve Verlag.

Baxt, W. G. et al. 1998: »Who Reviews the Reviewers? Feasibility of Using a Fictitious Manuscript to Evaluate Peer Reviewer Performance«, in: *Annals of Emergency Medicine* 32 (3, 1), S. 310-317.

Bayer, Ch. R. 2004: *Hochschul-Ranking: Vorschlag eines ganzheitlichen Ranking-Verfahrens.* Berlin: Duncker & Humblot.

Becker, G. S. 1968: »Crime and Punishment: An Economic Approach«, in: *Journal of Political Economy* 76, S. 169-217.

Becker, G. S. 1993: *Human Capital.* Chicago: University of Chicago Press, 3. Aufl.

Becker, J. H. 1994: »Publizieren deutsche Psychologen zunehmend in englischer Sprache?«, in: *Psychologische Rundschau* 45, S. 234-238.

Ben-David, J. 1971: *The Scientist's Role in Society: A Comparative Study.* Englewood Cliffs, N. J.: Prentice Hall.

Benz, W. 1996: »Der Wissenschaftsrat«, in: Ch. Flämig et al. (Hg.): *Handbuch des Wissenschaftsrechts.* Berlin: Springer, S. 1667-1687.

Berezin, A. 1998: »The Perils of Centralized Research Funding Systems«, in: *Knowledge, Technology & Policy* 11 (3), S. 5-26.

Berghoff, S. und S. Hornbostel 2003: »Das CHE hinter den sieben Bergen«, in: *Perspektiven der Wirtschaftspolitik* 4, S. 191-195.

Berghoff, S., G. Federkeil, P. Giebisch, C.-D. Hachmeister, M. Siekermann und D. Müller-Böling 2005a: *Das CHE-ForschungsRanking 2004. Auszug aus dem Arbeitspapier Nr. 62.* Gütersloh: Centrum für Hochschulentwicklung.

Berghoff, S., G. Federkeil, P. Giebisch, C.-D. Hachmeister und D. Müller-Böling 2005b: *Das CHE-Forschungs-Ranking deutscher Universitäten 2005. Arbeitspapier Nr. 70.* Gütersloh: Centrum für Hochschulentwicklung.

Berghoff, S., G. Federkeil, P. Giebisch, D.-D. Hachmeister, M. Hennings und D. Müller-Böling 2006: *Das CHE-Forschungsranking deutscher Universitäten 2006*. Gütersloh: Centrum für Hochschulentwicklung.

Beyer, J. 2005: »Pfadabhängigkeit ist nicht gleich Pfadabhängigkeit. Wider den impliziten Konservatismus eines gängigen Konzepts«, in: *Zeitschrift für Soziologie* 34 (1), S. 5-21.

Blumenberg, H. 2000: *Die Verführbarkeit des Philosophen*. Frankfurt a. M.: Suhrkamp.

Bogler, R. 1994: »The Impact of Past Experience on People's Preference: The Case of University Researchers' Dependency on Funding Sources«, in: *Higher Education* 28 (2), S. 169-187.

Bookstein, A. und M. Yitzahki. 1999. »Own Language Preference: A new Measure of ›Relative Language Self-citation‹«, in: *Scientometrics* 46 (2), S. 337-348.

Borchmeyer, D. 2006: »Unsere Universität ist tot. Ein Nachruf«, in: *Süddeutsche Zeitung*, Jg. 62, Nr. 243, 21./22. Oktober 2006, S. 14.

Bourdieu, P. 1979: *Entwurf einer Theorie der Praxis (auf der ethnologischen Grundlage der kabylischen Gesellschaft)*. Frankfurt a. M.: Suhrkamp (frz. Original 1972).

Bourdieu, P. 1982: *Die feinen Unterschiede*. Frankfurt a. M.: Suhrkamp (frz. Original 1979).

Bourdieu, P. 1991: *Zur Soziologie symbolischer Formen*. Frankfurt a. M.: Suhrkamp (frz. Original 1970).

Bourdieu, P. 1992: *Homo Academicus*. Frankfurt a. M.: Suhrkamp (frz. Original 1984).

Bourdieu, P. 1993: *Soziologische Fragen*. Frankfurt a. M.: Suhrkamp (frz. Original 1980).

Bourdieu, P. 2004a: *Der Staatsadel*. Konstanz: UVK (frz. Original 1989).

Bourdieu, P. 2004b: *Schwierige Interdisziplinarität. Zum Verhältnis von Soziologie und Geschichtswissenschaft*. Münster: Westfälisches Dampfboot.

Bourke, P. and L. Butler 1999: »The Efficacy of Different Modes of Funding Research: Perspectives from Australian Data on the Biological Sciences«, in: *Research Policy* 28, S. 489-499.

br online 2005: »Exzellenzinitiative: Wer bekommt wie viel?«. Online im Internet: 〈http://www.br-online.de/wissen-bildung/thema/elite/elite diskussion.xml〉 (Stand: 30. 1. 2007).

Braun, D. 1997: *Die politische Steuerung der Wissenschaft. Ein Beitrag zum »kooperativen Staat«*. Frankfurt a. M./New York: Campus.

Braun, D. 1998: »The Role of Funding Agencies in the Cognitive Development of Science«, in: *Research Policy* 27, S. 807-821.

Braun, D. 2001: »Regulierungsmodelle und Machtstrukturen an Universitäten«, in: E. Stölting und U. Schimank (Hg.): *Die Krise der Universitäten*. Leviathan-Sonderheft 20. Wiesbaden: Westdeutscher Verlag, S. 243-262.

Brocke, B. vom 1990a: »Die Kaiser-Wilhelm-Gesellschaft im Kaiserreich«, in: B. vom Brocke und R. Vierhaus (Hg.): *Forschung im Spannungsfeld von Politik und Gesellschaft: Geschichte und Struktur der Kaiser-Wilhelm-/Max-Planck-Gesellschaft*. Stuttgart: Deutsche Verlags-Anstalt, S. 17-162.

Brocke, B. vom 1990b: »Die Kaiser-Wilhelm-Gesellschaft in der Weimarer Republik. Ausbau zu einer gesamtdeutschen Forschungsorganisation (1918-1933)«, in: B. vom Brocke und R. Vierhaus (Hg.): *Forschung im Spannungsfeld von Politik und Gesellschaft: Geschichte und Struktur der Kaiser-Wilhelm-/Max-Planck-Gesellschaft*. Stuttgart: Deutsche Verlags-Anstalt, S. 197-355.

Bundesministerium für Bildung, Wissenschaft, Forschung und Technologie (BMBF) 1997: *Zur technologischen Leistungsfähigkeit Deutschlands*. Bonn: BMBF.

Bundesministerium für Forschung und Technologie (BMFT) und Bundesministerium für Bildung und Wissenschaft (BMBW) 1993: *Grundsätze zur Bildungs- und Forschungspolitik*. Bonn.

Burkart, G. 2002: »Die Faszination der Popsoziologie«, in: *Soziologie* 31 (3), S. 47-52.

Burris, V. 2004: »The Academic Caste System: Prestige Hierarchies in PhD Exchange Networks«, in: *American Sociological Review* 69, S. 239-264.

Burtscheid, Ch. 2005a: »Arbeiten im Kraftfeld der Erde – und des Freistaats«, in: *Süddeutsche Zeitung* Nr. 114 vom 20. Mai 2005, S. 47.

Burtscheid, Ch. 2005b: »Viel Geld, viel Freiheit.« Interview mit dem Physiker Philip Russell, in: *Süddeutsche Zeitung* Nr. 114 vom 20. Mai 2005, S. 47.

Butler, L. 2001: *Monitoring Australia's Scientific Research: Partial Indicators of Australia's Research Performance*. Canberra: Australian Academy of Science.

Butler, L. 2003: »Explaining Australia's Increased Share of ISI Publications – the Effects of a Funding Formula Based on Publication Counts«, in: *Research Policy* 32 (1), S. 143-155.

Campanario, J. M. 1998a: »Peer Review for Journals as it Stands Today – Part I«, in: *Science Communication* 19 (3), S. 181-211.

Campanario, J. M. 1998b: »Peer Review for Journals as it Stands Today – Part II«, in: *Science Communication* 19 (4), S. 277-306.

Campbell, D. F. J. 1999: »Evaluation universitärer Forschung«, in: *SWS-Rundschau* 39 (4), S. 363-383. Online im Internet: ⟨http://www.iff.ac.at/hofo/pdf/iff_campbell_1999.pdf⟩ (Stand: 30. 1. 2007).

Chubin, D. E. und T. Connolly 1982: »Research Trails and Science Policies«, in: N. Elias, H. Martins und R. Whitley (Hg.): *Scientific Establishments and Hierarchies*. Dordrecht: Reidel, S. 293-311.

Chubin, D. E. und E. J. Hackett 1990: *Peerless Science: Peer Review and U. S. Science Policy*. Albany, N. Y.: State University of New York Press.

Cicchetti, D. V. 1997: »Referees, Editors, and Publication Practices: Improving the Reliability – and Usefulness of the Peer Review System«, in: *Science and Engineering Ethics* 3 (1), S. 51-62.

Clark, B. R. 1983: *The Higher Education System: Academic Organization in Cross-National Perspective*. Berkeley: University of California Press.

Cohen, H. 2002: »British Research Funding: One Good Cut Deserves Another«, in: *Scientist* 16, S. 44-45.

Cole, S. 1970. »Professional Standing and the Reception of Scientific Discoveries«, in: *American Journal of Sociology* 76, S. 286-306.

Cole, J. R. und S. Cole 1973: *Social Stratification in Science*. Chicago: University of Chicago Press.

Cole, S., J. R. Cole und G. A. Simon 1981: »Chance and Consensus in Peer Review«, in: *Science* 214 (4523), S. 881-886.

Combes, P.-Ph. und L. Linnemer 2003: »Publish? Publication Concentration and Rankings in Europe Based on Cumulative Publications«, in: *Journal of the European Economic Association* 1 (6), S. 1256-1308.

Coupé, T. 2003: »Revealed Performances: Worldwide Rankings of Economists and Economic Departments, 1990-2000«, in: *Journal of the European Economic Association* 1 (6), S. 1309-1345.

Dahrendorf, R. 1965: *Bildung ist Bürgerrecht. Plädoyer für eine aktive Bildungspolitik*. Osnabrück.

Dahrendorf, R. 1968/1971: *Gesellschaft und Demokratie in Deutschland*. München: Deutscher Taschenbuch Verlag.

Daniel, H.-D. 1993: *Guardians of Science – Fairness and Reliability of Peer Review*. Weinheim u. a.: VCH.

Daniel, H.-D. 2000: »Folgenschwere Urteile. Der Einfluß der *Spiegel*-Rangliste auf die Abiturienten«, in: *Unispiegel*, Heft 2.

Daniel, H.-D. 2001: *Wissenschaftsevaluation*. CEST 2001/2 (Februar). Bern: CEST.

Da Pozzo, F., I. Maye, A. Roulin Terriard und M. von Ins 2001: »Die Schweiz und die weltweite Champions League der Forschungsinstitutionen 1994-1999«. Online im Internet: ⟨www.cest.ch/Publikationen/2001/cest_11/CEST_2001_11.pdf⟩ (Stand: 30. 1. 2007).

Derlien, H.-U. 2003: »Mandarins or Managers? The Bureaucratic Elite in Bonn. 1970 to 1987 and Beyond«, in: *Governance* 16 (3), S. 401-428.

Derlien, H.-U. 2004: »Germany: Growing Competition at the Expense of Mutuality«, in: Ch. Hood, O. James, B. G. Peters und C. Scott (Hg.): *Commonality and Change*. Cheltenham: Edward Elgar.

Deutsch, K. W. 1954: »Is American Attention to Foreign Research Results Declining?« Submitted for the Committee on International Relations of the American Academy of Arts & Sciences, June 9, 1954. Zitiert in Frame and Narin 1988.

Deutsche Forschungsgemeinschaft (DFG) 1998: *Jahresbericht 1997*. Bonn.

Deutsche Forschungsgemeinschaft (DFG) 1999: *Wahl der Fachgutachter 1999. Wahlliste*. Bonn.

Deutsche Forschungsgemeinschaft (DFG) 2000: *Bewilligungen an Hochschulen und außeruniversitäre Forschungseinrichtungen 1996 bis 1998*. Bonn.

Deutsche Forschungsgemeinschaft (DFG) 2002: *Jahresbericht 2001*. Bonn.

Deutsche Forschungsgemeinschaft (DFG) 2003a: *Förder-Ranking 2003. Institutionen – Regionen – Netzwerke. DFG-Bewilligungen und weitere Basisdaten öffentlich geförderter Forschung*. Bonn.

Deutsche Forschungsgemeinschaft (DFG) 2003b: *Wahl der Mitglieder der Fachkollegien 2003. Kandidatenliste*. Bonn.

Deutsche Forschungsgemeinschaft (DFG) 2005a: *Heinz-Maier-Leibnitz-Preisträger*. Online im Internet: ⟨http://www.dfg.de/aktuelles_presse/preise/leibnitz_preis/index.html⟩ (Stand: 30. 01. 2007).

Deutsche Forschungsgemeinschaft (DFG) 2005b: *Jahresbericht 2004*. Bonn.

Deutsche Forschungsgemeinschaft (DFG) 2006a: *Forderinitiative Geisteswissenschaften*. Online im Internet: ⟨http://www.dfg.de⟩ (Stand: 1. 2. 2006).

Deutsche Forschungsgemeinschaft (DFG) 2006b: *Stellungnahme zum Verhältnis von hochschulinternen Entscheidungen und Drittmittelvergabe*. Online im Internet: ⟨http://www.dfg.de⟩ (Stand: 1. 2. 2006).

Deutsche Forschungsgemeinschaft (DFG) 2006c: *Chancengleichheit*. Online im Internet: ⟨http://www.dfg.de/wissenschaftliche_karriere/chancengleichheit/statistik.html⟩ (Stand: 30. 1. 2006).

Deutsche Forschungsgemeinschaft (DFG) 2006d: *Stellungnahme zu einem Exzellenzclusterantrag im Rahmen der Exzellenzinitiative 2005 von Bund und Ländern*. Bonn.

Deutsche Forschungsgemeinschaft (DFG) 2006e: *Förder-Ranking 2006. Institutionen – Regionen – Netzwerke*. Bonn.

Deutsche Forschungsgemeinschaft (DFG) 2006 f: »DFG im Profil«. Online im Internet: ⟨http://www.dfg.de/dfg_im_profil/zahlen_und_fak ten⟩ (Stand: 11. 2. 2006).

Devenow, A. und I. Welch 1996: »Rational Herding in Financial Economics«, in: *European Economic Review* 40, S. 603-615.

Dezalay, Y. und B. Garth 1998 : »Le ›Washington Consensus‹: Contribution à une sociologie de l'hégémonie du libéralisme«, in: *Actes de la Recherche en Sciences Sociales* 121-122, S. 3-22.

Dezalay, Y. und B. Garth 2002: *The Internationalization of Palace Wars: Lawyers, Economists and the Transformation of Latin-American States*. Chicago: Chicago University Press.

DTI 1999: »The Forward Look – 1999: Government Funded Science, Engineering and Technology«. CM 4363, London, HMSO.

DTI 2000: »Excellence and Opportunity: a Science and Innovation Policy for the 21st Century.« CM 4814, London, HMSO.

Durkheim, E. 1961: *Die Regeln der soziologischen Methode*. Neuwied und Berlin: Luchterhand (frz. Original 1895).

Dyckhoff, H., S. Rassenhövel, R. Gilles und Ch. Schmitz 2005: »Beurteilung der Forschungsleistungen und das CHE-Forschungsranking betriebswirtschaftlicher Fachbereiche«. Online im Internet: ⟨http://sun. lut.rwth-aachen.de/forschung/arbeitsberichte/arbeitsbericht0406.pdf⟩ (Stand: 11. 11. 2005).

Dyckhoff, H., A. Thieme und Ch. Schmitz 2005: »Die Wahrnehmung deutschsprachiger Hochschullehrer für Betriebswirtschaft in der internationalen Forschung: Eine Pilotstudie zum Zitationsverhalten und mögliche Einflussfaktoren«, in: *Die Betriebswirtschaft* 65, S. 350-372.

Eberlein, B. 1997: »Abschied vom Etatismus in Frankreich: das Beispiel der Forschungs- und Technologiepolitik«, in: *Politische Vierteljahreszeitschrift* 37 (3), S. 441-474.

Eckert, M. und M. Osietzki 1989: *Wissenschaft für Macht und Markt. Kernforschung und Mikroelektronik in der Bundesrepublik Deutschland*. München: C. H. Beck.

Economis 2005: »The Brain Business. A Survey of Higher Education«, in: *The Economist*, September 10, 2005.

Eldredge, J. D. 1997: »Identifying Peer-Reviewed Journals in Clinical Medicine«, in: *Bulletin of the Medical Library Association* 85 (4), S. 418-422.

Elias, N. 1939/1976: *Über den Prozess der Zivilisation*. 2 Bde. Frankfurt a. M.: Suhrkamp.

Elliott, C. D. Greenaway und D. Sapsford 1998: »Who's Publishing Who? The National Composition of Contributions to Some Core US and European Journals«, in: *European Economic Review* 42, S. 201-206.

Enders, J. und U. Schimank 2001: »Faule Professoren und vergreiste Nachwuchswissenschaftler? Einschätzungen und Wirklichkeit«, in: E. Stölting und U. Schimank (Hg.): *Die Krise der Universitäten*. Leviathan-Sonderheft 20. Wiesbaden: Westdeutscher Verlag, S. 159-178.

Engel, U. (Hg.) 2001: *Hochschul-Ranking. Zur Qualitätsbewertung von Studium und Lehre*. Frankfurt a. M./New York: Campus.

Euroscience 2005: »Sorry Albert. Eine fiktive Ablehnung eines fiktiven Antrags auf Forschungsförderung von Albert Einstein«. Euroscience/news/spring 2005, abgedruckt in: *Forschung & Lehre* 10/2005, S. 541.

Feyerabend, P. K. 1976: *Wider den Methodenzwang. Skizze einer anarchistischen Erkenntnistheorie*. Frankfurt a. M.: Suhrkamp.

Finetti, M. 2006: »Das Erfolgsrezept des Südens«, in: *Forschung & Lehre* 13, S. 194-195.

Fligstein, N. 2001: *The Architecture of Markets*. Princeton, N. J.: Princeton University Press.

Foucault, M. 1981: *Archäologie des Wissens*. Frankfurt a. M.: Suhrkamp.

Foucault, M. 1991: *Die Ordnung des Diskurses*. München: Hanser.

Foucault, M. 2004: *Geschichte der Gouvernementalität*. 2 Bde. Frankfurt a. M.: Suhrkamp.

Fourcaude, M. 2006: »The Construction of a Global Profession: The Transnationalization of Economics«, in: *American Journal of Sociology* 112 (1), S. 145-194.

Frame, J. D. and F. Narin 1988: »The National Self-preoccupation of American Scientists. An Empirical Review«, in: *Research Policy* 17, S. 203-212.

Fröhlich, G. 1999: »Das Messen des leicht Messbaren. Output-Indikatoren, Impact-Maße: Artefakte der Szientometrie?«, in: J. Becker und W. Goehring (Hg.): *Kommunikation statt Markt*. Gesellschaft für Mathematik und Datenverarbeitung, Sankt Augustin, GMD Report 61. Online im Internet:⟨http://info.uibk.ac.at/sci-org/voeb/om65.html#gf⟩ (Stand: 30. 1. 2007).

Fröhlich, G. 2002: »Anonyme Kritik. Peer Review auf dem Prüfstand der empirisch-theoretischen Wissenschaftsforschung«, in: E. Pipp (Hg.): *Drehscheibe E-Mitteleuropa. Information: Produzenten, Vermittler, Nutzer. Die gemeinsame Zukunft.* Wien: Phoibos Verlag, S. 129-146.

Fuchs, M. 1994: »Forschungslinien im Maschinenbau. Relevanzstrukturen der technikwissenschaftlichen Forschung an Hochschulen«, in: *Zeitschrift für Soziologie* 23 (1), S. 41-55.

Fuchs, S., J. von Stebut und J. Allmendinger 2001: »Gender, Science and Scientific Organization in Germany«, in: *Minerva* 39 (2), S. 175-201.

Galizia, G. 2005: Gesprächsbeitrag zu: Wissenschaftlicher Nachwuchs – ein Gespräch, in: *Beiträge zur Hochschulpolitik* 1/2005, S. 42-45.

Gellert, C. 1993: »The German Model of Research and Advanced Education«, in: B. R. Clark (Hg.): *The Research Foundations of Graduate Education. Germany, Britain, France, United States and Japan.* Berkeley: University of California Press, S. 5-44.

Gerhards, J. 2002: »Reputation in der deutschen Soziologie – zwei getrennte Welten«, in: *Soziologie* 31 (2), S. 539-552.

Gerhards, J. und D. Rucht 2000: »Öffentlichkeit, Akteure und Deutungsmuster«, in: J. Gerhards (Hg.): *Die Vermessung kultureller Unterschiede. Deutschland und die USA im Vergleich.* Opladen: Westdeutscher Verlag, S. 165-188.

Geuna, A. und B. R. Martin 2001: *University Research Evaluation and Funding: An International Comparison.* Brighton: Science Policy Research. Gütersloh: CHE.

Giesen, B. 1991: *Die Entdinglichung des Sozialen.* Frankfurt a. M.: Suhrkamp.

Gigerenzer, G. et al. 1999: »Internationalisierung der psychologischen Forschung in Deutschland, Österreich und der Schweiz: Sieben Empfehlungen«, in: *Psychologische Rundschau* 50 (2), S. 101-105.

Glaeser, J. 2006: »Die Fallstricke der Bibliometrie«, in: *Soziologie* 35 (1), S. 42-51.

Glaeser, J., G. Laudel, S. Hinze und L. Butler 2002: »Impact of Evaluation-based Funding on the Production of Scientific Knowledge. What To Worry About, and How to Find Out. Expertise for the German Ministry for Education and Research«. Online im Internet: ⟨http://www.sciencepolicystudies.de/dok/expertise-glae-lau-hin-but.pdf⟩ (Stand: 30. 1. 2007).

Glogoff, S. 1988: »Reviewing the Gatekeepers: A Survey of Referees of Library Journals«, in: *American Society for Information Science Journal* 39 (6), S. 400-407.

Görner, R. 2005: »Funktionalisierte Universitäten: universitäre Bewusstseinsschärfung zwischen Bildungsauftrag und Spitzenforschung: ein Blick aus Großbritannien«, in: *Forschung und Lehre*, Jahrgang 12/05, S. 308-310. Bonn.

Grande, E. 1994: »Staatliche Steuerungsfähigkeit: Akteure und Aktivitäten in der Informationstechnik«, in: E. Grande und J. Häusler: *Industrieforschung und Forschungspolitik: Staatliche Steuerungspyramide in der Informationstechnik*. Frankfurt a. M./New York: Campus, S. 115-316.

Grande, E. 1996: »Die Grenzen des Subsidiaritätsprinzips in der europäischen Forschungs- und Technologiepolitik«, in: R. Sturm (Hg.): *Die Europäische Forschungs- und Technologiepolitik und die Anforderungen an das Subsidiaritätsprinzip*. Baden-Baden: Nomos, S. 131-142.

Grupp, H. (Hg.) 1995: *Technologie am Beginn des 21. Jahrhunderts*. Heidelberg: Physica-Verlag.

Habermas, J. 1969: »Gegen einen positivistisch halbierten Rationalismus«, in: Th. W. Adorno et al. (Hg.): *Der Positivismusstreit in der deutschen Soziologie*. Neuwied und Berlin: Luchterhand, S. 235-266.

Habermas, J. 1971: »Vorbereitende Bemerkungen zu eine Theorie der kommunikativen Kompetenz«, in: J. Habermas und N. Luhmann: *Theorie der Gesellschaft oder Sozialtechnologie?* Frankfurt a. M.: Suhrkamp, S. 101-141.

Habermas, J. 1981: *Theorie des kommunikativen Handelns*. 2 Bde. Frankfurt a. M.: Suhrkamp.

Hall, P. und R. C. Taylor 1996: »Political Science and the Three New Institutionalisms«, in: *Political Studies* 44 (5), S. 936-957.

Harley, S. und F. S. Lee 1997: »Research Selectivity, Managerialism, and the Academic Process: The Future of Nonmainstream Economics in the U. K. Universities«, in: *Human Relations* 50 (11), S. 1427-1460.

Hartmann, M. 2002: *Der Mythos von den Leistungseliten*. Frankfurt/New York: Campus.

Hartmann, M. 2006: »Die Exzellenzinitiative – ein Paradigmenwechsel in der deutschen Hochschulpolitik«, in: *Leviathan* 34 (4), S. 447-465.

Hasenjürgen, B. 1996: *Soziale Macht im Wissenschaftsspiel. SozialwissenschaftlerInnen und FrauenforscherInnen an der Hochschule*. Münster: Westfälisches Dampfboot.

Hayek, F. A. von 1969: *Freiburger Studien*. Tübingen: Mohr Siebeck.

Heintz, B. 2001: *Die Innenwelt der Mathematik. Zur Kultur und Praxis einer beweisenden Disziplin*. Wien: Springer.

Henkel, M. 2000: *Academic Identities and Policy Change in Higher Education*. London: Jessica Kingsley.

Heraud, J.-A. 2004: »Science, Technology and Innovation Policy: New Governance Schemes in Europe, in France and at Regional Level«. Online im Internet: ⟨http://cournot2.u-strasbg.fr/users/beta/divers/Arti clepourToyo(def-8dec04).pdf⟩ (Stand: 11. 11. 05).

Herrera, A. J. 1999: »Language Bias Discredits the Peer-Review System«, in: *Nature* 397 (6719), S. 467.

Hicks, D. 2004: »The Four Literatures of Social Science«, in: H. Moed, W. Glänzel und U. Schmoch (Hg.): *Handbook of Science and Technology Research. The Use of Publication and Patent Statistics in Studies of S & T Systems*. Dordrecht: Kluwer, S. 473-496.

Hirschauer, S. 2004: »Peer Review auf dem Prüfstand. Zum Soziologiedefizit der Wissenschaftsevaluation«, in: *Zeitschrift für Soziologie* 33 (1), S. 62-83.

Hitzler, R., J. Reichertz und N. Schröer (Hg.) 1999: *Hermeneutische Wissenssoziologie. Standpunkte zur Theorie der Interpretation*. Konstanz: UVK.

Hitzler, R., S. Hornbostel und C. Mohr (Hg.) 2004: *Elitenmacht*. Wiesbaden: VS Verlag für Sozialwissenschaften.

Hodgson, G. und H. Rothman 1999: »The Editors and Authors of Economic Journals: A Case of Institutional Oligopoly ?«, in: *Economic Journal* 109 (453), S. F165-F186.

Hörisch, J. 2006: *Die ungeliebte Universität! Rettet die Alma mater!* München und Wien: Carl Hanser.

Hoffmann-Lange, U. 1992: *Eliten, Macht und Konflikt in der Bundesrepublik*. Opladen: Leske + Budrich.

Hohn, H.-W. und U. Schimank. 1990. *Konflikte und Gleichgewichte im Forschungssystem: Akteurskonstellationen und Entwicklungspfade in der staatlich finanzierten außeruniversitären Forschung*. Frankfurt a. M./ New York: Campus.

Hood, Ch., O. James, B. G. Peters und C. Scott (Hg.) 2004: *Controlling Modern Government. Variety, Commonality and Change*. Cheltenham: Edward Elgar.

Hornbostel, S. 1997: *Wissenschaftsindikatoren. Bewertungen in der Wissenschaft*. Opladen: Leske + Budrich.

Hornbostel, S. 2001a: »Die Hochschulen auf dem Weg in die Audit Society. Über Forschung, Drittmittel, Wettbewerb und Transparenz«, in: E. Stölting und U. Schimank (Hg.): *Die Krise der Universitäten*. Leviathan-Sonderheft 20. Wiesbaden: Westdeutscher Verlag, S. 139-158.

Hornbostel, S. 2001b: »Third Party Funding of German Universities.

An Indicator of Research activity«, in: *Scientometrics* 50 (3), S. 523-537.

Hornbostel, S. 2005: »Benchmarking der Forschung in der Erziehungswissenschaft«, in: *Zeitschrift für Erziehungswissenschaft* 8, Beiheft 4, S. 213-226.

Hornbostel, S. 2006: »Leistungsmessung in der Forschung«, in: Hochschulrektorenkonferenz (HRK) (Hg.): *Von der Qualitätssicherung der Lehre zur Qualitätsentwicklung als Prinzip der Hochschulsteuerung. Beiträge zur Hochschulpolitik* 1/2006, Band 1, Bonn, S. 219-228.

Horrobin, D. F. 1990: »The Philosophical Basis of Peer Review and the Suppression of Innovation«, in: *Journal of the American Medical Association (JAMA)* 263 (10), S. 1438-1441.

Horrobin, D. F. 1996: »Peer Review of Grant Applications: A Harbinger for Mediocrity in Clinical Research?«, in: *Lancet* 348 (9037), S. 1293-1295.

Horstkotte, H. 2006a: »Leiter in den Ideenhimmel«, in: *Rheinischer Merkur* 61 (4), 26. Januar 2006, S. 16.

Horstkotte, H. 2006b: »Fest der Wissenschaften«, in: *Rheinischer Merkur* 61 (42), 19. Oktober 2006, S. 10.

Hradil, S. und P. Imbusch 2003: *Oberschichten – Eliten – herrschende Klassen.* Opladen: Leske + Budrich.

HRK (Hochschulrektorenkonferenz) 2006: *Von der Qualitätssicherung der Lehre zur Qualitätsentwicklung als Prinzip der Hochschulsteuerung. Beiträge zur Hochschulpolitik* 1/2006, Band 1. Bonn.

Huber, P. und A. Keil 2004: »Wo die Luft zu dünn wird. Zur Publikationstätigkeit der Wirtschaftsforschungsinstitute Österreichs und Deutschlands«, in: *Perspektiven der Wirtschaftspolitik* 5 (3), S. 363-375.

Humboldt, W. v. 1810/1996: »Über die innere und äußere Organisation der höheren wissenschaftlichen Anstalten in Berlin«, in: W. v. Humboldt: *Werke in fünf Bänden,* hg. von A. Flitner und K. Giel. Darmstadt: Wissenschaftliche Buchgesellschaft, Bd. IV, S. 255-266.

Hume, D. 1994: »Research Funding in Australia. Plugging the Brain Drain«, in: *Search* 25, S. 27-31.

Illinger, P. und W. Görl 2005: »Auf der Lichtwelle ganz nach oben«, in: *Süddeutsche Zeitung* 61, Nr. 229, 5. Oktober 2005, S. 3.

ISI Journal Citation Reports 2004: *2003 JCR Social Science Edition.*

Janson, K., H. Schomburg und U. Teichler 2006: *Wissenschaftliche Wege zur Professur oder ins Abseits? Strukturinformationen zu Arbeitsmarkt und Beschäftigung an Hochschulen in Deutschland und den USA.* New York: German Academic International Network. Online im Internet: ⟨http://www.gain-network.org/file⟩ (Stand: 20. 9. 2006).

Jarausch, K. H. 1997: »The Humboldt Syndrome: West German Universities, 1945-1989 – An Academic Sonderweg?«, in: M. Ash (Hg.): *German Universities Past and Future: Crisis or Renewal?* Providence: Berghahn Books, S. 33-54.

Jaspers, K. 1961: »Die Idee der Universität«, in: K. Jaspers und K. Rossmann (Hg.): *Die Idee der Universität.* Berlin: Springer, S. 41-165.

Jeannin, Ph. und J. Devillard 2005: »Implementing Relevant Disciplinary Evaluations in the Social Sciences. National vs. International Interactions in Scientific Communications«, in: *Scientometrics* 63 (1), S. 121-144.

Johnes, J. 1996: »Performance Assessment in Higher Education in Britain«, in: *European Journal of Operation Research* 89, S. 18-37.

Kalaitzidakis, P., Th. P. Mamuneas und Th. Stengos 1999: »European Economics: An Analysis Based on Publications in the Core Journals«, in: *European Economic Review* 43 (4-6), S. 1150-1168.

Kalaitzidakis, P., Th. P. Mamuneas und Th. Stengos 2003: »Rankings of Academic Journals and Institutions in Economics«, in: *Journal of the European Economic Association* 1 (6), S. 1346-1366.

Kant, I. 1781/1956: *Kritik der reinen Vernunft.* Hamburg: Meiner.

Keller, R. 2001: »Wissenssoziologische Diskursanalyse«, in: R. Keller, A. Hirseland, W. Schneider und W. Viehöver (Hg.): *Handbuch Sozialwissenschaftliche Diskursanalyse. Bd. I: Theorien und Methoden.* Opladen: Leske + Budrich, S. 113-143.

King, D. A. 2004: »The Scientific Impact of Nations«, in: *Nature* 430 (311), S. 311-316.

Klostermeier, J. 1994: *Hochschul-Ranking auf dem Prüfstand. Ziele, Probleme und Möglichkeiten.* Hamburg: Interdisziplinäres Zentrum für Hochschuldidaktik (IZHD) der Universität Hamburg.

Knorr-Cetina, K. und U. Brügger 2005: »Globale Mikrostrukturen der Weltgesellschaft. Die virtuellen Gesellschaften von Finanzmärkten«, in: P. Windolf (Hg.): *Finanzmarkt-Kapitalismus.* Sonderheft 45 der *Kölner Zeitschrift für Soziologie und Sozialpsychologie.* Wiesbaden: VS Verlag für Sozialwissenschaften, S. 145-171.

Kocher, M. G., M. Sutter und U. L. Heregger 2004: »Die Bedeutung der Zeitschriftenauswahl für die Evaluation ökonomischer Forschung«, in: S. Bloga, F. Büchel und M. Coradi (Hg.): *Ökonomie der Evaluation von Schulen und Hochschulen.* Berlin: Duncker & Humblot, S. 101-118.

Kocher, M. und M. Sutter 2001: »The Institutional Concentration of Authors in Top Journals of Economics During the Last Two Decades«, in: *Economic Journal* 111 (472), S. F405-F421.

Kosmützky, A., M. Winterhager, H. Schwechheimer und P. Weingart 2003: »Sichtbarkeit Deutschlands in den international führenden Zeitschriften auf dem Gebiet des Maschinenbaus.« Bericht an den Wissenschaftsrat. Online im Internet: ⟨http://www.uni-bielefeld.de⟩ (Stand: 30. 1. 2006).

Krais, B. 1989: »Soziales Feld, Macht und kulturelle Praxis«, in: K. Eder (Hg.): *Klassenlage, Lebensstil und kulturelle Praxis.* Frankfurt a. M.: Suhrkamp, S. 47-70.

Krais, B. 2000a: *Wissenschaftskultur und Geschlechterordnung.* Frankfurt a. M./New York: Campus.

Krais, B. 2000b: »Die Wissenselite«, in: *Kursbuch* 39. Berlin: Rowohlt, S. 137-146.

Krais, B. (Hg.) 2001a: *An der Spitze. Deutsche Eliten im Wandel.* Konstanz: UVK.

Krais, B. 2001b: »Die Spitzen der Gesellschaft. Theoretische Überlegungen«, in: B. Krais (Hg.): *An der Spitze. Deutsche Eliten im Wandel.* Konstanz: UVK, S. 7-62.

Kreckel, R. 2004: *Vielfalt als Stärke. Anstöße zur Hochschulpolitik und zur Hochschulforschung.* Bonn: Lemmens.

Kriz, J. 1995: »Die Wirklichkeit von (Vor-)Urteilen über die inhaltlichen und methodischen Hintergründe der STERN-Image-Analyse«, in: P. H. Mohler (Hg.): *Universität und Lehre: ihre Evaluation als Herausforderung an die Empirische Sozialforschung.* Münster: Waxmann, S. 11-28.

Krücken, G. 2001: »Wissenschaft im Wandel? Gegenwart und Zukunft der Forschung an deutschen Hochschulen«, in: E. Stölting und U. Schimank (Hg.): *Die Krise der Universitäten.* Leviathan-Sonderheft 20. Wiesbaden: Westdeutscher Verlag, S. 326-345.

Krücken, G. (Hg.) 2006: Universitäre Forschung im Wandel, in: *die hochschule* 15 (1).

Krull, W. (Hg.) 1999: *Forschungsförderung in Deutschland. Bericht der internationalen Kommission zur Systemevaluation der Deutschen Forschungsgemeinschaft und der Max-Planck-Gesellschaft.* Online im Internet: ⟨http://www.mpg.de/pdf/forschungsfoerderungDeutschland.pdf⟩ (30. 1. 2007).

Kühne, A. und T. Warnecke 2006: »Exzellentes Mittelmaß«, in: *Der Tagesspiegel*, 17. Oktober 2006.

Kuhn, Th. 1967. *Die Struktur wissenschaftlicher Revolutionen.* Frankfurt a. M.: Suhrkamp.

Lang, F. R. und F. J. Neyer 2004: »Kooperationsnetzwerke und Karrieren an deutschen Hochschulen. Der Weg zur Professur am Beispiel des Faches Psychologie«, in: *Kölner Zeitschrift für Soziologie und Sozialpsychologie* 56, S. 520-538.

Langfeldt, L. 2001: »The Decision-Making Constraints and Processes of Grant Peer Review and their Effects on the Review Outcome«, in: *Social Studies of Science* 31 (6), S. 820-841.

Larédo, Ph. 2003: »Change in the EU. Six Major Challenges Facing Public Intervention in Higher Education, Science, Technology and Innovation«, in: *Science and Public Policy* 30 (1), S. 4-12.

Larédo, Ph. und Ph. Mustar 2001: »French Research and Innovation Policy: Two Decades of Transformation«, in: Ph. Larédo und Ph. Mustar (Hg.): *Research and Innovation Policies in the New Global Economy. An International Comparative Analysis.* Cheltenham, UK: Edward Elgar, S. 447-496.

Laudel, G. 1999: *Interdisziplinäre Forschungskooperation: Erfolgsbedingungen der Institution ›Sonderforschungsbereich‹.* Berlin: edition sigma.

Laudel, G. 2003: »The Art of Getting Funded. How Scientists Adapt to their Funding Conditions«. Proceedings TASA 2003 Conference, University of New England, 4.-6. Dezember 2003 (PDF).

Laudel, G. 2004: »The ›Quality Myth‹: Promoting and Hindering Conditions for Acquiring Research Funds«. Online im Internet: ⟨http://repp. anu.edu.au/grit.htm#pubs⟩ (Stand: 30. 1. 2007).

Law, J. 1994: *Organizing Modernity.* Oxford: Blackwell.

Leeuwen, Th. N. van und H. F. Moed 2002: »Development and Application of Journal Impact Measures in the Dutch Science System«, in: *Scientometrics* 53, S. 249-266.

Lenhardt, G. 2005: *Hochschulen in Deutschland und in den USA. Deutsche Hochschulpolitik in der Isolation.* Wiesbaden: VS Verlag für Sozialwissenschaften.

Liebeskind, U. und W. Ludwig-Mayerhofer 2005: »Auf der Suche nach der Wunsch-Universität – im Stich gelassen. Anspruch und Wirklichkeit von Hochschulrankings«, in: *Soziologie* 34 (4), S. 442-462.

Liefner, I. 2001: *Leistungsorientierte Ressourcensteuerung in Hochschulsystemen: ein internationaler Vergleich.* Berlin: Duncker & Humblot.

Lienert, G. A. 1977: »Über Werner Traxel: Internationalität oder Provinzialismus, zur Frage: Sollten Psychologen in Englisch publizieren?«, in: *Psychologische Beiträge* 19, S. 487-492.

Litzenberger, T. und R. Sternberg 2005: »Die Forschungsleistung der Soziologie an zehn deutschen Universitäten: Ein bibliometrischer Vergleich auf der Basis des Social Science Citation Index«, in: *Soziologie* 34 (2), S. 174-190.

Litzenberger, T. und R. Sternberg 2006: »Wenn weiße Schafe krampfhaft nach schwarzen suchen ... und sich dabei dreckig machen!«, in: *Soziologie* 35 (1), S. 52-55.

Löther, A. 2006: »Von der Studentin zur Professorin«, in: *Forschung & Lehre* 13 (11), S. 634-635.

Luukkonen, T. 1995: »The Impacts of Research Field Evaluations on Research Practice«, in: *Research Policy* 24 (3), S. 349-365.

Luwel, M. 1999: »Is the Science Citation Index US biased?«, *Scientometrics* 46, S. 549-562.

Maasen, S. und P. Weingart 2006: »Unternehmerische Universität und neue Wissenschaftskultur«, *die hochschule* 15 (2).

Mackert, J. (Hg.) 2004: *Die Theorie sozialer Schließung. Tradition, Analysen, Perspektiven.* Wiesbaden: VS Verlag für Sozialwissenschaften.

Marginson, S. and M. Considine 2000: *The Enterprise University: Power, Governance and Reinvention in Australia.* Cambridge, UK: Cambridge University Press.

Marx, K. 1867/1970: *Das Kapital.* Erster Band. MEW, Bd. 23. Berlin: Dietz.

Marx, W. 1989: »Bemerkungen zum Sprachenstreit in der deutschen Psychologie«, in: *Psychologische Rundschau* 40, S. 89-92.

Mauss, M. 1968: *Die Gabe. Form und Funktion des Austauschs in archaischen Gesellschaften.* Frankfurt a. M.: Suhrkamp.

Mayer, K. U. 2003: »Das Hochschulwesen«, in: K. S. Cortina, A. Leschinsky, K. U. Mayer und L. Trommer (Hg.): *Das Bildungswesen in der Bundesrepublik Deutschland. Strukturen und Entwicklungen im Überblick.* Reinbek bei Hamburg: Rowohlt, S. 581-624.

Mayer, K. U. 2005: »Yale, Harvard & Co. Mythos oder Modell für Deutschland?«, in: M. Strasser und G. Nollmann (Hg.): *Endstation Amerika?* Wiesbaden: VS Verlag für Sozialwissenschaften, S. 202-215.

Mayer, K. U. 2006a: »Abschied von den Eliten«, in: Herfried Münkler, Grit Strassenberger und Matthias Bohlender (Hg.): *Deutschlands Eliten im Wandel.* Frankfurt a. M./New York: Campus, S. 455-479.

Mayer, K. U. 2006b: »Verhängnisvolle Pfadabhängigkeit? Probleme des deutschen Wissenschaftssystems.« Ms. Yale University. Erscheint in: R. Kreckel und N. Genov (Hg.): Festschrift für Helmut Steiner.

Mayntz, R. 1991: »Scientific Research and Political Invention – The Structural Development of Publicly Financed Research in the Federal Republic of Germany«, in: A. O. Battaglini und R. Monaco (Hg.):

The University within the Research System – An International Comparison. Baden-Baden: Nomos, S. 31-44.

Mayntz, R. 1992: »Förderung und Unabhängigkeit der Grundlagenforschung im internationalen Vergleich.« *Max-Planck-Gesellschaft, Berichte und Mitteilungen*, Nr. 1, S. 108-136.

Mayntz, R. 1994: *Deutsche Forschung im Einigungsprozess: Die Transformation der Akademie der Wissenschaften der DDR 1989 bis 1992.* Frankfurt a. M./New York: Campus.

McClelland, Ch. E. 1980: *State, Society and University in Germany 1700-1914.* Cambridge: Cambridge University Press.

McNay, I. 1997: »The Impact of the 1992 Research Assessment Exercise on Individual and Institutional Behaviour in English Higher Education: Summary Report and Commentary.« Chelmsford: Anglia Polytechnic University.

Menninghaus, W. 2006: »Tonnenideologie«, in: *Süddeutsche Zeitung*, Nr. 96 vom 26. 4. 2006, S. 14.

Merton, R. K. 1968a: »The Matthew-Effect in Science«, in: *Science* 159 (3810), S. 56-63.

Merton, R. K. 1949/1968b: »The Self-Fulfilling Prophecy«, in: R. K. Merton: *Social Theory and Social Structure.* New York: Free Press, S. 424-436.

Merton, R. K. 1995: »The Thomas Theorem and the Matthew Effect«, in: *Social Forces* 74 (2), S. 379-424.

Merton, R. K. 1996: »The Matthew Effect in Science, II: Cumulative Advantage and the Symbolism of Intellectual Property«, in: R. K. Merton: *On Social Structure and Science.* Chicago: The University of Chicago Press, S. 318-336.

Metz-Göckel, S. 2004: *Exzellenz und Elite im amerikanischen Hochschulsystem. Portrait eines Women's College.* Wiesbaden: VS Verlag für Sozialwissenschaften.

Meyer, J. und B. Rowan 1977: »Institutionalized Organizations: Formal Structure as Myth and Ceremony«, in: *American Journal of Sociology* 83, S. 55-77.

Minssen, H., B. Molsich, U. Wilkesmann und U. Andersen 2003: *Kontextsteuerung von Hochschulen? Folgen der indikatorischen Mittelzuweisung.* Berlin: Duncker & Humblot.

Mittelstraß, J. 1996: »Coping with Crisis: the German Universities: their Future Role in Teaching and Research«, in: W. Krull und F. Meyer-Krahmer (Hg.): *Science and Technology in Germany.* London: Cartermill, S. 101-109.

Mönninger, M. 2004: »Die Elite kündigt. Aus Wut über die Misere ihrer Zunft treten Frankreichs Forscher in den Ausstand«, in: *Die Zeit* Jg. 59, Nr. 12, 11. 3. 2004, S. 38.

Moed, H. F. 2005: *Citation Analysis in Research Evaluation*. Dordrecht: Springer.

Mogge-Stubbe, B. 2006: »Lasst Unis leuchten!«, in: *Rheinischer Merkur* 61 (4), 26. Januar 2006, S. 1.

Mommsen, H. 2006: »Rettet die Geschichte!«, in: *Rheinischer Merkur* 61 (11), 16. März 2006, S. 19.

Müller, H.-P. 1992: *Sozialstruktur und Lebensstile.* Frankfurt a. M.: Suhrkamp.

Münch, I. von 2005: *Elite-Universitäten: Leuchttürme oder Windräder?* Hamburg: Verlag Reuter & Klöckner.

Münch, R. 1986: »The American Creed in Sociological Theory: Exchange, Negotiated Order, Accommodated Individualism and Contingency«, in: *Sociological Theory* 4, S. 41-60.

Münch, R. 1991a: »American and European Social Theory. Cultural Identities and Social Forms of Theory Production«, in: *Sociological Perspectives* 34 (3), S. 313-335.

Münch, R. 1991b: *Dialektik der Kommunikationsgesellschaft.* Frankfurt a. M.: Suhrkamp.

Münch, R. 1984/1992: *Die Struktur der Moderne*. Frankfurt a. M.: Suhrkamp.

Münch, R. 1993a: »The Contribution of German Social Theory to European Sociology«, in: B. Nedelmann und P. Sztompka (Hg.): *Sociology in Europe – In Search for Identity.* Berlin/New York: Walter de Gruyter, S. 45-66.

Münch, R. 1986/1993b: *Die Kultur der Moderne.* 2 Bde. Frankfurt a. M.: Suhrkamp.

Münch, R. 1995: *Dynamik der Kommunikationsgesellschaft.* Frankfurt a. M.: Suhrkamp.

Münkler, H., G. Straßenberger und M. Bohlender (Hg.) 2006: *Deutschlands Eliten im Wandel*. Frankfurt/New York: Campus.

Mustar, Ph. und Ph. Larédo 2002: »Innovation and Research Policy in France 1980-2000 or the Disappearance of the Colbertist State«, in: *Research Policy* 31 (1), S. 55-72.

Myers, G. 1990: *Writing Biology: Texts and the Social Construction of Scientific Knowledge.* Madison: The University of Wisconsin Press.

Mynott, J. 1999: »Publishing: the View from Cambridge University Press«, in: *History of the Human Sciences* 12, S. 127-131.

National Science Foundation 1998: »What Follows the Postdoctorate Experience? Employment Patterns of 1993 Postdocs in 1995.« *ISSUE Brief*. Online im Internet: ⟨http://www.nsf.gov/statistics/issuebrf/sib99307.htm⟩ (Stand: 30. 1. 2007).

National Science Foundation 2004: »Science and Engineering Indicators.« Arbington: Division of Science Resources Statistics (SRS). Online im Internet: ⟨http://www.nsf.gov/statistics/seind04/c5/c5h.htm⟩ (Stand: 30. 1. 2007).

Nature 2002: »Peer Review Reviewed: A Controversial Change to the Peer-Review Process of Germany's Principal Funding Agency is Long Overdue«, in: *Nature* 417, S. 103.

Neidhardt, F. 1988: *Selbststeuerung in der Forschungsförderung: Das Gutachterwesen der DFG*. Opladen: Westdeutscher Verlag.

Nobelstiftung 2007: Online im Internet: ⟨http://www.nobelprize.org⟩ (Stand: 30. 1. 2007).

North, D. C. 1992: *Institutionen, institutioneller Wandel und Wirtschaftsleistung*. Tübingen: Mohr Siebeck.

Nowotny, H., P. Scott und M. Gibbons 2001: *Re-Thinking Science, Knowledge and the Public in an Age of Uncertainty*. Cambridge: Polity Press.

OECD 2006: *Education at a Glance*. Paris: OECD Publications.

Oehler, A. und M. Unser 2002: *Finanzwirtschaftliches Risikomanagement*. 2. Aufl. Berlin/Heidelberg: Springer.

Oevermann, U. 2001: »Die Struktur sozialer Deutungsmuster. Versuch einer Aktualisierung«, in: *Sozialer Sinn* 1, S. 35-81.

Olson, M. 1968: *Die Logik des kollektiven Handelns. Kollektivgüter und die Theorie der Gruppen*. Tübingen: Mohr.

Orr, D. 2005: *Hochschulsteuerung und Autonomie englischer Universitäten – Hochschulfinanzierung und Qualitätssicherung aus einer Verfahrensperspektive*. Münster: Waxmann Verlag.

Osietzki, M. 1984: *Wissenschaftsorganisation und Restauration. Der Aufbau außeruniversitärer Forschungseinrichtungen und die Gründung des westdeutschen Staates 1945-1952*. Köln: Böhlau Verlag.

Parsons, T. und G. M. Platt 1990: *Die Amerikanische Universität. Ein Beitrag zur Soziologie der Erkenntnis*. Frankfurt a. M.: Suhrkamp.

Pfetsch, F. R 1974: *Zur Entwicklung der Wissenschaftspolitik in Deutschland 1750-1914*. Berlin: Duncker & Humblot.

Phoenix 2006: »Physiknobelpreis für Münchner Forscher Theodor Hänsch«. Online im Internet: ⟨http://www.phoenix.de/42104.htm⟩ (Stand: 25. 4. 2006).

Picht, G. 1965: *Die deutsche Bildungskatastrophe*. München.

Pierson, P. 2004: *Politics in Time: History, Institutions, and Social Analysis.* Princeton: Princeton University Press.

Raan, A. J. F. van 1996: »Advanced Bibliometric Methods as Quantitative Core of Peer Review Based Evaluation and Foresight Exercises«, in: *Scientometrics* 36 (3), S. 397-420.

Raan, A. J. F. van 2005: »Fatal Attraction: Ranking of Universities by Bibliometric Methods«, in: *Scientometrics* 62 (1), S. 133-143.

RAE 2001: »Research Assessment Exercise: The Outcome«. Online im Internet: ⟨http://www.hefce.ac.uk/research/assessment/⟩ (Stand: 30. 1. 2007).

Rammert, W. 2002: »Die halbierte Reputation – eine grob fahrlässige und unfaire Rechnung«, in: *Soziologie* 31 (3), S. 53-55.

Reckwitz, A. 2003: »Grundelemente einer Theorie sozialer Praktiken. Eine sozialtheoretische Perspektive«, in: *Zeitschrift für Soziologie* 32 (4), S. 282-301.

Reichertz, J. 2005: »›Die Zeiten sind vorbei, in denen man nicht mehr laut sagen durfte, daß man besser ist als andere‹ – oder: Zur neuen Logik der sozialwissenschaftlichen Mediennutzung«, in: *Soziale Systeme* 11 (1), S. 104-128.

Rheinischer Merkur 2006: »Wermutstropfen im Freudenbecher.« Interview mit Peter Hommelhoff, in: *Rheinischer Merkur* 61 (4), 26. Januar 2006, S. 16.

Ritter, G. A. 1992: *Großforschung und Staat in Deutschland: Ein historischer Überblick.* München: C. H. Beck.

Ritzer, G. 1993: *The McDonaldization of Society.* Thousand Oaks: Pine Forge Press.

Röbbecke, M. und D. Simon 2001: *Reflexive Evaluation.* Berlin: edition sigma.

Röbbecke, M., D. Simon, M. Lengwiler und C. Kraetsch 2004: *Inter-Disziplinen. Erfolgsbedingungen von Forschungskooperationen.* Berlin: edition sigma.

Rothe, M. 2006: »Vielleicht kommt es bald zur Explosion. Ein Gespräch mit dem französischen Soziologen Michel Wieviorka über die jugendliche Protestwelle in Frankreich, den Mai 68 und die destruktiven Mythen der Republik«, in: *Süddeutsche Zeitung* 62, Nr. 76, 31. März 2006, S. 13.

Rubner, J. 2005: »Nobelpreis für Münchner Physiker«, in: *Süddeutsche Zeitung* 61, Nr. 229, 5. Oktober 2005, S. 1.

Ruegg, W. (Hg.) 2004: *Geschichte der Universität in Europa. Bd. III, 1800-1945.* München: C. H. Beck.

Rüttgers, J. 1996a: *Innovationen durch mehr Flexibilität und Wettbewerb. Leitlinien zur strategischen Orientierung der deutschen Forschungslandschaft*. Bonn: BMBF.

Rüttgers, J. 1996b: »Innovationsorientierung der Forschungspolitik zur Zukunftssicherung des Standortes Deutschland«, in: *Wissenschaftsmanagement*, Nr. 6, S. 292-296.

Rüttgers, J. 1997: *Globalisation of R&D and Technology Markets – Consequences for National Innovation Policy. »Petersberg Theses«*. Bonn: BMBF.

Schatzki, Th. R. 1996: *Social Practices. A Wittgensteinian Approach to Human Activity and the Social*. Cambridge.

Schatzki, Th. R. 2002: *The Site of the Social. A Philosophical Account of the Constitution of Social Life and Change*. University Park, Penn.

Schatzki, Th. R., K. Knorr-Cetina und E. von Savigny (Hg.) 2001: *The Practice Turn in Contemporary Theory*. London.

Schelsky, H. 1971: *Einsamkeit und Freiheit*. Düsseldorf: Bertelsmann Universitätsverlag, 2. erw. Auflage.

Schiene, C. und U. Schimank 2006: »Forschungsevaluation als Organisationsentwicklung: die Wissenschaftliche Kommission Niedersachsen«, in: G. Krücken (Hg.): *Universitäre Forschung im Wandel. die hochschule* 15 (1), S. 46-62.

Schimank, U. 1994: »Ressourcenverknappung und/oder Leistungsdefizite: Probleme der westdeutschen Hochschulforschung seit Mitte der siebziger Jahre.« *MPIFG-Discussion Paper* 94/2. Köln: Max-Planck-Institut für Gesellschaftsforschung.

Schimank, U. 1995a: *Hochschulforschung im Schatten der Lehre*. Frankfurt a. M./New York: Campus.

Schimank, U. 1995b: »Probleme der westdeutschen Hochschulforschung seit den siebziger Jahren«, in: *Leviathan* 23 (1), S. 56-77.

Schimank, U. 1996: »Universities and Extra-University Research Institutes. Tensions Within Stable Institutional Structures«, in: W. Krull und F. Meyer-Krahmer (Hg.): *Science and Technology in Germany*. London: Catermill, S. 111-123.

Schimank, U. 2006: »Contra Leistungsindikatoren«, in: Hochschulrektorenkonferenz (HRK) (Hg.): Von der Qualitätssicherung der Lehre zur Qualitätsentwicklung als Prinzip der Hochschulsteuerung. *Beiträge zur Hochschulpolitik* 1/2006, Band 1, Bonn, S. 215-218.

Schimank, U. und M. Winnes 2000: »Beyond Humboldt? The Relationship Between Teaching and Research in European University Systems«, in: *Science and Public Policy* 27 (6), S. 397-408.

Schimank, U. und M. Winnes 2001: »Jenseits von Humboldt? Muster und Entwicklungspfade des Verhältnisses von Forschung und Lehre in verschiedenen europäischen Hochschulsystemen«, in: E. Stölting und U. Schimank (Hg.): *Die Krise der Universitäten*. Leviathan-Sonderheft 20. Wiesbaden: Westdeutscher Verlag, S. 295-325.

Schmoch, U. und S. Gauch 2005: »Leistungsfähigkeit und Strukturen der Wissenschaft im internationalen Vergleich 2004. Studien zum deutschen Innovationssystem Nr. 6 – 2005.« Fraunhofer Institut für Systemtechnik und Innovationsforschung, Karlsruhe. Online im Internet: ⟨www.bmbf.de/pub/sdi-06-05.pdf ⟩ (Stand: 30. 01. 2007).

Schnabel, U. und M. Spiewak 2006: »Die Topographie der Exzellenz«, in: *Die Zeit* 61, Nr. 43, 19. Oktober 2006, S. 41-42.

Schnitzer, K. und F. Kazemzadeh 1995: *Formelgebundene Finanzzuweisung des Staates an Hochschulen – Erfahrungen aus dem europäischen Ausland*. Hannover: HIS.

Schubert, Ch. 2005: »Geht die Programmförderung, und damit auch die Exzellenzinitiative, auf Kosten der Geistes- und Sozialwissenschaften? Pro«, in: *Forschung und Lehre* 9/2005, S. 474.

Schubring, G. (Hg.) 1991: *Einsamkeit und Freiheit neu besichtigt: Universitätsreformen und Disziplinenbildung in Preußen als Modell für Wissenschaftspolitik im Europa des 19. Jahrhunderts*. Stuttgart: Franz Steiner.

Schui, G. 2004. *Internationalität und Internationalisierung der deutschsprachigen Psychologie aus bibliometrischer Perspektive*. Dissertation, Trier, Fachbereich 1.

Schultz, T. und M. Finetti 2006: »Nach der Entscheidung im Exzellenzwettbewerb«, in: *Süddeutsche Zeitung*, Jg. 62, Nr. 238, S. 16.

Schwab-Trapp, M. 2001: »Diskurs als soziologisches Konzept. Bausteine für eine soziologisch orientierte Diskursanalyse«, in: R. Keller, A. Hirseland, W. Schneider und W. Viehöver (Hg.): *Handbuch Sozialwissenschaftliche Diskursanalyse. Bd. 1: Theorien und Methoden*. Opladen: Leske + Budrich, S. 261-283.

Seel, M. 2006: »Lob der Einzelforschung«, in: *Neue Rundschau* 117 (2).

Seglen, P. O. 1997: »Citations and Journal Impact Factors: Questionable Indicators of Research Quality«, in: *Allergy* 52, S. 1050-1056.

Sentker, A. 2006: »Harvard an der Isar«, in: *Die Zeit* 61, Nr. 42, 12. Oktober 2006, S. 1.

Sharp, M. 2003: »The UK-Experiment – Science, Technology and Industrial Policy in Britain 1979-2000«, in: P. S. Biegelbauer und S. Borrás (Hg.): *Innovation Policies in Europe and the US. The New Agenda*. Aldershot: Ashgate, S. 17-41.

Sinn, H. 1988: »Welche Hochschulabsolventen wollen wir?«, in: Stiftenverband für die Deutsche Wissenschaft (Hg.): *Die Hochschulen nach der Überlast. Neue Chancen für die Forschung?* Essen: Selbstverlag, S. 80-90.

Shanghai Jiao Tong University (SJTU) 2004: Academic Ranking of World Universities – 2004. Online im Internet: ⟨http://ed.sjtu.edu.cn/ranking.htm⟩. (Stand: 30. 1. 2007)

Soeffner, H.-G. 1989: *Auslegung des Alltags – der Alltag der Auslegung. Zur wissenssoziologischen Konzeption einer sozialwissenschaftlichen Hermeneutik.* Frankfurt a. M.: Suhrkamp.

Soeffner, H.-G. 1992: *Die Ordnung der Rituale.* Frankfurt a. M.: Suhrkamp.

Sonnert, G. 1995: »What Makes a Good Scientist? Determinants of Peer Evaluation Among Biologists«, in: *Social Studies of Science* 25 (1), S. 35-55.

Der Spiegel 2005: »Student 2005«, in: *Spiegel* Spezial, Nr. 1, 2005.

Sprondel, W. M. 1994: »Das Medium ist die Wirkung. Medienöffentlichkeit und Handlungsoptionen«, in: W. M. Sprondel (Hg.): *Die Objektivität der Ordnungen und ihre kommunikative Konstruktion.* Frankfurt a. M.: Suhrkamp, S. 167-191.

Stamm, Th. 1981: *Zwischen Staat und Selbstverwaltung. Die deutsche Forschung im Wiederaufbau 1945-1965.* Köln: Verlag Wissenschaft und Politik.

Statistisches Bundesamt 2004: *Statistisches Jahrbuch für die Bundesrepublik Deutschland.* Wiesbaden: Metzler und Pöschel.

Statistisches Bundesamt 2005a: *Bildung und Kultur. Monetäre hochschulstatistische Kennzahlen.* Wiesbaden.

Statistisches Bundesamt 2005b: »Ausgaben für Forschung und Entwicklung der öffentlichen und öffentlich geförderten Einrichtungen für Wissenschaft, Forschung und Entwicklung«. Online im Internet: ⟨http://www.destatis.de/basis/d/biwiku/ausgtab4.php⟩ (Stand: 30. 1. 2007).

Statistisches Bundesamt 2005c: »Ausgaben für Forschung und Entwicklung nach Sektoren«. Online im Internet: ⟨http://www.destatis.de/basis/d/biwiku/ausgtab5.php⟩ (Stand: 30. 1. 2007).

Stehr, N. 1994: *Knowledge Societies.* Thousand Oaks, CA und London: Sage.

Steininger, M. und B. Süßmuth 2004: »Effizienz und Produktivität von wirtschaftswissenschaftlichen Fakultäten in Deutschland: Eine Analyse anhand von wissenschaftlichen Publikationsaktivitäten an Hochschulen«. Online im Internet: ⟨http://www.ftd.de/div/link/151259.html⟩ (Stand: 30. 1. 2007).

Steininger, M. und B. Süßmuth 2005: »Elfenbeinligen und ihre Erfassung – ein Kommentar und eine neuerliche Messung der Publikationstätigkeit der Wirtschaftsforschungsinstitute im deutschsprachigen Raum«, in: *Perspektiven der Wirtschaftspolitik* 6 (3), S. 409-420.

Stichweh, R. 1994: *Wissenschaft, Universität, Professionen. Soziologische Analysen.* Frankfurt a. M.: Suhrkamp.

Stiglitz, J. 2002: *Die Schatten der Globalisierung.* Berlin: Siedler.

Stirn, A. 2005: »Das Licht als Pendel«, in: *Süddeutsche Zeitung* 61, Nr. 229, 5. Oktober 2005, S. 11.

Stölting, E. und U. Schimank (Hg.) 2001: *Die Krise der Universitäten.* Leviathan-Sonderheft 20. Wiesbaden: Westdeutscher Verlag.

Streeck, W. und M. Höpner (Hg.) 2003: *Alle Macht dem Markt? Fallstudien zum Ende der Deutschland AG.* Frankfurt a. M./New York: Campus.

Strohschneider, P. 2006: »Die Universität lebt. Warum die Kritik an der Exzellenzinitiative die Lage der Geisteswissenschaften verkennt«, in: *Süddeutsche Zeitung*, Jg. 62, Nr. 250, 30. Oktober 2006, S. 11.

Stucke, A. 1993: *Institutionalisierung der Forschungspolitik: Entstehung, Entwicklung und Steuerungsprobleme des Bundesforschungsministeriums.* Frankfurt a. M./New York: Campus.

Stucke, A. 2001: »Mythos USA – Die Bedeutung des Arguments ›Amerika‹ im hochschulpolitischen Diskurs der Bundesrepublik«, in: E. Stölting und U. Schimank (Hg.): *Die Krise der Universitäten.* Leviathan-Sonderheft 20. Wiesbaden: Westdeutscher Verlag, S. 118-136.

Süddeutsche Zeitung 2006: »Ultimatum an Frankreichs Regierung«, in: *Süddeutsche Zeitung* 62, Nr. 66, 20. März 2006, S. 1.

Talib, A. A. 2000: »The RAE and Publications: A View of Journal Editors«, in: *Higher Education Review* 33 (1), S. 32-46.

Talib, A. A. 2001: »The Continuing Behavioural Modification of Academics since the 1992 Research Assessment Exercise«, in: *Higher Education Review* 33 (3), S. 30-46.

Taylor, J. 2001: »The Impact of Performance Indicators on the Work of University Academics: Evidence from Australian Universities«, in: *Higher Education Quarterly* 55 (1), S. 42-61.

Teichler, U. 1998: »Massification: A Challenge for Institutions of Higher Education«, in: *Tertiary Education and Management* 4 (1), S. 17-27.

Teichler, U. 2003: »Changing Concepts of Excellence in Europe in the Wake of Globalization«, in: E. de Corte (Hg.): *Excellence in Higher Education.* London: Portland Press, S. 33-51.

Teichler, U. 2004: »The Changing Debate on Internationalisation of Higher Education«, in: *Higher Education* 48 (1), S. 5-26.

Teichler, U. 2005a: *Hochschulstrukturen im Umbruch. Eine Bilanz der Reformdynamik seit vier Jahrzehnten.* Frankfurt a. M./New York: Campus.

Teichler, U. 2005b: *Hochschulsysteme und Hochschulpolitik. Quantitative und strukturelle Dynamiken, Differenzierungen und der Bologna-Prozess.* München: Waxmann.

Travis, G. D. L. und H. M. Collins 1991: »New Light on Old Boys: Cognitive and Institutional Particularism in the Peer Review System«, in: *Science, Technology and Human Values* 16 (3), S. 322-341.

Traxel, W. 1975: »Internationalität oder Provinzialismus? Über die Bedeutung der deutschen Sprache für deutschsprachige Psychologen«, in: *Psychologische Beiträge* 17, S. 584-594.

Traxel, W. 1979: »›Publish or Perish‹ – auf deutsch oder auf englisch?«, in: *Psychologische Beiträge* 21, S. 62-77.

Turner, S. R. 1980: »The Prussian University and the Concept of Research«, in: *Internationales Archiv für Sozialgeschichte der deutschen Literatur* 5, S. 68-93.

Turner, S. R. 1987: »Universitäten«, in: Jeismann, Karl-Ernst und Peter Lundgreen (Hg.): *Handbuch der Bildungsgeschichte Band III: 1800-1870.* München: C. H. Beck, S. 221-249.

Ursprung, H. W. 2003: »Schneewittchen im Land der Klapperschlangen: Evaluation eines Evaluators«, in: *Perspektiven der Wirtschaftspolitik* 4 (2), S. 177-189.

Ursprung, H. W. 2004: »Erwiderung auf Paul Welfens kritische Anmerkungen«. Online im Internet: ⟨http://www.uni-konstanz.de/AuF/wiwi/ursprung/teaching/SS04/ue/PDF/ErwiderungaufPaulWelfens.pdf⟩ (Stand: 11. 11. 05).

VDI Nachrichten 2005: *Der Forschung auf die Sprünge helfen.* VDI Verlag.

Velody, I. 1999: »Knowledge for What? The Intellectual Consequences of the Research Assessment Exercise«, in: *History of the Human Sciences* 12, S. 111-113.

Vetterlein, A. 2005: *The Politics of Development Discourse. From Washington to Post-Washington Consensus.* Dissertation. European University Institute, Florenz.

Wagner, G. 2007: »Does excellence matter? Eine wissenschaftssoziologische Perspektive«, in: *Soziologie* 36 (1), S. 7-20.

Walford, L. 1999: »The Research Assessment Exercise and its Effect on Journal Publishing«, in: *History of the Human Sciences* 12, S. 142-143.

Weber, M. 1920/1972: *Gesammelte Aufsätze zur Religionssoziologie.* Band 1. Tübingen: Mohr Siebeck.

Weber, M. 1922/1973: »*Die Objektivität sozialwissenschaftlicher und sozialpolitischer Erkenntnis*«, in: M. Weber: Gesammelte Aufsätze zur Wissenschaftslehre. Tübingen: Mohr Siebeck, S. 146-214.

Weber, M. 1922/1976: *Wirtschaft und Gesellschaft*. Tübingen: Mohr Siebeck.

Weingart, P. 1989: »Ist der Sprachenstreit ein Streit um die Sprache?«, in: *Psychologische Rundschau* 40, S. 96-98.

Weingart, P. 2001: *Die Stunde der Wahrheit? Zum Verhältnis der Wissenschaft zu Politik, Wirtschaft und Medien in der Wissensgesellschaft*. Weilerswirt: Velbrück Wissenschaft.

Weingart, P. 2003: »Evaluation of Research Performance: the Range of Numbers«, in: *Bibliometric Analysis in Science and Research. Applications, Benefits and Limitations*. Second Conference of the Central Library. Forschungszentrum Jülich, S. 7-19 (ISBN 3-89336-334-3).

Weingart, P. 2004: »Impact of Bibliometrics upon the Science System: Inadvertent Consequences?«, in: H. F. Moed, W. Glänzel und U. Schmoch (Hg.): *Handbook on Quantitative Science and Technology Research*. Dordrecht: Kluwer Academic Publishers.

Weingart, P. 2005: *Die Wissenschaft der Öffentlichkeit*. Weilerswist: Velbrück Wissenschaft.

Weingart, P. 2006: »Hwang und Rang. Die betrügende, betrogene Wissenschaft«, in: *Süddeutsche Zeitung* Nr. 1, 2. Januar 2006, S. 13.

Wenneras, C. und A. Wold 1997: »Nepotism and Sexism in Peer-Review«, in: *Nature* 387, S. 341-343.

Wessely, S. 1998: »Peer Review of Grant Applications: What do We Know?«, in: *Lancet* 352, S. 301-305.

Westdeutsche Rektorenkonferenz (WRK). 1987. *Arbeitsbericht*. Bonn: WRK.

Widmer, T. 1996: *Meta-Evaluation. Kriterien zur Bewertung von Evaluationen*. Bern: Haupt.

Williams, N. 1997: »UK Universities. Jostling for Rank«, in: *Science* 275 (5296), S. 18-19.

Winnes, M. und U. Schimank 1999: »National Report: Federal Republic of Germany. TSER Project No. SOE1 – CT96-1036«, in: *European Comparison of Public Research Systems*. Max Planck Institute for the Study of Societies, Mai 1999.

Winnacker, E.-L. 2005a: »Kreativität entwirft Neues – Innovation verwirklicht Neues.« *Rede zur Jahresversammlung der DFG am 26. Juli 2005 in Berlin*. Bonn: DFG.

Winnacker, E.-L. 2005b: »Geht die Programmförderung, und damit auch die Exzellenzinitiative, auf Kosten der Geistes- und Sozialwissenschaften? Contra«, in: *Forschung & Lehre* 9/2005, S. 475.

Winnacker, E.-L. 2006: »Eine Exzellenzinitiative für Europa.« Interview mit Jeanne Rubner, in: *Süddeutsche Zeitung* Jg. 62, Nr. 292, 19. Dezember 2006, S. 18.

Winterhager, M. 1994: »Bibliometrische Basisdaten zur Entwicklung der Sozialwissenschaften in Deutschland«, in: H. Best (Hg.): *Informations- und Wissensverarbeitung in den Sozialwissenschaften*. Opladen: Westdeutscher Verlag.

Winterhager, M., H. Schwechheimer und P. Weingart 2001: »Sichtbarkeit Deutschlands in den führenden Zeitschriften der Wirtschaftswissenschaften.« Bericht an den Wissenschaftsrat. Bielefeld: Institut für Wissenschafts- und Technikforschung. Online im Internet: ⟨www.wissenschaftsrat.de/texte/5455-02-3.pdf⟩ (Stand: 30. 1. 2007).

Wissenschaftsrat 1988: *Empfehlungen des Wissenschaftsrates zu den Perspektiven der Hochschulen in den 90er Jahren*. Köln: Wissenschaftsrat.

Wissenschaftsrat 1996: »10 Thesen zur Hochschulforschung«, in: Wissenschaftsrat (Hg.): *Empfehlungen und Stellungnahmen 1996*. Köln: Wissenschaftsrat, S. 7-46.

Wissenschaftsrat 2000: »Drittmittel und Grundmittel der Hochschulen 1993-1998«. Online im Internet: ⟨http://www.wissenschaftsrat.de/texte/4717-00.pdf⟩ (Stand: 30. 1. 2007).

Wissenschaftsrat 2001: *Systemevaluation der HGF – Stellungnahme des Wissenschaftsrates zur Hermann von Helmholtz-Gemeinschaft Deutscher Forschungszentren*. Köln: Wissenschaftsrat.

Wissenschaftsrat 2002: *Eckdaten und Kennzahlen zur Lage der Hochschulen von 1980 bis 2000*. Drs. 5125-02. Köln: Wissenschaftsrat.

Wissenschaftsrat 2003a: *Prüfungsnoten an Hochschulen 1996, 1998 und 2000 nach ausgewählten Studienbereichen und Studienfächern*. Köln: Wissenschaftsrat.

Wissenschaftsrat 2003b: *Strategische Forschungsförderung. Empfehlungen zu Kommunikation, Kooperation und Wettbewerb im Wissenschaftssystem*. Drs. 5654/03. Köln: Wissenschaftsrat.

Wissenschaftsrat 2006: *Empfehlungen zur Entwicklung und Förderung der Geisteswissenschaften in Deutschland*. Drs. 7068-06. Wissenschaftsrat.de/Veröffentlichungen.

Yamazaki, S. 1992: »Production and Transfer of Information: the Increasing Volume of Information and the Referee System«, in: *Pharmaceutical Library Bulletin* 37 (3), S. 187-190.

Yamazaki, S. 1995: »Refereeing System of 29 Life Science Journals Preferred by Japanese Scientists«, in: *Scientometrics* 33 (1), S. 123-129.

Zapf, W. 1965: *Wandlungen der deutschen Elite.* München: Piper.

Die Zeit 2003: »Wer hat, dem wird gegeben. Ernst Ludwig Winnacker will mehr Wettbewerb und eine stärkere Spezialisierung der Hochschulen«. Online im Internet: ⟨http://www.zeit.de/2003/28/B-Forschung-Winnacker⟩ (Stand: 30. 1. 2007).

Zitt, M., S. Ramanana und E. Bassecoulard 2003: »Correcting Glasses Help Fair Comparisons in International Science Landscape: Country Indicators as a Function of ISI Database Delineation«, in: *Scientometrics* 56, S. 259-282.

Zuckerman, H. 1977: *Scientific Elite. Nobel Laureates in the United States.* New York: Free Press.

Zuckerman, H. und R. K. Merton 1971: »Patterns of Evaluation in Science. Institutionalization, Structure and Function of the Review System«, in: *Minerva* 9 (1), S. 66-100.

NF 350/1/8.06

- Über das Fernsehen. Übersetzt von Achim Russer.
  es 2054. 140 Seiten

Norbert Elias über sich selbst. A. J. Heerma van Voss und A. van Stolk, Biographisches Interview mit Norbert Elias. Norbert Elias, Notizen zum Lebenslauf. Übersetzt von Michael Schröter. es 1590. 199 Seiten

Wolfgang Fach. Die Regierung der Freiheit. es 2334. 234 Seiten

Anthony Giddens. Entfesselte Welt. Wie Globalisierung unser Leben verändert. Übersetzt von Frank Jakubzik. es 2200. 116 Seiten

Wilhelm Heitmeyer (Hg.)
- Deutsche Zustände. Folge 1. es 2290. 304 Seiten
- Deutsche Zustände. Folge 2. es 2332. 320 Seiten
- Deutsche Zustände. Folge 3. es 2388. 300 Seiten
- Deutsche Zustände. Folge 4. es 2454. 320 Seiten
- Deutsche Zustände. Folge 5. es 2484. 300 Seiten

Wilhelm Heitmeyer/Hans-Georg Soeffner (Hg.) Gewalt. Neue Entwicklungen und alte Analyseprobleme. es 2246. 560 Seiten

Wolfgang Hoffmann-Riem
- Kriminalpolitik ist Gesellschaftspolitik. es 2154. 232 Seiten
- Modernisierung von Recht und Justiz. Eine Herausforderung des Gewährleistungsstaates. es 2188. 364 Seiten

Barbara Holland-Cunz. Die alte neue Frauenfrage. es 2335. 309 Seiten

Karl Otto Hondrich

- Enthüllung und Entrüstung. Eine Phänomenologie des politischen Skandals. es 2270. 166 Seiten
- Liebe in Zeiten der Weltgesellschaft. es 2313. 176 Seiten
- Der Neue Mensch. es 2287. 222 Seiten
- Wieder Krieg. es 2297. 194 Seiten

Marie Jahoda/Paul F. Lazarsfeld/ Hans Zeisel. Die Arbeitslosen von Marienthal. Ein soziographischer Versuch über die Wirkungen langandauernder Arbeitslosigkeit. Mit einem Anhang zur Geschichte der Soziographie. es 769. 148 Seiten

Franz-Xaver Kaufmann

- Herausforderungen des Sozialstaates. es 2053. 194 Seiten
- Sozialpolitsches Denken. Die deutsche Tradition. es 2321. 208 Seiten
- Varianten des Wohlfahrtsstaats. Der deutsche Sozialstaat im internationalen Vergleich. es 2301. 330 Seiten

Wolf Lepenies. Benimm und Erkenntnis. Über die notwendige Rückkehr der Werte in die Wissenschaften. Die Sozialwissenschaften nach dem Ende der Geschichte. Zwei Vorträge. Redaktion: Rüdiger Zill. Erbschaft unserer Zeit. Band 1. es 2018. 100 Seiten

Rainer Paris. Stachel und Speer. Machtstudien. es 2038. 226 Seiten

Elmar Rieger/Stephan Leibfried. Grenzen der Globalisierung. Perspektiven des Wohlfahrtsstaates. es 2207. 410 Seiten

Bernhard Zangl/Michael Zürn. Frieden und Krieg. Sicherheit in der nationalen und postnationalen Konstellation. es 2337. 338 Seiten